해커스소방

# 김진성
# 소방관계법규 단원별 실전문제집

해커스소방

# 김진성

**약력**

현 ㅣ해커스소방 소방관계법규 강의
현 ㅣ중앙소방학교 초빙교수
전 ㅣ아모르이그잼 소방관계법규 전임교수
전 ㅣ한국소방안전학원 교수
전 ㅣ한교고시학원 소방관계법규 교수
전 ㅣ강원대학교, 효원대학교, 인천소방학교 초빙교수

**저서**

해커스소방 김진성 소방관계법규 기본서
해커스소방 김진성 소방관계법규 합격생 필기노트
해커스소방 김진성 소방관계법규 단원별 기출문제집
해커스소방 김진성 소방관계법규 단원별 실전문제집

# 서문

많은 수험생 여러분들이 소방관계법규 과목의 방대한 양에 막연한 두려움을 가지고 있을 것입니다. 하지만 소방관계법규 시험은 유사한 지문이 재출제되거나 변형되어 다시 출제되는 비중이 높기 때문에 기출분석을 기반으로 최신 출제경향이 반영된 다양한 유형의 실전문제를 접해봄으로써 실전감각을 키우고 더 나아가 문제해결 능력까지 키우는 것이 필요합니다.

『해커스소방 김진성 소방관계법규 단원별 실전문제집』은 실전 대비를 위한 문제 풀이를 효과적으로 학습할 수 있도록 다음과 같은 특징을 가지고 있습니다.

첫째, 단원별로 최신 출제경향 및 개정 법령을 반영한 실전문제를 수록하였습니다.
기출문제의 분석은 지금까지 시험위원들이 출제한 문제를 접함으로써 출제의 범위와 경향, 난이도 등을 평가할 수 있는 지름길입니다. 따라서 본 교재는 소방6분법 법·령에 따라 각 장별로 출제빈도가 높은 기출문제를 철저히 분석하여 이를 바탕으로 한 실전문제를 수록하였습니다. 또한 기존에 출제되지 않았던 새로운 유형의 문제도 수록하여 출제가 예상되는 다양한 유형의 문제들을 폭넓게 학습함으로써 문제 풀이 능력을 향상시킬 수 있습니다.

둘째, 문제 풀이 과정에서 이론까지 학습할 수 있도록 상세한 해설을 수록하였습니다.
정답 지문에 대한 해설뿐만 아니라 정답 외 지문에 대한 해설 및 관련 개념, 법령까지 상세하게 제시하였습니다. 정답의 근거와 오답 포인트까지 알려주는 상세한 해설을 통해 모든 선지를 완벽하게 이해할 수 있으며, 이를 통해 기본서를 다시 학습하지 않고 실전문제 풀이만으로도 이론을 복습하는 효과를 얻을 수 있습니다.

셋째, 단원별 문제 풀이 후 실전 대비를 위한 3회분의 실전동형모의고사를 수록하였습니다.
실제 시험이 어떻게 출제되는지 파악하고 연습할 수 있도록 실전동형모의고사 3회분을 수록하였습니다. 학습 말미에 실전동형모의고사를 풀어봄으로써 앞으로의 출제경향을 미리 확인하고, 시간 안배 등 실전을 미리 경험해볼 수 있습니다.

더불어, 공무원 시험 전문 사이트인 해커스소방(fire.Hackers.com)에서 교재 학습 중 궁금한 점을 나누고 다양한 무료 학습 자료를 함께 이용하여 학습 효과를 극대화할 수 있습니다.

부디 『해커스소방 김진성 소방관계법규 단원별 실전문제집』과 함께 소방공무원 소방관계법규 시험의 고득점을 달성하고 합격을 향해 한걸음 더 나아가시기를 바랍니다.

김진성

# 차례

# 책의 특징 및 구성

## 01 단계별 학습으로 문제해결 능력 향상

### 1단계 실전문제로 문제해결 능력 키우기

소방공무원 소방관계법규 시험의 기출 및 기출복원문제의 출제경향을 분석하여 출제 가능성이 높은 키워드를 바탕으로 출제가 예상되는 실전문제를 단원별로 배치하였습니다. 문제 풀이 전 기출 OX quiz를 통해 중요 출제 포인트가 실제 어떠한 지문으로 출제되는지 확인할 수 있도록 하였으며, 문제 번호 하단에 O: 알고 푼 문제, △: 헷갈린 문제, X: 모르는 문제를 체크할 수 있는 박스를 수록하여 문제 풀이 시 학습 여부나 이해 정도를 표시하여 실력을 명확하게 파악할 수 있습니다.

### 2단계 상세한 해설로 개념 완성하기

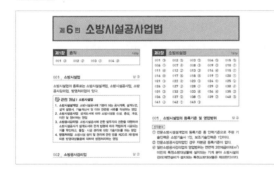

실전문제의 학습이 단순히 문제 풀이에서 끝나지 않고 이론 복습 및 개념 완성으로 이어질 수 있도록 모든 문제에 상세한 해설을 수록하였습니다. 해설을 통해 소방공무원 소방관계법규 내용 중 시험에서 주로 묻는 핵심 이론들이 무엇인지 확인하고, 학습하였던 이론의 내용을 다시 한 번 복습할 수 있습니다. 더불어 모든 문제마다 출제 포인트를 제시하여 본인이 취약한 부분을 쉽게 파악하고 보완할 수 있습니다.

### 3단계 실전동형모의고사로 실전감각 키우기

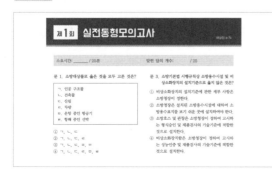

학습 마무리 단계에서 소방관계법규 시험의 최신 출제경향을 파악하고, 실전문제 풀이를 연습할 수 있도록 실전동형모의고사 3회분을 부록으로 수록하였습니다. 단원별로 구성된 실전문제를 학습한 후 실전동형모의고사를 풀어보면서 소방관계법규 시험에 대한 이해도를 높이고, 실전감각을 키울 수 있습니다.

해커스소방
김진성 소방관계법규
단원별 실전문제집

## 02 정답의 근거와 오답의 원인, 핵심 이론까지 짚어주는 정답 및 해설

### 1. 빠른 정답 확인

각 중단원에 수록된 모든 실전문제의 정답을 한 번에 확인할 수 있도록 표로 정리하여 수록하였습니다. 이를 통하여 쉽고 빠르게 정답을 찾아 확인할 수 있습니다.

### 2. 상세한 해설

모든 실전문제에 자세한 해설을 수록함으로써 정답의 이유를 명확하게 학습할 수 있으며, '선지분석'을 통하여 오답 지문의 원인과 함정 요인까지 확인할 수 있습니다.

### 3. 관련 개념

문제와 관련된 핵심개념이나 알아두면 좋은 배경이론 등을 정리한 '관련 개념'을 수록하였습니다. 이를 통하여 주요 개념을 다양한 시각에서 폭넓게 학습할 수 있으며 쉽게 이론을 복습할 수 있습니다.

### 4. 문항별 출제 포인트 제시

각 문항마다 문제의 핵심이 되는 출제 포인트를 수록하였습니다. 이를 통하여 각 문제가 묻고 있는 내용을 한눈에 파악할 수 있으며, 본인의 취약점을 확인하여 보완할 수 있습니다.

---

## 200% 활용 TIP

**1. 해설집에 있는 각 문제별 출제 포인트를 단원별로 묶어 정리해보기!**

문제집을 1회독한 후 노트나 A4 용지 등에 해설집에 제시된 문제별 키워드를 정리합니다. 이를 통하여 방대한 이론에서 중점적으로 학습하여야 할 부분을 한눈에 확인하고, 본인이 추가로 학습하여야 할 부분을 체크해 볼 수 있습니다.

**2. 문제를 풀면서 헷갈리거나 이해하기 어려운 지문들에 표시하기!**

1회독 시 문제를 풀면서 정확히 알고 푼 문제에는 O, 헷갈린 문제에는 △, 모르는 문제에는 X를 문제집 번호 하단에 있는 체크박스에 표시합니다. 이후 해설집을 통하여 해당 지문을 정확히 이해하고 관련 내용까지 학습하며, 2~3회독 시에도 동일한 방법으로 각 지문에 접근하는 연습을 합니다. 이를 통하여 헷갈리는 지문이나 이해하기 어려운 지문의 양을 점차 줄여갈 수 있으며 모든 이론에 대하여 정확하게 짚고 넘어갈 수 있습니다.

**3. 나만의 단권화 노트 만들기!**

각 회독 시 마다 해설집의 '관련 개념' 코너에 어려운 지문이나 부족한 이론에 대해 추가로 정리합니다. 이를 통하여 문제 풀이 학습이 다 끝난 후 해설집만을 이용하여 본인의 실력에 맞는 학습을 용이하게 할 수 있으며, 이론을 복습하는 시간을 단축할 수 있습니다.

# 학습 플랜

효율적인 학습을 위하여 DAY별 권장 학습 분량을 제시하였으며, 이를 바탕으로 본인의 학습 진도나 수준에 따라 분량을 조절해 가며 학습하기 바랍니다. 또한 학습한 날은 표 우측의 각 회독 부분에 형광펜이나 색연필 등으로 표시하며 채워나가기 바랍니다.

* 1회독 때에는 40일 학습 플랜을, 2, 3회독 때에는 14일 학습 플랜을 활용하시면 좋습니다.

| 40일 플랜 | 14일 플랜 | 학습 플랜 | | 1회독 | 2회독 | 3회독 |
|---|---|---|---|---|---|---|
| DAY 1 | DAY 1 | 제1편 | 제1장 | DAY 1 | DAY 1 | DAY 1 |
| DAY 2 | DAY 1 | | 제1장 | DAY 2 | DAY 1 | DAY 1 |
| DAY 3 | DAY 1 | | 제2장 | DAY 3 | DAY 1 | DAY 1 |
| DAY 4 | DAY 2 | | 제2장 | DAY 4 | DAY 2 | DAY 2 |
| DAY 5 | DAY 2 | | 제3장 | DAY 5 | DAY 2 | DAY 2 |
| DAY 6 | DAY 2 | | 제3장 | DAY 6 | DAY 2 | DAY 2 |
| DAY 7 | DAY 3 | | 제4장 ~ 제6장 | DAY 7 | DAY 3 | DAY 3 |
| DAY 8 | DAY 3 | | 제7장 | DAY 8 | DAY 3 | DAY 3 |
| DAY 9 | DAY 3 | | 제1편 복습 | DAY 9 | DAY 3 | DAY 3 |
| DAY 10 | DAY 4 | 제2편 | 제1장 ~ 제5장 | DAY 10 | DAY 4 | DAY 4 |
| DAY 11 | DAY 4 | | 제2편 복습 | DAY 11 | DAY 4 | DAY 4 |
| DAY 12 | DAY 5 | 제3편 | 제1장 ~ 제3장 | DAY 12 | DAY 5 | DAY 5 |
| DAY 13 | DAY 5 | | 제4장 | DAY 13 | DAY 5 | DAY 5 |
| DAY 14 | DAY 5 | | 제5장 ~ 제8장 | DAY 14 | DAY 5 | DAY 5 |
| DAY 15 | DAY 5 | | 제3편 복습 | DAY 15 | DAY 5 | DAY 5 |
| DAY 16 | DAY 6 | 제4편 | 제1장 | DAY 16 | DAY 6 | DAY 6 |
| DAY 17 | DAY 6 | | 제2장 | DAY 17 | DAY 6 | DAY 6 |
| DAY 18 | DAY 6 | | 제2장 | DAY 18 | DAY 6 | DAY 6 |
| DAY 19 | DAY 7 | | 제3장 ~ 제7장 | DAY 19 | DAY 7 | DAY 7 |
| DAY 20 | DAY 7 | | 제4편 복습 | DAY 20 | DAY 7 | DAY 7 |

☑ 1회독 때에는 '내가 학습한 이론이 주로 이러한 형식의 문제로 출제되는구나!'를 익힌다는 생각으로 접근하는 것이 좋습니다.

☑ 2회독 때에는 실전과 동일한 마음으로 예상문제를 풀어보는 단계입니다. 단순히 문제를 풀어보는 것에 그치지 않고, 내가 이 문제를 정확히 알고 풀었는지 헷갈리거나 모르는 문제인지를 꼼꼼히 따져가며 학습하기 바랍니다.

☑ 3회독 때에는 체크박스에 'Δ: 헷갈리는 문제' 또는 'X: 모르는 문제'로 체크한 문제들을 다시 한 번 풀어보며 부족한 부분을 최종적으로 점검해 보는 것이 좋습니다.

| 40일 플랜 | 14일 플랜 | 학습 플랜 | | 1회독 | 2회독 | 3회독 |
|---|---|---|---|---|---|---|
| DAY 21 | DAY 7 | 제5편 | 제1장 | DAY 21 | DAY 7 | DAY 7 |
| DAY 22 | DAY 8 | | 제1장 | DAY 22 | DAY 8 | DAY 8 |
| DAY 23 | | | 제2장 | DAY 23 | | |
| DAY 24 | | | 제3장 | DAY 24 | | |
| DAY 25 | DAY 9 | | 제3장 | DAY 25 | DAY 9 | DAY 9 |
| DAY 26 | | | 제4장 ~ 제7장 | DAY 26 | | |
| DAY 27 | | | 제8장 | DAY 27 | | |
| DAY 28 | DAY 10 | | 제8장 | DAY 28 | DAY 10 | DAY 10 |
| DAY 29 | | | 제8장 | DAY 29 | | |
| DAY 30 | | | 제5편 복습 | DAY 30 | | |
| DAY 31 | DAY 11 | 제6편 | 제1장 ~ 제2장 | DAY 31 | DAY 11 | DAY 11 |
| DAY 32 | | | 제2장 | DAY 32 | | |
| DAY 33 | | | 제3장 | DAY 33 | | |
| DAY 34 | DAY 12 | | 제3장 | DAY 34 | DAY 12 | DAY 12 |
| DAY 35 | | | 제4장 ~ 제6장 | DAY 35 | | |
| DAY 36 | | | 제6편 복습 | DAY 36 | | |
| DAY 37 | DAY 13 | 부록 | 실전동형모의고사 1회 | DAY 37 | DAY 13 | DAY 13 |
| DAY 38 | | | 실전동형모의고사 2회 | DAY 38 | | |
| DAY 39 | | | 실전동형모의고사 3회 | DAY 39 | | |
| DAY 40 | DAY 14 | | 총복습 | DAY 40 | DAY 14 | DAY 14 |

해커스소방
**김진성 소방관계법규**
단원별 실전문제집

# 제 1 편
# 소방기본법

1. 소방대상물이란 건축물, 차량, 항구에 매어둔 선박, 선박 건조 구조물, 산림, 그 밖의 인공 구조물 또는 물건을 말한다. 18. 공채 ○ | ×
2. 소방대장은 위급한 상황이 발생한 현장에서 필요한 때 그 현장에 있는 사람에게 위급한 사람을 구출하게 하는 일을 하게 할 수 있다. 08. 공채 ○ | ×
3. 소방청장은 소방업무에 관한 종합계획을 관계 중앙행정기관의 장과 협의를 거쳐 계획 시행 전년도 10월 31일까지 수립하여야 한다. 17. 특채 ○ | ×

정답 1. ○  2. ○  3. ○

---

**KEYWORD 소방기본법의 목적**

## 001 소방기본법의 목적에 대한 설명으로 옳은 것은?

① 화재를 예방·경계 및 보호하여 국가의 안녕과 질서 및 발전에 기여한다.
② 화재를 예방·경계 및 진압하여 국가의 발전에 기여한다.
③ 화재를 사전에 예방·경계 및 소화하여 인적·물적 재해 방지에 기여한다.
④ 화재를 예방·경계하거나 진압하고 화재, 재난·재해 그 밖의 위급한 상황에서의 구조·구급활동 등을 통하여 국민의 생명·신체 및 재산을 보호한다.

## 002 다음은 소방기본법의 목적을 기술한 것이다. (가), (나), (다)에 들어갈 내용으로 옳은 것은?

> 화재를 ( 가 )·( 나 )하거나 ( 다 )하고 화재, 재난·재해 그 밖의 위급한 상황에서의 구조·구급활동 등을 통하여 국민의 생명과 재산을 보호함으로써 공공의 안녕 및 질서 유지와 복리 증진에 이바지함을 목적으로 한다.

|  | (가) | (나) | (다) |
|---|---|---|---|
| ① | 예방 | 경계 | 복구 |
| ② | 경보 | 소화 | 복구 |
| ③ | 예방 | 경계 | 진압 |
| ④ | 경계 | 통제 | 진압 |

**003** 소방대상물에 대한 정의로 옳은 것은?

① 건축물, 차량, 선박(운항 중인 선박을 포함한다), 선박 건조 구조물, 산림, 그 밖의 인공 구조물 또는 물건

② 건축물, 차량, 선박(항구에 매어둔 선박만 해당한다), 선박 건조 구조물, 산림, 그 밖의 인공 구조물 또는 물건

③ 건축물, 차량, 선박(운항 중인 선박을 포함한다), 항공기, 산림, 그 밖의 인공 구조물 또는 물건

④ 건축물, 차량, 선박(항구에 매어둔 선박만 해당한다), 항공기, 산림, 그 밖의 인공 구조물 또는 물건

**004** 소방기본법상의 소방대상물에 포함되지 않는 것은?

① 산림
② 항해 중인 선박
③ 착륙한 항공기
④ 선박 건조 구조물

**005** 소방대상물이 있는 장소 및 그 이웃 지역으로서 화재의 예방·경계·진압, 구조·구급 등의 활동에 필요한 지역을 무엇이라 하는가?

① 관계지역
② 소방지역
③ 방화지역
④ 화재지역

**006** 관계지역에 대한 정의로 옳은 것은?

① 소방대상물이 있는 지역 또는 위험물이 있는 지역

② 소방대상물이 있는 지역 또는 그 이웃하는 지역

③ 소방대상물이 있는 지역 또는 그 이웃하는 지역으로서 화재의 예방·경계·진압, 구조·구급 등의 활동에 필요한 지역

④ 소방대상물이 있는 장소 및 위험물이 있는 지역으로서 소방상 필요한 지역

**007** 소방기본법상에서 소방대상물의 '관계인'에 대한 정의로 옳은 것은?

① 소방대상물을 소유한 사람

② 소방대상물의 소유자·관리자 또는 점유자

③ 소방대상물에 거주하는 사람

④ 소방대상물을 점유하여 사용하는 사람

**008** 소방대상물의 소유자·관리자 또는 점유자를 무엇이라 하는가?

① 소방인          ② 관리인

③ 점유인          ④ 관계인

---

**KEYWORD 소방대**

**009** 다음 중 소방기본법상 소방대의 구성원으로 옳은 것은?

| | |
|---|---|
| ㄱ. 소방안전관리자 | ㄴ. 의무소방원 |
| ㄷ. 자체소방대원 | ㄹ. 의용소방대원 |
| ㅁ. 자위소방대원 | |

① ㄱ, ㄷ          ② ㄴ, ㄹ

③ ㄴ, ㅁ          ④ ㄷ, ㅁ

**010** 소방대라 함은 소방기구를 장비한 어떠한 사람으로 편성된 조직체를 말하는가?

① 소방공무원, 청원소방원

② 청원소방원, 의용소방대원

③ 소방공무원, 구급대원

④ 소방공무원, 의무소방원, 의용소방대원

**011** 소방기본법에 의한 소방대의 정의에 해당하지 않는 소방대원은?

① 소방공무원
② 구급소방대원
③ 의용소방대원
④ 의무소방원

**012** 소방기본법에 규정된 소방업무를 수행하는 소방본부장 또는 소방서장을 지휘·감독하는 자는?

① 시장·군수
② 시·도지사
③ 소방청장
④ 경찰서장

**KEYWORD 119종합상황실**

**013** 119종합상황실의 실장이 기록하고 관리하는 사항으로 옳지 않은 것은?

① 이상기상 상황의 예보 및 특보에 관한 사항
② 재난상황의 전파 및 보고
③ 재난상황이 발생한 현장에 대한 지휘 및 피해현황의 파악
④ 재난상황 발생의 신고접수

**014** 119종합상황실에 대한 설명으로 옳지 않은 것은?

① 소방청장·소방본부장 및 소방서장은 소방활동을 위한 정보를 수집·전파하기 위하여 119종합상황실을 설치·운영한다.
② 119종합상황실의 설치·운영에 관하여 필요한 사항은 대통령령으로 정한다.
③ 다중이용업소의 화재는 상급 119종합상황실에 보고하여야 한다.
④ 119종합상황실은 24시간 운영체제를 유지하여야 한다.

**015** 하급 소방기관의 119종합상황실의 실장은 상급 소방기관의 119종합상황실의 실장에게 재난상
□△✕ 황에 대하여 보고하여야 하는데, 그 보고 사항으로 옳은 것은?

① 관광호텔, 층수가 11층 이상인 건축물, 연면적 1만5천제곱미터 이상인 공장 또는 화재경
  계지구에서 발생한 화재
② 지하상가, 시장, 백화점, 위험물안전관리법 규정에 의한 지정수량의 1천배 이상의 위험
  물의 제조소·저장소·취급소
③ 층수가 5층 이상이거나 객실이 20실 이상인 숙박시설
④ 층수가 5층 이상이거나 병상이 20개 이상인 종합병원·정신병원·한방병원·요양병원

**016** 상급 119종합상황실의 실장에게 보고하여야 할 내용으로 옳지 않은 것은?
□△✕
① 사상자가 10인 이상, 이재민이 50인 이상, 재산피해액이 50억 원 이상 발생한 화재
② 연면적 1만5천제곱미터 이상인 공장 또는 화재경계지구에서 발생한 화재
③ 통제단장의 현장지휘가 필요한 재난상황
④ 언론에 보도된 재난상황

**017** 화재로 인한 상급 119종합상황실에 보고하여야 할 대상으로 옳지 않은 것은?
□△✕
① 화재경계지구에서 발생한 화재
② 연면적 1만5천제곱미터 이상인 창고에서 발생한 화재
③ 지정수량의 3천배 이상의 위험물 제조소등에서 발생한 화재
④ 가스 및 화약류의 폭발에 의한 화재

**018** 화재로 인한 재산피해액이 얼마 이상인 경우 상급 119종합상황실에 보고하여야 할 대상에 해당
□△✕ 하는가?

① 10억 원  ② 20억 원
③ 50억 원  ④ 100억 원

**019** 화재발생 시 소방서는 소방본부의 119종합상황실에, 소방본부는 소방청의 119종합상황실에 보고하여야 하는바, 사상자가 얼마 이상일 경우 이에 해당하는가?

① 사상자가 5인 이상 발생한 화재
② 사상자가 7인 이상 발생한 화재
③ 사상자가 10인 이상 발생한 화재
④ 사상자가 20인 이상 발생한 화재

**020** 화재로 인한 상급 119종합상황실에 보고하여야 할 대상으로 옳지 않은 것은?

① 재산피해액이 50억 원 이상 발생한 화재
② 사망자가 5인 이상 발생하거나 사상자가 10인 이상 발생한 화재
③ 지역통제단장의 현장지휘가 필요한 재난 및 재해
④ 이재민이 100인 이상 발생한 화재

**021** 상급 119종합상황실에 화재 및 재난상황에 대하여 보고 시 보고일자로 옳은 것은?

① 상황이 발생한 날부터 3일 이내
② 상황이 발생한 날부터 1일 이내
③ 상황이 발생한 날부터 지체 없이
④ 상황이 발생한 날부터 5일 이내

**KEYWORD 소방기술민원센터**

**022** 소방기본법 시행령상 소방기술민원센터의 설치·운영기준으로 옳지 않은 것은?

① 소방청장 및 본부장은 각 소방서에 소방기술민원센터를 설치·운영한다.
② 소방기술민원센터는 소방기술민원과 관련된 현장 확인 및 처리업무를 수행한다.
③ 소방기술민원센터는 소방기술민원과 관련된 질의회신집 및 해설서 발간의 업무를 수행한다.
④ 소방기술민원센터는 소방시설, 소방공사와 위험물 안전관리 등과 관련된 법령해석 등의 민원을 처리한다.

**023** 소방기본법 및 같은 법 시행령상 소방기술민원센터에 대한 내용으로 옳지 않은 것은?

① 소방기술민원센터는 센터장을 포함하여 18명 이내로 구성한다.
② 소방기술민원센터는 소방기술민원과 관련된 업무로서 소방청장 또는 소방본부장이 필요하다고 인정하여 지시하는 업무를 수행한다.
③ 소방기술민원센터장은 소방기술민원센터의 업무수행을 위하여 필요하다고 인정하는 경우에는 관계 기관의 장에게 소속 공무원 또는 직원의 파견을 요청할 수 있다.
④ 소방청장은 소방시설, 소방공사 및 위험물 안전관리 등과 관련된 법령해석 등의 민원을 종합적으로 접수하여 처리할 수 있는 소방기술민원센터를 설치·운영할 수 있다.

**KEYWORD 소방박물관 등의 설립과 운영**

**024** 소방박물관의 설립과 운영에 관한 설명으로 옳은 것은?

① 소방의 역사와 안전문화를 발전시키고 국민의 안전의식을 높이기 위하여 시·도지사가 설립·운영한다.
② 소방박물관장 1인과 부관장 1인을 두되, 소방박물관장은 소방공무원 중에서 시·도지사가 임명한다.
③ 운영에 관한 중요한 사항을 심의하기 위하여 7인 이내의 위원으로 구성된 운영위원회를 둔다.
④ 소방박물관의 관광업무·조직·운영위원회의 구성 등에 관하여 필요한 사항은 시·도의 조례로 정한다.

**KEYWORD 소방체험관**

**025** 소방체험관에 대한 설명으로 옳지 않은 것은?

① 시·도지사가 설치한다.
② 화재현장 등에서의 피난 등을 체험한다.
③ 설립과 운영은 행정안전부령이 정하는 기준에 따라 시·도 조례로 정한다.
④ 7인 이내의 운영위원을 둔다.

## 026
소방체험관 중 소방체험실로 사용되는 부분의 바닥면적의 합은 몇 제곱미터 이상이 되어야 하는가?

① 100제곱미터
② 500제곱미터
③ 900제곱미터
④ 1천제곱미터

## 027
체험교육 인력의 자격기준에서 체험실별 체험교육을 총괄하는 교수요원의 자격으로 옳지 않은 것은?

① 소방공무원 중 소방시설관리사 자격을 취득한 사람
② 소방공무원 중 소방설비기사 자격을 취득한 사람
③ 소방공무원 중 응급구조사 자격을 취득한 사람
④ 소방공무원 중 소방 관련 학과의 학사학위 이상을 취득한 사람

## 028
체험교육 인력의 자격기준에서 체험실별 체험교육을 지원하고 실습을 보조하는 조교의 자격으로 옳지 않은 것은?

① 소방공무원 중 소방활동이나 생활안전활동을 1년 이상 수행한 경력이 있는 사람
② 소방공무원 중 지방소방학교에서 2주 이상의 소방안전관리자 전문교육과정을 이수한 사람
③ 소방체험관에서 2주 이상의 체험교육에 관한 직무교육을 이수한 의무소방원
④ 소방공무원 중 소방청장이 실시하는 인명구조사시험 또는 화재대응능력시험에 합격한 사람

## 029
소방기본법령에서 소방체험관 등의 설립과 운영에 대한 사항으로 옳은 것은?

① 소방공무원 중 소방기본법 제16조 또는 제16조의2에 따른 소방지원활동을 3년 이상 수행한 경력이 있는 사람을 교수요원으로 할 수 있다.
② 소방체험관은 소방안전 체험실로 사용되는 부분의 바닥면적의 합이 1,000제곱미터 이상이 되어야 한다.
③ 시설안전 및 보행안전 체험은 생활안전분야에 해당한다.
④ 소방체험관의 체험실별 바닥면적은 100제곱미터 이상이어야 한다.

**030** 다음 (가), (나), (다)에 들어갈 내용으로 옳은 것은?

|O|△|X|

> • 소방의 역사와 안전문화를 발전시키고 국민의 안전의식을 높이기 위하여 ( 가 )은/는 소방박물관을, ( 나 )은/는 소방체험관을 설립하여 운영할 수 있다.
> • 국민의 안전의식과 화재에 대한 경각심을 높이고 안전문화를 정착시키기 위하여 매년 ( 다 )을 소방의 날로 정하여 기념행사를 한다.

|  | (가) | (나) | (다) |
|---|---|---|---|
| ① | 소방청장 | 시·도지사 | 11월 9일 |
| ② | 시·도지사 | 소방청장 | 11월 9일 |
| ③ | 소방청장 | 시·도지사 | 1월 9일 |
| ④ | 소방청장 | 소방본부장 | 1월 9일 |

**031** 소방기본법령상 소방기관·119종합상황실·소방박물관 등의 설치·운영에 관한 설명으로 옳지 않은 것은?

|O|△|X|

① 시·도의 소방기관의 설치에 필요한 사항은 대통령령으로 정한다.
② 종합상황실의 설치·운영에 필요한 사항은 행정안전부령으로 정한다.
③ 소방박물관의 설립과 운영에 필요한 사항은 행정안전부령으로 정한다.
④ 소방체험관의 설립과 운영에 필요한 사항은 행정안전부령으로 정한다.

---

**KEYWORD 소방업무**

**032** 관할지역의 특성을 고려하여 관할구역에서의 소방업무를 성실히 수행하여야 하는 자로 옳은 것은?

|O|△|X|

① 시·도지사
② 소방본부장
③ 소방청장
④ 소방서장

**033**
⬜△✕
소방청장은 화재, 재난·재해, 그 밖의 위급한 상황으로부터 국민의 생명·신체 및 재산을 보호하기 위하여 소방업무에 관한 종합계획을 몇 년마다 수립하여 시행하여야 하는가?

① 매년
② 3년
③ 5년
④ 10년

**034**
⬜△✕
소방업무에 관한 종합계획 수립 시 포함되어야 할 사항으로 옳지 않은 것은?

① 소방업무에 필요한 체계의 구축, 소방기술의 연구·개발 및 보급
② 소방업무에 필요한 장비의 구비
③ 소방업무의 교육 및 홍보
④ 소방업무에 필요한 소방인력의 확충

**035**
⬜△✕
소방업무에 관한 종합계획을 관계 중앙행정기관의 장과의 협의를 거쳐 '누가' 계획 시행 전년도 '몇 월 며칠'까지 수립하여야 하는가?

① 국가, 6월 30일
② 소방청장, 7월 31일
③ 소방청장, 10월 31일
④ 국가, 12월 31일

**기출 OX QUIZ**

1. 시·도지사는 응원을 요청하는 경우 출동대상지역 및 규모와 소요경비의 부담 등을 화재가 끝난 이후 이웃하는 시·도지사와 협의하여 정하여야 한다. 11. 전남    O | X
2. 국고보조에 따른 소방활동장비 및 설비의 종류와 규격은 행정안전부령으로 정한다. 09. 공채    O | X
3. 관계인이 소방활동 업무를 돕다가 사망하거나 부상을 입은 경우에는 시·도지사는 보상하지 않는다.    17. 공채    O | X

정답 1. × 미리 규약으로 정하여야 한다.  2. O  3. × 보상하여야 한다.

**KEYWORD 소방력**

**001** 소방기본법상 소방력을 확충하기 위하여 필요한 계획을 수립하여 시행하여야 하는 자는?
| O | △ | X |

① 행정안전부장관
② 소방청장
③ 시·도지사
④ 소방본부장 또는 소방서장

**002** 소방기관이 소방업무를 수행하는 데 필요한 인력과 장비 등에 관한 기준은 어느 것으로 정하는가?
| O | △ | X |

① 대통령령
② 행정안전부령
③ 시·도 조례
④ 소방청장 고시

**003** 소방력의 기준 등에 대한 설명으로 옳지 않은 것은?
| O | △ | X |

① 소방력에 관한 기준은 행정안전부령으로 정한다.
② 국고보조의 대상 및 사업범위는 대통령령으로 정한다.
③ 국고보조산정을 위한 기준가격은 행정안전부령으로 정한다.
④ 소방청장은 소방력의 기준에 따라 관할구역 안의 소방력을 확충하기 위하여 필요한 계획을 수립하여 시행한다.

**004** 다음 중 국고보조대상에 해당하지 않는 것은?
○△×

① 소방헬리콥터 및 소방정
② 소방업무에 필요한 집기류
③ 소방관서용 청사의 건축
④ 소방펌프자동차

**005** 국고보조대상에 해당하지 않는 것은?
○△×

① 소방전용 전산설비
② 방화복 등 소방활동에 필요한 소방장비
③ 소방업무에 필요한 직원 훈련 및 교육비
④ 소방관서용 청사 건축

**006** 국가가 시·도의 소방업무에 필요한 경비의 일부를 보조하는 국고보조의 대상이 아닌 것은?
○△×

① 소방의(소방복장)
② 소방자동차
③ 소방관서용 청사의 건축
④ 소방헬리콥터

**007** 국가가 시·도의 소방업무에 필요한 경비의 일부를 보조하는 국고보조대상이 아닌 것은?
○△×

① 소방용수시설
② 소방전용 통신설비
③ 소방자동차
④ 소방헬리콥터

**008** 다음 중 소방기본법상 소방용수시설이 아닌 것은?
○△×

① 저수조
② 급수탑
③ 소화전
④ 고가수조

**009** 다음 중 소방기본법상 소방용수시설의 설치권자로 옳은 것은?

① 소방서장　　　　　　　　　② 소방청장
③ 시·도지사　　　　　　　　　④ 소방본부장

**010** 소방용수시설의 설치기준으로 옳지 않은 것은?

① 주거지역·상업지역 및 공업지역에는 소방대상물과 수평거리 100미터 이하가 되도록 할 것
② 소화전 연결금속구의 구경은 100밀리미터 이상으로 할 것
③ 급수탑 급수관의 구경은 100밀리미터 이상으로 할 것
④ 저수조는 지면으로부터 낙차가 4.5미터 이하가 되도록 할 것

**011** 주거지역에서의 소방용수시설의 배치기준으로 옳은 것은?

① 수평거리 100미터 이하가 되도록 배치
② 수평거리 140미터 이하가 되도록 배치
③ 보행거리 100미터 이하가 되도록 배치
④ 보행거리 140미터 이하가 되도록 배치

**012** 소방용수시설의 설치기준과 관련된 소화전의 설치기준에서 소방용 호스와 연결되는 소화전의 연결금속구의 구경은 몇 밀리미터로 하여야 하는가?

① 45밀리미터　　　　　　　　② 50밀리미터
③ 65밀리미터　　　　　　　　④ 100밀리미터

**013** 소방용수시설의 저수조 설치기준으로 옳은 것은?

① 흡수관의 투입구가 사각형인 경우에는 한 변의 길이가 60센티미터 이상일 것

② 흡수부분의 수심이 0.25미터 이상일 것

③ 지면으로부터의 낙차가 6.5미터 이하일 것

④ 저수조에 물을 공급하는 방법은 상수도에 연결하여 수동으로 급수되는 구조일 것


**014** 소방용수시설의 급수탑의 설치기준에 관한 사항 중 개폐밸브의 설치위치로 옳은 것은?

① 지상에서 0.5미터 이상 1미터 이하

② 지상에서 0.8미터 이상 1.2미터 이하

③ 지상에서 1.0미터 이상 1.5미터 이하

④ 지상에서 1.5미터 이상 1.7미터 이하


**015** 소방용수시설의 설치기준으로 옳지 않은 것은?

① 주거지역·상업지역 및 공업지역에는 소방대상물과 수평거리 100미터 이하가 되도록 할 것

② 소화전 연결금속구의 구경은 65밀리미터로 할 것

③ 급수탑 급수배관의 구경은 80밀리미터 이상으로 할 것

④ 저수조는 지면으로부터 낙차가 4.5미터 이하가 되도록 할 것


**016** 소방용수시설의 설치에서 지상에 설치하는 소화전 또는 급수탑방식에서 표지의 내용으로 옳은 것은?

| | 안쪽 바탕 | 바깥쪽 바탕 | 안쪽 문자 | 바깥쪽 문자 |
|---|---|---|---|---|
| ① | 붉은색 | 파란색 | 흰색 | 노란색 |
| ② | 파란색 | 붉은색 | 흰색 | 노란색 |
| ③ | 붉은색 | 파란색 | 흑색 | 붉은색 |
| ④ | 파란색 | 붉은색 | 흑색 | 붉은색 |

**017** 소방용수시설의 소화전 및 급수탑 설치기준으로 옳은 것은?

① 주거지역·상업지역 및 공업지역에 설치하는 경우에는 소방대상물과의 수평거리를 140미터 이하가 되도록 할 것

② 기타지역에 설치하는 경우에는 소방대상물과의 수평거리를 100미터 이하가 되도록 할 것

③ 급수탑의 방식에서 급수배관의 구경은 150밀리미터 이상으로 하고, 개폐밸브는 지상에서 1.5미터 이상 1.7미터 이하의 위치에 설치하도록 할 것

④ 소화전 방식에서는 상수도와 연결하여 지하식 또는 지상식의 구조로 하고, 소방용 호스와 연결하는 소화전의 연결금속구의 구경은 65밀리미터로 할 것

**018** 소방용수시설의 설치기준으로서 옳은 것은?

① 저수조의 경우 지면으로부터 낙차가 4.5미터 이하이고 흡수부분의 수심이 0.5미터 이상일 것

② 주거지역·상업지역에 설치하는 경우 수평거리를 140미터 이하가 되도록 설치할 것

③ 소방용수시설의 유지·관리책임자는 소방본부장 또는 소방서장일 것

④ 저수조에 물을 공급하는 방법은 상수도에 연결하여 수동으로 급수되는 구조일 것

**019** 비상소화장치에 대한 설명으로 옳지 않은 것은?

① 화재예방강화지구는 비상소화장치의 설치대상 지역이다.

② 비상소화장치는 비상소화장치함, 소화전, 소방호스, 관창을 포함하여 구성하여야 한다.

③ 소방호스는 소방시설 설치 및 관리에 관한 법률에 따라 소방청장이 정하여 고시하는 형식승인 및 제품검사의 기술기준에 적합한 것으로 설치하여야 한다.

④ 관창은 소방시설 설치 및 관리에 관한 법률에 따라 소방청장이 정하여 고시하는 성능인증 및 제품검사의 기술기준에 적합한 것으로 설치하여야 한다.

**020** 소방자동차의 진입이 곤란한 지역 등 화재발생 시에 초기 대응이 필요한 지역에 소방호스 또는 호스릴 등을 소방용수시설에 연결하여 비상소화장치를 설치하고 유지·관리할 수 있다. 비상소화 장치에 대한 설명으로 옳지 않은 것은?

① 비상소화장치는 시·도지사가 설치한다.
② 비상소화장치의 설치대상 지역은 행정안전부령으로 정한다.
③ 화재경계지구는 비상소화장치의 설치대상 지역이다.
④ 비상소화장치는 비상소화장치함, 소화전, 소방호스, 관창을 포함하여 구성하여야 한다.

**021** 소방기본법 시행규칙상 소방용수시설 및 비상소화장치의 설치기준으로 옳지 않은 것은?

① 비상소화장치의 설치기준에 관한 세부 사항은 소방청장이 정한다.
② 소방청장은 설치된 소방용수시설에 대하여 소방용수표지를 보기 쉬운 곳에 설치하여야 한다.
③ 소방호스 및 관창은 소방청장이 정하여 고시하는 형식승인 및 제품검사의 기술기준에 적합한 것으로 설치한다.
④ 비상소화장치함은 소방청장이 정하여 고시하는 성능인증 및 제품검사의 기술기준에 적합한 것으로 설치한다.

**022** 소방기본법 및 같은 법 시행령상 비상소화장치 설치대상 지역을 있는 대로 모두 고른 것은?

> ㄱ. 위험물의 저장 및 처리 시설이 밀집한 지역
> ㄴ. 석유화학제품을 생산하는 공장이 있는 지역
> ㄷ. 소방시설·소방용수시설 또는 소방출동로가 없는 지역
> ㄹ. 시·도지사가 비상소화장치의 설치가 필요하다고 인정하는 지역

① ㄱ, ㄴ
② ㄷ, ㄹ
③ ㄱ, ㄴ, ㄷ
④ ㄱ, ㄴ, ㄷ, ㄹ

**023** 소방활동에 필요한 지리조사 및 소방용수조사의 실시 횟수 기준으로 옳은 것은?
○△×

① 월 1회 이상　　　　　　　　　② 3개월에 1회 이상

③ 6개월에 1회 이상　　　　　　　④ 연 1회 이상

**024** 소방기본법 시행규칙상 소방용수시설 및 지리조사에 관한 내용으로 옳지 않은 것은?
○△×

① 소방본부장 또는 소방서장은 원활한 소방활동을 위하여 소방용수시설 및 지리조사를 월 1회 이상 실시하여야 한다.

② 지리조사는 소방대상물에 인접한 도로의 폭·교통상황, 도로주변의 토지의 고저·건축물의 개황을 제외한 소방활동에 필요한 사항이다.

③ 조사결과는 전자적 처리가 불가능한 특별한 사유가 없으면 전자적 처리가 가능한 방법으로 작성·관리하여야 한다.

④ 소방용수시설 및 지리조사는 소방용수조사부 및 지리조사부 서식에 의하되, 그 조사 결과를 2년간 보관하여야 한다.

**025** 소방기본법에서 정하고 있는 소방업무의 응원요청대상으로 옳지 않은 것은?
○△×

① 화재의 예방　　　　　　　　　② 화재의 진압

③ 인명의 구조 및 구급　　　　　　④ 화재의 조사

**026** 소방기본법에서 소방업무의 응원요청 시 소방대의 지휘권을 가지는 자는?
○△×

① 응원을 요청한 소방본부장 또는 소방서장

② 응원요청에 응하는 소방본부장 또는 소방서장

③ 소방청장

④ 응원요청에 응하는 시·도지사

**027** 소방응원에 관한 사항으로 옳지 않은 것은?

① 소방본부장 또는 소방서장은 소방활동상 긴급한 때에는 화재 현장에 이웃한 소방본부장 또는 소방서장에게 소방업무의 응원을 요청할 수 있다.
② 소방업무의 응원을 요청받은 소방본부장 또는 소방서장은 정당한 사유 없이 이를 거절할 수 없다.
③ 파견된 소방대원은 소방업무의 응원을 요청한 소방본부장 또는 소방서장의 지휘를 받아야 한다.
④ 소방업무의 응원을 요청하는 소방본부장 또는 소방서장은 소방응원에 소요되는 경비를 부담하여야 한다.

**028** 시·도지사는 이웃하는 다른 시·도지사와 소방업무에 관하여 상호응원협정을 체결하고자 할 때 포함되어야 하는 사항으로 옳지 않은 것은?

① 화재의 예방활동
② 응원출동대상지역 및 규모
③ 소요경비의 부담에 관한 사항
④ 화재조사활동

**KEYWORD 소방력 동원**

**029** 소방력의 동원을 요청할 수 있는 자로 옳은 것은?

① 행정안전부장관
② 소방청장
③ 시·도지사
④ 시·도의 소방본부장 및 소방서장

**030** 소방기본법에서 소방력의 동원으로 동원된 소방대의 지휘권을 가지는 자는?

① 동원이 필요한 시·도의 소방본부장 또는 소방서장
② 동원 요청으로 동원된 소방본부장 또는 소방서장
③ 소방청장
④ 동원이 필요한 시·도지사

**031** 소방기본법에서 동원된 소방대를 소방청장이 직접 편성하여 현장에서 소방활동을 하는 경우, 지휘권을 가지는 자는?

① 동원이 필요한 소방본부장 또는 소방서장
② 중앙소방본부장
③ 소방청장
④ 동원이 필요한 시·도지사

**032** 소방기본법에서 동원된 소방대에 대한 경비부담은 누가 하여야 하는가?

① 동원을 요청한 지역의 소방본부장 또는 소방서장
② 동원에 응하는 지역의 시·도지사
③ 소방청장
④ 동원을 요청한 지역의 시·도지사

**033** 소방기본법에서 소방력 동원에 관한 설명으로 옳지 않은 것은?

① 소방청장은 국가적 차원에서 소방활동을 수행할 필요가 인정될 때에는 각 시·도지사에게 행정안전부령으로 정하는 바에 따라 소방력을 동원할 것을 요청할 수 있다.
② 소방청장이 직접 소방대를 편성하여 소방활동을 하게 하는 경우에는 소방청장의 지휘에 따라야 한다.
③ 소방활동을 수행하는 과정에서 발생하는 경비 부담에 관한 사항, 소방활동을 수행한 민간 소방 인력이 사망하거나 부상을 입었을 경우의 보상주체·보상기준 등에 관한 사항, 그 밖에 동원된 소방력의 운용과 관련하여 필요한 사항은 소방청장이 정한다.
④ 동원 요청을 받은 시·도지사는 정당한 사유가 있는 경우 요청을 거절할 수 있다.

## 기출 OX QUIZ

1. 소방대는 화재, 재난·재해, 그 밖의 위급한 상황이 발생한 현장에 신속하게 출동하기 위하여 긴급할 때에는 일반적인 통행에 쓰이지 아니하는 도로·빈터 또는 물 위로 통행할 수 없다. 12. 중앙 　　O | X
2. 소방청장은 소방안전교육사시험에서 부정행위를 한 자에 대하여는 그 시험을 무효로 하고, 그 처분이 있은 날부터 2년간 소방안전교육사 시험의 응시자격을 정지한다. 13. 기출 　　O | X
3. 발화신호는 소방력을 동원한 때 발령한다. 09. 기출 　　O | X

정답 1. × 통행할 수 있다.　2. ○　3. × 화재발생 시 발령한다.

---

KEYWORD **소방활동**

**001** **소방활동구역에 출입할 수 있는 사람으로 옳지 않은 것은?**
O △ X

① 소방활동구역 밖에 있는 소방대상물의 관계인
② 의사·간호사 그 밖의 구급·구조업무에 종사하는 사람
③ 보도업무에 종사하는 사람
④ 소방대장의 출입 허가를 받은 사람

**002** **소방활동구역에 출입할 수 없는 사람은?**
O △ X

① 소방청장의 출입 허가를 받은 사람
② 구역 안에 있는 소방대상물의 관계인
③ 수사업무에 종사하는 사람
④ 의사·간호사, 그 밖의 구조·구급업무에 종사하는 사람

**003** **소방활동에 대한 설명으로 옳지 않은 것은?**
O △ X

① 사고현장을 발견한 사람은 그 현장의 상황을 소방본부·소방서 또는 관계행정기관에 지체 없이 알려야 한다.
② 관계인은 소방대가 현장에 도착할 때까지 소방활동을 하여야 한다.
③ 소방자동차가 화재진압 및 구조·구급활동을 마치고 소방서로 돌아올 때에는 사이렌을 사용할 수 있다.
④ 소방대는 신속하게 출동하기 위하여 긴급한 때에는 일반적인 통행에 쓰이지 아니하는 도로·빈터 또는 물 위로 통행할 수 있다.

**004** 소방지원활동에 대한 설명으로 옳지 않은 것은?

① 소방청장·소방본부장 또는 소방서장은 공공의 안녕, 질서 유지 또는 복리증진을 위하여 필요한 경우 소방지원활동을 하게 할 수 있다.
② 자연재해에 따른 급수·배수 및 제설 등 지원활동을 할 수 있다.
③ 집회·공연 등 각종 행사 시 사고에 대비한 근접대기 등 지원활동을 할 수 있다.
④ 소방청장·소방본부장 또는 소방서장은 화재 시 소방대를 현장에 신속하게 출동시켜 지원활동을 할 수 있다.

**005** 생활안전활동에 대한 설명으로 옳지 않은 것은?

① 붕괴, 낙하 등이 우려되는 고드름, 나무, 위험 구조물 등의 제거활동
② 끼임, 고립 등에 따른 위험제거 및 구출활동
③ 소방시설 오작동 신고에 따른 조치활동
④ 방치하면 급박해질 우려가 있는 위험을 예방하기 위한 활동

**006** 행정안전부령으로 정하는 소방지원활동이 아닌 것은?

① 군부대에서 실시하는 훈련지원활동
② 소방시설 오작동 신고에 따른 조치활동
③ 방송제작 또는 촬영 관련 지원활동
④ 화재, 재난·재해로 인한 피해복구지원활동

**007** 소방기본법으로 정하는 소방활동 등에 대한 설명으로 옳지 않은 것은?

① 시·도지사는 소방자동차의 공무상 운행 중 교통사고가 발생한 경우 그 운전자의 법률상 분쟁에 소요되는 비용을 지원할 수 있는 보험에 가입하여야 한다.
② 소방공무원이 소방활동으로 인하여 타인을 사상(死傷)에 이르게 한 경우 그 소방활동이 불가피하고 소방공무원에게 고의 또는 중대한 과실이 없는 때에는 그 정상을 참작하여 사상에 대한 형사책임을 감경하거나 면제할 수 있다.
③ 시·도지사는 소방공무원이 소방활동, 소방지원활동, 생활안전활동으로 인하여 민·형사상 책임과 관련된 소송을 수행할 경우 변호인 선임 등 소송수행에 필요한 지원을 할 수 있다.
④ 소방청장·소방본부장 또는 소방서장은 공공의 안녕, 질서 유지 또는 복리증진을 위하여 필요한 경우 소방지원활동을 하게 할 수 있다.

**008** 소방업무를 전문적이고 효과적으로 수행하기 위하여 소방대원에게 소방교육·훈련을 실시하여야
□△× 한다. 소방교육·훈련 실시권자로 모두 옳은 것은?

① 소방청장, 소방본부장, 소방서장
② 시·도지사, 소방본부장, 소방서장
③ 소방본부장, 소방서장
④ 시·도지사

**009** 소방활동상 필요한 소방교육·훈련에 대한 설명으로 옳지 않은 것은?
□△×

① 교육·훈련의 종류 및 대상자 그 밖에 교육·훈련의 실시에 관하여 필요한 사항은 행정
안전부령으로 정한다.
② 화재진압훈련은 화재진압업무를 담당하는 소방공무원과 의무소방원 및 의용소방대원
에게 실시한다.
③ 응급처치훈련은 구급업무를 담당하는 소방공무원에 한하여 실시한다.
④ 소방교육·훈련은 2년마다 1회 실시하되, 교육·훈련기간은 2주 이상으로 한다.

**010** 소방대원에 대한 소방교육·훈련의 실시권자로 옳은 것은?
□△×

① 소방청장, 소방본부장, 소방서장
② 행정안전부장관
③ 소방본부장, 소방서장
④ 시·도지사

**011** 소방기본법령상 소방교육·훈련의 종류와 종류별 소방교육·훈련의 대상자의 연결이 옳지 않은
□△× 것은? (단, 소방공무원에 한정한다)

① 화재진압훈련 - 화재진압업무를 담당하는 소방공무원
② 인명구조훈련 - 구조업무를 담당하는 소방공무원
③ 응급처치훈련 - 구조업무를 담당하는 소방공무원
④ 인명대피훈련 - 소방공무원

**012** 소방안전교육사가 되고자 하는 사람은 누가 실시하는 시험에 합격하여야 하는가?

① 소방청장  ② 한국산업인력공단 이사장
③ 행정안전부장관  ④ 시·도지사

**013** 소방안전교육사의 응시자격 심사위원 및 시험위원 등으로 옳지 않은 것은?

① 소방 관련 학과·교육학과 또는 응급구조학과 석사학위 이상 취득자
② 소방 관련 학과·교육학과 또는 응급구조학과 조교수 이상으로 2년 이상 재직한 자
③ 소방위 이상의 소방공무원
④ 소방안전교육사 자격을 취득한 자

**014** 소방안전교육사 시험의 응시자격으로 옳지 않은 것은?

① 소방공무원으로 1년 이상 근무한 경력이 있는 사람
② 간호사 면허를 취득한 후 간호업무분야에 1년 이상 종사한 사람
③ 1급 응급구조사 자격을 취득한 후 응급의료업무 분야에 1년 이상 종사한 사람
④ 의용소방대원으로 임명된 후 5년 이상 의용소방대활동을 한 경력이 있는 사람

**015** 소방안전교육사의 시험에 응시할 수 없는 사람은?

① 소방공무원으로 2년 이상 근무한 경력이 있는 사람
② 국가기술자격의 직무 분야 중 안전관리 분야(국가기술자격의 직무 분야 및 국가기술자격의 종목 중 직무 분야의 안전관리를 말한다)의 기술사 자격을 취득한 사람
③ 특급소방안전관리자의 자격을 갖춘 사람
④ 학점인정 등에 관한 법률에 따라 학습과정의 평가인정을 받은 교육훈련기관에서 소방안전교육 관련 교과목(응급구조학과, 교육학과 또는 소방청장이 정하여 고시하는 소방관련 학과에 개설된 전공과목을 말한다)을 총 6학점 이상 이수한 사람

## 016 소방안전교육사 시험의 응시자격으로 옳지 않은 사람은?

① 특급 소방안전관리자의 자격이 있는 사람
② 1급 소방안전관리자의 자격을 갖춘 후 소방안전관리대상물의 소방안전관리에 관한 실무경력이 1년 이상 있는 사람
③ 2급 소방안전관리자의 자격을 갖춘 후 소방안전관리대상물의 소방안전관리에 관한 실무경력이 3년 이상 있는 사람
④ 3급 소방안전관리자의 자격을 갖춘 후 소방안전관리대상물의 소방안전관리에 관한 실무경력이 5년 이상 있는 사람

## 017 소방안전교육사 시험에 응시할 수 있는 자격으로 옳은 것은?

① 초·중등교육법 및 유아교육법에 따라 교원의 자격을 취득한 사람
② 국가기술자격의 직무 분야 중 안전관리 분야의 기사 자격을 취득한 사람
③ 간호사 면허를 취득한 사람
④ 1급 응급구조사 자격을 취득한 사람

## 018 소방안전교육을 실시하는 강사의 자격으로 옳지 않은 사람은?

① 소방공무원으로서 5년 이상 근무한 경력이 있는 사람
② 소방청장이 정하는 소방활동 관련 자격 인명구조사 자격을 취득한 사람
③ 소방설비기사
④ 소방 관련 학과의 학사학위 이상을 취득한 사람

## 019 소방안전교육훈련에 필요한 장소 및 차량의 기준에서 소방안전교실 및 이동안전체험차량에 갖추어야 할 안전교육장비 중 화재안전교육용이 아닌 것은?

① 119신고 실습전화기
② 안전체험복
③ 옥내소화전 모형장비
④ 안전벨트

**020** 소방안전교육사의 배치대상 및 배치기준, 그 밖에 필요한 사항은 무엇으로 정하는가?

① 대통령령
② 행정안전부령
③ 소방청장 고시
④ 시·도 조례

**021** 소방안전교육사의 결격사유에 해당하지 않는 것은?

① 피성년후견인
② 법원의 판결 또는 다른 법률에 따라 자격이 정지되거나 상실된 사람
③ 파산선고를 받고 복권되지 아니한 사람
④ 금고 이상의 형의 집행유예를 선고받고 그 유예기간 중에 있는 사람

**022** 소방서에는 소방안전교육사를 몇 명 이상 배치하여야 하는가?

① 1명
② 2명
③ 3명
④ 5명

**023** 소방본부에는 소방안전교육사를 몇 명 이상 배치하여야 하는가?

① 1명
② 2명
③ 3명
④ 5명

**024** 소방기본법으로 정하는 한국119청소년단에 대한 설명으로 옳지 않은 것은?
☐△✕

① 청소년에게 소방안전에 관한 올바른 이해와 안전의식을 함양시키기 위하여 한국119청소년단을 설립한다.
② 국가나 지방자치단체는 한국119청소년단에 그 조직 및 활동에 필요한 시설·장비를 지원할 수 있으며, 운영경비와 시설비 및 국내·외 행사에 필요한 경비를 보조할 수 있다.
③ 한국119청소년단이 아닌 자는 한국119청소년단 또는 이와 유사한 명칭을 사용할 수 없다.
④ 한국119청소년단의 정관 또는 사업의 범위·지도·감독 및 지원에 필요한 사항은 대통령령으로 정한다.

---

**KEYWORD 소방신호**

**025** 다음 중 소방신호의 목적이 아닌 것은?
☐△✕

① 화재예방
② 소방활동
③ 시설 보수
④ 소방훈련

---

**026** 소방기본법에서 행정안전부령으로 정하는 소방신호의 종류로 옳지 않은 것은?
☐△✕

① 화재신호
② 훈련신호
③ 해제신호
④ 경계신호

---

**027** 소방신호를 발하는 요건으로 옳지 않은 것은?
☐△✕

① 경계신호: 화재발생지역에 출동할 때
② 발화신호: 화재가 발생한 때
③ 해제신호: 진화 또는 소화활동의 필요가 없다고 인정될 때
④ 훈련신호: 훈련상 필요하다고 인정할 때

**028** 소방신호의 방법에 대하여 옳지 않은 것은?

① 훈련신호 시 타종신호는 1타와 연 3타를 반복한다.
② 경계신호 시 타종신호는 1타와 연 2타를 반복한다.
③ 발화신호 시 사이렌신호는 5초 간격을 두고 5초씩 3회 경보를 한다.
④ 해제신호 시 사이렌신호는 1분간 1회 경보를 한다.

**029** 소방기본법에서 정하고 있는 소방신호방법 중 사이렌신호를 나타낸 것이다. (      ) 안에 들어갈 내용으로 옳은 것은?

| 구분 | 발령시간 | 간격 | 발령횟수 |
|------|----------|------|----------|
| 경계신호 | ( 가 )초 | 5초 | 3회 |
| 발화신호 | ( 나 )초 | 5초 | 3회 |
| 해제신호 | ( 다 )분 | – | 1회 |
| 훈련신호 | ( 라 )분 | 10초 | 3회 |

|     | (가) | (나) | (다) | (라) |
|-----|------|------|------|------|
| ① | 30 | 5 | 1 | 1 |
| ② | 30 | 30 | 1 | 1 |
| ③ | 5 | 5 | 3 | 3 |
| ④ | 5 | 30 | 3 | 3 |

**030** 다음 중 소방신호로 옳은 것은?

① 예방신호
② 진압신호
③ 해산신호
④ 경계신호

**031** 소방신호의 신호방법으로 옳지 않은 것은?

① 경계신호 - 타종신호로 1타와 연 2타를 반복한다.
② 발화신호 - 사이렌신호로 5초 간격으로 10초씩 3회이다.
③ 해제신호 - 사이렌신호로 60초간 1회이다.
④ 훈련신호 - 타종신호로 연 3타를 반복한다.

**032** 다음 중 소방신호의 종류로서 옳은 것은?
[○][△][×]

① 소집신호
② 피난신호
③ 해산신호
④ 훈련신호

**033** 소방기본법령상 소방신호에 관한 설명으로 옳지 않은 것은?
[○][△][×]

① 화재예방, 소방활동 또는 소방훈련을 위하여 사용한다.
② 예방신호는 화재예방상 필요하다고 인정하거나 화재위험경보 시 발령한다.
③ 발화신호의 방법은 타종신호는 난타, 사이렌신호는 5초 간격을 두고 5초씩 3회 울린다.
④ 해제 및 훈련신호도 소방신호에 해당한다.

**KEYWORD 화재 등의 통지**

**034** 화재로 오인될 우려가 있는 불을 피우거나 연막 소독을 실시하고자 하는 경우 조치 사항으로 옳
[○][△][×] 은 것은?

① 시·도 조례가 정하는 바에 따라 관할 소방본부장 또는 소방서장에게 신고한다.
② 대통령령이 정하는 바에 따라 관할 소방본부장 또는 소방서장에게 신고한다.
③ 행정안전부령이 정하는 바에 따라 관할 소방본부장 또는 소방서장에게 신고한다.
④ 시·도 조례가 정하는 바에 따라 시·도지사에게 신고한다.

**KEYWORD 소방자동차**

**035** 소방자동차의 공무상 운행 중 교통사고가 발생한 경우 그 운전자의 법률상 분쟁에 소요되는 비용
[○][△][×] 을 지원할 수 있는 보험에 가입하여야 하는 자로 옳은 것은?

① 국가
② 소방청장
③ 소방본부장 또는 소방서장
④ 시·도지사

**036** 소방자동차의 우선통행에 관한 사항으로 옳지 않은 것은?

① 소방자동차가 화재 현장으로 출동하는 때에는 모든 차와 사람은 통로를 양보하여야 한다.
② 소방자동차의 우선통행에 관하여는 도로교통법이 정하는 바에 의한다.
③ 소방자동차가 화재 현장에 출동하거나 훈련을 위하여 필요한 때에는 사이렌을 사용할 수 있다.
④ 소방자동차가 소방용수를 확보할 때에는 사이렌을 사용할 수 있다.


**037** 소방자동차의 우선통행에 관한 사항으로 옳지 않은 것은?

① 소방자동차가 화재진압 및 구조·구급활동을 위하여 출동할 때는 사이렌을 사용할 수 있다.
② 소방자동차가 소방훈련을 위하여 필요한 때에는 사이렌을 사용할 수 있다.
③ 소방자동차의 우선통행에 관하여는 소방기본법이 정하는 바에 따른다.
④ 모든 차와 사람은 소방자동차가 화재진압 및 구조·구급활동을 위하여 출동할 때에는 이를 방해하여서는 아니 된다.


**038** 소방기본법에서 정하고 있는 소방자동차 전용구역에 대한 설명으로 옳지 않은 것은?

① 건축법에 따른 공동주택 중 대통령령으로 정하는 공동주택의 소유주는 소방활동의 원활한 수행을 위하여 공동주택에 소방자동차 전용구역을 설치하여야 한다.
② 누구든지 전용구역에 차를 주차하거나 전용구역에의 진입을 가로막는 등의 방해행위를 하여서는 아니 된다.
③ 전용구역의 설치기준·방법의 필요한 사항은 대통령령으로 정한다.
④ 전용구역에 차를 주차하거나 전용구역에의 진입을 가로막는 등 방해행위의 기준 그 밖의 필요한 사항은 대통령령으로 정한다.

**039** 소방기본법에서 정하고 있는 소방자동차 전용구역의 설치방법으로 옳지 않은 것은?

① 전용구역 노면표지의 외곽선은 빗금무늬로 표시하되, 빗금은 두께를 30센티미터로 하여 표시한다.

② 전용구역 노면표지 도료의 색채는 녹색을 기본으로 표시한다.

③ 전용구역 노면표지의 외곽선은 빗금무늬로 표시하되, 빗금의 간격은 50센티미터로 표시한다.

④ 전용구역 노면표지 시 문자(P, 소방차 전용)는 백색으로 표시한다.

**040** 소방기본법 시행령상 소방자동차 전용구역 방해 행위의 기준에 관한 내용으로 옳지 않은 것은?

① 전용구역의 앞면, 뒷면 또는 양 측면에 물건 등을 쌓거나 주차하는 행위

② 주차장법 제19조에 따른 부설주차장의 주차구획 내에 주차하는 행위

③ 전용구역 진입로에 물건 등을 쌓거나 주차하여 전용구역으로의 진입을 가로막는 행위

④ 전용구역 노면표지를 지우거나 훼손하는 행위

KEYWORD 소방활동 등

**041** 화재현장의 소방활동구역은 누가 설정하는가?

① 소방대상물의 관계인

② 소방대장

③ 시·도지사

④ 시장·군수 또는 구청장

**042** 소방활동 종사명령으로 종사한 자는 비용지급을 받을 수 있다. 다음 중 비용지급을 받을 수 있는 자는?

① 고의로 인하여 화재 또는 구조·구급활동이 필요한 상황을 발생시킨 사람

② 화재현장에서 물건을 가져간 사람

③ 실수로 인하여 화재 또는 구조·구급활동이 필요한 상황을 발생시킨 사람

④ 관계지역에 있는 자로서 소방활동에 종사한 사람

**043** 소방활동에 대한 설명으로 옳은 것은?

① 소방활동에 종사한 자는 소방대장으로부터 소방활동의 비용을 지급받을 수 있다.

② 소방본부장·소방서장 또는 소방대장은 소방활동을 위하여 긴급하게 출동하는 때에는 소방자동차의 통행과 소방활동에 방해가 되는 주차 또는 정차된 차량 및 물건 등을 제거 또는 이동시킬 수 있다.

③ 소방본부장·소방서장 또는 소방대장은 규정에 따라 소방활동에 종사한 자가 이로 인하여 사망하거나 부상을 입은 경우에는 이를 보상하여야 한다.

④ 경찰공무원은 화재, 재난·재해 그 밖의 위급한 상황의 발생으로 인하여 사람의 생명에 위험이 미칠 것으로 인정하는 때에는 일정한 구역을 지정하여 그 구역 안에 있는 사람에 대하여 그 구역 밖으로 피난할 것을 명할 수 있다.

**044** 소방활동으로 인한 강제처분의 권한이 있는 자로 옳은 것은?

① 소방본부장          ② 특별시장
③ 광역시장            ④ 도지사

**045** 소방본부장·소방서장 또는 소방대장이 구역 안에 있는 사람에 대하여 피난 명령을 할 때에는 누구에게 협조를 구할 수 있는가?

① 특별시장 및 광역시장      ② 시장·군수
③ 자치경찰단장             ④ 소방대상물의 관계인

**046** 소방기본법에서 위험시설 등에 대한 긴급조치를 할 수 있는 사람은?

① 특별시장 및 광역시장      ② 시장·군수
③ 자치경찰단장             ④ 소방대장

해설집 p.15

## 기출 OX QUIZ

1. 국가는 소방산업의 육성·진흥을 위하여 필요한 계획의 수립 등 행정상·재정상의 지원시책을 마련하여야 한다. 17. 특채  ○ | ×
2. 소방청장은 소방산업과 관련된 기술의 개발을 촉진하기 위하여 기술개발을 실시하는 자에게 그 기술개발에 드는 자금의 전부 또는 일부를 출연하거나 보조할 수 있다. 17. 특채  ○ | ×
3. 국가는 국민의 생명과 재산을 보호하기 위하여 기관이나 단체로 하여금 소방기술의 연구·개발 사업을 수행하게 할 수 있다. 17. 특채  ○ | ×

정답 1. ○  2. × 소방청장이 아니라 국가이다.  3. ○

---

**KEYWORD 소방산업의 육성·진흥 및 지원**

**001**
○△×

소방산업(소방용 기계·기구의 제조, 연구·개발 및 판매 등에 관한 일련의 산업)의 육성·진흥을 위하여 필요한 계획의 수립 등 행정상·재정상의 지원시책을 마련하여야 하는 곳으로 옳은 것은?

① 국가
② 행정안전부장관
③ 소방청장
④ 시·도지사

**002**
○△×

소방산업의 육성·진흥 및 지원 등에 관한 설명 중 국가의 업무로 옳지 않은 것은?

① 소방산업의 육성·진흥을 위하여 필요한 계획의 수립 등 행정상·재정상의 지원시책 마련
② 소방산업과 관련된 기술의 개발을 촉진하기 위하여 기술개발을 실시하는 자에게 그 기술개발에 드는 자금의 전부나 일부를 출연하거나 보조
③ 소방기술의 연구·개발사업을 수행하게 하는 경우 필요한 경비 지원
④ 소방기술 및 소방산업의 국제경쟁력과 국제적 통용성을 높이기 위하여 필요한 사업의 추진

**003** 소방기본법령상 소방산업의 육성·진흥 및 지원 등에 관한 설명으로 옳지 않은 것은?

① 국가는 소방산업의 육성·진흥을 위하여 행정상·재정상의 지원시책을 마련하여야 한다.

② 국가는 우수 소방제품의 전시·홍보를 위하여 대외무역법에 의한 무역전시장을 설치한 자에게 소방산업전시회 관련 국외홍보비의 재정적인 지원을 할 수 있다.

③ 국가는 고등교육법에 따른 전문대학에 소방기술의 연구·개발 사업을 수행하게 할 수 있다.

④ 국가는 소방기술 및 소방산업의 국외시장 개척을 위한 사업을 추진하여야 한다.

**004** 소방산업의 국제화사업을 추진하는 자로 옳은 것은?

① 국가
② 행정안전부장관
③ 소방청장
④ 시·도지사

---

**기출 OX QUIZ**

1. 소방안전관리자 또는 소방기술자로 선임된 사람도 한국소방안전원의 회원이 될 수 있다. 17. 특채    ○ | ×
2. 안전원의 감독기관은 소방청장이다. 10. 기출    ○ | ×
3. 안전원의 운영경비는 국가 보조금으로 충당한다. 17. 특채    ○ | ×

정답 1. ○  2. ○

3. × 소방기본법 제44조 각 호의 재원(제41조 제1호 및 제4호의 업무 수행에 따른 수입금,
제42조에 따른 회원의 회비, 자산운영수익금, 그 밖의 부대수입)으로 충당한다.

---

**KEYWORD 한국소방안전원**

**001** 한국소방안전원의 업무로 옳지 않은 것은?
○△×

① 소방기술과 안전관리에 관한 조사·연구 및 교육
② 화재예방과 안전관리의식의 고취를 위한 대국민 홍보
③ 소방기술과 안전관리에 의한 각종 간행물의 발간
④ 소방기술자 자격수첩 발급

**002** 다음 중 소방기본법령상 한국소방안전원의 업무가 아닌 것은?
○△×

① 소방기술과 안전관리에 관한 교육 및 조사·연구
② 위험물탱크 성능시험
③ 소방기술과 안전관리에 관한 각종 간행물 발간
④ 화재 예방과 안전관리의식 고취를 위한 대국민 홍보

**003** 한국소방안전원의 정관을 변경하고자 하는 경우 취하여야 할 조치는?
○△×

① 소방청장의 인가를 받아야 한다.
② 소방청장의 승인을 받아야 한다.
③ 소방청장에게 신고를 하여야 한다.
④ 소방청장의 허가를 받아야 한다.

**004** 한국소방안전원의 사업계획 및 예산에 관하여 취하여야 할 조치는?

① 소방청장의 인가를 받아야 한다.
② 소방청장의 승인을 받아야 한다.
③ 소방청장에게 신고를 하여야 한다.
④ 소방청장의 허가를 받아야 한다.

**005** 한국소방안전원의 감독기관으로 옳은 것은?

① 소방청장
② 시 · 도지사
③ 소방본부장
④ 행정안전부장관

**006** 소방기본법으로 정하고 있는 교육평가심의위원회의 구성 및 운영에 대한 설명으로 옳지 않은 것은?

① 평가위원회는 위원장 1명을 포함하여 9명 이하의 위원으로 성별을 고려하여 구성한다.
② 소방위 이상의 소방공무원을 평가위원회의 위원으로 안전원장이 임명한다.
③ 평가위원회의 위원장은 위원 중에서 호선(互選)한다.
④ 평가위원회에 참석한 위원에게는 예산의 범위에서 수당을 지급할 수 있다.

**기출 OX QUIZ**

1. 소방청장 등은 손실보상심의위원회의 심사·의결을 거쳐 특별한 사유가 없으면 보상금 지급 청구서를 받은 날부터 60일 이내에 보상금 지급 여부 및 보상금액을 결정하여야 한다. 19. 기출변형    O | X
2. 교육평가심의위원회에 참석한 위원에게는 예산의 범위에서 수당을 지급할 수 있다. 단, 공무원인 위원이 소관 업무와 직접 관련되어 참석하는 경우를 제외한다. 15. 기출변형    O | X
3. 평가위원회는 위원장 1명을 포함하여 9명 이하의 위원으로 성별을 고려하여 구성한다. 15. 기출변형    O | X

정답 1. ○  2. ○  3. ○

**KEYWORD 손실보상**

**001** 소방기본법으로 정하고 있는 손실보상대상에 대한 설명으로 옳지 않은 것은?

① 손실보상을 청구할 수 있는 권리는 손실이 있음을 안 날부터 5년간 행사하지 아니하면 시효의 완성으로 소멸한다.
② 소방청장 또는 시·도지사는 소방활동 종사로 인하여 사망하거나 부상을 입은 자에게 손실보상을 하여야 한다.
③ 손실보상의 기준, 보상금액, 지급절차 및 방법, 손실보상심의위원회의 구성 및 운영, 그 밖에 필요한 사항은 대통령령으로 정한다.
④ 손실보상청구 사건을 심사·의결하기 위하여 손실보상심의위원회를 둔다.

**002** 소방청장 등은 손실보상심의위원회의 심사·의결을 거쳐 특별한 사유가 없으면 보상금 지급 청구서를 받은 날부터 며칠 이내에 보상금 지급 여부 및 보상금액을 결정하여야 하는가?

① 10일 이내
② 30일 이내
③ 60일 이내
④ 90일 이내

**003** 소방청장 등은 보상금을 지급하기로 결정한 경우에는 특별한 사유가 없으면 통지한 날부터 며칠
이내에 보상금을 지급하여야 하는가?

① 15일 이내
② 30일 이내
③ 60일 이내
④ 90일 이내

**004** 소방기본법령에서 소방청장, 시·도지사는 손실보상청구 사건을 심사·의결하기 위하여 각각 손
실보상심의위원회를 설치 하여야한다. 손실보상심의위원회의 설치 및 구성에 관하여 옳지 않은
것은?

① 보상위원회는 위원장 1명을 포함하여 5명 이상 7명 이하의 위원으로 구성한다.
② 고등교육법 제2조에 따른 학교에서 법학 또는 행정학을 가르치는 조교수 이상으로 5년
　이상 재직한 사람을 위원으로 위촉할 수 있다.
③ 보상위원회의 사무를 처리하기 위하여 보상위원회에 간사 1명을 두되, 간사는 소속 소
　방공무원 중에서 소방청장등이 지명한다.
④ 위촉되는 위원의 임기는 2년으로 하며, 한 차례만 연임할 수 있다.

# 제7장 벌칙

**기출 OX QUIZ**

1. 출동한 소방대원에게 폭행 또는 협박을 행사하여 화재진압·인명구조 또는 구급활동을 방해하는 행위를 한 경우 5년 이하의 징역 또는 5천만 원 이하의 벌금에 처한다. 17. 특채　O | ×
2. 소방자동차 출동을 방해한 자는 5년 이하의 징역 또는 3천만 원 이하의 과태료에 처한다. 11. 통합　O | ×
3. 소방대가 도착할 때까지 관계인은 사람을 구출, 소화활동을 하여야 하며 가스, 전기, 유류시설 등의 차단과 같은 조치를 정당한 사유 없이 방해하여서는 아니 된다. 11. 통합　O | ×

정답 1. ○　2. × 벌금에 처한다.　3. ○

**KEYWORD 벌칙**

**001** 위력을 사용하여 출동한 소방대의 화재진압 및 인명구조 또는 구급활동 등 소방활동을 방해하는 행위를 한 자의 벌칙으로 옳은 것은?

① 5년 이하의 징역 또는 5천만 원 이하의 벌금
② 3년 이하의 징역 또는 3천만 원 이하의 벌금
③ 1년 이하의 징역 또는 1천만 원 이하의 벌금
④ 300만 원 이하의 벌금

**002** 소방활동을 위하여 출동한 소방대원에게 폭행 또는 협박을 행사하여 화재진압 및 인명구조 또는 구급활동을 방해하는 행위를 한 자의 벌칙으로 옳은 것은?

① 5년 이하의 징역 또는 5천만 원 이하의 벌금
② 3년 이하의 징역 또는 3천만 원 이하의 벌금
③ 1년 이하의 징역 또는 1천만 원 이하의 벌금
④ 300만 원 이하의 벌금

**003** 소방활동을 위하여 출동한 소방대의 소방장비를 파손하거나 그 효용을 해하여 화재진압 및 인명
○△✕ 구조 또는 구급활동을 방해하는 행위를 한 자의 벌칙으로 옳은 것은?

① 5년 이하의 징역 또는 5천만 원 이하의 벌금
② 3년 이하의 징역 또는 1천500만 원 이하의 벌금
③ 1년 이하의 징역 또는 1천만 원 이하의 벌금
④ 300만 원 이하의 벌금

**004** 소방활동상 소방활동구역 내의 소방대상물 및 토지에 대한 강제처분을 방해한 자의 벌칙으로 옳
○△✕ 은 것은?

① 5년 이하의 징역 또는 5천만 원 이하의 벌금
② 3년 이하의 징역 또는 3천만 원 이하의 벌금
③ 1년 이하의 징역 또는 1천만 원 이하의 벌금
④ 100만 원 이하의 벌금

KEYWORD 과태료

**005** 화재 또는 구조 · 구급이 필요한 상황을 거짓으로 알린 경우 1차 부과되는 과태료의 금액으로 옳
○△✕ 은 것은?

① 50만 원 ② 100만 원
③ 200만 원 ④ 400만 원

**006** 소방기본법에서 소방활동구역의 출입이 허용되지 않은 자가 소방활동구역을 출입한 경우의 벌칙
○△✕ 으로 옳은 것은?

① 300만 원 이하의 벌금 ② 200만 원 이하의 벌금
③ 100만 원 이하의 벌금 ④ 100만 원의 과태료

**007** 과태료를 감경할 수 있는 대상으로 옳지 않은 것은?

① 위반 행위자가 화재 등 재난으로 재산에 현저한 손실이 발생한 경우
② 위반 행위자가 사업의 부도, 경매 또는 소송의 계속 등 사업여건이 악화된 경우
③ 위반 행위자가 위반행위로 인한 결과를 시정하거나 해소한 경우
④ 위반 행위자가 최근 1년 이내에 소방관계법령 및 그 하위법령을 2회 이상 위반한 경우

**008** 소방기본법에서 과태료를 부과·징수할 권한이 있는 자로 옳지 않은 것은?

① 시·도지사
② 소방본부장
③ 소방서장
④ 소방청장

**009** 과태료 부과 시 과태료를 감경하여 부과할 수 있는데, 최대 얼만큼 감경할 수 있는가?

① 100분의 10
② 100분의 30
③ 100분의 50
④ 100분의 70

**010** 화재로 오인될 우려가 있는 불을 피우거나 연막소독을 실시할 때 화재통지를 하지 않아 소방자동차가 출동한 경우 벌칙으로 옳은 것은?

① 과태료 10만 원 이하
② 과태료 20만 원 이하
③ 벌금 100만 원 이하
④ 벌금 200만 원 이하

# 제 2 편
# 소방의 화재조사에 관한 법률

## 실전 OX QUIZ

1. 화재를 발생시키거나 화재발생과 관계된 사람도 관계인등이라 한다.　　　　　　　　　　○|×
2. 화합물이 산소(oxygen)와 반응하여 높은 열과 빛을 발산하면서 이산화탄소, 물 등의 산화 생성물
   을 만들어 내는 현상을 화재라 한다.　　　　　　　　　　　　　　　　　　　　　　　○|×
3. 소방청장은 화재조사에 필요한 기술의 연구·개발 및 화재조사의 정확도를 향상시키기 위한 시책
   을 강구하고 추진하여야 한다.　　　　　　　　　　　　　　　　　　　　　　　　　○|×

정답 1. ○

2. × 화재란 사람의 의도에 반하거나 고의 또는 과실에 의하여 발생하는 연소 현상으로서 소화할 필요가 있는 현상 또는 사람의 의도
   에 반하여 발생하거나 확대된 화학적 폭발현상이다.
3. × 국가와 지방자치단체는 화재조사에 필요한 기술의 연구·개발 및 화재조사의 정확도를 향상시키기 위한 시책을 강구하고 추진하
   여야 한다.

## KEYWORD 용어

**001** 소방의 화재조사에 관한 법률상 정의에서 관계인등으로 옳지 않은 것은?

① 소유자　　　　　　　　　　　　　② 관리자
③ 점유자　　　　　　　　　　　　　④ 교통업무에 관계된 사람

**002** 화재의 조사에 관한 법률에서 정하는 관계인등에 대한 용어의 뜻으로 옳지 아니한 것은?

① 화재 현장을 발견하고 신고한 사람
② 화재 현장을 목격한 사람
③ 화재를 발생시키거나 화재발생과 관계된 사람
④ 기계분야 등에 관계된 사람

**003** 소방의 화재조사에 관한 법률상 정의에서 (     )에 맞는 용어로 옳은 것은?
◯△✕

> "화재"란 사람의 의도에 반하거나 고의 또는 과실에 의하여 발생하는 연소 현상으로서 소화할 필요가 있는 현상 또는 사람의 의도에 반하여 발생하거나 확대된 (     )현상을 말한다.

① 기계적 폭발　　　　　　　　② 물리적 폭발
③ 화학적 폭발　　　　　　　　④ 화약류 폭발

**004** 소방의 화재조사에 관한 법률상 화재의 정의에 관한 설명으로 옳지 않은 것은?
◯△✕

① 사람의 의도에 반하여 발생하거나 확대된 물리적 폭발현상
② 고의에 의하여 발생한 연소 현상으로서 소화할 필요가 있는 현상
③ 과실에 의하여 발생한 연소 현상으로서 소화할 필요가 있는 현상
④ 사람의 의도에 반하여 발생한 연소 현상으로서 소화할 필요가 있는 현상

---

**실전 OX QUIZ**

1. 시·도지사는 화재발생 사실을 알게 된 때에는 지체 없이 화재조사를 하여야 한다.    O | X
2. 화재합동조사단의 구성과 운영 등에 필요한 사항은 행정안전부령으로 정한다.    O | X
3. 화재합동조사단의 구성·운영하여야 하는 "사상자가 많거나 사회적 이목을 끄는 화재 등 대통령령으로 정하는 대형화재"란 사망자가 5명 이상 발생한 화재를 말한다.    O | X

> 정답 1. X 소방청장, 소방본부장 또는 소방서장(소방관서장)은 화재발생 사실을
> 알게 된 때에는 지체 없이 화재조사를 하여야 한다.
> 2. X 화재합동조사단의 구성과 운영 등에 필요한 사항은 대통령령으로 정한다.   3. O

---

**KEYWORD 화재조사의 실시**

**001** 소방의 화재조사에 관한 법률 및 시행령상 화재조사 실시에 대한 사항으로 옳지 않은 것은?
O △ X

① 소방관서장은 화재발생 사실을 알게 된 때에는 지체 없이 화재조사를 하여야 한다. 이 경우 수사기관의 범죄수사에 지장을 주어서는 아니 된다.
② 화재조사를 하는 경우 화재원인에 관한 사항에 대하여 조사하여야 한다.
③ 화재조사의 대상 및 절차 등에 필요한 사항은 행정안전부령으로 정한다.
④ 소방기본법에 따른 소방대상물에서 발생한 화재는 화재조사를 실시해야 할 대상이다.

**002** 소방의 화재조사에 관한 법률 및 시행령상 감식·감정, 화재원인 판정 등에 관한 조사 종류로 옳은 것은?
O △ X

① 과학적조사
② 현장출동 중 조사
③ 화재현장 조사
④ 정밀조사

**003** 소방의 화재조사에 관한 법률 및 시행령상 화재조사전담부서의 설치·운영에 대한 설명으로 옳지 않은 것은?

① 시·도지사는 전문성에 기반하는 화재조사를 위하여 화재조사전담부서를 설치·운영하여야 한다.

② 화재조사의 실시 및 조사결과 분석·관리는 전담부서의 업무에 해당한다.

③ 화재조사관은 소방청장이 실시하는 화재조사에 관한 시험에 합격한 소방공무원 등 화재조사에 관한 전문적인 자격을 가진 소방공무원으로 한다.

④ 전담부서의 구성·운영, 화재조사관의 구체적인 자격기준 및 교육훈련 등에 필요한 사항은 대통령령으로 정한다.

**004** 소방의 화재조사에 관한 법률에 관한 내용으로 옳지 않은 것은?

① 소방공무원과 경찰공무원은 화재조사에 필요한 증거물의 수집 및 보존에 관한 사항에 대하여 서로 협력하여야 한다.

② 소방관서장은 화재조사 결과의 공표 시 수사가 진행 중이거나 수사의 필요성이 인정되는 경우에는 관계 수사기관의장과 공표 여부에 관하여 사전에 협의하여야 한다.

③ 화재조사를 하는 화재조사관은 관계인의 정당한 업무를 방해하거나 화재조사를 수행하면서 알게 된 비밀을 다른 용도로 사용하거나 다른 사람들에게 누설하여서는 아니 된다.

④ 소방청장, 소방본부장 또는 소방서장이 화재원인, 피해상황, 대응활동 등을 파악하기 위하여 자료의 수집, 감정 및 실험을 하는 행위는 화재조사에 포함되지 않는다.

**005** 소방의 화재조사에 관한 법률 및 시행령상 화재조사전담부서의 설치·운영 등에 대한 설명으로 옳지 않은 것은?

① 소방관서장은 화재조사전담부서에 화재조사관을 2명 이상 배치해야 한다.

② 전담부서에는 화재조사를 위한 감식·감정 장비 등 행정안전부령으로 정하는 장비와 시설을 갖추어 두어야 한다.

③ 소방관서장은 화재조사관에 대한 교육훈련을 실시한다.

④ 시·도지사가 실시하는 화재조사에 관한 시험에 합격한 소방공무원이 화재조사 업무를 수행하는 화재조사관이 된다.

**006** 소방의 화재조사에 관한 법률 및 시행령상 소방관서장은 사상자가 많거나 사회적 이목을 끄는
화재 등 대통령령으로 정하는 대형화재 등이 발생한 경우 종합적이고 정밀한 화재조사를 위하여
유관기관 및 관계 전문가를 포함한 화재합동조사단을 구성·운영할 수 있다. 대통령령으로 정하
는 대형화재로 옳은 것은?

① 사망자가 5명 이상 발생한 화재
② 사상자가 10명 이상 발생한 화재
③ 이재민이 100명 이상 발생한 화재
④ 다중이용업소에서 발생한 화재

**007** 소방의 화재조사에 관한 법률 및 시행령상 화재합동조사단의 단원의 자격으로 옳지 않은 것은?

① 화재조사관
② 화재조사 업무에 관한 경력이 2년 이상인 소방공무원
③ 고등교육법 제2조에 따른 학교 또는 이에 준하는 교육기관에서 화재조사, 소방 또는 안
  전관리 등 관련 분야 조교수 이상의 직에 3년 이상 재직한 사람
④ 국가기술자격법에 따른 국가기술자격의 직무분야 중 안전관리 분야에서 산업기사 이상
  의 자격을 취득한 사람

**008** 소방의 화재조사에 관한 법률 및 시행령상 옳지 않은 것은?

① 소방관서장은 화재조사를 위하여 필요한 범위에서 화재현장 보존조치를 하거나 화재현장과 그 인근 지역을 통제구역으로 설정할 수 있다.

② 화재현장 보존조치, 통제구역의 설정 및 출입 등에 필요한 사항은 행정안전부령으로 정한다.

③ 화재현장 보존조치를 하거나 통제구역을 설정한 경우 누구든지 소방관서장 또는 경찰서장의 허가 없이 화재현장에 있는 물건 등을 이동시키거나 변경·훼손하여서는 아니 된다.

④ 방화(放火) 또는 실화(失火)의 혐의로 수사의 대상이 된 경우에는 관할 경찰서장 또는 해양경찰서장이 통제구역을 설정한다.

제2편

해커스소방 김진성 소방관계법규 단원별 실전문제집

**009** 소방의 화재조사에 관한 법률 및 같은 법 시행규칙상 화재조사전담부서에서 갖추어야 할 장비와 시설 중 감식기기(16종)에 해당하는 것은?

① 디지털카메라(DSLR)세트
② 디지털온도·습도측정시스템
③ 버니어캘리퍼스
④ 클램프미터

---

**실전 OX QUIZ**

1. 소방관서장은 국민이 유사한 화재로부터 피해를 입지 않도록 하기 위한 경우 등 필요한 경우 화재 조사 결과를 공표할 수 있다. O | X
2. 공표의 범위·방법 및 절차 등에 관하여 필요한 사항은 행정안전부령으로 정한다. O | X
3. 화재증명원의 발급신청 절차·방법·서식 및 기재사항, 온라인 발급 등에 필요한 사항은 대통령령 으로 정한다. O | X

정답 1. ○ 2. × 공표의 범위·방법 및 절차 등에 관하여 필요한 사항은 소방청장이 정한다.
3. × 화재증명원의 발급신청 절차·방법·서식 및 기재사항, 온라인 발급 등에 필요한 사항은 행정안전부령으로 정한다.

---

**KEYWORD 화재조사 결과의 공표**

**001** 소방의 화재조사에 관한 법률 및 시행령상 화재조사 결과를 공표하는 자로 옳지 않은 것은?

① 소방서장
② 소방본부장
③ 시·도지사
④ 소방청장

**002** 소방의 화재조사에 관한 법률 및 시행령상 화재조사 결과의 공표 등에 대한 사항으로 옳지 않은 것은?

① 화재조사 결과에 대한 공표의 범위·방법 및 절차 등에 관하여 필요한 사항은 행정안전 부령으로 정한다.
② 소방관서장은 화재조사 결과를 중앙행정기관의 장, 지방자치단체의 장, 그 밖의 관련 기관·단체의 장 또는 관계인 등에게 통보하여 유사한 화재가 발생하지 않도록 필요한 조치를 취할 것을 요청할 수 있다.
③ 소방관서장은 화재와 관련된 이해관계인 또는 화재발생 내용 입증이 필요한 사람이 화 재증명원 발급을 신청하는 때에는 화재증명원을 발급하여야 한다.
④ 화재증명원의 발급신청 절차·방법·서식 및 기재사항, 온라인 발급 등에 필요한 사항 은 대통령령으로 정한다.

제2편

해커스소방 **김정희 소방관계법규** 단원별 실전문제집

**KEYWORD** 화재감정기관

**001** 소방의 화재조사에 관한 법률 및 시행령상 옳지 않은 것은?

① 감정기관의 지정 기준, 지정 절차, 지정 취소 및 운영 등에 필요한 사항은 대통령령으로 정한다.

② 거짓이나 그 밖의 부정한 방법으로 지정을 받은 경우에는 지정을 취소하여야 한다.

③ 지정된 감정기관에서의 과학적 조사·분석 등에 소요되는 비용의 전부 또는 일부를 지원할 수 있다.

④ 소방관서장은 과학적이고 전문적인 화재조사를 위하여 대통령령으로 정하는 시설과 전문인력 등 지정기준을 갖춘 기관을 화재감정기관으로 지정·운영하여야 한다.

**002** 소방의 화재조사에 관한 법률 및 시행령상 화재감정기관의 지정기준으로 옳지 않은 것은?

① 증거물의 감식·감정을 수행하는 과정 등을 촬영하고 이를 디지털파일의 형태로 처리·보관할 수 있는 시설을 갖출 것

② 화재조사에 필요한 주된 기술인력을 2명 이상 보유할 것

③ 화재조사를 수행할 수 있는 감식·감정 장비, 증거물 수집 장비 등을 갖출 것

④ 화재조사에 필요한 보조 기술인력을 2명 이상 보유할 것

**003** 소방의 화재조사에 관한 법률 및 시행령상 화재조사 결과, 화재원인, 피해상황 등에 관한 화재정
□△✕ 보를 종합적으로 수집·관리하여 화재예방과 소방활동에 활용할 수 있는 국가화재정보시스템을
구축·운영하여야 하는 자는?

① 소방청장
② 시·도지사
③ 소방본부장
④ 행정안전부장관

**004** 소방의 화재조사에 관한 법률 및 시행령상 화재조사 기법에 필요한 연구·실험·조사·기술개발
□△✕ 등(연구개발사업)을 지원하는 시책을 수립하여야 하는 자는?

① 소방청장
② 시·도지사
③ 소방본부장
④ 소방서장

# 제5장 벌칙

제2편

해커스소방 김정희 소방관계법규 단원별 실전문제집

---

**실전 OX QUIZ**

1. 허가 없이 화재현장에 있는 물건 등을 이동시키거나 변경·훼손한 사람은 300만 원 이하의 벌금에 처한다.   ○ | ×
2. 정당한 사유 없이 화재조사에 따른 화재조사관의 출입 또는 조사를 거부·방해 또는 기피한 사람은 100만 원 이하의 벌금에 처한다.   ○ | ×
3. 정당한 사유 없이 출석을 거부하거나 질문에 대하여 거짓으로 진술한 사람은 300만 원 이하의 벌금에 처한다.   ○ | ×

> 정답 1. ○   2. × 정당한 사유 없이 화재조사에 따른 화재조사관의 출입 또는 조사를 거부·방해 또는 기피한 사람은 300만 원 이하의 벌금에 처한다.
> 3. × 정당한 사유 없이 출석을 거부하거나 질문에 대하여 거짓으로 진술한 사람에게는 200만 원 이하의 과태료를 부과한다.

---

**KEYWORD 벌금**

**001** 소방의 화재조사에 관한 법률상 정당한 사유 없이 화재조사관의 출입 또는 조사를 거부·방해 또는 는 기피한 사람의 벌칙으로 옳은 것은?

① 1년 이하의 징역 또는 1천만 원 이하의 벌금
② 500만 원 이하의 벌금
③ 300만 원 이하의 벌금
④ 200만 원 이하의 과태료

**KEYWORD 과태료**

**002** 소방의 화재조사에 관한 법률 및 시행령상 정당한 사유 없이 출석을 거부하거나 질문에 대하여 거짓으로 진술한 사람의 벌칙으로 옳은 것은?

① 1년 이하의 징역 또는 1천만 원 이하의 벌금
② 500만 원 이하의 벌금
③ 300만 원 이하의 벌금
④ 200만 원 이하의 과태료

**003** 소방의 화재조사에 관한 법률 및 시행령상 과태료 부과·징수자로 옳지 않은 것은?

① 경찰서장
② 소방청장
③ 시·도지사
④ 소방본부장

해커스소방
**김진성 소방관계법규**
단원별 실전문제집

# 제3편

# 화재의 예방 및
# 안전관리에 관한 법률

**실전 OX QUIZ**

1. "화재안전"이란 화재의 위험으로부터 사람의 생명·신체 및 재산을 보호하기 위하여 화재발생을 사전에 제거하거나 방지하기 위한 모든 활동을 말한다. O | X
2. "화재안전지구"란 "시·도지사"가 화재발생 우려가 크거나 화재가 발생할 경우 피해가 클 것으로 예상되는 지역에 대하여 화재의 예방 및 안전관리를 강화하기 위해 지정·관리하는 지역을 말한다. O | X
3. "안전관리"란 화재로 인한 피해를 최소화하기 위한 예방, 대비, 대응 등의 활동을 말한다. O | X

정답 1. × "예방"이란 화재의 위험으로부터 사람의 생명·신체 및 재산을 보호하기 위하여
화재발생을 사전에 제거하거나 방지하기 위한 모든 활동을 말한다.
2. × "화재예방강화지구"란 특별시장·광역시장·특별자치시장·도지사 또는 특별자치도지사(시·도지사)가
화재발생 우려가 크거나 화재가 발생할 경우 피해가 클 것으로 예상되는 지역에 대하여
화재의 예방 및 안전관리를 강화하기 위해 지정·관리하는 지역을 말한다. 3. ○

**KEYWORD 용어**

**001** 화재의 위험으로부터 사람의 생명·신체 및 재산을 보호하기 위하여 화재발생을 사전에 제거하거나 방지하기 위한 모든 활동을 무엇이라 하는가?

① 예방
② 안전관리
③ 화재안전
④ 화재예방안전진단

**002** 화재로 인한 피해를 최소화하기 위한 예방, 대비, 대응 등의 활동을 무엇이라 하는가?

① 예방
② 안전관리
③ 화재안전조사
④ 화재예방안전진단

**003** 소방관서장이 소방대상물, 관계지역 또는 관계인에 대하여 소방시설 등이 소방 관계 법령에 적합하게 설치·관리되고 있는지, 소방대상물에 화재의 발생 위험이 있는지 등을 확인하기 위하여 실시하는 현장조사·문서열람·보고요구 등을 하는 활동을 무엇이라 하는가?

① 예방
② 안전관리
③ 화재안전조사
④ 화재예방안전진단

## 실전 OX QUIZ

1. 국가는 화재예방정책을 체계적·효율적으로 추진하고 이에 필요한 기반 확충을 위하여 화재의 예방 및 안전관리에 관한 기본계획(기본계획)을 5년마다 수립·시행하여야 한다. ○│×
2. 소방본부장은 기본계획 및 시행계획의 수립·시행에 필요한 기초자료를 확보하기 위하여 실태조사를 할 수 있다. 이 경우 관계 중앙행정기관의 장의 요청이 있는 때에는 합동으로 실태조사를 할 수 있다. ○│×
3. 소방청장은 화재의 예방 및 안전관리에 관한 통계를 매년 작성·관리하여야 한다. ○│×

정답 1. × 소방청장은 화재예방정책을 체계적·효율적으로 추진하고 이에 필요한 기반 확충을 위하여 화재의 예방 및 안전관리에 관한 기본계획(기본계획)을 5년마다 수립·시행하여야 한다.
2. × 소방청장은 기본계획 및 시행계획의 수립·시행에 필요한 기초자료를 확보하기 위하여 실태조사를 할 수 있다. 이 경우 관계 중앙행정기관의 장의 요청이 있는 때에는 합동으로 실태조사를 할 수 있다. 3. ○

**KEYWORD 화재의 예방 및 안전관리에 관한 기본계획**

### 001
○│△│×
화재의 예방 및 안전관리에 관한 법률상 화재의 예방 및 안전관리에 관한 기본계획 등의 수립·시행에 대한 내용으로 옳지 않은 것은?

① 국가는 화재예방정책을 체계적·효율적으로 추진하고 이에 필요한 기반 확충을 위하여 화재의 예방 및 안전관리에 관한 기본계획을 5년마다 수립·시행하여야 한다.
② 소방청장은 기본계획을 시행하기 위하여 매년 시행계획을 수립·시행하여야 한다.
③ 기본계획, 시행계획 및 세부시행계획 등의 수립·시행에 관하여 필요한 사항은 대통령령으로 정한다.
④ 소방청장은 기본계획 및 시행계획을 수립하기 위하여 필요한 경우에는 관계 중앙행정기관의 장 또는 시·도지사에게 관련 자료의 제출을 요청할 수 있다.

### 002
○│△│×
화재의 예방 및 안전관리에 관한 법률상 화재의 예방 및 안전관리에 관한 기본계획 수립 및 시행에 관한 것이다. (      )의 내용으로 옳은 것은?

> 소방청장은 화재의 예방 및 안전관리에 관한 기본계획을 계획 시행 전년도 (  ㉠  )까지 관계 중앙행정기관의 장과 협의한 후 계획 시행 전년도 (  ㉡  )일까지 수립해야 한다.

| | ㉠ | ㉡ | | ㉠ | ㉡ |
|---|---|---|---|---|---|
| ① | 5월 31일 | 6월 30일 | ② | 6월 30일 | 7월 31일 |
| ③ | 7월 31일 | 8월 31일 | ④ | 8월 31일 | 9월 30일 |

**KEYWORD 화재안전조사의 방법·절차**

**001** 화재의 예방 및 안전관리에 관한 법률 및 같은 법 시행령, 시행규칙상 화재안전조사의 방법·절차
○△× 등에 대한 설명으로 옳지 않은 것은?

① 소방관서장은 화재안전조사를 마친 때에는 그 조사결과를 관계인에게 전화로 통지할
　 수 있다.

② 소방관서장은 화재안전조사를 하려면 사전에 관계인에게 조사대상, 조사기간 및 조사
　 사유 등을 우편, 전화, 전자메일 또는 문자전송 등을 통하여 통지하고 이를 대통령령으
　 로 정하는 바에 따라 인터넷 홈페이지나 전산시스템 등을 통하여 공개하여야 한다.

③ 화재안전조사의 연기를 승인한 경우라도 연기기간이 끝나기 전에 연기사유가 없어졌거
　 나 긴급히 조사를 하여야 할 사유가 발생하였을 때에는 관계인에게 통보하고 화재안전
　 조사를 할 수 있다.

④ 화재안전조사의 연기를 신청하려는 자는 화재안전조사 시작 3일 전까지 연기신청서에
　 화재안전조사를 받기가 곤란함을 증명할 수 있는 서류를 첨부하여 소방서장 등에게 제
　 출하여야 한다.

## 002 화재안전조사에 대한 설명으로 옳지 않은 것은?
[O][△][X]

① 소방대상물의 증축·용도변경 또는 대수선 등의 공사로 화재안전조사를 실시하기 어려운 경우로 화재안전조사를 참여할 수 없는 경우 소방관서장에게 연기 신청을 할 수 있다.

② 화재안전조사의 연기를 신청하려는 자는 화재안전조사 시작 5일 전까지 소방관서장에게 연기 신청을 할 수 있다.

③ 소방청장, 소방본부장, 소방서장은 화재안전조사를 실시하려는 경우 사전에 관계인에게 조사대상, 조사기간 및 조사사유 등을 우편, 전화, 전자메일 또는 문자전송 등을 통하여 통지하고 이를 대통령령으로 정하는 바에 따라 인터넷 홈페이지나 전산시스템 등을 통하여 공개하여야 한다.

④ 화재안전조사에 소방기술사, 소방시설관리사, 전문지식을 갖춘 사람을 화재안전조사에 참여하게 할 수 있다.

## 003 화재의 예방 및 안전관리에 관한 법령상 화재안전조사에 관한 사항으로 옳지 않은 것은?
[O][△][X]

① 개인의 주거(실제 주거용도로 사용되는 경우에 한정한다)에 대한 화재안전조사는 관계인의 승낙이 있거나 화재발생의 우려가 뚜렷하여 긴급한 필요가 있는 때에 한정하여 조사를 실시한다.

② 위험물 안전관리에 관한 법에 따른 정기점검이 불성실하거나 불완전하다고 인정되는 경우에는 화재안전조사를 실시할 수 있다.

③ 화재안전조사의 항목은 대통령령으로 정한다.

④ 소방관서장은 화재안전조사를 실시하는 경우 다른 목적을 위하여 조사권을 남용하여서는 아니 된다.

## 004 화재안전조사에 대한 설명으로 옳지 않은 것은?
[O][△][X]

① 화재안전조사의 실시목적은 소방시설, 방화·피난시설 등 자체점검 등이 불성실·불완전하다고 인정되는 경우이다.

② 관할구역의 소방대상물이나 관계 지역에 대하여 시간에 관계없이 화재안전조사를 할 수 있다.

③ 통보 없이 화재안전조사를 할 수 있는 경우는 화재, 재난·재해 발생우려가 뚜렷하여 긴급하게 조사할 필요가 있는 경우나 화재안전조사의 실시를 사전에 통지하면 조사목적을 달성할 수 없는 경우이다.

④ 소방청장, 소방본부장 또는 소방서장은 필요한 때 소방대상물이나 관계 지역, 관계인에 대하여 관계공무원으로 하여금 화재안전조사를 하게 할 수 있다.

**005** 화재안전조사의 실시대상으로 옳지 않은 것은?

① 화재예방강화지구 등 법령에서 화재안전조사를 하도록 규정되어 있는 경우
② 국가적 행사 등 주요 행사가 개최되는 장소 및 그 주변의 관계 지역에 대하여 소방안전관리 실태를 점검할 필요가 있는 경우
③ 화재예방안전진단이 불성실하거나 불완전하다고 인정되는 경우
④ 관계인의 소방안전관리가 불성실하거나 불완전하다고 인정되는 경우

**006** 화재의 예방 및 안전관리에 관한 법률상 관할구역에 있는 소방대상물, 관계 지역 또는 관계인에 대하여 소방시설 등이 적합하게 설치·유지·관리되고 있는지, 소방대상물에 화재, 재난·재해 등의 발생 위험이 있는지 등을 확인하기 위하여 관계 공무원으로 하여금 화재안전조사를 하게 할 수 있다. 화재안전조사의 설명으로 옳지 않은 것은?

① 화재안전조사자는 소방청장, 소방본부장 또는 소방서장이다.
② 개인의 주거에 대하여는 관계인의 승낙이 있거나 화재발생의 우려가 뚜렷하여 긴급한 필요가 있는 때에 한정한다.
③ 화재예방안전진단이 불성실하거나 불완전하다고 인정되는 경우 화재안전조사를 연 1회 이상 실시한다.
④ 소방관서장은 화재안전조사의 대상을 객관적이고 공정하게 선정하기 위하여 필요한 경우 화재안전조사위원회를 구성하여 화재안전조사의 대상을 선정할 수 있다.

**007** 다음 중 화재안전조사 시 전문가라고 할 수 있는 자는?

① 소방기술사 및 소방시설관리사
② 소방기술사 및 가스기술사
③ 소방기술사 및 건축설비기계기술사
④ 건축사 및 소방기술사

**008** 화재의 예방 및 안전관리에 관한 법령상 화재안전조사위원회의 구성으로 옳은 것은?
$\boxed{\bigcirc\triangle\times}$

① 위원회는 위원장 1명을 포함하여 7명 이내의 위원으로 성별을 고려하여 구성한다.
② 위원회는 위원장 1명을 포함하여 9명 이내의 위원으로 성별을 고려하여 구성한다.
③ 위원회는 위원장 1명을 포함하여 5명이상 9명 이내의 위원으로 성별을 고려하여 구성한다.
④ 위원회는 위원장 1명을 포함하여 50명 이내의 위원으로 성별을 고려하여 구성한다.

**009** 화재의 예방 및 안전관리에 관한 법률 제10조 제1항에 대한 내용이다. (        ) 안에 들어갈 말로
$\boxed{\bigcirc\triangle\times}$ 옳은 것은?

(        )은/는 화재안전조사의 대상을 객관적이고 공정하게 선정하기 위하여 필요한 경우 화재안
전조사위원회를 구성하여 화재안전조사의 대상을 선정할 수 있으며, 화재안전조사위원회의 구
성·운영 등에 필요한 사항은 대통령령으로 정한다.

① 소방청장                           ② 시·도지사
③ 소방관서장                         ④ 소방서장

**010** 화재안전조사위원회의 구성으로 옳은 것은?
$\boxed{\bigcirc\triangle\times}$

① 위원회는 위원장 1명을 포함한 7명 이내의 위원으로 성별을 고려하여 구성된다.
② 위원회는 위원장 1명을 포함한 5명 이상 7명 이내의 위원으로 성별을 고려하여 구성된다.
③ 위원회는 위원장 1명을 포함한 21명 이내의 위원으로 성별을 고려하여 구성된다.
④ 위원회는 위원장 1명을 포함한 50명 이내의 위원으로 성별을 고려하여 구성된다.

**011** 화재의 예방 및 안전관리에 관한 법령상 중앙화재안전조사단을 편성하여 운영하는 곳으로 옳은 것은?

① 행정안전부  ② 소방청
③ 시·도  ④ 소방본부

**012** 화재의 예방 및 안전관리에 관한 법률 및 같은 법 시행령상 중앙화재안전조사단의 편성·운영 등에 관한 설명으로 옳지 않은 것은?

① 중앙화재안전조사단은 단장을 포함하여 21명 이내의 단원으로 성별을 고려하여 구성한다.
② 소방청장은 소방안전조사를 위하여 중앙화재안전조사단을 편성하여 운영하여야 한다.
③ 중앙화재안전조사단의 단장은 단원 중에서 소방청장이 임명 또는 위촉한다.
④ 소방공무원은 중앙화재안전조사단의 단원으로 임명 또는 위촉될 수 있다.

**013** 화재의 예방 및 안전관리에 관한 법령상 화재안전조사위원회의 위원의 자격으로 옳지 않은 것은?

① 소속 소방공무원
② 소방기술사
③ 소방 관련 분야의 석사 이상 학위를 취득한 사람
④ 소방 관련 법인 또는 단체에서 소방 관련 업무에 5년 이상 종사한 사람

**014** 화재의 예방 및 안전관리에 관한 법률에서 화재안전조사위원회의 위원의 자격에 해당하지 않는 사람은?

① 소방기술사
② 소방시설관리사
③ 과장급 직위 이상의 소방공무원
④ 소방 관련 법인 또는 단체에서 소방 관련 업무에 3년 이상 종사한 사람

**015** 화재의 예방 및 안전관리에 관한 법령상 화재안전조사위원회 위원의 해임·해촉 사유로 옳지 않은 것은?

① 위원 스스로 직무를 수행하기 어렵다는 의사를 밝히는 경우
② 직무태만, 품위손상이나 그 밖의 사유로 위원으로 적합하지 않다고 인정되는 경우
③ 위원이 제척에 해당되어 심의·의결에서 회피한 경우
④ 심신장애로 직무를 수행할 수 없게 된 경우

**016** 화재의 예방 및 안전관리에 관한 법률에서 화재안전조사위원회의 위원이 심의·의결에서 제척 되는 사유로 옳지 않은 것은?

① 위원이 해당 소방대상물 등의 관계인이거나 그 관계인과 공동권리자 또는 공동의무자인 경우
② 위원의 배우자가 소방대상물 등의 설계, 공사, 감리 등을 수행한 경우
③ 위원의 친족이 해당 소방대상물 등에 대하여 건축허가 등의 업무를 수행한 경우 등 소방대상물 등과 직접적인 이해관계가 있는 경우
④ 위원이 해당 소방대상물 등에 관하여 자문, 연구, 용역(하도급 포함), 감정 또는 조사와 같은 것 등에 관하여 관계가 없는 경우

**017** 화재의 예방 및 안전관리에 관한 법률에서 화재안전조사위원회의 위원이 제척사유에 해당하는 경우 스스로 해당 안건의 심의·의결에서 취하여야 할 조치는?

① 심의·의결에서 기피하여야 한다.
② 심의·의결에서 회피하여야 한다.
③ 심의·의결에서 재심을 요청한다.
④ 위원회에 재심을 요청하여야 한다.

**KEYWORD** 화재안전조사 결과 조치명령

**018** 소방대상물에 대한 화재안전조사의 결과 그 위치, 구조, 설비, 관리의 상황에 관하여 화재예방을 위해 필요한 경우 등에 있어서 화재안전조사 조치명령의 권한을 가진 자는?

① 국무총리
② 대통령
③ 시 · 도지사
④ 소방관서장

**019** 다음 중 화재안전조사로 인한 조치명령에 따른 손실보상자는?

① 소방청장 또는 시 · 도지사
② 국가
③ 시 · 도지사
④ 소방본부장 또는 소방서장

**020** 화재의 예방 및 안전관리에 관한 법률 및 같은 법 시행령상 화재안전조사 결과에 따른 조치명령, 손실보상의 내용으로 옳지 않은 것은?

① 화재안전조사 결과에 따른 소방대상물의 조치명령권자는 소방관서장이다.
② 화재안전조사 결과에 따른 조치명령으로 소방청장 또는 시 · 도지사가 손실을 보상하는 경우에는 시가(時價)의 2배로 보상해야 한다.
③ 소방청장 또는 시 · 도지사는 보상금액에 관한 협의가 성립되지 않은 경우에는 그 보상금액을 지급하거나 공탁하고 이를 상대방에게 알려야 한다.
④ 소방관서장은 화재안전조사 결과에 따른 소방대상물의 위치 · 구조 · 설비 또는 관리의 상황이 화재예방을 위하여 보완될 필요가 있거나 화재가 발생하면 인명 또는 재산의 피해가 클 것으로 예상되는 때에는 행정안전부령으로 정하는 바에 따라 관계인에게 그 소방대상물의 개수(改修) · 이전 · 제거, 사용의 금지 또는 제한, 사용폐쇄, 공사의 정지 또는 중지, 그 밖에 필요한 조치를 명할 수 있다.

**실전 OX QUIZ**

1. 소방관서장은 화재예방조치 상 옮긴 물건 등을 보관하는 경우에는 그날부터 14일 동안 해당 소방관서의 인터넷 홈페이지에 그 사실을 공고해야 한다.  O | ×
2. 기체연료를 사용할 시 보일러를 설치하는 장소에는 환기구를 설치하는 등 가연성 가스가 머무르지 않도록 하고, 보일러가 설치된 장소에는 가스누설경보기를 설치하여야 한다.  O | ×
3. 특수가연물을 저장 또는 취급하는 장소에는 품명, 최대저장수량, 단위부피당 질량 또는 단위체적당 질량, 관리책임자 성명·직책, 연락처 및 화기취급의 금지표시가 포함된 특수가연물 표지를 설치해야 한다.  O | ×

정답 1. ○  2. ○  3. ○

**KEYWORD 화재의 예방조치 등**

## 001
O △ ×

화재의 예방 및 안전관리에 관한 법률 및 시행령상 화재의 예방조치 등으로 옳지 않은 것은?

① 소방관서장은 보관기간이 종료되는 때에는 보관하고 있는 옮긴 물건을 매각하여야 한다.
② 목재, 플라스틱 등 가연성이 큰 물건의 보관기간은 소방관서의 인터넷 홈페이지에 공고하는 기간의 종료일 다음 날부터 7일로 한다.
③ 목재, 플라스틱 등 가연성이 큰 물건을 보관하는 경우에는 그 날부터 14일 동안 해당 소방관서의 인터넷 홈페이지에 그 사실을 공고하여야 한다.
④ 시·도지사는 매각되거나 폐기된 옮긴 물건의 소유자가 보상을 요구하는 경우에는 보상금액에 대하여 소유자와 협의를 거쳐 이를 보상하여야 한다.

## 002
O △ ×

화재예방조치로 옳지 않은 것은?

① 관계인이 없는 목재, 플라스틱 등 가연성이 큰 물건 등을 보관할 때는 7일간 소방관서의 홈페이지 또는 게시판에 공고한다.
② 목재, 플라스틱 등 가연성이 큰 물건의 보관기관 및 보관기간 경과 후 처리 등은 대통령령으로 정한다.
③ 소방관서장은 매각되거나 폐기된 옮긴 물건의 소유자가 보상을 요구하는 경우에는 보상금액에 대하여 소유자와 협의를 거쳐 이를 보상하여야 한다.
④ 화재예방강화지구에서 모닥불·흡연 등 화기의 취급은 화재예방조치 대상이다.

**003** 화재의 예방 및 안전관리에 관한 법령상 화재예방강화지구에서 화재발생 위험이 있는 행위로 옳지 않은 것은?
△×

① 위험물안전관리법 제2조 제1항 제1호에 따른 위험물을 방치하는 행위
② 용접·용단 등 불꽃을 발생시키는 행위
③ 모닥불, 흡연 등 화기의 취급
④ 산소를 취급하는 행위

**004** 화재의 예방 및 안전관리에 관한 법률 및 시행령상 화재예방강화지구의 관리에 대한 설명이다.
△× ( ) 안에 들어갈 내용으로 옳은 것은?

> • 소방관서장은 화재예방강화지구 안의 소방대상물의 위치·구조 및 설비 등에 대한 화재안전조사를 연 ( ㄱ )회 이상 실시하여야 한다.
> • 소방관서장은 화재예방강화지구 안의 관계인에 대하여 소방상 필요한 훈련 및 교육을 연 ( ㄴ )회 이상 실시할 수 있다.
> • 소방관서장은 소방상 필요한 훈련 및 교육을 실시하고자 하는 때에는 화재예방강화지구 안의 관계인에게 훈련 또는 교육 ( ㄷ )일 전까지 그 사실을 통보하여야 한다.

| | ㄱ | ㄴ | ㄷ |
|---|---|---|---|
| ① | 1 | 1 | 5 |
| ② | 1 | 1 | 10 |
| ③ | 2 | 2 | 5 |
| ④ | 2 | 2 | 10 |

**005** 화재예방강화지구 지정에 관한 설명으로 옳지 않은 것은?
△×

① 시·도지사가 화재예방강화지구를 지정하지 않으면 소방청장이 지정할 수 있다.
② 소방관서장은 화재예방강화지구 안의 소방대상물의 위치, 구조, 설비 등에 대하여 화재안전조사를 하여야 한다.
③ 소방관서장은 화재예방강화지구 안의 관계인에 대하여 대통령령으로 정하는 바에 따라 훈련 및 교육을 실시할 수 있다.
④ 시·도지사는 화재예방강화지구 지정 현황, 화재안전조사의 결과 등 화재예방강화지구에서의 화재 및 경계에 필요한 자료를 매년 작성·관리하여야 한다.

**006** 시·도지사는 화재가 발생할 우려가 높거나 화재가 발생하는 경우 그로 인하여 피해가 클 것으로 예상되는 지역을 화재예방강화지구(火災警戒地區)로 지정할 수 있다. 다음 중 화재예방강화지구로 지정하지 않아도 되는 곳은?

① 석유화학제품을 생산하는 공장이 있는 지역
② 소방시설·소방용수시설 또는 소방출동로가 없는 지역
③ 상가지역
④ 공장·창고가 밀집한 지역

**007** 화재의 예방 및 안전관리에 관한 법률에서 정하고 있는 화재예방강화지구에 대한 사항으로 옳지 않은 것은?

① 소방관서장은 화재예방강화지구 안의 관계인에게 대통령령으로 정하는 바에 따라 소방에 필요한 훈련 및 교육을 실시할 수 있다.
② 소방관서장은 대통령령으로 정하는 바에 따라 화재예방강화지구 안의 소방대상물의 위치·구조 및 설비 등에 대하여 화재안전조사를 하여야 한다.
③ 시·도지사는 소방상 필요한 훈련 및 교육을 실시하고자 하는 때에는 화재예방강화지구 안의 관계인에게 훈련 또는 교육 10일 전까지 그 사실을 통보하여야 한다.
④ 시·도지사는 화재예방강화지구 지정 현황, 화재안전조사의 결과 등 화재예방강화지구에서의 화재예방에 필요한 자료를 매년 작성·관리하여야 한다.

---

**KEYWORD 화재위험경보**

**008** 이상기상의 예보 또는 특보 시 화재에 관한 경보를 발령하고 그에 따른 조치를 할 수 있는 자는?

① 시·도지사
② 기상청장
③ 소방대장
④ 소방관서장

**KEYWORD 불을 사용하는 설비기준**

**009** 화재의 예방 및 안전관리에 관한 법령상 고체연료를 사용하는 보일러에 지켜야할 사항으로 옳지 않은 것은?
⊙△✕

① 고체연료는 보일러 본체와 수평거리 1미터 이상 간격을 두어 보관하거나 불연재료로 된 별도의 구획된 공간에 보관할 것
② 연통의 배출구는 보일러 본체보다 2미터 이상 높게 설치할 것
③ 연통재질은 불연재료로 사용하고 연결부에 청소구를 설치할 것
④ 연통은 천장으로부터 0.6미터 떨어지고, 연통의 배출구는 건물 밖으로 0.6미터 이상 나오도록 설치할 것

**KEYWORD 특수가연물**

**010** 화재의 예방 및 안전관리에 관한 법령상 특수가연물의 수량이 다른 것은?
⊙△✕

| 구분 | 품명 | 수량 |
| --- | --- | --- |
| ① | 목재가공품 및 나무부스러기 | 400킬로그램 이상 |
| ② | 가연성고체류 | 3,000킬로그램 이상 |
| ③ | 넝마 및 종이부스러기 | 3,000킬로그램 이상 |
| ④ | 고무류로서 발포시킨 것 | 2세제곱미터 이상 |

**011** 특수가연물에 대한 설명으로 옳은 것은?
⊙△✕

① 발전용 석탄·목탄류는 품명별로 쌓을 것
② 쌓는 부분의 바닥면적 사이는 실내의 경우 1미터 이상의 간격을 둘 것
③ 쌓는 부분의 바닥면적은 50제곱미터 이하, 석탄·목탄류는 200제곱미터 이하로 할 것
④ 발전용 석탄·목탄류에 살수설비를 설치하였을 경우에 쌓은 높이를 20미터 이하로 할 것

## 012

□△✕

특수가연물에 대한 저장 및 취급기준 등을 설명한 것이다. (　　　) 안에 들어갈 숫자로 옳은 것은?

- 실외에 쌓아 저장하는 경우 쌓는 부분이 대지경계선, 도로 및 인접 건축물과 최소 (　가　)미터 이상 간격을 둘 것. 다만, 쌓는 높이보다 (　나　)미터 이상 높은 건축법 시행령 제2조 제7호에 따른 내화구조(이하 "내화구조"라 한다) 벽체를 설치한 경우는 그렇지 않다.
- 실내에 쌓아 저장하는 경우 주요구조부는 내화구조이면서 불연재료여야 하고, 다른 종류의 특수가연물과 같은 공간에 보관하지 않을 것. 다만, 내화구조의 벽으로 분리하는 경우는 그렇지 않다.
- 쌓는 부분 바닥면적의 사이는 실내의 경우 (　다　)미터 또는 쌓는 높이의 1/2 중 큰 값 이상으로 간격을 두어야 하며, 실외의 경우 (　라　)미터 또는 쌓는 높이 중 큰 값 이상으로 간격을 둘 것

| | (가) | (나) | (다) | (라) |
|---|---|---|---|---|
| ① | 6 | 0.6 | 3 | 1.0 |
| ② | 6 | 0.9 | 3 | 1.2 |
| ③ | 9 | 0.6 | 3 | 1.0 |
| ④ | 9 | 0.9 | 3 | 1.2 |

## 013

□△✕

특수가연물에 대한 설명으로 옳지 않은 것은?

① 품명별로 구분하여 쌓을 것이며 바닥면적 사이는 실외의 경우 1.2미터 이상의 간격을 둘 것

② 높이는 10미터 이하가 되도록 할 것

③ 발전용의 석탄, 목탄류는 저장 및 취급 기준에서 제외될 것

④ 표지 기재사항은 품명·최대수량·단위체적당 질량(또는 단위질량당 체적)·관리책임자 성명·직책, 연락처 및 화기취급의 금지표시가 포함된 특수가연물 표지를 설치할 것

**014** 화재의 예방 및 안전관리에 관한 법률 시행령상 특수가연물의 저장 및 취급 기준에서 특수가연물
△×
표지에 관한 내용으로 옳지 않은 것은?

① 특수가연물 표지 중 화기엄금 표시 부분의 바탕은 붉은색으로, 문자는 백색으로 할 것
② 특수가연물 표지는 한 변의 길이가 0.3미터 이상, 다른 한 변의 길이가 0.6미터 이상인
직사각형으로 할 것
③ 특수가연물 표지의 바탕은 검은색으로, 문자는 흰색으로 할 것. 다만, "화기엄금" 표시
부분은 제외한다.
④ 특수가연물을 저장 또는 취급하는 장소에는 품명, 최대저장수량, 단위부피당 질량 또는
단위체적당 질량, 관리책임자 성명·직책, 연락처 및 화기취급의 금지표시가 포함된 특
수가연물 표지를 설치해야 한다.

**015** 특수가연물의 저장 및 취급·기준에서 특수가연물의 표지로 옳지 않은 것은?
△×

① 특수가연물 표지는 한 변의 길이가 0.3미터 이상, 다른 한 변의 길이가 0.6미터 이상인
직사각형으로 할 것
② 특수가연물 표지의 바탕은 흰색으로, 문자는 검은색으로 할 것. 다만, "화기엄금" 표시
부분은 제외한다.
③ 특수가연물 표지 중 화기엄금 표시 부분의 바탕은 붉은색으로, 문자는 백색으로 할 것
④ 특수가연물을 저장 또는 취급하는 장소에는 품명, 최대저장수량, 단위부피당 질량 또는
단위체적당 질량, 관리책임자 성명·직책, 연락처 및 화기취급의 주의표시가 포함된 특
수가연물 표지를 설치해야 한다.

**016** 특수가연물의 저장 및 취급기준에 대한 설명으로 옳지 않은 것은?
△×

① 특수가연물을 저장 또는 취급하는 장소에는 품명·최대수량·단위체적당 질량(또는 단
위질량당 체적)·관리책임자 성명·직책, 연락처 및 화기취급의 금지표시가 포함된 특
수가연물 표지를 설치할 것
② 특수가연물을 쌓아 저장할 경우 품명별로 구분하여 쌓을 것
③ 쌓는 높이는 10미터 이하가 되도록 하고, 쌓는 부분의 바닥면적은 50제곱미터(석탄·목
탄류의 경우에는 200제곱미터) 이하가 되도록 할 것
④ 쌓는 부분의 바닥면적 사이는 실내인 경우 1미터 이상이 되도록 할 것

**017** 특수가연물 중 가연성고체류의 성질과 상태를 설명한 것이다. (         ) 안에 들어갈 숫자로 옳은
것은?

> • 인화점이 섭씨 (   가   )도 이상 (   나   )도 미만인 것
> • 인화점이 섭씨 (   다   )도 이상이고 연소열량이 1그램당 8킬로칼로리 이상인 것으로서 융점
>   이 (   라   )도 미만인 것

| | (가) | (나) | (다) | (라) |
|---|---|---|---|---|
| ① | 60 | 200 | 200 | 60 |
| ② | 40 | 200 | 200 | 100 |
| ③ | 60 | 100 | 100 | 60 |
| ④ | 40 | 100 | 200 | 100 |

**018** 특수가연물 중 가연성액체류의 성질과 상태를 설명한 것이다. (         ) 안에 들어갈 숫자로 옳은
것은?

> 1기압과 섭씨 20도 이하에서 액상인 것으로서 가연성 액체량이 (   가   )중량퍼센트 이하이면서
> 인화점이 섭씨 (   나   )도 이상 섭씨 (   다   )도 미만이고 연소점이 섭씨 (   라   )도 이상인
> 물품

| | (가) | (나) | (다) | (라) |
|---|---|---|---|---|
| ① | 60 | 60 | 200 | 70 |
| ② | 40 | 40 | 70 | 60 |
| ③ | 60 | 21 | 100 | 60 |
| ④ | 40 | 60 | 200 | 70 |

**019** 화재의 예방 및 안전관리에 관한 법률 및 시행령상 보일러 등의 위치·구조 및 관리와 화재예방을
위하여 불의 사용에 있어서 지켜야 하는 사항으로, 용접 또는 용단 작업장에서 지켜야 할 사항이
다. (      ) 안에 들어갈 내용으로 옳은 것은? (단, 산업안전보건법 제38조의 적용을 받는 사업장
의 경우에는 적용하지 아니한다)

> • 용접 또는 용단 작업장으로부터 (  가  ) 이내에 소화기를 갖추어 둘 것
> • 용접 또는 용단 작업장 주변 (  나  ) 이내에는 가연물을 쌓아두거나 놓아두지 말 것. 다만,
>   가연물의 제거가 곤란하여 방지포 등으로 방호조치를 한 경우는 제외한다.

|  | (가) | (나) |
|---|---|---|
| ① | 반경 5미터 | 반경 10미터 |
| ② | 반경 6미터 | 반경 12미터 |
| ③ | 직경 5미터 | 직경 10미터 |
| ④ | 직경 6미터 | 직경 12미터 |

**020** 화재의 예방 및 안전관리에 관한 법률상 불을 사용하는 설비의 관리기준 등에 대한 설명이다.
(가) ~ (라)에 들어갈 숫자로 옳은 것은?

> • 보일러: 보일러와 벽·천장 사이의 거리는 (  가  )미터 이상 되도록 하여야 한다.
> • 난로: 연통은 천장으로부터 (  나  )미터 이상 떨어지고, 건물 밖으로 0.6미터 이상 나오게 설
>   치하여야 한다.
> • 건조설비: 건조설비와 벽·천장 사이의 거리는 (  다  )미터 이상 되도록 하여야 한다.
> • 음식조리를 위하여 설치하는 설비: 열을 발생하는 조리기구는 반자 또는 선반으로부터 (  라  )
>   미터 이상 떨어지게 해야 한다.

|  | (가) | (나) | (다) | (라) |
|---|---|---|---|---|
| ① | 0.5 | 0.6 | 0.6 | 0.6 |
| ② | 0.6 | 0.6 | 0.5 | 0.6 |
| ③ | 0.6 | 0.5 | 0.6 | 0.6 |
| ④ | 0.6 | 0.6 | 0.5 | 0.5 |

**021** 화재의 예방 및 안전관리에 관한 법률 시행령상 불을 사용하는 설비의 관리기준 등에 관한 내용
으로 옳지 않은 것은?

① 보일러: 가연성 벽·바닥 또는 천장과 접촉하는 증기기관 또는 연통의 부분은 규조토
등 난연성 또는 불연성 단열재로 덮어씌워야 한다.

② 난로: 가연성 벽·바닥 또는 천장과 접촉하는 연통의 부분은 규조토 등 난연성 또는 불
연성 단열재로 덮어씌워야 한다.

③ 건조설비: 실내에 설치하는 경우에 벽·천장 및 바닥은 준불연재료로 해야 한다.

④ 노·화덕설비: 노 또는 화덕을 설치하는 장소의 벽·천장은 불연재료로 된 것이어야 한다.

**022** 불을 사용하는 설비에 관한 설명으로 옳지 않은 것은?

① 보일러와 벽·천장 사이 거리는 0.6미터 이상으로 한다.

② 이동식 난로는 학원, 독서실, 박물관 및 미술관의 장소에는 사용하여서는 아니 된다.

③ 열발생 조리기구는 반자 또는 선반으로부터 0.6미터 이상으로 한다.

④ 액체연료를 사용하는 보일러를 설치하는 장소에는 환기구를 설치한다.

**023** 화재의 예방 및 안전관리에 관한 법령상 보일러, 난로, 건조설비, 불꽃을 사용하는 용접·용단기
구 및 노·화덕설비가 설치된 장소에는 소화기를 몇 개 이상 비치하여야 하는가?

① 소화기 1개 이상을 갖출 것

② 소화기 2개 이상을 갖출 것

③ 소화기 3개 이상을 갖출 것

④ 소화기 5개 이상을 갖출 것

**024** 보일러의 기체연료를 사용하는 경우에 대하여 지켜야 하는 사항으로 옳지 않은 것은?

① 보일러를 설치하는 장소에는 환기구를 설치하는 등 가연성 가스가 머무르지 아니하도록 한다.
② 화재 등 긴급 시 연료를 차단할 수 있는 개폐밸브를 연료용기 등으로부터 0.5미터 이내에 설치한다.
③ 보일러가 설치된 장소에는 가스누설경보기를 설치한다.
④ 연료를 공급하는 배관은 플라스틱합성관으로 한다.

**025** 화재의 예방 및 안전관리에 관한 법률 및 시행령상 보일러의 고체연료를 사용하는 경우에 대하여 지켜야 하는 사항으로 옳지 않은 것은?

① 보일러 본체와 수평거리 2미터 이상 간격을 두어 보관하거나 불연재료로 된 별도의 구획된 공간에 보관할 것
② 연통은 천장으로부터 0.5미터 떨어지고, 연통의 배출구는 건물 밖으로 0.5미터 이상 나오도록 설치할 것
③ 연통의 배출구는 보일러 본체보다 2미터 이상 높게 설치할 것
④ 연통재질은 불연재료로 사용하고 연결부에 청소구를 설치할 것

**026** 불을 사용하는 설비의 관리기준 등의 설명으로 옳지 않은 것은?

① 용접 또는 용단 작업장에서는 용접 또는 용단 작업장으로부터 반경 5미터 이내에 소화기를 갖추어 둘 것
② 보일러와 벽·천장 사이의 거리는 0.6미터 이상 되도록 하여야 한다.
③ 보일러의 연료탱크에는 화재 등 긴급상황이 발생하는 경우 연료를 차단할 수 있는 개폐밸브를 연료탱크로부터 0.5미터 이내에 설치하여야 한다.
④ 문과 출입구는 건축법 시행령 에 따른 60분 방화문 또는 30분 방화문으로 설치할 것

**실전 OX QUIZ**

1. 50층 이상(지하층은 제외한다)이거나 지상으로부터 높이가 200미터 이상인 아파트는 특급소방안 전관리대상물이다. O | X

2. 소방안전관리자 외에 다른 안전관리자(다른 법령에 따라 전기·가스·위험물 등의 안전관리 업무 에 종사하는 자를 말한다.)는 소방안전관리대상물 중 소방안전관리업무의 전담이 필요한 대통령령 으로 정하는 소방안전관리대상물의 소방안전관리자를 겸할 수 없다. O | X

3. 복합건축물로서 지하층을 제외한 층수가 11층 이상 또는 연면적 3만제곱미터 이상인 건축물은 관리의 권원을 조정하여 소방안전관리자를 선임하도록 할 수 있다. O | X

정답 1. O   2. O   3. O

**KEYWORD 소방안전관리대상물**

**001**
O △ X
화재의 예방 및 안전관리에 관한 법령상 특급소방안전관리대상물로 옳지 않은 것은?

① 지상으로부터 높이가 200미터 이상인 아파트

② 30층 이상(지하층을 포함한다)인 특정소방대상물

③ 연면적이 10만제곱미터 이상인 특정소방대상물(아파트는 제외한다)

④ 지상으로부터 높이가 120미터 이상인 특정소방대상물(아파트는 제외한다)

**002**
O △ X
화재의 예방 및 안전관리에 관한 법률 및 시행령상 1급 소방안전관리대상물로 옳은 것은?

① 문화재보호법 제23조에 따라 보물 또는 국보로 지정된 목조건축물

② 동·식물원

③ 가연성 가스를 1천톤 이상 저장·취급하는 시설

④ 철강 등 불연성 물품을 저장·취급하는 창고

**003** 특정소방대상물의 소방안전관리에 관한 것으로 옳은 것은?
□△✕

① 관계인이 소방안전관리자를 선임한 경우 소방본부장 또는 소방서장에게 30일 이내에 신고한다.
② 연면적 9천제곱미터이고 층수가 15층인 근린생활시설은 1급 소방안전관리대상물이다.
③ 소방설비기사는 1급 소방안전관리대상물 선임대상이지만 소방설비산업기사는 1급 소방안전관리대상물 선임대상자가 될 수 없다.
④ 소방공무원으로 1년 이상 근무 경력이 있으면 2급 소방안전관리자로 선임될 수 있다.

**004** 화재의 예방 및 안전관리에 관한 법률 및 시행령상 특급 소방안전관리대상물의 소방안전관리자로
□△✕ 선임할 수 없는 사람은?

① 소방기술사 또는 소방시설관리사의 자격이 있는 사람
② 소방공무원으로 15년 이상 근무한 경력이 있는 사람
③ 소방설비기사의 자격을 취득한 후 5년 이상 1급 소방안전관리대상물의 소방안전관리자로 근무한 실무경력이 있는 사람
④ 소방설비산업기사의 자격을 취득한 후 7년 이상 1급 소방안전관리대상물의 소방안전관리자로 근무한 실무경력이 있는 사람

**005** 1급 소방안전관리대상물에 두어야 할 소방안전관리자의 선임대상 자격에 해당하는 자는?
□△✕

① 소방공무원으로 5년 이상 경력이 있는 사람
② 대학에서 소방안전 관련 학과를 전공하고 졸업한 사람으로 3년 이상 3급 소방안전관리대상물의 소방안전관리자로 근무한 실무경력이 있는 사람
③ 대학에서 소방안전관리학과를 전공하고 졸업한 사람으로서 해당 학과를 졸업한 후 2년 이상 2급 소방안전관리대상물의 소방안전관리자로 근무한 실무경력이 있는 사람
④ 특급 소방안전관리대상물의 소방안전관리자 자격이 인정되는 사람

**006** 특급 소방안전관리자로 선임할 수 있는 자격자로 옳지 않은 것은?

① 소방기술사 또는 소방시설관리사의 자격이 있는 사람

② 소방설비기사의 자격을 가지고 5년 이상 2급 소방안전관리대상물의 소방안전관리자로 근무한 실무경력이 있는 사람

③ 소방공무원으로 20년 이상 근무한 경력이 있는 사람

④ 특급 소방안전관리대상물의 소방안전관리에 대한 강습교육을 수료하고 소방청장이 실시하는 특급 소방안전관리대상물의 소방안전관리에 관한 시험에 합격한 사람

---

**KEYWORD 소방안전관리보조자**

**007** 화재의 예방 및 안전관리에 관한 법령상 1,000세대인 아파트에 선임하여야하는 최소 소방안전관리보조자 인원으로 옳은 것은?

① 2명

② 3명

③ 4명

④ 5명

---

**008** 화재의 예방 및 안전관리에 관한 법률 및 시행령상 소방안전관리보조자를 두어야 하는 특정소방대상물에 대한 설명이다. (가)와 (나)에 들어갈 용어로 옳은 것은?

- 건축법 시행령 별표 1 제2호 가목에 따른 ( 가 )세대 이상인 아파트
- 아파트를 제외한 연면적이 ( 나 ) 이상인 특정소방대상물

| | (가) | (나) |
|---|---|---|
| ① | 150 | 1만제곱미터 |
| ② | 150 | 1만5천제곱미터 |
| ③ | 300 | 1만제곱미터 |
| ④ | 300 | 1만5천제곱미터 |

**009** 소방안전관리보조자를 두어야 하는 특정소방대상물이 아닌 것은?

① 노유자시설
② 수련시설
③ 아파트로서 500세대 이상인 것
④ 연면적 1만5천 제곱미터 이상인 특정소방대상물

**010** 화재의 예방 및 안전관리에 관한 법률 및 시행령상 소방안전관리 업무의 대행 대상 소방안전관리대상물로 옳지 않은 것은?

① 3급 소방안전관리대상물
② 2급 소방안전관리대상물
③ 아파트를 제외한 지상층의 층수가 11층 이상인 1급 소방안전관리대상물
④ 아파트를 제외한 연면적 1만5천제곱미터 이상인 1급 소방안전관리대상물

KEYWORD 건설현장 소방안전관리

**011** 화재의 예방 및 안전관리에 관한 법률상 건설현장 소방안전관리대상물의 소방안전관리자의 업무에 관한 내용으로 옳지 않은 것은?

① 건설현장의 소방계획서의 작성
② 화기취급의 감독, 화재위험작업의 허가 및 관리
③ 공사진행 단계별 피난안전구역, 피난로 등의 확보와 관리
④ 건설현장 작업자를 제외한 책임자에 대한 소방안전 교육 및 훈련

**012** 화재의 예방 및 안전관리에 관한 법령상 건설현장 소방안전관리대상물로 옳지 않은 것은?

① 신축을 하려는 부분의 연면적의 합계가 1만제곱미터 이상인 것

② 신축을 하려는 부분의 연면적이 5천제곱미터 이상인 것으로서 지하층의 층수가 2개 층 이상인 것

③ 신축을 하려는 부분의 연면적이 5천제곱미터 이상인 것으로서 지상층의 층수가 11층 이상인 것

④ 신축을 하려는 부분의 연면적이 5천제곱미터 이상인 것으로서 냉동창고, 냉장창고 또는 냉동·냉장창고

---

**KEYWORD 공동 소방안전관리**

**013** 화재의 예방 및 안전관리에 관한 법령상 관리의 권원이 분리된 특정소방대상물의 소방안전관리대상으로 옳지 않은 것은?

① 연면적 1만5천제곱미터 이상인 복합건축물

② 지하가(지하의 인공구조물 안에 설치된 상점 및 사무실, 그 밖에 이와 비슷한 시설이 연속하여 지하도에 접하여 설치된 것과 그 지하도를 합한 것을 말한다)

③ 판매시설 중 도매시장

④ 지하층을 제외한 층수가 11층 이상인 복합건축물

---

**014** 화재의 예방 및 안전관리에 관한 법률 및 시행령상 공동 소방안전관리자 선임대상 특정소방대상물로 옳지 않은 것은?

① 판매시설 중 도매시장, 소매시장 및 전통시장

② 복합건축물로서 층수가 5층 이상인 것

③ 복합건축물로서 연면적 3만제곱미터 이상인 것

④ 지하가

**015** 다음 중 관리의 권원이 분리된 특정소방대상물의 소방안전관리자 선임대상이 아닌 것은?

① 복합건축물로서 연면적이 5천제곱미터 이상인 것
② 지하가
③ 복합건축물로서 층수가 11층 이상인 것
④ 판매시설 중 도·소매시장 및 전통시장

---

**KEYWORD 피난계획**

**016** 화재의 예방 및 안전관리에 관한 법령 및 시행규칙상 소방안전관리대상물의 관계인이 피난시설의 위치, 피난경로 또는 대피요령이 포함된 피난유도 안내정보를 근무자 또는 거주자에게 정기적으로 제공해야 하는 방법으로 옳지 않은 것은?

① 연 1회 피난안내 교육을 실시하는 방법
② 분기별 1회 이상 피난안내방송을 실시하는 방법
③ 피난안내도를 층마다 보기 쉬운 위치에 게시하는 방법
④ 엘리베이터, 출입구 등 시청이 용이한 지역에 피난안내영상을 제공하는 방법

---

**KEYWORD 소방훈련·교육**

**017** 화재의 예방 및 안전관리에 관한 법령상 소방훈련·교육 결과 제출의 대상으로 옳은 것은?

① 1급 소방안전관리대상물
② 2급 소방안전관리대상물
③ 3급 소방안전관리대상물
④ 특정소방대상물

## 018 화재의 예방 및 안전관리에 관한 법령상 불시소방훈련 및 교육의 대상으로 옳지 않은 것은?

① 근린생활시설　　　　　　　　　② 의료시설
③ 교육연구시설　　　　　　　　　④ 노유자시설

## 019 화재의 예방 및 안전관리에 관한 법령 및 시행규칙상 특정소방대상물의 관계인에 대한 소방안전교육 대상자로 옳은 것은?

① 주택으로 사용하는 부분 또는 층이 있는 특정소방대상물
② 화재에 대하여 취약성이 높다고 시·도지사가 인정하는 특정소방대상물
③ 경량철골조 구조의 특정소방대상물
④ 비상경보설비가 설치된 공장·창고 등의 특정소방대상물

## 020 소방안전관리자의 실무교육 등에 대한 설명으로 옳지 않은 것은?

① 소방청장은 법에 따른 실무교육의 대상·일정·횟수 등을 포함한 실무교육의 실시계획을 매년 수립·시행해야 한다.
② 소방청장은 실무교육을 실시하려는 경우에는 실무교육 실시 10일 전까지 일시·장소, 그 밖에 실무교육 실시에 필요한 사항을 인터넷 홈페이지에 공고하고 교육대상자에게 통보해야 한다.
③ 소방안전관리자는 소방안전관리자로 선임된 날부터 6개월 이내에 실무교육을 받아야 하며, 그 이후에는 2년마다(최초 실무교육을 받은 날을 기준일로 하여 매 2년이 되는 해의 기준일과 같은 날 전까지를 말한다) 1회 이상 실무교육을 받아야 한다.
④ 소방안전관리 실무교육을 받은 후 1년 이내에 소방안전관리자로 선임된 사람은 해당 실무교육을 이수한 날에 실무교육을 이수한 것으로 본다.

## 021 소방안전관리자 교육 중 실무교육 대상자가 아닌 것은?

① 선임된 소방안전관리자
② 선임된 소방안전관리보조자
③ 소방안전관리 업무를 대행하는 자를 감독하는 자로 선임된 소방안전관리자
④ 소방안전관리자의 자격을 인정받으려는 자

해설집 p.33

**KEYWORD 특별관리시설물**

**001** 화재의 예방 및 안전관리에 관한 법령상 화재 등 재난이 발생할 경우 사회·경제적으로 피해가 큰 소방안전 특별관리시설물이 아닌 것은?

① 하나의 건축물에 10개 이상인 영화상영관
② 천연가스 인수기지 및 공급망
③ 석유비축시설
④ 공항시설 및 항만시설

**002** 화재의 예방 및 안전관리에 관한 법령상 화재 등 재난이 발생할 경우 사회·경제적으로 피해가 큰 소방안전 특별관리시설물이 아닌 것은?

① 철도산업발전기본법 제3조 제2호의 철도시설
② 산업기술단지 지원에 관한 특례법 제2조 제1호의 산업기술단지
③ 전력용 및 통신용 지하구
④ 물류시설의 개발 및 운영에 관한 법률 제2조 제5의2에 따른 물류창고로서 연면적 20만제곱미터 이상인 것

**003** 화재의 예방 및 안전관리에 관한 법령상 화재예방안전진단 대상으로 정하는 소방안전 특별관리 시설물로 옳지 않은 것은?

① 공항시설 중 여객터미널이 있는 공항시설
② 철도시설 중 역 시설
③ 운수시설 중 자동차여객터미널
④ 도시철도시설 중 역사 및 역 시설

**004** 다음 중 화재의 예방 및 안전관리에 관한 법률상 화재예방안전진단의 범위에 해당하는 것만을 에서 있는 대로 고른 것은?

ㄱ. 소방계획 및 피난계획 수립에 관한 사항
ㄴ. 소방시설등의 유지·관리에 관한 사항
ㄷ. 비상대응조직 및 교육훈련에 관한 사항
ㄹ. 화재 위험성 평가에 관한 사항

① ㄱ
② ㄱ, ㄴ
③ ㄱ, ㄴ, ㄷ
④ ㄱ, ㄴ, ㄷ, ㄹ

**005** 화재의 예방 및 안전관리에 관한 법령상 화재발생 원인 및 연소과정을 조사·분석하는 등의 과정에서 법령이나 정책의 개선이 필요하다고 인정되는 경우 그 법령이나 정책에 대한 화재 위험성의 유발요인 및 완화 방안에 대한 평가를 실시하는 자로 옳은 것은?

① 소방본부장
② 소방서장
③ 소방청장
④ 시·도지사

---

**실전 OX QUIZ**

1. 소방청장은 국민이 화재의 예방과 안전문화를 실천하고 체험할 수 있는 체험시설을 설치·운영할 수 있다. ○ | ✕

2. 소방청장 또는 시·도지사는 소방안전관리자의 자격 취소에 해당하는 처분을 하려면 청문을 하여야 한다. ○ | ✕

정답 1. ○  2. ○

---

**KEYWORD 청문**

**001** 화재의 예방 및 안전관리에 관한 법령상 소방안전관리자의 자격 취소 시 청문을 실시하는 권한이 ○△✕ 있는 자로 옳은 것은?

① 소방청장
② 행정안전부장관
③ 소방본부장
④ 소방대장

**KEYWORD 우수소방대상물**

**002** 화재의 예방 및 안전관리에 관한 법령상 소방대상물의 자율적인 안전관리를 유도하기 위하여 안 ○△✕ 전관리 상태가 우수한 소방대상물을 선정하여 우수 소방대상물 표지를 발급하고, 소방대상물의 관계인을 포상할 수 있는 자로 옳은 것은?

① 소방대장
② 시·도지사
③ 소방본부장
④ 소방청장

# 제8장 벌칙

해설집 p.34

## 실전 OX QUIZ

1. 화재안전조사결과에 따른 조치명령을 정당한 사유 없이 위반한 자는 3년 이하의 징역 또는 3천만 원 이하의 벌금에 처한다.    ○ | ×
2. 화재안전조사상 관계인의 정당한 업무를 방해하거나, 조사업무를 수행하면서 취득한 자료나 알게 된 비밀을 다른 사람 또는 기관에게 제공 또는 누설하거나 목적 외의 용도로 사용한 자는 1년 이하의 징역 또는 1천만 원 이하의 벌금에 처한다.    ○ | ×
3. 소방안전관리업무를 하지 아니한 특정소방대상물의 관계인 또는 소방안전관리대상물의 소방안전관리자에게는 200만 원 이하의 과태료를 부과한다.    ○ | ×

정답 1. ○  2. ○
3. × 소방안전관리업무를 하지 아니한 특정소방대상물의 관계인 또는
소방안전관리대상물의 소방안전관리자에게는 300만 원 이하의 과태료를 부과한다.

**KEYWORD 징역**

**001** 화재의 예방 및 안전관리에 관한 법률상 3년 이하의 징역 또는 3천만 원 이하의 벌금에 처하는 벌칙으로 옳지 않은 것은?

① 화재안전조사 결과에 따른 조치명령을 정당한 사유 없이 위반한 자
② 소방안전관리자 자격증을 다른 사람에게 빌려 주거나 빌리거나 이를 알선한 자
③ 거짓이나 그 밖의 부정한 방법으로 화재예방안전 진단기관으로 지정을 받은 자
④ 소방안전관리자 선임명령을 정당한 사유 없이 위반한 자

**002** 화재의 예방 및 안전관리에 관한 법률상 벌칙에서 화재안전조사 수행자가 법을 위반하여 관계인의 정당한 업무를 방해하거나, 조사업무를 수행하면서 취득한 자료나 알게 된 비밀을 다른 사람 또는 기관에게 제공 또는 누설하거나 목적 외의 용도로 사용한 경우의 벌칙으로 옳은 것은?

① 5년 이하의 징역 또는 5천만 원 이하의 벌금에 처한다.
② 3년 이하의 징역 또는 3천만 원 이하의 벌금에 처한다.
③ 1년 이하의 징역 또는 1천만 원 이하의 벌금에 처한다.
④ 300만 원 이하의 벌금에 처한다.

KEYWORD 벌금

**003** 화재의 예방 및 안전관리에 관한 법률상 벌칙에서 화재안전조사를 정당한 사유 없이 거부·방해
☐△☒ 또는 기피한 자의 벌칙으로 옳은 것은?

① 100만 원 이하의 벌금에 처한다.
② 200만 원 이하의 벌금에 처한다.
③ 300만 원 이하의 과태료에 처한다.
④ 300만 원 이하의 벌금에 처한다.

KEYWORD 과태료

**004** 화재의 예방 및 안전관리에 관한 법률상 200만 원 이하의 과태료에 해당하는 벌칙으로 옳은 것은?
☐△☒
① 소방안전관리자를 겸한 자
② 피난유도 안내정보를 제공하지 아니한 자
③ 화재예방안전진단 결과를 제출하지 아니한 자
④ 불을 사용할 때 지켜야 하는 사항 및 특수가연물의 저장 및 취급 기준을 위반한 자

fire.Hackers.com

# 제 **4** 편
# 소방시설의 설치 및 관리에 관한 법률

---

**실전 OX QUIZ**

1. "소방시설"이란 소화설비, 경보설비, 피난구조설비, 소화용수설비, 그 밖에 소화활동설비로서 대통령령으로 정하는 것을 말한다. ○|×

2. "소방대상물"이란 건축물 등의 규모·용도 및 수용인원 등을 고려하여 소방시설을 설치하여야 하는 소방대상물로서 대통령령으로 정하는 것을 말한다. ○|×

3. "무창층"(無窓層)이란 지상층 중 요건을 모두 갖춘 개구부의 면적의 합계가 해당 층의 바닥면적의 50분의 1 이하가 되는 층을 말한다. ○|×

정답 1. ○  2. × "특정소방대상물"이란 건축물 등의 규모·용도 및 수용인원 등을 고려하여 소방시설을 설치하여야 하는 소방대상물로서 대통령령으로 정하는 것을 말한다.
3. × "무창층"(無窓層)이란 지상층 중 요건을 모두 갖춘 개구부의 면적의 합계가 해당 층의 바닥면적의 30분의 1 이하가 되는 층을 말한다.

---

**KEYWORD 용어**

**001** 소방시설 분류의 설명으로 옳지 않은 것은?

① 경보설비는 화재발생 사실을 통보하는 기계·기구 또는 설비를 말한다.

② 소화설비는 물 또는 그 밖의 소화약제를 사용하여 소화하는 기계·기구 또는 방화시설을 말한다.

③ 소화용수설비는 화재를 진압하는 데 필요한 물을 공급하거나 저장하는 설비를 말한다.

④ 소화활동설비는 화재를 진압하거나 인명구조활동을 위하여 사용하는 설비를 말한다.

**002** 화재를 진압하거나 인명구조활동을 위하여 사용하는 설비의 종류로 옳은 것은?

① 제연설비

② 옥내소화전설비

③ 통합감시시설

④ 인명구조기구

**003** 소방시설 설치 및 관리에 관한 법률 시행령상 피난구조설비로 옳지 않은 것은?

① 구조대
② 방열복
③ 시각경보기
④ 비상조명등

**004** 소방시설 설치 및 관리에 관한 법률 시행령상 피난구조설비의 종류가 아닌 것은?

① 연소방지설비
② 방열복
③ 휴대용비상조명등
④ 완강기

**005** 소방시설 설치 및 관리에 관한 법률 시행령의 소방시설 중 소화설비가 아닌 것은?

① 옥내소화전설비
② 옥외소화전설비
③ 미분무소화설비
④ 상수도소화설비

**006** 소방시설 설치 및 관리에 관한 법률 시행령에서 물분무등소화설비가 아닌 것은?

① 이산화탄소소화설비
② 미분무소화설비
③ 화재조기진압용스프링클러설비
④ 할론소화설비

**007** 소방시설 설치 및 관리에 관한 법률 시행령상 소방시설 중 소화활동설비로 옳지 않은 것은?

① 제연설비, 연결송수관설비
② 비상콘센트설비, 연결살수설비
③ 무선통신보조설비, 연소방지설비
④ 연결송수관설비, 비상조명등설비

**008** 소방시설 설치 및 관리에 관한 법률 시행령상 소방용품으로 옳지 않은 것은?

① 주거용 주방 자동소화장치
② 가스누설경보기 및 누전경보기
③ 소화약제 외의 것을 이용한 간이소화용구
④ 공기호흡기(충전기 포함)

**009** 소방시설의 설치 및 관리에 관한 법령상 소방용품 중 피난구조설비를 구성하는 제품 또는 기기 옳지 않은 것은?

① 공기호흡기
② 비상조명등
③ 객석유도등
④ 피난사다리

**010** 다음 중 소방청장의 형식승인을 받아야 하는 소방용품이 아닌 것은?

① 기동용 수압개폐장치
② 물분무헤드
③ 음향장치 중 경종
④ 가스관선택밸브

## 011 소방시설 설치 및 관리에 관한 법령상 특정소방대상물 중 근린생활시설에 해당하지 않는 것은?
☐△✕

① 단란주점으로 같은 건축물에 해당 용도로 쓰는 바닥면적의 합계가 120m²인 것
② 공연장(극장, 영화상영관, 연예장, 음악당, 서커스장, 영화 및 비디오물의 진흥에 관한 법률 제2조 제16호 가목에 따른 비디오물감상실업의 시설, 같은 호 나목에 따른 비디오물소극장업의 시설, 그 밖에 이와 비슷한 것을 말한다. 이하 같다)으로서 같은 건축물에 해당 용도로 쓰는 바닥면적의 합계가 400m²인 것
③ 게임산업진흥에 관한 법률 에 따른 청소년게임제공업 및 일반게임제공업의 시설, 인터넷컴퓨터게임시설제공업의 시설 및 복합유통게임제공업의 시설로서 같은 건축물에 해당 용도로 쓰는 바닥면적의 합계가 400m²인 것
④ 의원

## 012 소방시설 설치 및 관리에 관한 법률 시행령상 의료시설에 해당하는 특정소방대상물을 모두 고르면?
☐△✕

| | |
|---|---|
| ㄱ. 노인의료복지시설 | ㄴ. 정신의료기관 |
| ㄷ. 장애인 의료재활시설 | ㄹ. 한방의원 |

① ㄱ, ㄷ        ② ㄱ, ㄹ
③ ㄴ, ㄷ        ④ ㄷ, ㄹ

## 013 특정소방대상물의 문화 및 집회시설은 모두 몇 개인가?
☐△✕

| | |
|---|---|
| ㄱ. 동물원 | ㄴ. 도계장 |
| ㄷ. 식물원 | ㄹ. 도축장 |
| ㅁ. 수족관 | ㅂ. 경마장 |

① 2개        ② 3개
③ 4개        ④ 5개

**014** 특정소방대상물의 분류 및 연결이 옳은 것은?

① 항공기 및 자동차 관련 시설 - 항공기격납고, 폐차장, 자동차 검사장
② 의료시설 - 치과병원, 유스호스텔, 종합병원, 요양병원, 마약진료소
③ 관광 휴게시설 - 관망탑, 촬영소, 군휴양시설, 유원지 또는 관광지에 부수되는 건축물
④ 묘지 관련 시설 - 화장시설, 봉안당(종교집회장 안에 설치된 봉안당 포함)

**015** 특정소방대상물 중 소방관서용 청사가 속하는 시설로 옳은 것은?

① 근린생활시설
② 교육연구시설
③ 운수시설
④ 업무시설

**016** 소방시설 설치 및 관리에 관한 법률 시행령에서 대통령령으로 정하고 있는 특정소방대상물의 분류가 옳은 것은?

① 자원순환 관련 시설 - 고물상
② 의료시설 - 치과의원
③ 노유자시설 - 요양병원
④ 위락시설 - 안마시술소

**017** 소방시설의 설치 및 관리에 관한 법령상 특정소방대상물 중 운수시설로 옳지 않은 것은?

① 항공기격납고
② 여객자동차터미널
③ 도시철도시설의 정비창(整備廠)
④ 종합여객시설

**018** 소방시설 설치 및 관리에 관한 법률 시행령에서 전력 또는 통신사업용에 대한 지하구의 기준으로 옳은 것은?

① 지하 인공구조물로서 폭이 1.8미터 이상이고 높이가 2미터 이상이며 길이가 500미터 이상인 것
② 전력 또는 통신사업용 지하 인공구조물로서 전력구(케이블 접속부가 없는 경우 제외) 또는 통신구로 설치된 것
③ 지하 인공구조물로서 폭이 1.8미터 이상이고 높이가 2미터 이상이며 길이가 50미터 이하인 것
④ 국토의 계획 및 이용에 관한 법률 제2조 제9호에 따른 공동구

**019** 청소년게임제공업 및 일반게임제공업의 시설로서 같은 건축물에 해당 용도로 쓰는 바닥면적의 합계가 500제곱미터 미만인 것은 어떤 특정소방대상물에 해당하는가?

① 근린생활시설
② 위락시설
③ 판매시설
④ 업무시설

**020** 소방시설 설치 및 관리에 관한 법률 시행령에서 특정소방대상물에 대한 설명으로 옳지 않은 것은?

① 근린생활시설 – 안마시술소
② 판매시설 – 마권 장외 발매소
③ 문화 및 집회시설 – 예식장
④ 노유자시설 – 장애인거주시설

**021** 둘 이상의 특정소방대상물에 복도 또는 통로로 연결된 경우 하나의 특정소방대상물로 보지 아니하는 기준으로 옳은 것은?

① 자동방화셔터가 설치되지 않은 피트로 연결된 경우
② 연결통로 양쪽에 화재 시 자동으로 방수되는 방식의 드렌처설비 또는 개방형 스프링클러헤드가 설치된 경우
③ 컨베이어로 연결되거나 플랜트설비의 배관 등으로 연결되어 있는 경우
④ 지하보도, 지하상가, 지하가로 연결된 경우

**KEYWORD 무창층**

**022** 소방시설 설치 및 관리에 관한 법령상 무창층의 정의로 옳은 것은?

① 지상층 중 개구부(법령으로 정하는 요건을 모두 갖춘 것)의 면적의 합계가 해당 층의 바닥면적의 20분의 1 이하가 되는 층을 말한다.
② 지상층 중 개구부(법령으로 정하는 요건을 모두 갖춘 것)의 면적의 합계가 2개 층의 바닥면적의 20분의 1 이하가 되는 층을 말한다.
③ 지상층 중 개구부(법령으로 정하는 요건을 모두 갖춘 것)의 면적의 합계가 해당 층의 바닥면적의 30분의 1 이하가 되는 층을 말한다.
④ 지상층 중 개구부(법령으로 정하는 요건을 모두 갖춘 것)의 면적의 합계가 2개 층의 바닥면적의 30분의 1 이하가 되는 층을 말한다.

**023** 무창층의 개구부에 대한 설명으로 옳지 않은 것은?

① 내부 또는 외부에서 쉽게 부수거나 열 수 있을 것
② 개구부는 도로 또는 차량이 진입할 수 있는 빈터를 향할 것
③ 개구부의 크기가 지름 50센티미터 이상의 원이 통과할 수 있을 것
④ 바닥으로부터 개구부 중심까지 높이가 1.2미터 이상일 것

해설집 p.38

## 실전 OX QUIZ

1. 특정소방대상물 중 노유자(老幼者) 시설 및 수련시설로서 연면적 200제곱미터이상인 것은 건축 허가동의대상이다. ○ | ×

2. 창고시설 중 연면적 10만제곱미터 이상인 것 또는 지하층의 층수가 2개 층 이상이고 지하층의 바닥면적의 합계가 3만제곱미터 이상인 것은 성능위주설계를 해야 하는 특정소방대상물이다. ○ | ×

3. 소방관서장이 소방시설정보관리시스템을 구축·운영하는 경우 그 구축·운영의 대상은 문화 및 집 회시설, 운동시설, 종교시설도 해당된다. ○ | ×

4. 소방시설기준 적용의 특례에서 소방시설을 설치하지 않을 수 있는 특정소방대상물의 범위에서 소 방기본법에 따라 설치된 소방대도 화재위험도가 낮은 것에 해당된다. ○ | ×

5. 근린생활시설 중 의원, 조산원, 산후조리원, 체력단련장, 공연장 및 종교집회장은 방염성능기준 이 상의 실내장식물 등을 설치해야 하는 특정소방대상물이다. ○ | ×

정답 1. ○  2. ○  3. × 소방관서장이 소방시설정보관리시스템을 구축·운영하는 경우
그 구축·운영의 대상에서 운동시설은 해당사항이 없다.
4. × 소방시설기준 적용의 특례에서 소방시설을 설치하지 않을 수 있는 특정소방대상물의 범위에서
화재위험도가 낮은 것에 해당되는 것은 석재, 불연성금속, 불연성 건축재료 등의
가공공장·기계조립공장 또는 불연성 물품을 저장하는 창고이다.  5. ○

---

## KEYWORD 건축허가동의 대상

### 001 소방시설 설치 및 관리에 관한 법령상 건축허가동의 대상으로 옳은 것은?

① 연면적이 400제곱미터 이상인 건축물이나 시설

② 학교시설사업 촉진법 제5조의2 제1항에 따라 건축등을 하려는 학교시설로서 연면적이 50제곱미터 이상인 건축물이나 시설

③ 노유자(老幼者) 시설 및 수련시설로서 연면적이 100제곱미터 이상인 건축물이나 시설

④ 장애인 의료재활시설(이하 "의료재활시설"이라 한다)로서 연면적이 200제곱미터 이상 인 건축물이나 시설

### 002 다음 중 건축허가 등의 허가동의로 옳은 것은?

① 정신보건법에 따른 정신의료기관(입원실이 없는 정신건강의학과 의원 포함)의 경우 300제곱미터 이상

② 지하층 또는 무창층이 있는 건축물로서 바닥면적이 100제곱미터 이상인 층이 있는 것

③ 가스시설로서 지상에 노출된 탱크의 저장용량의 합계가 100톤 이상인 것

④ 차고·주차장으로 사용되는 층 중 바닥면적이 150제곱미터 이상인 층이 있는 시설

**003** 다음 중 건축허가 등의 동의대상물 범위가 아닌 것은?
　◯△✕

① 항공기격납고
② 공장 또는 창고시설로서 화재의 예방 및 안전관리에 관한 법률 시행령 별표 2에서 정하는 수량의 750배 이상의 특수가연물을 저장·취급하는 것
③ 노유자시설(老幼者施設) 및 숙박시설이 있는 수련시설로서 수용인원 100인 이상인 것
④ 지하층이 있고 바닥면적 150제곱미터 이상인 층이 있는 시설

**004** 다음 중 건축허가 등의 동의대상물 범위로 옳은 것은?
　◯△✕

① 노유자시설 및 수련시설의 경우에는 연면적 100제곱미터 이상인 건축물
② 차고·주차장으로 사용되는 층 중 바닥면적이 150제곱미터 이상인 층이 있는 시설
③ 지하층 또는 무창층이 있는 건축물로서 바닥면적이 150제곱미터 이상인 층이 있는 것
④ 승강기 등 기계장치에 의한 주차시설로서 자동차 10대 이상을 주차할 수 있는 시설

**005** 다음 중 건축허가 등의 동의 요구 시 첨부서류가 아닌 것은?
　◯△✕

① 소방시설 설치계획표
② 임시소방시설 설치계획서
③ 소방시설공사업 등록증 사본
④ 소방시설공사업법에 따라 체결한 소방시설설계 계약서 사본

KEYWORD 주택 소방시설

**006** 건축법에서 정하는 주택의 소유자는 소방시설 중 어떤 설비를 설치하여야 하는가? (단, 아파트등
　◯△✕　및 기숙사는 제외한다)

① 유도등　　　　　　　　　② 유도표지
③ 인명구조기구　　　　　④ 소화기

**007** 주택에 설치하는 소방시설의 설치기준에 관한 사항은 어떻게 정하는가?

① 화재안전기준으로 정한다.   ② 소방청장 고시로 정한다.

③ 시·도 조례로 정한다.   ④ 시·도 규칙으로 정한다.

---

**KEYWORD 소급적용 특례**

**008** 소방시설 설치 및 관리에 관한 법률 시행령에서 소방서장이 화재안전기준의 변경으로 강화된 기준을 적용하여야 하는 소방시설로 옳은 것을 모두 고르면?

> ㄱ. 소화기구
> ㄴ. 비상경보설비
> ㄷ. 자동화재탐지설비
> ㄹ. 노유자시설에 설치하는 스프링클러설비 및 자동화재탐지설비
> ㅁ. 의료시설에 설치하는 스프링클러설비, 간이스프링클러설비와 자동화재탐지설비, 자동화재속보설비

① ㄱ, ㄴ   ② ㄱ, ㄴ, ㅁ

③ ㄱ, ㄴ, ㄷ, ㅁ   ④ ㄴ, ㄷ, ㄹ, ㅁ

---

**009** 소방시설의 기준 변경 시 기존의 특정소방대상물에 대하여 강화된 화재안전기준을 적용하는 것으로 옳지 않은 것은?

① 소화기구   ② 비상경보설비

③ 자동화재속보설비   ④ 간이스프링클러설비

---

**010** 소방시설기준 적용의 특례 중 의료시설에 대통령령 또는 화재안전기준의 변경으로 강화된 기준을 적용하는 것은?

① 자동화재속보설비   ② 자동소화장치

③ 옥내소화전설비   ④ 스프링클러설비

**011** 소방시설 설치 및 관리에 관한 법률 시행령 제15조 특정소방대상물의 증축 또는 용도변경 시의 소방시설기준 적용의 특례에 관한 설명으로 옳지 않은 것은?

① 기존 부분과 증축 부분이 건축법 시행령 제46조 제1항 제2호에 따른 방화문 또는 자동 방화셔터로 구획되어 있는 경우, 기존 부분에 대해서는 증축 당시의 소방시설의 설치에 관한 대통령령 또는 화재안전기준을 적용하지 않는다.

② 자동차 생산공장 등 화재 위험이 낮은 특정소방대상물에 캐노피(기둥으로 받치거나 매 달아 놓은 덮개를 말하며, 3면 이상에 벽이 없는 구조의 것을 말한다)를 설치하는 경우, 기존 부분에 대해서는 증축 당시의 소방시설의 설치에 관한 대통령령 또는 화재안전기 준을 적용하지 않는다.

③ 특정소방대상물의 구조·설비가 화재연소 확대 요인이 적어지거나 피난 또는 화재진압 활동이 쉬워지도록 변경되는 경우에는 특정소방대상물 전체에 대하여 용도변경 전에 해당 특정소방대상물에 적용되던 소방시설의 설치에 관한 대통령령 또는 화재안전기준 을 적용한다.

④ 특정소방대상물이 용도변경되는 경우에는 용도변경되는 부분에 대해서만 용도변경 전 에 해당 특정소방대상물에 적용되던 소방시설의 설치에 관한 대통령령 또는 화재안전 기준을 적용한다.

**012** 소방시설 설치 및 관리에 관한 법률 시행령상 특정소방대상물이 증축되는 경우, 원칙적으로 소방 시설기준 적용에 관한 설명으로 옳은 것은?

① 기존 부분을 포함한 특정소방대상물의 전체에 대하여 증축 전 소방시설의 설치에 관한 대통령령 또는 화재 안전기준을 적용하여야 한다.

② 기존 부분은 증축 전에 적용되던 소방시설의 설치에 관한 대통령령 또는 화재안전기준 을 적용하고, 증축 부분은 증축 당시의 소방시설의 설치에 관한 대통령령 또는 화재안 전기준을 적용하여야 한다.

③ 증축 부분은 증축 전에 적용되던 소방시설의 설치에 관한 대통령령 또는 화재안전기준 을 적용하고, 기존 부분은 증축 당시의 소방시설의 설치에 관한 대통령령 또는 화재안 전기준을 적용하여야 한다.

④ 기존 부분을 포함한 특정소방대상물의 전체에 대하여 증축 당시의 소방시설의 설치에 관한 대통령령 또는 화재안전기준을 적용하여야 한다.

**013** 소방시설을 설치하지 아니할 수 있는 특정소방대상물이 아닌 것은?

① 화재위험성이 높은 특정소방대상물
② 화재안전기준을 적용하기 어려운 특정소방대상물
③ 위험물안전관리법의 규정에 의한 자체소방대가 설치된 특정소방대상물
④ 화재안전기준을 다르게 적용하여야 하는 특수한 용도 또는 구조를 가진 특정소방대상물

**014** 화재위험도가 낮은 특정소방대상물에 설치하지 않아도 되는 소방시설로 옳은 것은?

① 옥외소화전, 연결살수설비
② 옥외소화전, 연결송수관설비
③ 연결살수설비, 자동화재탐지설비
④ 자동화재탐지설비, 비상방송설비

**015** 소방시설을 설치하지 아니할 수 있는 특정소방대상물 및 소방시설의 범위에 관한 규정으로 옳지 않은 것은?

① 석재 가공공장은 옥외소화전 및 연결살수설비를 설치하지 아니할 수 있다.
② 펄프공장의 작업장은 화재 위험도가 낮은 특정소방대상물에 해당된다.
③ 정수장은 자동화재탐지설비를 설치하지 아니할 수 있다.
④ 원자력발전소는 연결송수관설비 및 연결살수설비를 설치하지 아니할 수 있다.

**016** 소방시설 설치 및 관리에 관한 법률 시행령에서 자동화재탐지설비를 면제할 수 있는 요건으로 옳은 것은?

① 감지·수신·경보기능과 성능을 가진 물분무등소화설비를 화재안전기준에 적합하게 설치한 경우
② 자동소화장치를 화재안전기준에 적합하게 설치한 경우
③ 옥외소화전설비를 화재안전기준에 적합하게 설치한 경우
④ 옥내소화전설비를 화재안전기준에 적합하게 설치한 경우

**017** 소방시설 설치 및 관리에 관한 법률 시행령에서 기능과 성능이 유사한 경우 소방시설의 설치를 면제할 수 있다. 다음 중 면제할 수 없는 소화설비는?

① 스프링클러설비      ② 옥내소화전설비

③ 소화기구      ④ 물분무등소화설비

KEYWORD 소방시설의 내진설계

**018** 소방시설 설치 및 관리에 관한 법률 시행령 제8조에 따라 특정소방대상물에 지진이 발생할 경우 소방시설이 정상적으로 작동될 수 있도록 소방청장이 정하는 내진설계기준에 맞게 설치하여야 하는 소방시설의 종류로 옳지 않은 것은?

① 물분무등소화설비      ② 스프링클러설비

③ 옥내소화전설비      ④ 연결송수관설비

KEYWORD 수용인원 산정

**019** 소방시설 설치 및 관리에 관한 법률 시행령에서 수용인원의 산정 방법으로 옳지 않은 것은?

① 침대가 없는 숙박시설은 해당 특정소방대상물의 바닥면적의 합계를 3제곱미터로 나누어 얻은 수로 한다.

② 강의실·휴게실 등의 용도로 쓰이는 특정소방대상물은 해당 용도로 사용하는 바닥면적의 합계를 1.9제곱미터로 나누어 얻은 수로 한다.

③ 강당, 종교시설은 해당 용도로 사용하는 바닥면적의 합계를 4.6제곱미터로 나누어 얻은 수로 한다.

④ 바닥면적을 산정하는 때에는 복도, 계단 및 화장실의 바닥면적을 포함하지 않는다. 계산 결과 소수점 이하의 수는 반올림한다.

**020** 소방시설 설치 및 관리에 관한 법률 시행령상 수용인원의 산정방법에 따라 다음의 특정소방대상
⬜△✕ 물에 대한 수용인원을 옳게 산정한 것은?

> 바닥면적이 190제곱미터인 강의실[단, 바닥면적을 산정할 때에는 복도(건축법 시행령 제2조 제
> 11호에 따른 준불연재료 이상의 것을 사용하여 바닥에서 천장까지 벽으로 구획한 것을 말한다),
> 계단 및 화장실의 바닥면적을 포함하지 않으며, 계산 결과 소수점 이하의 수는 반올림한다]

① 42명      ② 63명
③ 64명      ④ 100명

**021** 소방시설 설치 및 관리에 관한 법률 시행령상 건설현장의 임시소방시설의 종류로 옳지 않은 것은?
⬜△✕
① 소화기      ② 스프링클러설비
③ 비상경보장치      ④ 간이소화장치

**022** 소방시설 설치 및 관리에 관한 법률 시행령상 건설현장에 설치하는 임시소방시설이 아닌 것은?
⬜△✕
① 간이소화장치      ② 소화기
③ 비상경보장치      ④ 호스릴옥내소화전설비

---

**KEYWORD 성능위주설계**

**023** 소방시설 설치 및 관리에 관한 법률 시행령상 성능위주설계를 해야 하는 특정소방대상물의 범위
⬜△✕ 로 옳지 않은 것은?

① 터널 중 수저(水底)터널 또는 터널길이가 5천미터 이상인 것
② 창고시설 중 연면적 10만제곱미터 이상인 것
③ 50층 이상(지하층은 제외한다)이거나 지상으로부터 높이가 200미터 이상인 아파트등
④ 30층 이상(지하층을 포함한다)이거나 지상으로부터 높이가 100미터 이상인 특정소방대
　 상물(아파트등은 제외한다)

**024** 성능위주설계를 해야 할 특정소방대상물의 범위가 아닌 것은?

① 연면적 20만제곱미터인 특정소방대상물의 신축(아파트등 제외)
② 하나의 건축물에 영화상영관이 10개인 특정소방대상물의 신축
③ 창고시설 중 지하층의 층수가 2개 층 이상이고 지하층의 바닥면적의 합계가 1만5천제곱미터인 것
④ 건축물의 높이가 120미터인 특정소방대상물 신축(아파트등 제외)

**025** 성능위주설계를 하여야 할 특정소방대상물이 아닌 것은? (단, 신축에 한정한다)

① 아파트등을 제외한 연면적 20만제곱미터 이상인 특정소방대상물
② 하나의 건축물에 영화 및 비디오물의 진흥에 관한 법률에 따른 영화상영관이 10개 이상인 특정소방대상물
③ 아파트등을 제외한 건축물의 높이가 120미터 이상인 특정소방대상물
④ 연면적 2만제곱미터 이상인 철도 및 도시철도 시설, 공항시설

**026** 특정소방대상물의 구조, 용도, 수용인원, 위치, 가연물의 종류 및 양 등을 고려하여 설계하는 성능위주설계 대상으로 옳지 않은 것은? (단, 아파트는 제외한다)

① 연면적 3만제곱미터 이상의 업무시설 신축
② 하나의 건축물에 10개 이상의 영화상영관 신축
③ 연면적 20만제곱미터 이상인 특정소방대상물 신축(아파트등 제외)
④ 건물 지상 높이가 120미터 이상인 특정소방대상물 신축(아파트등 제외)

**027** 소방시설의 설치 및 관리에 관한 법령상 주거용 주방자동소화장치를 설치해야 하는 특정소방대상
물로 옳은 것은?

① 오피스텔의 모든 층
② 오피스텔의 층수가 30층 이상으로 11층 이상의 층
③ 오피스텔의 층수가 30층 이상으로 16층 이상의 층
④ 오피스텔의 층수가 30층 이상으로 21층 이상의 층

**028** 소방시설 설치 및 관리에 관한 법령상 옥내소화전설비를 설치해야 하는 특정소방대상물의 기준으
로 옳지 않은 것은?

① 연면적 3천m² 이상인 경우에는 모든 층에 설치한다(지하가 중 터널은 제외한다).
② 층수가 4층 이상인 것 중 바닥면적이 600m² 이상인 층이 있는 경우에는 모든 층에 설
치한다.
③ 지하층·무창층(축사는 제외한다)으로서 바닥면적이 600m² 이상인 층이 있는 경우에
는 모든 층에 설치한다.
④ 건축물의 옥상에 설치된 차고·주차장으로서 사용되는 면적이 300m² 이상인 경우 해당
부분에 설치한다.

**029** 소방시설 설치 및 관리에 관한 법률 시행령상 간이스프링클러설비를 설치하여야 하는 특정소방대
상물로 옳지 않은 것은?

① 교육연구시설 내에 합숙소로서 연면적 100제곱미터 이상인 것
② 근린생활시설 중 의원, 치과의원 및 한의원으로서 입원실이 있는 시설
③ 근린생활시설 중 근린생활시설로 사용하는 부분의 바닥면적의 합계가 1천제곱미터 이
상인 것은 모든 층
④ 숙박시설 중 생활형 숙박시설로서 해당 용도로 사용되는 바닥면적의 합계가 500제곱미
터 이상인 것

**030** 다음 중 소방시설 설치 및 관리에 관한 법률 시행령상 스프링클러설비를 설치해야 하는 특정소방대상물에 해당하는 것만을 〈보기〉에서 고른 것은?

|  |
| --- |
| **〈보기〉** |
| ㄱ. 수련시설 내에 있는 학생 수용을 위한 기숙사로서 연면적 5천m²인 경우 |
| ㄴ. 교육연구시설 내에 있는 합숙소로서 연면적 100m²인 경우 |
| ㄷ. 숙박시설로 사용되는 바닥면적의 합계가 500m²인 경우 |
| ㄹ. 영화상영관의 용도로 쓰는 4층의 바닥면적이 1천m²인 경우 |

① ㄱ, ㄴ  
③ ㄴ, ㄷ  
② ㄱ, ㄹ  
④ ㄷ, ㄹ

**031** 소방시설 설치 및 관리에 관한 법률 시행령상 판매시설에 스프링클러설비를 하여야 하는 것은?

① 연면적 5천제곱미터 이상이거나 수용인원 300인 이상의 모든 층  
② 바닥면적의 합계가 5천제곱미터 이상이거나 수용인원 500인 이상의 모든 층  
③ 연면적 1천제곱미터 이상이거나 수용인원 100인 이상의 모든 층  
④ 바닥면적의 합계가 1천제곱미터 이상이거나 수용인원 100인 이상의 모든 층

**032** 소방시설의 설치 및 관리에 관한 법령상 옥외소화전설비를 설치해야 하는 특정소방대상물로 옳은 것은? (단, 아파트등, 위험물 저장 및 처리 시설 중 가스시설, 지하구 및 지하가 중 터널은 제외한다)

① 지상 1층 및 2층의 바닥면적의 합계가 3천m² 이상인 것  
② 지상 1층 및 2층의 바닥면적의 합계가 5천m² 이상인 것  
③ 지상 1층 및 2층의 바닥면적의 합계가 6천m² 이상인 것  
④ 지상 1층 및 2층의 바닥면적의 합계가 9천m² 이상인 것

**033** 소방시설 설치 및 관리에 관한 법률 시행령 제11조 별표 4의 특정소방대상물에 설치하는 소방시설 중 단독경보형 감지기에 관한 설치기준으로 옳지 않은 것은?

① 연면적 600제곱미터 미만의 숙박시설
② 연면적 400제곱미터 미만의 어린이회관
③ 공동주택 중 연립주택 및 다세대주택
④ 교육연구시설 또는 수련시설 내에 있는 합숙소 또는 기숙사로서 연면적 2,000제곱미터 미만인 것

**034** 소방시설 설치 및 관리에 관한 법률 시행령상 특정소방대상물의 관계인이 특정소방대상물의 규모·용도 및 수용인원 등을 고려하여 갖추어야 하는 소방시설의 기준에 대한 내용으로 옳은 것은?

① 지하가 중 터널로서 길이가 500미터인 터널에는 옥내소화전설비를 설치하여야 한다.
② 아파트등 및 오피스텔의 모든 층에는 주거용주방자동소화장치를 설치하여야 한다.
③ 물류터미널을 제외한 창고시설로 바닥면적 합계가 3천제곱미터인 경우에는 모든 층에 스프링클러설비를 설치하여야 한다.
④ 근린생활시설 중 조산원 및 산후조리원으로서 연면적 500제곱미터 이상인 시설은 간이스프링클러설비를 설치하여야한다.

**035** 소방시설 설치 및 관리에 관한 법률 시행령상 연면적 1천제곱미터의 지하가(터널 제외)에 설치해야 할 소방시설 중 옳지 않은 것은?

① 무선통신보조설비
② 제연설비
③ 연소방지설비
④ 스프링클러설비

**036** 소방시설 설치 및 관리에 관한 법률 시행령 제11조 별표 5의 소방시설 중 제연설비를 설치해야 하는 특정소방대상물에 대한 내용이다. (     ) 안에 들어갈 숫자로 옳은 것은?

> 가. 지하가(터널은 제외한다)로서 연면적 (  ㄱ  )제곱미터 이상인 것
> 나. 문화 및 집회시설, 종교시설, 운동시설로서 무대부의 바닥면적이 (  ㄴ  )제곱미터 이상 또는 문화 및 집회시설 중 영화상영관으로서 수용인원 (  ㄷ  )명 이상인 것

|   | ㄱ | ㄴ | ㄷ |   | ㄱ | ㄴ | ㄷ |
|---|-----|-----|-----|---|-----|-----|-----|
| ① | 1,000 | 200 | 100 | ② | 1,000 | 400 | 100 |
| ③ | 2,000 | 200 | 50 | ④ | 2,000 | 400 | 50 |

**037** 소방시설 설치 및 관리에 관한 법률 시행령상 제연설비를 적용하는 기준으로 지하층이나 무창층에 설치된 근린생활시설, 판매시설, 운수시설, 숙박시설, 위락시설, 의료시설, 노유자시설 또는 창고시설(물류터미널만 해당)로서 해당 용도로 사용되는 바닥면적의 합계는 얼마 이상인가?

① 1천제곱미터 이상
② 2천제곱미터 이상
③ 3천제곱미터 이상
④ 4천제곱미터 이상

**038** 특정소방대상물인 지하가 중에서 500미터 터널에 적용하여야 할 소방시설이 아닌 것은?

① 자동화재탐지설비
② 무선통신보조설비
③ 비상경보설비
④ 비상조명등

---

**KEYWORD** 소방기술심의위원회

**039** 중앙소방기술심의위원회의 심의사항으로 옳지 않은 것은?

① 소방시설의 구조 및 원리 등에서 공법이 특수한 설계 및 시공에 관한 사항
② 소방시설에 하자가 있는지의 판단에 관한 사항
③ 연면적 10만제곱미터 이상의 특정소방대상물에 설치된 소방시설의 설계 · 시공 · 감리의 하자 유무에 관한 사항
④ 새로운 소방시설과 소방용품 등의 도입 여부에 관한 사항

**040** 중앙소방기술심의위원회에서 심의하여야 하는 사항으로 옳지 않은 것은?
◯△✕

① 화재안전기준에 관한 사항

② 소방시설의 구조 및 원리 등에서 공법이 특수한 설계 및 시공에 관한 사항

③ 소방시설의 설계 및 공사감리의 방법에 관한 사항

④ 연면적 5만제곱미터 이상의 특정소방대상물에 설치된 소방시설의 설계·시공·감리의 하자 유무에 관한 사항

**041** 지방소방기술심의위원회의 심의·의결사항으로 옳은 것은?
◯△✕

① 화재안전기준에 관한 사항

② 소방시설공사 하자의 판단기준에 관한 사항

③ 소방시설의 설계 및 공사감리의 방법에 관한 사항

④ 소방시설에 하자가 있는지의 판단에 관한 사항

---

KEYWORD 방염

**042** 소방시설 설치 및 관리에 관한 법률 시행령상 방염성능기준으로 옳지 않은 것은?
◯△✕

① 불꽃에 의하여 완전히 녹을 때까지 불꽃의 접촉 횟수는 3회 이상일 것

② 탄화(炭化)한 면적은 50제곱센티미터 이내, 탄화한 길이는 20센티미터 이내일 것

③ 소방청장이 정하여 고시한 방법으로 발연량(發煙量)을 측정하는 경우 최대연기밀도는 500 이하일 것

④ 버너의 불꽃을 제거한 때부터 불꽃을 올리며 연소하는 상태가 그칠 때까지 시간은 20초 이내이며, 버너의 불꽃을 제거한 때부터 불꽃을 올리지 아니하고 연소하는 상태가 그칠 때까지 시간은 30초 이내일 것

**043** 소방시설 설치 및 관리에 관한 법률 시행령상 방염성능기준에 대한 설명이다. 빈칸에 알맞은 것을 고르면?

☐△✕

> • 버너에 불꽃을 제거한 때부터 불꽃을 올리며 연소하는 상태가 그칠 때까지 시간은 ( ㄱ )초 이내
> • 버너에 불꽃을 제거한 때부터 불꽃을 올리지 아니하고 연소하는 상태가 그칠 때까지 시간은 ( ㄴ )초 이내
> • 탄화한 면적은 ( ㄷ )제곱센티미터 이내, 탄화된 길이는 ( ㄹ )센티미터 이내
> • 불꽃에 의하여 완전히 녹을 때까지 불꽃의 접촉 횟수는 ( ㅁ )회 이상
> • 소방청장이 정하여 고시하는 방법으로 발연량을 측정하는 경우 최대연기밀도는 ( ㅂ ) 이하

| | ㄱ | ㄴ | ㄷ | ㄹ | ㅁ | ㅂ |
|---|---|---|---|---|---|---|
| ① | 30 | 20 | 20 | 50 | 3 | 400 |
| ② | 20 | 30 | 50 | 20 | 3 | 400 |
| ③ | 20 | 30 | 50 | 50 | 3 | 400 |
| ④ | 30 | 20 | 20 | 50 | 2 | 300 |

**044** 방염성능기준 이상의 실내장식물 등을 설치하여야 하는 특정소방대상물이 아닌 것은?

☐△✕

① 문화 및 집회시설

② 근린생활시설 중 의원, 조산원

③ 노유자시설

④ 옥외에 설치된 운동시설

**045** 방염성능기준 이상의 방염대상물품을 설치하여야 하는 특정소방대상물이 아닌 것은?

☐△✕

① 방송국

② 의료시설

③ 연구소의 실험실

④ 다중이용업소

**046** 소방시설 설치 및 관리에 관한 법률 시행령상 방염성능기준 이상의 실내장식물 등을 설치하여야 하는 특정소방대상물로 옳지 않은 것은?

① 숙박시설
② 의료시설
③ 노유자시설
④ 층수가 11층 이상인 아파트등

**047** 다음 중 방염대상 특정소방대상물이 아닌 것은?

① 방송통신시설 중 방송국 및 촬영소
② 근린생활시설 중 체력단련장
③ 교육연구시설 중 합숙소
④ 옥외에 설치된 문화 및 집회시설

**048** 소방시설 설치 및 관리에 관한 법령에서 방염을 하여야하는 특정소방대상물이 아닌 것은?

① 방송통신시설 중 방송국 및 촬영소
② 근린생활시설 중 조산원, 산후조리원
③ 교육연구시설 중 합숙소
④ 옥외에 설치된 운동시설

**049** 다음 중 대통령령이 정하는 방염대상물품이 아닌 것은?

① 암막·무대막
② 커튼류(블라인드 포함)
③ 무대용·전시용 합판 및 섬유판
④ 너비 10센티미터 이하인 반자돌림대 등과 건축법에 따른 내부 마감재료

**050** 현장에서 방염처리가 가능한 방염대상물품에 해당하지 않는 것은?

① 공간을 구획하기 위하여 설치하는 간이 칸막이
② 합판 또는 목재
③ 방음재
④ 두께 2밀리미터 미만의 종이벽지

---

**실전 OX QUIZ**

1. 특정소방대상물의 관계인은 그 대상물에 설치되어 있는 소방시설 등이 이 법이나 이 법에 따른 명령 등에 적합하게 설치·관리되고 있는지에 대하여 해당 특정소방대상물의 소방시설 등이 신설된 경우 건축물을 사용할 수 있게 된 날부터 60일 내에 스스로 점검하거나 점검능력 평가를 받은 관리업자 또는 행정안전부령으로 정하는 기술자격자로 하여금 정기적으로 점검하게 하여야 한다. 이 경우 관리업자 등이 점검한 경우에는 그 점검 결과를 행정안전부령으로 정하는 바에 따라 관계인에게 제출하여야 한다.                                                          ○|×
2. 관리업자 또는 소방안전관리자로 선임된 소방시설관리사 및 소방기술사(관리업자 등)는 자체점검을 실시한 경우에는 그 점검이 끝난 날부터 7일 이내에 소방시설 등 자체점검 실시결과 보고서에 소방청장이 정하여 고시하는 소방시설등점검표를 첨부하여 관계인에게 제출해야 한다.        ○|×
3. 제연설비가 설치된 터널은 종합점검대상이다.                                              ○|×
4. 점검인력 1단위가 하루 동안 점검할 수 있는 특정소방대상물의 연면적(점검한도 면적)은 작동기능점검인 경우 12,000제곱미터이다.                                                      ○|×

정답 1. ○  2. × 관리업자 또는 소방안전관리자로 선임된 소방시설관리사 및 소방기술사(관리업자 등)는
자체점검을 실시한 경우에는 그 점검이 끝난 날부터 10일 이내에 소방시설 등 자체점검 실시결과 보고서에
소방청장이 정하여 고시하는 소방시설등점검표를 첨부하여 관계인에게 제출해야 한다.  3. ○  4. ○

---

**KEYWORD 종합점검**

**001**
⬜△✕
소방시설 설치 및 관리에 관한 법률 시행규칙상 종합점검에 대한 설명으로 옳은 것은?

① 소방시설관리업자만 할 수 있다.
② 소방시설 등의 작동점검은 포함하지 않는다.
③ 건축물의 사용승인일이 속하는 다음 달에 실시한다.
④ 제연설비가 설치된 터널은 종합점검을 받아야 한다.

**002**
⬜△✕
소방시설 설치 및 관리에 관한 법률 시행규칙상 종합점검대상으로 옳은 것은?

① 물분무등소화설비가 설치된 연면적 4천제곱미터인 특정소방대상물
② 연면적 1천제곱미터인 노래연습장
③ 스프링클러설비가 설치된 특정소방대상물
④ 소방대가 근무하는 공공기관으로 연면적이 2천제곱미터이고 자동화재탐지설비가 설치된 것

**003** 소방시설의 작동점검 및 종합점검에 대한 설명으로 옳지 않은 것은?

① 작동점검의 점검횟수는 연 1회 이상 실시한다.

② 작동점검은 소방시설을 인위적으로 조작하여 정상적으로 작동하는지를 점검하는 것을 말한다.

③ 종합점검은 특급 소방안전관리대상물을 포함하여 연 1회 이상 실시한다.

④ 종합점검은 소방시설의 작동점검을 포함하여 실시한다.

---

KEYWORD 점검인력 1단위

**004** 소방시설등의 자체점검 시 점검인력 배치기준에서 점검인력 1단위가 하루 동안 점검할 수 있는 작동점검의 점검한도 면적으로 옳은 것은?

① 5,000제곱미터

② 10,000제곱미터

③ 12,000제곱미터

④ 15,000제곱미터

---

**005** 소방시설 등에 실시하는 자체점검에 대한 사항으로 옳지 않은 것은?

① 작동점검의 점검자는 해당 특정소방대상물의 소방안전관리자·소방시설관리업자 또는 소방시설공사업자이다.

② 종합점검의 점검횟수는 연 1회 이상(특급 소방안전관리대상물의 경우에는 반기에 1회 이상) 실시하여야 하며, 소방청장이 소방안전관리가 우수하다고 인정한 특정소방대상물에 대해서는 3년의 범위에서 소방청장이 고시하거나 정한 기간 동안 종합점검을 면제할 수 있다.

③ 다중이용업인 안마시술소로서 연면적이 2,000제곱미터 이상인 것은 종합점검대상에 해당된다.

④ 공공기관 중 연면적이 1,000제곱미터 이상인 것으로서 옥내소화전설비 또는 자동화재탐지설비가 설치된 것은 종합점검대상에 해당된다.

**KEYWORD** 소방시설관리사

**001** 소방시설관리사의 자격시험을 실시하는 자는?

① 시·도지사
② 소방본부장 또는 소방서장
③ 소방청장
④ 국가기술자격법에 의하여 실시

**002** 소방시설 설치 및 관리에 관한 법률상 소방시설관리사의 자격의 취소·정지 사유로 옳지 않은 것은?

① 동시에 둘 이상의 업체에 취업한 경우
② 등록사항의 변경신고를 하지 아니한 경우
③ 소방시설관리사증을 다른 자에게 빌려준 경우
④ 소방안전관리 업무를 하지 아니하거나 거짓으로 한 경우

**003** 소방시설관리사의 자격을 1차 행정처분 시 취소하여야 하는 사유로 옳지 않은 것은?

① 소방시설관리사증을 다른 자에게 빌려준 경우
② 거짓이나 그 밖의 부정한 방법으로 시험에 합격한 경우
③ 점검을 하지 아니하거나 거짓으로 점검한 경우
④ 동시에 둘 이상의 업체에 취업한 경우

**004** 소방시설 설치 및 관리에 관한 법률 시행령상 전문소방시설관리업의 보조 기술인력 등록기준으로 옳은 것은?
☐△☒

① 특급점검자 이상의 기술인력: 2명 이상
② 중급·고급점검자 이상의 기술인력: 각 1명 이상
③ 초급·중급점검자 이상의 기술인력: 각 1명 이상
④ 초급·중급·고급점검자 이상의 기술인력: 각 2명 이상

**005** 소방시설관리업의 등록사항 중 변경신고사항이 아닌 것은?
☐△☒

① 자본금
② 기술인력
③ 대표자
④ 상호(명칭)

**006** 일반소방시설관리업의 등록기준으로 옳은 것은?
☐△☒

① 주된 기술인력으로 소방기술사 1명 이상을 갖출 것
② 주된 기술인력으로 소방시설관리사 자격을 취득한 후 소방 관련 실무경력이 1년 이상인 사람 1명 이상을 갖출 것
③ 보조 기술인력 1명 이상을 갖출 것
④ 소방시설별 점검 장비를 확보할 것

**007** 시·도지사가 반드시 소방시설관리업 등록을 취소하여야 하는 경우로 옳은 것은?
☐△☒

① 점검을 행하지 아니하고도 점검을 행한 것처럼 관계인에게 통보한 때
② 등록기준에 미달하게 된 때
③ 등록증 또는 등록수첩을 빌려준 경우
④ 등록사항 변경신고를 하지 아니한 때

**008** 소방시설 설치 및 관리에 관한 법률에서 소방시설관리업의 점검능력 및 평가 공시자로 옳은 것은?
☐△✕

① 시 · 도지사

② 소방청장

③ 소방본부장 또는 소방서장

④ 한국소방안전원장

**009** 소방시설 설치 및 관리에 관한 법률에 따른 소방시설관리업의 점검능력 평가항목으로 옳지 않은
☐△✕ 것은?

① 대행실적

② 기술력

③ 신인도

④ 점검 장비

**010** 소방시설 설치 및 관리에 관한 법률 및 시행규칙에 따른 자체점검 시 공통소방시설의 점검장비로
☐△✕ 옳지 않은 것은?

① 헤드결합렌치

② 절연저항계

③ 전류전압측정계

④ 방수압력측정계

**011** 소방시설관리업의 영업정지처분에 갈음하여 과징금은 얼마까지 부과할 수 있는가?
☐△✕

① 1천만 원 이하

② 2천만 원 이하

③ 3천만 원 이하

④ 4천만 원 이하

**012** 과징금을 부과하는 위반행위의 종류와 위반 정도 등에 따른 과징금의 금액, 그 밖의 필요한 사항
☐△✕ 을 정하고 있는 것은?

① 법률

② 대통령령

③ 행정안전부령

④ 시 · 도 조례

## 실전 OX QUIZ

1. 연구개발 목적으로 제조하거나 수입하는 소방용품은 소방청장의 형식승인을 받아야 한다.  O | ×
2. 시·도지사는 법을 위반한 소방용품에 대하여는 그 제조자·수입자·판매자 또는 시공자에게 수거·폐기 또는 교체 등 행정안전부령으로 정하는 필요한 조치를 명할 수 있다.  O | ×
3. 소방청장은 소방용품의 품질관리를 위하여 필요하다고 인정할 때에는 유통 중인 소방용품을 수집하여 검사할 수 있다.  O | ×

> 정답 1. × 대통령령으로 정하는 소방용품을 제조하거나 수입하려는 자는 소방청장의 형식승인을 받아야 한다.
> 다만, 연구개발 목적으로 제조하거나 수입하는 소방용품은 그러하지 아니하다.
> 2. × 소방청장, 소방본부장 또는 소방서장은 제6항을 위반한 소방용품에 대하여는 그 제조자·수입자·판매자 또는
> 시공자에게 수거·폐기 또는 교체 등 행정안전부령으로 정하는 필요한 조치를 명할 수 있다. 3. ○

---

**KEYWORD 형식승인**

## 001 소방용품 중에서 소방청장의 형식승인 대상 등으로 옳지 않은 것은?
O △ ×

① 소화기구 중 소화약제 외의 것을 이용한 간이소화용구는 소방청장의 형식승인을 받아야 한다.
② 소화약제의 형식승인을 얻고자 하는 자는 행정안전부령이 정하는 기준에 따라 형식승인을 위한 시험시설을 갖추고 소방청장의 심사를 받아야 한다.
③ 소방용품의 형식승인을 받은 자는 그 소방용품에 대하여 소방청장이 실시하는 제품검사를 받아야 한다.
④ 자동소화장치의 형상·구조·재질·성분·성능 등의 형식승인 및 제품검사의 기술기준 등에 관한 사항은 소방청장이 정하여 고시한다.

## 002 소방용품에 대한 형식승인의 권한이 있는 자는?
O △ ×

① 소방청장
② 시·도지사
③ 행정안전부장관
④ 소방본부장·소방서장

**003** 누구든지 소방용품을 판매하거나 판매 목적으로 진열하거나 소방시설공사에 사용할 수 없는 경우
□△✕ 에 해당하는 기준으로 옳지 않은 것은?

① 시험시설을 갖추지 않은 것
② 형식승인을 받지 아니한 것
③ 제품검사를 받지 아니하거나 합격표시를 하지 아니한 것
④ 형상 등을 임의로 변경한 것

**004** 소방용품의 형식승인 등에 대한 설명으로 옳지 않은 것은?
□△✕
① 소방용품을 제조하거나 수입하려는 자는 소방청장의 형식승인을 받아야 한다.
② 소방청장, 소방본부장 또는 소방서장은 법을 위반한 소방용품에 대하여는 그 제조자·
수입자·판매자 또는 시공자에게 수거·폐기 또는 교체 등 행정안전부령으로 정하는
필요한 조치를 명할 수 있다.
③ 형식승인을 받은 자는 그 소방용품에 대하여 소방청장이 실시하는 제품검사를 받아야
한다.
④ 형식승인의 방법·절차 등과 제품검사의 구분·방법·순서·합격표시 등에 관한 사항은
대통령령으로 정한다.

## 실전 OX QUIZ

1. 소방청장은 제품검사를 전문적·효율적으로 실시하기 위하여 제품검사 전문기관을 지정할 수 있다.  O | ×
2. 소방청장 또는 시·도지사는 소방용품의 형식승인 취소 및 제품검사 중지에 해당하는 처분을 하려면 청문을 하여야 한다.  O | ×
3. 소방청장은 화재안전기준 중 기술기준에 대한 법에 따른 관리·운영 권한을 국립소방연구원장에게 위임한다.  O | ×

정답 1. ○  2. ○  3. ○

---

**KEYWORD 제품검사 전문기관**

**001** 제품검사의 전문적·효율적인 실시를 위하여 제품검사를 전문적으로 수행하는 기관을 제품검사 전문기관으로 지정할 수 있다. 다음 중 지정권자가 옳은 것은?

① 소방청장
② 시·도지사
③ 소방서장
④ 소방본부장

---

**KEYWORD 청문**

**002** 소방청장 또는 시·도지사가 행정처분을 하려고 했을 때 청문을 하여야 하는 경우로 옳지 않은 것은?

① 소방시설관리사의 자격취소
② 소방시설관리업의 등록취소
③ 소방용품의 형식승인 취소
④ 형식승인을 위한 시험시설 심사취소

---

**KEYWORD 권한위탁**

**003** 소방청장의 업무 중 소방산업의 진흥에 관한 법률에 따른 한국소방산업기술원에만 위탁할 수 있는 것으로 옳지 않은 것은?

① 소방용품의 형식승인
② 형식승인의 변경승인
③ 소방용품의 제품검사
④ 우수품질인증

---

**실전 OX QUIZ**

1. 소방시설에 폐쇄·차단 등의 행위를 한 자는 5년 이하의 징역 또는 5천만 원 이하의 벌금에 처한다.   ○ | ×
2. 관리업의 등록을 하지 아니하고 영업을 한 자는 3년 이하의 징역 또는 3천만 원 이하의 벌금에 처한다.   ○ | ×
3. 공사 현장에 임시소방시설을 설치·관리하지 아니한 자에게는 300만 원 이하의 과태료를 부과한다.   ○ | ×

정답 1. ○   2. ○   3. ○

---

**KEYWORD 징역**

**001** 다음 중 벌칙의 종류가 다른 것은?
◻△✕

① 방염성능물품에 대한 조치명령을 위반한 자
② 피난시설·방화시설, 방화구획의 유지·관리 조치명령을 위반한 자
③ 특정소방대상물의 소방시설이 화재안전기준에 따른 소방서장 등의 조치명령을 위반한 자
④ 소방시설에 폐쇄·차단 등의 행위를 한 자

**002** 소방시설관리업의 등록을 하지 아니하고 영업을 한 자의 벌칙으로 옳은 것은?
◻△✕

① 5년 이하의 징역 또는 5천만 원 이하의 벌금에 처한다.
② 3년 이하의 징역 또는 3천만 원 이하의 벌금에 처한다.
③ 1년 이하의 징역 또는 1천만 원 이하의 벌금에 처한다.
④ 300만 원 이하의 벌금에 처한다.

**003** 소방시설관리업의 등록증이나 등록수첩을 다른 자에게 빌려준 자의 벌칙으로 옳은 것은?

① 5년 이하의 징역 또는 5천만 원 이하의 벌금에 처한다.
② 3년 이하의 징역 또는 3천만 원 이하의 벌금에 처한다.
③ 1년 이하의 징역 또는 1천만 원 이하의 벌금에 처한다.
④ 300만 원 이하의 벌금에 처한다.

**KEYWORD 과태료**

**004** 소방시설 설치 및 관리에 관한 법률 시행령 별표 10의 과태료 부과 개별기준으로 옳은 것은?

① 소방시설을 설치하지 않은 경우: 과태료 200만 원
② 임시소방시설을 설치·관리하지 않은 경우: 과태료 200만 원
③ 수신반, 동력(감시)제어반 또는 소방시설용 비상전원을 차단하거나, 고장난 상태로 방치하거나, 임의로 조작하여 자동으로 작동이 되지 않도록 한 경우: 과태료 200만 원
④ 소방시설이 작동하는 경우 소화배관을 통하여 소화수가 방수되지 않는 상태 또는 소화약제가 방출되지 않는 상태로 방치한 경우: 과태료 300만 원

**005** 소방시설 설치 및 관리에 관한 법률에서 과태료 벌칙 대상으로 옳지 않은 것은?

① 피난시설, 방화구획 또는 방화시설의 폐쇄·훼손·변경 등의 행위를 한 자
② 방염성능기준 이상으로 설치하지 않은 자
③ 특정소방대상물의 소방시설을 화재안전기준에 따른 설치·관리를 위반한 자
④ 방염성능검사를 위반하여 거짓 시료를 제출한 자

# 제 5 편
# 위험물안전관리법

**기출 OX QUIZ**

1. 지정수량이란 위험물의 종류별로 위험성을 고려하여 대통령령이 정하는 수량으로서 규정에 의한 제조소등의 설치허가 등에 있어서 최저의 기준이 되는 수량을 말한다. 13. 기출 ○ | ×

2. 유황은 순도가 50중량퍼센트 이상인 것을 말한다. 이 경우 순도측정에 있어서 불순물은 활석 등 불연성물질과 수분에 한한다. 10. 기출 ○ | ×

3. 군부대가 지정수량 이상의 위험물을 군사목적으로 임시로 저장 또는 취급하는 경우에는 관할소방 서장의 승인을 받아야 한다. 12. 기출 ○ | ×

정답 1. ○ 2. × 60중량퍼센트 이상인 것을 말한다. 3. × 승인 없이 할 수 있다.

**KEYWORD 위험물**

**001** 위험물에 대한 정의로 옳은 것은?

① 대통령령이 정하는 가연성 등의 물품
② 행정안전부령이 정하는 인화성 또는 발화성 등의 물품
③ 행정안전부령이 정하는 인화성 또는 산화성 등의 물품
④ 대통령령이 정하는 인화성 또는 발화성 등의 물품

**002** 위험물의 지정수량을 정하고 있는 것은?

① 행정안전부령으로 정하는 수량
② 대통령령으로 정하는 수량
③ 소방본부장 또는 소방서장이 정하는 수량
④ 시·도지사가 정하는 수량

## 003 위험물안전관리법에 관한 설명으로 옳은 것은?

① 위험물이라 함은 인화성 또는 발화성 등의 성질을 가지는 것으로서 행정안전부령으로 정하는 물품을 말한다.

② 지정수량이라 함은 위험물의 종류별로 위험성을 고려하여 행정안전부령으로 정하는 수량을 말한다.

③ 지정수량 미만인 위험물의 저장 또는 취급에 관한 기술상의 기준은 행정안전부령으로 정한다.

④ 위험물안전관리법은 철도 및 궤도에 의한 위험물의 저장·취급 및 운반에 있어서는 이를 적용하지 아니한다.

## 004 위험물안전관리법령상 산화성 고체에 해당하는 것은?

① 유기과산화물
② 질산에스테르류
③ 중크롬산염류
④ 히드록실아민염류

## 005 위험물 제조소등에 해당하지 않는 것은?

① 제조소
② 판매소
③ 저장소
④ 취급소

## 006 위험물을 저장 또는 취급하는 탱크의 용량산정방법은?

① 탱크의 용량 = 탱크의 공간용적 - 탱크의 내용적
② 탱크의 용량 = 탱크의 내용적 - 탱크의 공간용적
③ 탱크의 용량 = 탱크의 전용적 - 탱크의 공간용적
④ 탱크의 용량 = 탱크의 공간용적 - 탱크의 전용적

**007** 제4류 위험물이 아닌 것은?
⃞⃞⃞
① 제1석유류                    ② 제2석유류
③ 동·식물유류                  ④ 특수가연물

**008** 위험물의 유별 분류 중 제1류 위험물의 성질은?
⃞⃞⃞
① 가연성 고체                  ② 산화성 액체
③ 인화성 액체                  ④ 산화성 고체

**009** 위험물의 유별 분류 중 제3류 위험물의 성질은?
⃞⃞⃞
① 자연발화성물질 및 금수성       ② 산화성 액체
③ 인화성 액체                  ④ 산화성 고체

**010** 위험물 중 제3류 위험물로 옳은 것은?
⃞⃞⃞
① 적린                        ② 황린
③ 황화린                      ④ 인화성 고체

**011** 인화성 액체인 것은?
⃞⃞⃞
① 과염소산                    ② 동식물유류
③ 황산                        ④ 질산

**012** 제2류 위험물의 성질은?

① 산화성 고체  
② 가연성 고체  
③ 인화성 고체  
④ 산화성 액체

**013** 위험물 중 자기반응성물질인 것은?

① 황린  
② 아염소산염류  
③ 특수인화물  
④ 질산에스테르류

**014** 제2류 위험물에 해당하지 아니한 것은?

① 적린  
② 황화린  
③ 유황  
④ 황린

**015** 위험물과 그 지정수량의 조합으로 옳은 것은?

① 황린 - 20킬로그램  
② 염소산염류 - 300킬로그램  
③ 과염소산 - 200킬로그램  
④ 질산 - 100킬로그램

**016** 위험물로서 제5류 자기반응성물질에 해당하는 것은?

① 니트로화합물  
② 과염소산염류  
③ 금속리튬  
④ 무기과산화물

**017** 자기반응성물질로서 제5류 위험물에 해당하는 것은?

① 염소산염류 　　　　　　　　② 과염소산염류

③ 질산염류 　　　　　　　　　④ 유기과산화물

**018** 제6류 위험물로서 그 성질이 산화성 액체인 것은?

① 알코올류 　　　　　　　　　② 과염소산

③ 염소산 　　　　　　　　　　④ 유기과산화물

**019** 제4류 위험물 중 아세트알데히드등에 해당하는 위험물의 품명은?

① 이황화탄소 　　　　　　　　② 디에틸에테르

③ 산화프로필렌 　　　　　　　④ 질산초산

**020** 위험물안전관리법 시행령에서 정하고 있는 위험물의 성질로 옳지 않은 것은?

① 산화성 액체 　　　　　　　　② 자기반응성물질

③ 가연성 액체 　　　　　　　　④ 가연성 고체

---

**KEYWORD 위험물 제조소등**

**021** 위험물 제조소에 대한 설명으로 옳은 것은?

① 지정수량 이상의 위험물을 제조할 목적으로 위험물을 취급하기 위하여 허가를 받은 장소
② 지정수량 이상의 위험물을 저장하기 위한 장소로서 허가를 받은 장소
③ 지정수량 미만의 위험물을 제조할 목적으로 위험물을 취급하기 위하여 허가를 받은 장소
④ 지정수량 미만의 위험물을 취급하기 위한 장소로서 허가를 받은 장소

**022** 다음 중 제조소등으로 옳지 않은 것은?

① 제조소
② 취급소
③ 판매소
④ 저장소

**023** 용어의 정의로 옳지 않은 것은?

① 위험물이란 인화성 또는 발화성 등의 성질을 가지는 것으로서 대통령령이 정하는 물품을 말한다.
② 지정수량이란 위험물의 종류별로 위험성을 고려하여 대통령령이 정하는 수량으로서 제조소등의 설치허가 등에 있어서 최저의 기준이 되는 수량을 말한다.
③ 취급소라 함은 지정수량 이상의 위험물을 제조 외의 목적으로 취급하기 위한 대통령령이 정하는 장소를 말한다.
④ 제조소라 함은 위험물을 제조할 목적으로 지정수량 미만의 위험물을 취급하기 위하여 시·도지사의 등록을 받은 장소를 말한다.

KEYWORD 위험물 저장소

**024** 저장소의 종류로 옳지 않은 것은?

① 옥외탱크저장소
② 이송탱크저장소
③ 암반탱크저장소
④ 지하탱크저장소

**025** 위험물의 저장소에 속하지 않는 것은?

① 옥내탱크저장소
② 간이탱크저장소
③ 판매탱크저장소
④ 옥외저장소

**026** 위험물 취급소의 구분에 해당하지 않는 것은?

① 주유취급소　　　　　　　　　② 관리취급소
③ 일반취급소　　　　　　　　　④ 판매취급소

**027** 판매취급소에 관한 설명으로 옳은 것은?

① 점포에서 위험물을 용기에 담아 판매하기 위하여 지정수량의 40배 이하의 위험물을 취급하는 장소
② 점포에서 위험물을 용기에 담아 판매하기 위하여 지정수량의 10배 이하의 위험물을 취급하는 장소
③ 점포에서 위험물을 용기에 담아 판매하기 위하여 지정수량의 20배 이하의 위험물을 취급하는 장소
④ 점포에서 위험물을 용기에 담아 판매하기 위하여 지정수량의 100배 이하의 위험물을 취급하는 장소

**028** 위험물안전관리법의 적용을 받아 위험물의 저장 · 취급 및 운반을 하여야 하는 대상으로 옳은 것은?

① 항공기에 의한 위험물의 저장 · 취급 및 운반
② 선박에 의한 위험물의 저장 · 취급 및 운반
③ 철도에 의한 위험물의 저장 · 취급 및 운반
④ 차량에 의한 위험물의 저장 · 취급 및 운반

**029** 위험물안전관리법상 지정수량 미만인 위험물의 저장 또는 취급에 관한 기준은 무엇으로 정하는가?

① 시 · 도 조례　　　　　　　　② 행정안전부령
③ 대통령령　　　　　　　　　　④ 위험물안전관리법

**030** 지정수량 미만인 위험물의 저장·취급의 기준은 무엇으로 정하는가?

① 법률
② 대통령령
③ 행정안전부령
④ 시·도 조례

**031** 소방서장의 승인을 얻은 위험물의 임시 저장 또는 취급기간은 며칠 이내로 하여야 하는가?

① 60일
② 90일
③ 180일
④ 30일

**032** 위험물의 저장 및 취급의 제한 등에 대한 내용 중 옳지 않은 것은?

① 지정수량 이상의 위험물을 저장소가 아닌 장소에서 저장하거나 제조소등이 아닌 장소에서 취급하여서는 아니 된다.

② 관할소방서장의 승인을 받아 지정수량 이상의 위험물을 90일 이내의 기간 동안 임시로 저장 또는 취급하는 경우에는 제조소등이 아닌 장소에서 지정수량 이상 위험물을 취급할 수 있다.

③ 임시로 저장 또는 취급하는 장소에서의 저장 또는 취급의 기준과 취급하는 장소의 위치·구조 및 설비의 기준은 행정안전부령으로 정한다.

④ 군부대가 지정수량 이상의 위험물을 군사목적으로 임시로 저장 또는 취급하는 경우에는 제조소등이 아닌 장소에서 지정수량 이상의 위험물을 취급할 수 있다.

해설집 p.56

---

**기출 OX QUIZ**

1. 위험물의 품명, 수량, 지정수량의 배수를 변경하고자 하는 때에는 시·도지사에게 신고하여야 한다.
   18. 공채 ○ | ×

2. 주택의 난방시설(공동주택의 중앙난방시설을 포함한다)을 위한 저장소 또는 취급소는 위험물의 품명·수량 또는 지정수량의 배수를 변경하고자 하는 경우에는 시·도지사에게 신고하지 않아도 된다.
   13. 기출 ○ | ×

3. 제조소등의 설치자의 지위를 승계한 자는 행정안전부령이 정하는 바에 따라 승계한 날부터 30일 이내에 시·도지사에게 그 사실을 신고하여야 한다. 13. 기출변형 ○ | ×

정답 1. ○  2. × 시·도지사에게 신고하여야 한다.  3. ○

---

**KEYWORD 위험물 제조소등의 설치허가**

**001** 위험물 제조소등의 설치허가를 받고자 하는 사람은 누구에게 신청서를 제출하여야 하는가?
○△×
① 설치장소의 관할 시·도지사
② 설치장소의 관할 시장·군수
③ 설치장소의 관할 소방본부장 또는 소방서장
④ 설치장소의 관할 경찰서장

**002** 위험물 제조소등의 설치허가는 누구에게 받아야 하는가?
○△×
① 시·도지사
② 행정안전부장관
③ 소방본부장 또는 소방서장
④ 소방청장

**003** 위험물의 기준은 무엇으로 정하는가?
○△×
① 법률                    ② 대통령령
③ 행정안전부령          ④ 시·도 조례

**004** 제조소등의 설치허가 시 제출하여야 할 첨부서류의 기준으로 옳지 않은 것은?

① 제조소등의 위치·구조 및 설비에 관한 도면

② 소화설비(소화기구를 제외)를 설치하는 제조소등의 경우에는 당해 설비의 설계도서

③ 100만리터 이상의 옥외탱크저장소의 경우에는 당해 옥외저장탱크의 기초·지반 및 탱크본체의 설계도서, 공사계획서, 공사공정표, 지질조사자료 등 기초·지반에 관하여 필요한 자료와 용접부에 관한 설명서 등 탱크에 관한 자료

④ 옥외저장탱크가 해상탱크인 경우에는 당해 해상탱크의 탱크본체·정치설비 그 밖의 설비의 설계도서, 공사계획서 및 공사공정표

**005** 위험물시설의 설치 및 변경 등에 관한 설명으로 옳지 않은 것은?

① 제조소등을 설치하고자 하는 자는 대통령령이 정하는 바에 따라 그 설치장소를 관할하는 시·도지사의 허가를 받아야 한다.

② 당해 제조소등에서 저장하거나 취급하는 위험물의 품명·수량 또는 지정수량의 배수를 변경하고자 하는 자는 변경하고자 하는 날의 1일 전까지 행정안전부령이 정하는 바에 따라 시·도지사에게 신고하여야 한다.

③ 주택의 난방시설(공동주택의 중앙난방시설을 제외)을 위한 저장소 또는 취급소는 위험물의 품명·수량 또는 지정수량의 배수를 변경하고자 하는 경우에는 시·도지사에게 신고하여야 한다.

④ 농예용·축산용 또는 수산용으로 필요한 난방시설 또는 건조시설을 위한 지정수량 20배 이하의 저장소의 경우에는 신고를 하지 아니하고 위험물의 품명·수량 또는 지정수량의 배수를 변경할 수 있다.

**006** 제조소등의 변경허가를 받아야 하는 경우가 아닌 것은?

① 100미터를 초과하는 위험물배관을 신설·교체·철거 또는 보수(배관을 절개하는 경우에 한한다)하는 경우

② 불활성기체의 봉입장치를 신설하는 경우

③ 방화상 유효한 담을 신설·철거 또는 이설하는 경우

④ 위험물의 제조설비 또는 취급설비(펌프설비를 제외한다)를 증설하는 경우

**007** 위험물안전관리법령상 제조소 또는 일반취급소의 설비 중 변경허가를 받을 필요가 없는 경우는?

① 배출설비를 신설하는 경우
② 불활성기체의 봉입장치를 신설하는 경우
③ 위험물취급탱크의 탱크전용실을 증설하는 경우
④ 펌프설비를 증설하는 경우

**008** 다음은 위험물안전관리법상 위험물시설의 설치 및 변경에 관한 내용이다. (    ) 안에 들어갈 내용으로 옳은 것은?

> 제조소등의 위치·구조 또는 설비의 변경 없이 당해 제조소등에서 저장하거나 취급하는 위험물의 품명·수량 또는 지정수량의 배수를 변경하고자 하는 자는 변경하고자 하는 날의 (    )일 전까지 행정안전부령이 정하는 바에 따라 시·도지사에게 신고하여야 한다.

① 1                                    ② 5
③ 7                                    ④ 14

**009** 군용위험물시설의 설치 및 변경 등에 관한 설명으로 옳은 것은?

① 위험물시설을 설치하고자 하는 경우에는 시·도지사의 허가를 받아야 한다.
② 제조소등의 위치, 구조 및 설비를 변경하고자 하는 경우에는 시·도지사의 허가를 받아야 한다.
③ 제조소등의 완공검사를 자체적으로 실시한 후 시·도지사에게 지체 없이 통보하여야 한다.
④ 저장탱크는 한국소방산업기술원의 탱크안전성능시험을 받아야 한다.

**010** 군사목적으로 위험물 제조소등을 설치하고자 할 경우 당해 군부대의 장이 사전에 협의하여야 하는 자는? (단, 이송취급소는 제외한다)

① 소방청장                            ② 관할 소방본부장
③ 시·도지사                          ④ 관할 소방서장

**011** 위험물탱크안전성능검사의 실시 등에 관하여 필요한 사항은 무엇으로 정하는가?

① 법률
② 대통령령
③ 행정안전부령
④ 시 · 도 조례

**012** 위험물탱크를 설치하고 안전성능 측정을 하고자 한다. 기초 · 지반검사를 병행하여 실시하는 탱크의 용량은?

① 20만리터 이상
② 50만리터 이상
③ 80만리터 이상
④ 100만리터 이상

**013** 탱크안전성능검사의 내용으로 옳지 않은 것은?

① 기초 및 지반검사
② 기밀검사
③ 용접부검사
④ 암반탱크검사

**014** 위험물저장탱크의 충수 · 수압검사에 대한 설명 중 옳지 않은 것은?

① 액체위험물을 저장 또는 취급하는 탱크는 충수 · 수압검사를 받아야 한다.
② 제조소 또는 일반취급소에 설치된 탱크로서 용량이 지정수량 미만인 경우 충수 · 수압 검사를 받지 않아도 된다.
③ 특정설비에 관한 검사에 합격한 탱크, 성능검사에 합격한 탱크는 충수 · 수압검사를 받지 않아도 된다.
④ 충수 · 수압검사는 위험물을 저장 또는 취급하는 탱크에 배관 그 밖의 부속설비를 부착한 후 실시한다.

**015** 위험물안전관리법령상 시·도지사가 면제할 수 있는 탱크안전성능검사는?

① 기초·지반검사　　　　　　　② 충수·수압검사
③ 용접부검사　　　　　　　　　④ 암반탱크검사

**016** 제조소등의 설치를 마친 경우에 실시하는 완공검사자로 옳은 것은?

① 소방본부장　　　　　　　　　② 소방서장
③ 시·도지사　　　　　　　　　④ 소방청장

**017** 제조소등의 설치를 마친 경우에 실시하는 완공검사 신청시기로 옳지 않은 것은?

① 지하탱크가 있는 제조소등의 경우: 당해 지하탱크를 매설하기 전
② 이동탱크저장소의 경우: 이동저장탱크를 완공한 후
③ 이송취급소의 경우: 이송배관 공사의 전체 또는 일부를 완료한 후
④ 그 외 제조소등의 경우: 제조소등의 공사를 완료한 후

**018** 위험물 제조소등의 설치자의 지위를 승계한 사람은 며칠 이내에 시·도지사에게 신고하여야 하는가?

① 7일　　　　　　　　　　　　② 10일
③ 15일　　　　　　　　　　　④ 30일

**019** 제조소등의 용도를 폐지하는 경우의 조치로 옳은 것은?
○△✕

① 폐지한 날부터 7일 이내에 시·도지사에게 신고한다.
② 폐지한 날부터 14일 이내에 시·도지사에게 신고한다.
③ 폐지한 날부터 15일 이내에 시·도지사에게 신고한다.
④ 폐지한 날부터 30일 이내에 시·도지사에게 신고한다.

**020** 위험물 지위승계 시, 제조소등의 용도 폐지 시에 시·도지사에게 각각 며칠 이내에 신고하여야
○△✕ 하며, 위험물안전관리자의 대리자가 직무를 대행하는 기간은 며칠을 초과할 수 없는지 순서대로
바르게 나열한 것은?

① 30일, 14일, 30일                    ② 30일, 30일, 30일
③ 30일, 30일, 14일                    ④ 14일, 14일, 14일

**021** 제조소등에 대한 사용정지처분에 갈음하는 과징금처분에 대한 설명으로 옳지 않은 것은?
○△✕

① 이용자에게 심한 불편을 주는 경우 과징금을 부과할 수 있다.
② 최대 과징금의 금액은 2억 원이다.
③ 과징금의 금액은 행정안전부령으로 정한다.
④ 과징금의 부과권자는 시·도지사 또는 소방본부장 및 소방서장이다.

---

**기출 OX QUIZ**

1. 위험물취급자격자가 아닌 자는 안전관리자 또는 대리자가 참여한 상태에서 위험물을 취급하여야
   한다. 17. 공채                                                                                    O | X
2. 특정옥외탱크저장소는 소방본부장 또는 소방서장으로부터 완공검사필증을 발급받은 날부터 12년
   이 되는 해에 최초의 정기검사를 받는다. 12. 기출변형                                                    O | X
3. 자체소방대를 두어야 하는 제조소등이란 제4류 위험물을 지정수량의 3천배 이상을 저장·취급하
   는 제조소 또는 일반취급소를 말한다. 11. 기출변형                                                      O | X

정답 1. O  2. O  3. O

---

**KEYWORD 위험물안전관리자**

**001** 위험물취급안전관리자의 책무로 옳지 않은 것은?
① 위험물의 취급 작업에 참여하여 해당 작업자에 대하여 지시 및 감독하는 업무
② 화재 등의 재난이 발생한 경우 응급조치 및 소방관서 등에 대한 연락업무
③ 화재 등의 재해의 방지에 관하여 인접하는 제조소등과 그 밖의 관련되는 시설의 관계자
   와 협조체제의 유지
④ 소방시설에 관한 일지의 작성·기록

**002** 위험물을 취급할 수 있는 위험물취급자격자의 구분으로 옳지 않은 것은?
① 위험물기능장 - 모든 위험물
② 위험물기능사 - 위험물 중 제4류 위험물
③ 위험물산업기사 - 모든 위험물
④ 안전관리자교육 이수자 - 위험물 중 제4류 위험물

**003** 위험물안전관리자에 대한 설명으로 옳지 않은 것은?

① 제조소등의 설치자는 위험물에 대한 안전관리업무를 하기 위하여 위험물취급자격자를 위험물안전관리자로 선임하여야 한다.

② 위험물안전관리자는 행정안전부령이 정하는 바에 의하여 위험물취급에 관한 안전관리 및 감독을 하여야 한다.

③ 위험물안전관리자를 선임한 제조소등에서는 위험물 안전관리자의 참여하에 위험물을 취급하여야 한다.

④ 위험물안전관리자를 선임하지 못한 경우에는 대통령령으로 정하는 자를 대리자로 지정하여 직무를 대행하게 하여야 한다.

**004** 위험물안전관리자를 선임하였을 경우에는 누구에게 신고하여야 하는가?

① 시·도지사
② 시장·군수
③ 소방본부장 또는 소방서장
④ 관할경찰서장

**005** 위험물안전관리자를 선임하지 않아도 되는 제조소등은?

① 옥내저장소
② 일반취급소
③ 옥외탱크저장소
④ 이동탱크저장소

**006** 위험물안전관리자를 해임과 동시에 선임하지 못한 때에는 해임일로부터 며칠 이내에 다시 선임하여야 하는가?

① 7일
② 15일
③ 30일
④ 60일

**007** 위험물안전관리자를 해임과 동시에 선임하지 못한 때에는 대리자를 지정하여야 하는데, 대리자 지정기간은 며칠을 초과할 수 없는가?

① 7일
② 15일
③ 30일
④ 90일

**008** 다수의 제조소등을 동일인이 설치한 경우에는 1명의 위험물안전관리자를 중복 선임할 수 있다.
O△X 이때 중복 선임할 수 없는 저장소는?

① 10개의 옥내저장소　　　　　　　　② 10개의 암반탱크저장소

③ 30개의 옥외저장소　　　　　　　　④ 30개의 옥외탱크저장소

**009** 다수의 제조소등을 동일인이 설치한 경우에는 1명의 위험물안전관리자를 중복 선임할 수 있다.
O△X 이때 중복 선임할 수 없는 경우로 옳은 것은?

① 보일러·버너 또는 이와 비슷한 것으로서 위험물을 소비하는 장치로 이루어진 동일구내 있는 경우로서 7개 이하의 일반취급소를 동일인이 설치한 경우

② 보일러·버너 또는 이와 비슷한 것으로서 위험물을 소비하는 장치로 이루어진 동일구내 있는 경우로서 7개 이하의 저장소를 동일인이 설치한 경우

③ 위험물을 차량에 고정된 탱크 또는 운반용기에 옮겨 담기 위한 동일구내 있는 경우로서 보행거리 300미터 이내에 5개 이하의 일반취급소를 동일인이 설치한 경우

④ 동일구내에 있거나 상호 300미터 이내의 거리에 있는 저장소로서 저장소의 규모, 저장하는 위험물의 종류 등을 고려하여 행정안전부령이 정하는 저장소를 동일인이 설치한 경우

---

**KEYWORD 위험물탱크시험자**

**010** 위험물탱크시험자가 되고자 하는 사람은 신청서를 누구에게 제출하여야 하는가?
O△X

① 소방서장　　　　　　　　　　　　② 소방본부장

③ 시장·군수　　　　　　　　　　　　④ 시·도지사

**011** 위험물탱크안전성능시험자의 등록을 하고자 하는 사람은 누구에게 등록신청하여야 하는가?
O△X

① 대통령　　　　　　　　　　　　　　② 중앙소방본부장

③ 시·도지사　　　　　　　　　　　　④ 소방본부장

**012** 위험물탱크안전성능시험자의 중요사항 변경 시에는 누구에게 변경신청을 하여야 하는가?

① 대통령

② 소방청장

③ 시·도지사

④ 소방본부장 또는 소방서장

**013** 위험물탱크안전성능시험자의 등록을 받을 수 없는 결격사유로서 옳지 않은 것은?

① 피성년후견인

② 탱크시험자의 등록이 취소된 날부터 2년이 지나지 아니한 사람

③ 금고 이상의 형의 선고를 받고 그 집행이 종료된 후 2년이 경과된 사람

④ 금고 이상의 형의 집행유예의 선고를 받고 그 집행유예기간 중에 있는 사람

**014** 위험물탱크안전성능시험자가 반드시 갖추어야 할 장비는?

① 절연저항계

② 비중계

③ 검량계

④ 기밀시험장치

KEYWORD 예방규정

**015** 화재에 관한 예방규정을 정하지 않아도 되는 곳은?

① 지정수량 100배의 위험물을 저장하는 옥외저장소

② 지정수량 10배의 위험물을 취급하는 제조소

③ 지정수량 100배의 위험물을 저장하는 옥내저장소

④ 지정수량 200배의 위험물을 저장하는 옥외탱크저장소

**016** 제조소등의 관계인은 예방규정을 정하고 허가청에 제출을 하여야 한다. 여기서 허가청에 해당하는 것은?

① 소방본부장　　　　　　　　　　　② 시·도지사

③ 소방서장　　　　　　　　　　　　④ 한국소방안전원장

**017** 제조소등의 관계인은 그 제조소등에서의 위험물의 제조·저장·취급 등에 관련된 화재예방의 예방규정을 정하여 누구에게 제출하여야 하는가?

① 소방본부장　　　　　　　　　　　② 시장·군수·구청장

③ 시·도지사　　　　　　　　　　　④ 소방서장

**018** 예방규정을 정하여야 할 제조소등의 기준에 의한 옥외탱크저장소는 지정수량의 몇 배 이상 시 작성하여야 하는가?

① 10배 이상　　　　　　　　　　　② 100배 이상

③ 150배 이상　　　　　　　　　　　④ 200배 이상

**019** 위험물안전관리법령상 제조소등의 관계인이 예방규정을 정하여야 하는 제조소등의 기준에 해당하는 것은?

① 지정수량의 10배 이상의 위험물을 취급하는 제조소

② 지정수량의 50배 이상의 위험물을 저장하는 옥외저장소

③ 지정수량의 100배 이상의 위험물을 저장하는 옥내저장소

④ 지정수량의 150배 이상의 위험물을 저장하는 옥외탱크저장소

**020** 위험물안전관리법 및 같은 법 시행령상 관계인이 예방규정을 정하여야 하는 제조소등에 해당하지 않는 것은?

① 4,000L의 알코올류를 취급하는 제조소
② 30,000kg의 유황을 저장하는 옥외저장소
③ 2,500kg의 질산에스테르류를 저장하는 옥내저장소
④ 150,000L의 경유를 저장하는 옥외탱크저장소

**021** 제조소등의 관계인이 예방규정 작성 시 포함되어야 할 사항으로 옳지 않은 것은?

① 위험물의 안전관리업무를 담당하는 자의 직무 및 인사에 관한 사항
② 제조소등의 위치·구조 및 설비를 명시한 서류와 도면의 정비에 관한 사항
③ 위험물시설·소방시설 그 밖의 관련 시설에 대한 점검 및 정비에 관한 사항
④ 자체소방대를 설치하여야 하는 경우에는 자체소방대의 편성과 화학소방자동차의 배치에 관한 사항

KEYWORD 정기점검

**022** 정기점검대상 제조소등으로 옳지 않은 것은?

① 지정수량의 100배인 옥내저장소
② 지하탱크저장소
③ 이동탱크저장소
④ 위험물을 취급하는 탱크로서 지하에 매설된 탱크가 있는 제조소·주유취급소 또는 일반취급소

**023** 정기점검의 횟수로 옳은 것은?

① 연 1회 이상
② 3년에 1회 이상
③ 5년에 1회 이상
④ 10년에 1회 이상

**024** 관계인은 옥외저장탱크의 구조안전점검의 정기점검을 실시한 후 기록·보관하여야 한다. 기록한 후 보관하는 기간으로 옳은 것은?

① 2년            ② 3년
③ 10년          ④ 25년

**025** 구조안전점검대상이 되는 옥외탱크저장소의 액체위험물탱크의 용량은 얼마 이상인가?

① 10만리터 이상      ② 50만리터 이상
③ 100만리터 이상     ④ 200만리터 이상

**026** 위험물안전관리법령상 정기점검의 대상인 제조소등에 해당하지 않는 것은?

① 지하탱크저장소      ② 이동탱크저장소
③ 간이탱크저장소      ④ 암반탱크저장소

**027** 정기검사대상인 제조소등으로 옳은 것은?

① 액체위험물을 저장 또는 취급하는 50만리터 이상의 옥외탱크저장소
② 고체위험물을 저장 또는 취급하는 100만리터 이상의 옥외저장소
③ 액체위험물을 저장 또는 취급하는 50만리터 이상의 옥내탱크저장소
④ 고체위험물을 저장 또는 취급하는 10만리터 이상의 옥내저장소

**028** 다음 중 행정처리기관이 다른 것은?

① 위험물탱크안전 성능검사
② 위험물안전관리자에 대한 선임신고
③ 위험물 제조소등의 정기검사
④ 이동탱크저장소의 응급조치강구 명령

**029** 자체소방대를 두어야 하는 제조소등의 기준으로 옳은 것은?

① 제4류 위험물의 최대수량이 지정수량의 50만 배 이상을 저장하는 옥외탱크저장소
② 지정수량의 3천 배 이상의 제4류 위험물을 저장, 취급하는 옥외탱크저장소
③ 지정수량의 2천 배 이상의 제4류 위험물을 저장, 취급하는 일반취급소
④ 제4류 위험물의 최대수량이 지정수량의 100만 배 이상을 저장하는 옥외탱크저장소

**030** 자체소방대를 두어야 하는 제조소등의 기준으로 옳은 것은?

① 지정수량의 3천 배 이상의 제4류 위험물을 저장·취급하는 제조소 또는 일반취급소
② 지정수량의 2천 배 이상의 제4류 위험물을 저장·취급하는 제조소
③ 지정수량의 2천 배 이상의 제4류 위험물을 저장·취급하는 일반취급소
④ 지정수량의 1천 배 이상의 제4류 위험물을 저장·취급하는 일반취급소

**031** 자체소방대를 편성하여야 하는 것은?

① 지정수량 3천 배 이상의 4류 위험물을 저장·취급하는 제조소
② 지정수량 2만 배 이상의 4류 위험물을 저장·취급하는 제조소
③ 지정수량 2만 배 이상의 4류 위험물을 저장·취급하는 일반취급소
④ 지정수량 3천 배 이상의 4류 위험물을 저장·취급하는 주유취급소

**032** 제4류 위험물을 저장하거나 취급하는 제조소등으로서 자체소방조직을 두어야 할 사업소는 지정수량의 몇 배 이상의 위험물을 저장·취급하는 제조소인가?

① 1천 배
② 2천 배
③ 3천 배
④ 4천 배

**033** 자체소방조직을 두어야 할 위험물 제조소 또는 일반취급소에서 저장·취급할 수 있는 위험물의 양은 지정수량의 몇 배 이상인가?

① 10배　　　　　　　　　　　　② 500배
③ 3천 배　　　　　　　　　　　④ 1만 배

**034** 자체소방대 설치 제외대상인 일반취급소로 옳지 않은 것은?

① 보일러, 버너 그 밖에 이와 유사한 장치로 위험물을 소비하는 일반취급소
② 위험물안전관리법의 적용을 받는 제조소 또는 일반취급소
③ 이동저장탱크 그 밖에 이와 유사한 것에 위험물을 주입하는 일반취급소
④ 용기에 위험물을 채우는 일반취급소

**KEYWORD 화학소방자동차**

**035** 자체소방대에 필요한 화학소방자동차에 사용할 수 없는 소화약제는?

① 포수용액　　　　　　　　　　② 분말소화약제
③ 이산화탄소소화약제　　　　　④ 할로겐화합물 및 불활성기체소화약제

**036** 화학소방자동차의 소화능력에 대한 설명으로 옳지 않은 것은?

① 포말을 방사하는 차에 있어서는 포 수용액의 방사능력이 매분 2천리터 이상
② 분말을 방사하는 차에 있어서는 분말의 방사능력이 매초 35킬로그램 이상
③ 할로겐화합물을 방사하는 차에 있어서는 할로겐화합물의 방사능력이 매초 40킬로그램 이상
④ 이산화탄소를 방사하는 차에 있어서는 이산화탄소의 방사능력이 매초 50킬로그램 이상

**037** 위험물 제조소의 화학소방자동차 중 분말방사차를 배치하고자 구입하려고 한다. 방사능력과 소화약제 비치량은 다음 중 어느 것인가?

① 35킬로그램/초 이상, 1천킬로그램 이상의 분말
② 35킬로그램/초 이상, 1천400킬로그램 이상의 분말
③ 40킬로그램/초 이상, 1천킬로그램 이상의 분말
④ 40킬로그램/초 이상, 1천400킬로그램 이상의 분말

**038** 자체소방조직을 두어야 하는 제조소등에 화학소방자동차 외에 제독차가 비치하는 것으로서 옳은 것은?

① 가성소오다 80킬로그램 이상
② 황산소다 50킬로그램 이상
③ 지올라이트 50킬로그램 이상
④ 규조토 50킬로그램 이상

**039** 자체소방대를 두어야 하는 제조소등의 기준에 따라 위험물 지정수량의 10만 배인 경우 보유하여야 할 화학소방자동차와 소방대원의 수는?

① 1대 - 5인
② 2대 - 10인
③ 3대 - 15인
④ 4대 - 20인

**040** 위험물안전관리법령상 제조소에서 취급하는 제4류 위험물의 최대수량의 합이 지정수량의 12만 배 이상 24만 배 미만인 사업소의 경우 자체소방대에 두는 화학소방자동차 대수와 자체소방대원 수로 옳은 것은? (단, 다른 사업소 등과 상호응원 협정은 없다)

① 1대 - 5인
② 2대 - 10인
③ 3대 - 15인
④ 4대 - 20인

---

**기출 OX QUIZ**

1. 위험물의 운반은 그 용기·적재방법 및 운반방법에 관한 중요기준과 세부기준에 따라 행하여야 한다.
10. 기출변형    O | ×

2. 위험물을 운송하는 경우 운송책임자의 감독 또는 지원을 받아야 하는 위험물은 알킬알루미늄, 알킬리튬, 알킬알루미늄 또는 알킬리튬의 물질을 함유하는 위험물이다. 12. 기출변형    O | ×

3. 운송책임자의 범위, 감독 또는 지원의 방법 등에 관한 구체적인 기준은 행정안전부령으로 정한다.
10. 기출변형    O | ×

정답 1. O   2. O   3. O

---

**KEYWORD 위험물의 운반**

**001** 위험물을 운반할 때는 중요기준과 세부기준에 따라야 하는데, 그 사항이 아닌 것은?
O △ ×

① 용기                  ② 저장방법

③ 적재방법             ④ 운반방법

**002** 위험물의 종류와 운반용기의 주의사항이 바르게 연결된 것은?
O △ ×

① 인화성 고체 – 화기엄금

② 자연발화성 물질 – 가연물접촉주의

③ 제4류 위험물 – 화기주의

④ 제6류 위험물 – 물기엄금

**003** 운송책임자의 감독 및 지원을 받아 운송하여야 하는 위험물은?
O △ ×

① 알킬알루미늄          ② 염소산염류

③ 과산화수소           ④ 황린

**KEYWORD 감독 및 조치명령**

**001** 위험물의 저장 또는 취급기준에 관한 준수명령자로 옳지 않은 것은?
□○△×

① 소방청장                    ② 시·도지사
③ 소방본부장                  ④ 소방서장

**002** 탱크시험자가 당해 업무를 적정하게 실시하기 위하여 감독상 필요한 명령의 권한이 있는 자로 옳지 않은 것은?
□○△×

① 소방청장                    ② 시·도지사
③ 소방본부장                  ④ 소방서장

**003** 시·도지사, 소방본부장 또는 소방서장의 권한으로 옳지 않은 것은?
□○△×

① 탱크시험자에 대한 감독 및 조치명령
② 제조소등의 저장·취급 기준 준수명령
③ 제조소등에 대한 긴급 사용정지명령
④ 이동탱크저장소의 관계인에 대한 응급조치 강구명령

---

**기출 OX QUIZ**

1. 시·도지사, 소방본부장 또는 소방서장은 제조소등 설치허가의 취소, 탱크시험자의 등록취소처분을 하고자 하는 경우에는 청문을 실시하여야 한다. 13. 기출변형　　　　　O | ×
2. 안전관리업무를 대리하는 대리자는 안전교육대상이 아니다. 08. 기출변형　　　　　O | ×
3. 탱크시험자의 등록을 취소하고자 할 때 청문자는 시·도지사, 소방본부장 또는 소방서장이며, 취소처분만이 청문대상이고 정지처분은 청문대상이 아니다. 13. 기출변형　　　　　O | ×

정답 1. O　2. O　3. O

---

**KEYWORD 안전교육**

**001** 위험물안전관리법령상 소방청장이 한국소방안전원에 위탁한 교육에 해당하지 않는 것은?

① 안전관리자로 선임된 자에 대한 안전교육
② 탱크시험자의 기술인력으로 종사하는 자에 대한 안전교육
③ 위험물운송자로 종사하는 자에 대한 안전교육
④ 소방청장이 실시하는 안전관리자 교육을 이수한 자를 위한 안전교육

**002** 위험물에 대한 실무교육대상자로 옳지 않은 것은?

① 안전관리자로 선임된 자
② 탱크시험자의 기술인력으로 종사하는 자
③ 위험물운송자
④ 안전관리 자격을 인정받으려는 자

**003** 탱크시험자의 등록을 취소하고자 할 때 청문을 실시하는 청문권자로 옳지 않은 것은?
□△×

① 소방청장

② 시·도지사

③ 소방본부장

④ 소방서장

**004** 위험물안전관리법령상 시·도지사의 권한을 한국소방산업기술원에 위탁하는 업무에 해당하는
□△× 것은?

① 제조소등의 설치허가 또는 변경허가

② 군사목적인 제조소등의 설치에 관한 군부대의 장과의 협의

③ 위험물의 품명·수량 또는 지정수량 배수의 변경신고의 수리

④ 저장용량이 70만리터인 옥외탱크저장소 설치에 따른 완공검사

---

**기출 OX QUIZ**

1. 제조소등의 설치허가를 받지 아니하고 제조소등을 설치한 자에게는 5년 이하의 징역 또는 1억 원 이하의 벌금을 벌칙에 처한다. 11. 기출변형  O|×

2. 과태료는 대통령령이 정하는 바에 따라 시·도지사, 소방본부장 또는 소방서장이 부과·징수한다.  13. 기출변형  O|×

3. 위험물 제조소등에서 위험물안전관리자 및 대리자를 선임하지 아니한 관계인의 벌칙은 1천500만 원 이하의 벌금에 해당된다. 09. 기출변형  O|×

정답 1. ○  2. ○  3. ○

---

**KEYWORD 벌칙**

**001** 제조소등의 설치허가를 받지 아니하고 제조소등을 설치한 자의 벌칙으로 옳은 것은?
□△×

① 5년 이하의 징역 또는 1억 원 이하의 벌금
② 3년 이하의 징역 또는 3천만 원 이하의 벌금
③ 500만 원 이하의 벌금
④ 300만 원 이하의 벌금

**002** 제조소등에서 위험물을 유출·방출 또는 확산시켜 사람의 생명·신체 또는 재산에 대하여 위험을 발생시킨 자의 벌칙으로 옳은 것은?
□△×

① 7년 이하의 금고 또는 7천만 원 이하의 벌금
② 1년 이상 10년 이하의 징역
③ 3년 이상의 징역 또는 무기징역
④ 5년 이상의 징역 또는 무기징역

**003** 소방관계법 중 벌칙에 대한 내용으로 옳지 않은 것은?

① 방염처리업을 등록하지 않고 영업을 한 경우 3년 이하의 징역 또는 3천만 원 이하의 벌금에 처한다.

② 소방시설관리업을 등록하지 않고 영업을 한 경우 3년 이하의 징역 또는 3천만 원 이하의 벌금에 처한다.

③ 소방시설공사업을 등록하지 않고 영업을 한 경우 3년 이하의 징역 또는 3천만 원 이하의 벌금에 처한다.

④ 탱크시험자를 등록하지 않고 영업을 한 경우 3년 이하의 징역 또는 3천만 원 이하의 벌금에 처한다.

**004** 위험물안전관리자를 선임하지 아니한 제조소등의 관계인의 벌칙으로 옳은 것은?

① 100만 원 이하의 벌금
② 200만 원 이하의 벌금
③ 300만 원 이하의 벌금
④ 1천500만 원 이하의 벌금

**005** 위험물안전관리자가 해임 또는 퇴직과 동시에 안전관리자를 선임할 수 없는 경우 대리자를 지정하여야 한다. 대리자를 지정하지 아니한 제조소등의 관계인의 벌칙으로 옳은 것은?

① 100만 원 이하의 벌금
② 200만 원 이하의 벌금
③ 300만 원 이하의 벌금
④ 1천500만 원 이하의 벌금

**006** 위험물 제조소등에 출입·검사 등을 수행하면서 알게 된 비밀을 누설한 자의 벌칙으로 옳은 것은?

① 100만 원 이하의 벌금
② 200만 원 이하의 벌금
③ 500만 원 이하의 벌금
④ 1천만 원 이하의 벌금

**007** 다음 중 벌칙이 다른 것은?

① 위험물의 저장 또는 취급에 관한 중요기준에 따르지 아니한 자
② 예방규정을 제출하지 아니한 관계인
③ 위험물 취급에 관한 안전관리와 감독을 하지 아니한 관계인
④ 위험물 운반에 관한 중요기준에 따르지 아니한 자

**008** 위험물의 저장 또는 취급에 관한 세부기준 및 위험물 운반에 관한 세부기준을 위반한 경우의 벌칙으로 옳은 것은?

① 500만 원 이하의 벌금
② 300만 원 이하의 벌금
③ 200만 원 이하의 벌금
④ 500만 원 이하의 과태료

**009** 제조소등에서 위험물을 유출·방출 또는 확산시켜 사람의 생명·신체 또는 재산에 대하여 위험을 발생시킨 자를 벌하는 외에 그 법인 또는 개인을 얼마 이하의 벌금에 처하는가?

① 3천만 원
② 5천만 원
③ 1억 원
④ 2억 원

**010** 제조소등에서 위험물을 유출·방출 또는 확산시켜 사람을 상해(傷害)에 이르게 한 자 또는 사망에 이르게 한 자를 벌하는 외에 그 법인 또는 개인을 얼마 이하의 벌금에 처하는가?

① 3천만 원
② 5천만 원
③ 1억 원
④ 2억 원

---

**KEYWORD 과태료**

**011** 제조소등의 폐지신고, 안전관리자의 선임신고를 기간 이내에 하지 아니하거나 허위로 한 자의 벌칙으로 옳은 것은?

① 200만 원 이하의 과태료
② 200만 원 이하의 벌금
③ 300만 원 이하의 벌금
④ 500만 원 이하의 과태료

---

**012** 다음 벌칙 중 500만 원 이하의 과태료로 옳지 않은 것은?

① 품명등의 변경신고를 기간 이내에 하지 아니한 자
② 지위승계신고를 기간 이내에 하지 아니한 자
③ 정기점검의 점검결과를 기록·보존하지 아니한 자
④ 위험물 취급 국가기술자격자가 아닌 자가 위험물을 운송한 자

## 기출 OX QUIZ

1. 액체의 위험물을 취급하는 건축물의 바닥은 위험물이 스며들지 못하는 재료를 사용하고, 적당한 경사를 두어 그 최저부에 집유설비를 하여야 한다. 13. 기출변형   O | X

2. 옥외저장탱크의 배수관은 탱크의 밑판에 설치하여야 한다. 다만, 탱크와 배수관과의 결합부분이 지진 등에 의하여 손상을 받을 우려가 없는 방법으로 배수관을 설치하는 경우에는 탱크의 옆판에 설치할 수 있다. 19. 기출   O | X

3. 주유취급소의 주위에는 자동차 등이 출입하는 쪽 외의 부분에 높이 3미터 이상의 내화구조 또는 불연재료의 담 또는 벽을 설치하여야 한다. 17. 공채   O | X

정답 1. ○   2. × 탱크의 옆판에 설치하여야 하나, 예외적으로 탱크의 밑판에 설치할 수 있다.
3. × 2미터 이상으로 설치하여야 한다.

---

**KEYWORD** 지정수량

**001** 제6류 위험물의 취급 장소가 아닌 위험물 제조소에 주위상황이 낙뢰위험이 있을 때 피뢰설비를 설치하여야 하는 수량으로 옳은 것은?

① 지정수량의 3배 이상      ② 지정수량의 5배 이상
③ 지정수량의 10배 이상      ④ 지정수량의 20배 이상

**002** 위험물은 지정수량의 몇 배인 경우 경보설비를 설치하여야 하는가?

① 지정수량의 10배 이상      ② 지정수량의 100배 이상
③ 지정수량의 1천 배 이상      ④ 지정수량의 3천 배 이상

**003** 제조소의 안전거리로서 옳지 않은 것은?
⊙△✕

① 학교·병원·극장 그 밖에 다수인을 수용하는 시설에 해당하는 것에 있어서는 30미터 이상

② 문화재보호법의 규정에 의한 유형문화재와 기념물 중 지정문화재에 있어서는 50미터 이상

③ 고압가스, 액화석유가스 또는 도시가스를 저장 또는 취급하는 시설에 해당하는 것에 있어서는 5미터 이상

④ 주거용으로 사용되는 것에 있어서는 10미터 이상

**004** 사용전압이 3만 5천 볼트(V)를 초과하는 특고압 가공전선과 제조소의 안전거리로 옳은 것은?
⊙△✕

① 3미터 이상
② 5미터 이상
③ 10미터 이상
④ 15미터 이상

**005** 제조소의 보유공지에 대한 설명으로 옳은 것은?
⊙△✕

① 지정수량의 10배 이하의 위험물을 취급하는 경우에는 3미터 이상
② 지정수량의 10배 이상의 위험물을 취급하는 경우에는 5미터 이상
③ 지정수량의 20배 미만의 위험물을 취급하는 경우에는 10미터 이상
④ 지정수량의 20배 이상의 위험물을 취급하는 경우에는 10미터 이상

**006** 방화상 유효한 벽의 규정으로 옳지 않은 것은?
⊙△✕

① 방화벽은 내화구조로 하여야 한다.
② 제6류 위험물인 방화벽의 경우에는 난연재료로 할 수 있다.
③ 방화벽에 설치하는 출입구 및 창 등의 개구부는 가능한 한 최소로 하고, 출입구 및 창에는 자동폐쇄식의 갑종방화문을 설치하여야 한다.
④ 방화벽의 양단 및 상단이 외벽 또는 지붕으로부터 50센티미터 이상 돌출하도록 하여야 한다.

**007** 제조소에 설치하는 게시판의 기준으로 옳지 않은 것은?

① 게시판의 바탕은 백색으로, 문자는 흑색으로 할 것

② 게시판은 한 변의 길이가 0.3미터 이상, 다른 한 변의 길이가 0.6미터 이상인 직사각형으로 할 것

③ 게시판에는 저장 또는 취급하는 위험물의 유별·품명 및 저장최대수량 또는 취급최대수량, 지정수량의 배수 및 안전관리자의 성명 또는 직명을 기재할 것

④ 알칼리금속의 과산화물과 이를 함유한 것 또는 제3류 위험물 중 금수성 물품에 있어서는 물기주의 표시를 할 것

**008** 제조소등의 게시판에 주의사항을 게시할 때 제2류 위험물(인화성 고체 제외)에 있어서 게시할 내용으로 옳은 것은?

① 화기엄금                     ② 화기주의

③ 물기엄금                     ④ 물기주의

**009** 게시판에 주의사항을 게시할 때 화기엄금이라고 하지 않아도 되는 것은?

① 제2류 위험물(인화성 고체 제외)     ② 제3류 위험물 중 황린

③ 제4류 위험물                  ④ 제5류 위험물

**010** 주의사항을 게시하는 게시판의 색으로 옳지 않은 것은?

① 물기엄금을 표시하는 것에 있어서는 청색바탕에 백색문자

② 화기주의를 표시하는 것에 있어서는 적색바탕에 백색문자

③ 화기엄금을 표시하는 것에 있어서는 적색바탕에 백색문자

④ 물기엄금을 표시하는 것에 있어서는 적색바탕에 백색문자

**011** 위험물을 취급하는 제조소 건축물의 구조로 옳지 않은 것은?
ⓞ△✕

① 지하층이 없도록 할 것
② 벽·기둥·바닥·보·서까래 및 계단은 불연재료로 할 것
③ 위험물을 취급하는 건축물의 창 및 출입구에 유리를 이용하는 경우에는 망입유리로 할 것
④ 지붕은 폭발력이 위로 방출될 정도의 무거운 불연재료로 할 것

**012** 제조소의 지붕을 내화구조로 하여야 하는 경우로 옳지 않은 것은?
ⓞ△✕

① 제2류 위험물(분상의 것과 인화성 고체를 제외)을 취급하는 건축물인 경우
② 제4류 위험물 중 제4석유류·동식물유류를 취급하는 건축물인 경우
③ 제6류 위험물을 취급하는 건축물인 경우
④ 제1류 위험물을 취급하는 건축물인 경우

**013** 위험물을 취급하는 제조소 건축물의 채광 및 조명설비기준으로 옳지 않은 것은?
ⓞ△✕

① 채광설비는 불연재료로 하고, 연소의 우려가 없는 장소에 설치하되 채광면적을 최소로 할 것
② 가연성가스 등이 체류할 우려가 있는 장소의 조명등은 방폭등으로 할 것
③ 전선은 내화·내열전선으로 할 것
④ 가연성 가스 등이 체류할 우려가 있는 장소의 점멸스위치는 출입구 안쪽부분에 설치할 것

**014** 위험물을 취급하는 제조소 건축물의 환기설비로 옳지 않은 것은?
ⓞ△✕

① 환기는 강제배기방식으로 할 것
② 급기구는 당해 급기구가 설치된 실의 바닥면적 150제곱미터마다 1개 이상으로 하되, 급기구의 크기는 800제곱센티미터 이상으로 할 것
③ 환기구는 지붕 위 또는 지상 2미터 이상의 높이에 회전식 고정벤티레이터 또는 루프팬 방식으로 설치할 것
④ 급기구는 낮은 곳에 설치하고 가는 눈의 구리망 등으로 인화방지망을 설치할 것

**015** 가연성의 증기 또는 미분이 체류할 우려가 있는 제조소 건축물의 배출설비기준으로 옳지 않은 것은?

① 배출설비는 전역방출방식으로 하는 것을 원칙으로 한다.
② 배출설비는 배풍기·배출닥트·후드 등을 이용하여 강제적으로 배출하는 것으로 하여야 한다.
③ 배출능력은 1시간당 배출장소 용적의 20배 이상인 것으로 하여야 한다.
④ 급기구는 높은 곳에 설치하고, 가는 눈의 구리망 등으로 인화방지망을 설치하여야 한다.

**016** 제조소의 옥외에서 액체위험물을 취급하는 설비의 바닥기준으로 옳지 않은 것은?

① 바닥의 둘레에 높이 0.2미터 이상의 턱을 설치하는 등 위험물이 외부로 흘러나가지 아니하도록 할 것
② 바닥의 최저부에 집유설비를 할 것
③ 위험물을 취급하는 설비에 있어서는 당해 위험물이 직접 배수구에 흘러들어가지 아니하도록 집유설비에 유분리장치를 설치할 것
④ 바닥은 콘크리트 등 위험물이 스며들지 아니하는 재료로 하고, 턱이 있는 쪽이 낮게 경사지게 할 것

**017** 정전기를 제거하는 방법으로 옳지 않은 것은?

① 접지에 의한 방법
② 공기 중의 상대습도를 70% 이상으로 하는 방법
③ 공기를 이온화하는 방법
④ 공기 중의 전하를 축적하는 방법

**018** 제조소에서 피뢰설비를 설치하지 않아도 되는 것은?

① 제1류 위험물을 지정수량의 10배 이상 위험물을 취급하는 제조소
② 제3류 위험물을 지정수량의 10배 이상 위험물을 취급하는 제조소
③ 제4류 위험물을 지정수량의 10배 이상 위험물을 취급하는 제조소
④ 제6류 위험물을 지정수량의 10배 이상 위험물을 취급하는 제조소

**019** 위험물 제조소의 동일구역 내에서 건물 사이에 트러스트를 설치하지 못하는 이유는?

① 보유공지 확보를 위하여
② 안전거리 확보를 위하여
③ 유증기 체류 억제를 위하여
④ 유출된 위험물의 방류를 방지하기 위하여

**020** 위험물 제조소의 옥외에 있는 액체위험물탱크 주위에 방유제를 설치하지 않아도 되는 제4류 위험물은?

① 이황화탄소        ② 중유
③ 알코올        ④ 등유

**021** 보유공지에 대한 설명으로 가장 옳은 것은?

① 연소방지, 소화활동공간, 피난공간으로 활용할 수 있다.
② 모든 저장시설에 적용된다.
③ 단축할 수 없다.
④ 제조 공정상 불가피하면 다른 조치 없이도 확보하지 않을 수 있다.

**022** 제조소의 지붕은 가벼운 불연재료로 덮는데 내화구조로 하여도 되는 것은?

① 제2류 위험물 중 분상의 것        ② 제4류 위험물 중 제4석유류
③ 제3류 위험물        ④ 제5류 위험물

**023** 위험물 제조소에 있어서 제조하기 위한 일련의 시설로서 볼 수 없는 것은?

① 보유공지시설          ② 제조공정시설

③ 원료저장시설          ④ 제품취급시설


**024** 위험물 제조소의 표지 및 게시판에 대한 설명으로 옳지 않은 것은?

① 표지판은 한변의 길이가 0.3미터 이상, 다른 한변의 길이가 0.6미터 이상인 직사각형으로 할 것
② 게시판에는 취급하는 위험물의 유별·품명 및 취급 최대수량과 허가번호를 기재한다.
③ 게시판의 바탕은 백색으로, 문자는 흑색으로 표시한다.
④ 제4류 위험물은 "화기엄금" 문자를 적색바탕에 백색으로 표시한다.


**025** 옥외탱크저장소의 설치기준에 대한 설명으로 옳지 않은 것은?

① 액체위험물의 주입구에는 밸브 또는 뚜껑을 설치할 것
② 탱크 내의 압력이 비정상적으로 상승할 경우 내부의 가스 또는 증기를 상부로 방출할 수 있는 구조일 것
③ 펌프설비 주위에는 3미터 이상의 공지를 보유할 것
④ 하나의 방유제 내의 탱크는 10기 이하로 설치할 것(단, 방유제 내의 전 탱크용량이 20만 리터 이하이고 위험물의 인화점이 섭씨 70도 이상 200도 미만인 경우임)


**026** 위험물을 옥외저장소에 저장할 수 없는 위험물은?

① 유황          ② 나트륨

③ 중유          ④ 과산화수소

**027** 위험물안전관리법 시행령상 지정수량 이상의 위험물을 옥외저장소에 저장할 수 있는 것으로 옳지 않은 것은? (다만, 국제해사기구에 관한 협약에 의하여 설치된 국제해사기구가 채택한 국제해상 위험물규칙(IMDG Code)에 적합한 용기에 수납된 위험물은 제외한다)

① 제1류 위험물 중 염소산염류
② 제2류 위험물 중 유황
③ 제4류 위험물 중 알코올류
④ 제6류 위험물

**028** 지하탱크저장소의 설치방법으로 옳지 않은 것은?

① 통기관은 탱크 하부에 연결한다.
② 탱크실의 벽 및 바닥의 두께는 0.3미터 이상의 철근콘크리트조로 하여야 한다.
③ 배관은 당해 탱크의 윗부분에 설치하여야 한다.
④ 지하저장탱크 윗부분은 지면으로부터 0.6미터 이상 아래에 있어야 한다.

**029** 간이탱크저장소의 간이저장탱크의 용량은 몇 리터 이하인가?

① 600리터
② 1천리터
③ 2천리터
④ 3천리터

**030** 옥외탱크저장소의 방유제에 관한 설명으로 옳지 않은 것은?

① 방유제 높이는 0.5미터 이상 2미터 이하의 높이로 할 것
② 방유제 내의 면적은 8만제곱미터 이하로 할 것
③ 방유제는 철근콘크리트 또는 흙으로 만들고 용량이 1천만리터 이상인 탱크 주위에는 간막이둑을 설치할 것
④ 방유제 및 간막이둑의 높이가 1미터를 넘는 경우 안팎에는 계단 또는 경사로를 50미터마다 설치할 것

**031** 제5류 위험물의 저장소에 설치하는 소방시설로 옳은 것은?

① 이산화탄소소화설비　　　　　　② 할로겐화합물소화설비

③ 스프링클러설비　　　　　　　　④ 분말소화설비

**032** 다음 시설 중 보유공지의 거리규정을 적용받지 않는 것은?

① 옥내저장소　　　　　　　　　　② 옥외탱크저장소

③ 옥내탱크저장소　　　　　　　　④ 옥외저장소

**033** 이황화탄소의 옥외저장탱크는 벽 및 바닥의 두께를 얼마 이상으로 한 철근콘크리트조로 설치하여야 하는가?

① 0.15미터　　　　　　　　　　② 0.2미터

③ 0.3미터　　　　　　　　　　　④ 0.4미터

**034** 옥내저장소에 반자를 설치할 수 있는 위험물로 옳은 것은?

① 금속분　　　　　　　　　　　　② 휘발유

③ 셀룰로이드　　　　　　　　　　④ 이황화탄소

**035** 옥내탱크저장소에 설치되지 않는 부속설비는 어떤 것인가?

① 집유설비 　　　　　　　　　② 누유검사관
③ 펌프설비 　　　　　　　　　④ 통기장치

**036** 옥내저장소의 저장창고 바닥면적을 1천제곱미터 이하로 하여야 하는 것으로 옳지 않은 것은?

① 무기과산화물 　　　　　　　② 금속분, 철분, 마그네슘
③ 제6류 위험물 　　　　　　　④ 유기과산화물

**037** 옥내저장소에 반자를 설치하지 못하는 궁극적인 이유로 옳은 것은?

① 유독가스에 의해 쉽게 부식되기 때문에
② 연소확대를 방지하기 위해서
③ 유증기가 체류할 위험이 있기 때문에
④ 지붕판이 먼저 개방되는 것을 방지하기 때문에

**038** 위험물탱크 통기관의 역할로 옳은 것은?

① 낙뢰방지 　　　　　　　　　② 유증기 배출
③ 부식방지 　　　　　　　　　④ 인화방지

**039** 옥내탱크 저장소의 기준으로 옳지 않은 것은?

① 옥내저장탱크는 단층건축물에 설치된 탱크전용실에 설치할 것
② 옥내저장탱크와 탱크전용실의 벽과의 사이 및 옥내저장탱크의 상호간에는 0.5m 이상의 간격을 유지할 것
③ 옥내저장탱크의 용량은 지정수량의 40배 이하일 것
④ 옥내저장탱크 중 압력탱크에 있어서는 밸브 없는 통기관 또는 대기밸브 부착 통기관을 설치할 것

**040** 위험물시설 중 안전거리의 규제를 받지 않는 시설로 옳은 것은?

① 제조소
② 지하탱크저장소
③ 옥내저장소
④ 옥외저장소

**041** 위험물 중 비상전원을 갖춘 통풍장치 또는 냉방장치 등을 설치하여야 하는 위험물로 옳은 것은?

① 무기과산화물
② 금속분
③ 셀룰로이드
④ 알칼리금속

**042** 옥내탱크저장소의 탱크전용실을 지하층에 설치하여도 되는 것은?

① 휘발유
② 황린
③ 제5류 위험물
④ 제1석유류

**043** 지하탱크저장소에서 주입구에 접지전극을 설치하는 이유로 옳은 것은?

① 정전기를 유효하게 제거하기 위하여
② 주입속도를 느리게 하기 위하여
③ 사이폰 효과를 얻기 위하여
④ 위험물의 역류를 방지하기 위하여

**044** 지하탱크저장소는 탱크주위에 마른 모래 또는 자갈분을 채워야 한다. 자갈분의 입자의 기준으로 옳은 것은?

① 입자지름 5밀리미터 이하의 자갈분을 말한다.
② 입자지름 7밀리미터 이하의 자갈분을 말한다.
③ 입자지름 10밀리미터 이하의 자갈분을 말한다.
④ 입자지름 13밀리미터 이하의 자갈분을 말한다.

**045** 제1종 판매취급소의 건축물의 구조로 옳지 않은 것은?

① 판매취급소로 사용되는 부분과 다른 부분과의 격벽은 내화구조로 할 것
② 제1종 판매취급소의 용도로 사용하는 부분에 상층이 있는 경우에는 상층의 바닥을 내화구조로 할 것
③ 건축물의 지하층에 설치할 것
④ 제1종 판매취급소의 용도로 사용하는 부분의 창 및 출입구에 갑종방화문 또는 을종방화문을 설치할 것

**046** 판매취급소의 배합실의 시설기준으로 옳지 않은 것은?

① 바닥면적은 6제곱미터 이상 15제곱미터 이하로 할 것
② 내화구조로 된 벽으로 구획할 것
③ 바닥은 평평하게 할 것
④ 출입구에는 자동폐쇄식의 갑종방화문을 설치할 것

**047** 위험물안전관리법 및 시행규칙상 주유취급소의 시설기준에 대한 사항으로 옳지 않은 것은?

① 고정주유설비의 주위에는 주유를 받으려는 자동차 등이 출입할 수 있도록 "주유공지" 를 보유하여야 하고, 고정급유설비를 설치하는 경우에는 너비 15m 이상, 길이 6m 이상 의 콘크리트 등으로 포장한 "급유공지"를 보유하여야 한다.

② 공지의 바닥은 주위 지면보다 높게 하고, 그 표면을 적당하게 경사지게 하여 새어나온 기름 그 밖의 액체가 공지의 외부로 유출되지 아니하도록 배수구·집유설비 및 유분리 장치를 하여야 한다.

③ 황색바탕에 흑색문자로 "주유중엔진정지"라는 표시를 한 게시판을 설치하여야 한다.

④ 자동차 등에 주유하기 위한 고정주유설비에 직접 접속하는 전용탱크의 용량은 50,000ℓ 이하의 것으로 하여야 한다.

**048** 주유취급소의 주유공지에 대한 설명으로 옳은 것은?

① 자동차 등이 출입할 수 있도록 너비 15미터 이상, 길이 6미터 이상의 콘크리트 등으로 포장한 공지

② 자동차 등이 출입할 수 있도록 너비 10미터 이상, 길이 5미터 이상의 콘크리트 등으로 포장한 공지

③ 자동차 등이 출입할 수 있도록 너비 6미터 이상, 길이 15미터 이상의 콘크리트 등으로 포장한 공지

④ 자동차 등이 출입할 수 있도록 너비 5미터 이상, 길이 10미터 이상의 콘크리트 등으로 포장한 공지

**049** 주유취급소에 설치하는 고정주유설비는 도로경계선으로부터 몇 미터 이상의 거리를 두어야 하는가?

① 1미터      ② 2미터
③ 3미터      ④ 4미터

**050** 주유취급소에서 고정주유설비와 고정급유설비 사이에는 몇 미터 이상의 거리를 유지하여야 하는가?

① 1미터      ② 3미터
③ 4미터      ④ 5미터

**051** 주유취급소 중 주유를 위한 저장탱크의 종류로 옳은 것은?

① 옥내탱크에 저장한다.　　　　② 지하탱크에 저장한다.

③ 이동탱크에 저장한다.　　　　④ 간이탱크에 저장한다.

**052** 위험등급(Ⅰ)에 해당하는 위험물이 아닌 것은?

① 염소산염류

② 황린

③ 알킬알루미늄

④ 알칼리금속(나트륨과 칼륨을 제외한다) 및 알칼리토금속

**053** 위험등급(Ⅰ)에 해당하지 않는 위험물은?

① 염소산염류　　　　　　　　② 알킬리튬

③ 유기과산화물　　　　　　　④ 마그네슘

**054** 위험물안전관리법 시행규칙상 위험등급Ⅱ의 위험물에 해당하는 것은?

① 제3류 위험물 중 칼륨

② 제2류 위험물 중 적린

③ 제4류 위험물 중 특수인화물

④ 제1류 위험물 중 무기과산화물

**055** 저장하는 위험물이 휘발성분을 다량함유하고 있을 때 그 증발손실 및 인화가능면적을 최소로 하기 위하여 고안된 탱크는?

① 개방형탱크

② 원통형탱크

③ 원추형탱크

④ 부동지붕식탱크

**056** 위험물안전관리법 시행규칙상 위험물의 운반에 관한 기준 중 적재방법에 대한 내용으로 옳지 않은 것은? (다만, 덩어리 상태의 유황을 운반하기 위하여 적재하는 경우 또는 위험물을 동일구내에 있는 제조소등의 상호간에 운반하기 위하여 적재하는 경우는 제외한다)

① 하나의 외장용기에는 다른 종류의 위험물을 수납하지 아니할 것

② 고체 위험물은 운반용기 내용적의 95% 이하의 수납율로 수납할 것

③ 액체 위험물은 운반용기 내용적의 98% 이하의 수납율로 수납하되, 55℃의 온도에서 누설되지 아니하도록 충분한 공간용적을 유지하도록 할 것

④ 자연발화물질 중 알킬알루미늄등은 운반용기 내용적의 95% 이하의 수납율로 수납하되, 55℃의 온도에서 10% 이상의 공간용적을 유지하도록 할 것

**057** 위험물을 운반용기에 운반하기 위하여 적재하는 경우 수납률로 옳지 않은 것은?

① 고체위험물은 운반용기 내용적의 95% 이하의 수납률로 수납할 것

② 액체위험물은 운반용기 내용적의 98% 이하의 수납률로 수납할 것

③ 알킬알루미늄등은 운반용기 내용적의 90% 이하의 수납률로 수납할 것

④ 기체위험물은 운반용기 내용적의 90% 이하의 수납률로 수납할 것

**058** 위험물을 운반용기에 운반 시 운반용기 외부에 주의사항 게시 내용으로 옳지 않은 것은?

① 알칼리금속의 과산화물은 화기엄금, 충격주의, 물기엄금, 가연물접촉주의를 게시하여야 한다.

② 금속분, 철분 마그네슘은 화기주의, 물기엄금을 게시하여야 한다.

③ 황린은 화기엄금, 공기접촉엄금을 게시하여야 한다.

④ 제6류 위험물은 가연물접촉주의를 게시하여야 한다.

**059** 위험등급(Ⅰ)에 해당하지 않는 위험물은?

① 무기과산화물

② 유기과산화물

③ 질산

④ 휘발유

**060** 지정수량 이상의 위험물을 동일한 장소에 혼재할 수 없는 위험물은?

① 제1류 위험물과 제6류 위험물

② 제2류 위험물과 제5류 위험물

③ 제3류 위험물과 제5류 위험물

④ 제4류 위험물과 제5류 위험물

# 제 6 편

# 소방시설공사업법

**KEYWORD 소방시설업**

**001** 소방시설업의 종류로 옳지 않은 것은?
O △ ×
① 소방시설설계업　　　　② 소방공사감리업
③ 소방시설관리업　　　　④ 방염처리업

**002** 소방시설공사에 관한 발주자의 권한을 대행하여 소방시설공사가 설계도서 및 관계법령에 따라
O △ × 적법하게 시공되는지 여부의 확인과 품질·시공관리에 대한 기술지도를 수행하는 영업으로 옳은 것은?

① 소방시설설계업　　　　② 소방공사감리업
③ 소방시설관리업　　　　④ 소방시설공사업

**003** 소방시설공사에 기본이 되는 공사계획·시방서·기술계산서 및 이와 관련된 서류를 작성하는 영
O △ × 업으로 옳은 것은?

① 소방시설설계업　　　　② 소방공사감리업
③ 소방시설관리업　　　　④ 소방시설공사업

**004** 소방시설공사업법에서 소방시설공사등에 해당하지 않는 것은?
O △ ×
① 설계　　　　② 방염
③ 점검 및 관리　　　　④ 시공

## 기출 OX QUIZ

1. 소방시설업을 하려는 자는 시·도지사에게 등록하여야 한다. 10. 기출    ○ | ×
2. 일반 소방공사감리업은 기계 분야 및 전기 분야 중 하나의 분야로서 연면적 3만제곱미터 미만의 것만 가능하다. 13. 기출    ○ | ×
3. 시·도지사는 영업정지가 그 이용자에게 불편을 주거나 그 밖에 공익을 해칠 우려가 있을 때에는 영업정지처분을 갈음하여 3천만 원 이하의 과징금을 부과할 수 있다. 19. 기출변형    ○ | ×

정답 1. ○  2. ○  3. × 2억 원 이하이다.

KEYWORD 소방시설업의 등록

**001** 소방시설업의 등록기준 및 영업범위에 대한 설명 중 옳은 것은?
○△×

① 전문소방시설설계업의 등록기준 중 인력기준으로 주된 기술인력은 소방기술사 1인, 보조기술인력은 2인이다.
② 전문소방공사감리업인 경우 법인의 자본금은 1억 원 이상이다.
③ 소방시설관리사와 소방설비기사(기계 분야)자격을 함께 취득한 사람은 소방시설관리업과 일반소방시설공사업(기계 분야)에 주된 기술인력으로 선임할 수 있다.
④ 일반소방공사감리업의 영업범위는 연면적 1만제곱미터 미만의 특정소방대상물에 설치되는 기계 분야 소방시설의 감리(제연설비가 설치되는 특정소방대상물은 제외한다)이다.

**002** 소방시설공사업등의 등록은 누가 실시하는가?
○△×

① 소방본부장 또는 소방서장
② 시장·군수
③ 시·도지사
④ 소방청장

**003** 전문소방시설공사업의 등록기준 중 기술능력에서 보조기술인력은 최소 몇 명 이상 있어야 하는가?
○△×

① 1명
② 2명
③ 3명
④ 5명

**004** 소방시설공사업의 등록을 받은 사람이 그 등록받은 사항에 변경이 있을 때에는 어떻게 하여야 하는가?

① 시·도지사의 허가를 받아야 한다.
② 소방청장의 인가를 받아야 한다.
③ 시·도지사에게 신고를 하여야 한다.
④ 시·도지사에게 휴지·폐지 시에는 반납하고, 재개 시에는 허가를 받아야 한다.

**005** 전문소방시설공사업의 주된 기술인력 등록에 대한 기준으로 기계 분야와 전기 분야의 소방설비기사 자격자는 최소 몇 명 이상을 필요로 하는가?

|  | 기계 분야 | 전기 분야 |
|---|---|---|
| ① | 1명 | 1명 |
| ② | 1명 | 2명 |
| ③ | 2명 | 1명 |
| ④ | 2명 | 2명 |

**006** 전문소방시설공사업의 등록기준이 잘못된 것은?

① 기술인력(주된 기술인력) – 소방기술사 또는 기계 분야와 전기 분야 소방설비기사 자격을 함께 취득한 자 1명 이상
② 자본금 – 법인 또는 개인, 1억 원 이상
③ 보조기술인력 2명 이상
④ 장비를 갖출 것

**007** 소방시설공사업의 등록을 받고자 하는 사람이 갖추지 아니하여도 되는 사항은?

① 기술인력
② 자본금
③ 장비
④ 자본금 기준금액의 100분의 20 이상에 해당하는 금액의 담보제공, 현금예치 또는 출자를 받은 확인서 및 증명서

**008** 정부투자기관 및 지방공사 또는 지방공단은 소방시설업의 등록에 필요한 자본금과 기술인력을 갖춘 경우 시·도지사에게 등록을 하지 않고 소방시설업을 할 수 있다. 이에 대한 영업범위로 옳지 않은 것은?

① 주택의 건설·공급을 목적으로 설립되었을 것
② 설계업무를 주요업무로 규정하고 있을 것
③ 공사업무를 주요업무로 규정하고 있을 것
④ 감리업무를 주요업무로 규정하고 있을 것

**009** 소방시설업의 등록에 관한 사항으로 옳지 않은 것은?

① 소방시설업의 등록은 업종별로 대통령령이 정하는 자본금(개인인 경우에는 자산평가액) 및 장비를 갖추어 시·도지사에게 한다.
② 소방시설공사업의 등록을 한 자는 소속 소방기술자를 소방시설공사현장에 배치하여야 한다.
③ 소방시설업의 업종별 영업범위는 대통령령으로 정한다.
④ 소방시설업의 등록신청과 등록증·등록수첩의 교부·재교부신청, 그 밖에 소방시설업의 등록에 관하여 필요한 사항은 행정안전부령으로 정한다.

**010** 소방시설업 등록 시 등록을 하여야 하는 사항으로 옳은 것은?

① 등록기준을 갖추지 못한 경우
② 등록을 신청한 자가 결격사유에 해당하는 경우
③ 다른 법령에 따른 제한에 위반되는 경우
④ 파산선고를 받고 복권되지 않은 경우

**011** 전문소방시설공사업만이 할 수 있는 영업의 범위는 연면적 몇 제곱미터 이상인가?

① 5천제곱미터
② 1만제곱미터
③ 1만5천제곱미터
④ 3만제곱미터

**012** 전문소방공사감리업만이 할 수 있는 영업의 범위는 연면적 몇 제곱미터인 경우인가? (단, 공장인 경우이다)

① 3만제곱미터 이상　　　　② 3만제곱미터 미만
③ 1만제곱미터 이상　　　　④ 1만제곱미터 미만

**013** 일반소방시설설계업에서 할 수 있는 영업의 범위로 옳은 것은?

① 연면적 3만제곱미터 이상의 특정소방대상물
② 연면적 1만제곱미터 이상의 공장
③ 제연설비가 설치되는 특정소방대상물
④ 제연설비를 제외한 아파트에 설치되는 소방시설의 설계

**014** 소방시설의 설계업 및 공사감리업의 등록의 결격사유로서 옳지 않은 것은?

① 파산자로서 복권되지 아니한 자
② 위험물안전관리법에 의하여 금고 이상의 형의 집행유예의 선고를 받고 그 집행유예기간 중에 있는 자
③ 소방시설 설치 및 관리에 관한 법률을 위반하여 금고 이상의 형의 선고를 받고 그 집행이 종료된 후 2년이 경과되지 않은 자
④ 소방시설설계업 및 소방공사감리업의 등록이 취소된 날부터 2년이 지나지 아니한 자

**015** 소방시설업 등록의 취소 사유가 될 수 있는 것은?

① 등록의 기준에 미달하게 된 경우
② 등록증을 다른 사람에게 빌려준 경우
③ 계속하여 6개월 동안 휴업한 경우
④ 영업정지기간 중에 설계·시공 또는 감리를 한 경우

**016** 소방시설업의 등록을 할 수 있는 자는?

□△×

① 피성년후견인
② 소방시설공사업법에 의하여 금고 이상의 형의 집행유예의 선고를 받고 그 집행유예기간 중에 있는 자
③ 등록하고자 하는 소방시설업의 등록이 취소된 날부터 2년이 지나지 아니한 자
④ 소방관계법에 따른 금고 이상의 실형의 선고를 받고 그 집행이 종료된 후 2년이 경과된 자

**017** 다음 중 소방시설업의 등록을 할 수 있는 사람은?

□△×

① 피성년후견인
② 소방시설공사업법을 위반하여 금고 이상의 실형을 선고받고 그 집행이 끝나거나 집행이 면제된 자
③ 소방시설공사업법을 위반하여 소방시설업의 등록이 취소된 날부터 1년이 지난 자
④ 피한정후견인

KEYWORD 등록사항의 변경신고

**018** 소방공사감리업의 등록사항 변경신고대상으로 옳지 않은 것은?

□△×

① 임원　　　　　　　　　② 영업소 소재지
③ 상호　　　　　　　　　④ 기술인력

**019** 소방시설업의 기술인력을 변경하고자 할 때 제출서류로 옳은 것은?

□△×

| ㄱ. 소방시설업 등록증 | ㄴ. 소방시설업 등록수첩 |
| ㄷ. 기술인력 증빙서류 | ㄹ. 기술인력 연명부 |

① ㄴ, ㄷ　　　　　　　　② ㄱ, ㄴ, ㄷ
③ ㄴ, ㄷ, ㄹ　　　　　　④ ㄱ, ㄴ, ㄷ, ㄹ

**020** 소방시설업의 등록사항 변경에 대한 설명으로 옳지 않은 것은?

① 소방시설업자는 등록사항의 변경이 있는 때에는 변경일부터 30일 이내에 소방시설업등록사항 변경신고서에 변경사항별로 서류를 첨부하여 협회에 제출한다.

② 대표자를 변경하는 경우에는 소방시설업등록증 및 등록수첩 등의 서류를 첨부한다.

③ 시·도지사는 변경신고를 받은 때에는 3일 이내에 소방시설업등록증 및 등록수첩을 새로이 교부한다.

④ 협회는 변경신고를 받은 때에는 소방시설업 등록대장에 변경사항을 기재하고 관리한다.

**021** 소방시설업자의 지위 승계는 지위를 승계한 날로부터 며칠 이내에 하여야 하는가?

① 10일

② 15일

③ 20일

④ 30일

**022** 소방시설업의 등록 등을 설명한 것으로 옳지 않은 것은?

① 첨부서류가 미비되어 있거나 신청서 및 첨부서류의 기재내용이 명확하지 아니한 때는 10일 이내의 기간을 정하여 이를 보완하게 할 수 있다.

② 소방시설업의 업종별 등록기준에 적합하다고 인정되는 경우에는 등록신청을 받은 날부터 30일 이내에 소방시설업등록증 및 소방시설업등록수첩을 업종별로 발급하여야 한다.

③ 시·도지사는 분실(잃어버림)로 인하여 재교부신청서를 제출받은 때에는 3일 이내에 협회를 경유하여 소방시설업등록증 또는 등록수첩을 재교부하여야 한다.

④ 소방시설업자는 재발급을 신청하는 때에는 소방시설업등록증(등록수첩) 재발급신청서를 협회를 경유하여 시·도지사에게 제출하여야 한다.

**023** 소방시설공사 진행 중 소방시설공사업 등록이 취소되었을 경우 공사업자가 취하여야 할 사항 중 옳지 않은 것은?

① 지체 없이 소방시설공사의 도급인에게 취소 사실을 통지한다.
② 도급계약이 해지되지 않은 경우에는 당해 공사를 완공 시까지 계속할 수 있다.
③ 취소 후에도 당해 공사를 계속할 경우는 소방시설공사업자로서의 제반 사항을 준수하여야 한다.
④ 취소일자를 기준하여 수급계약이 성립된 공사는 계속할 수 있으나 소방시설공사업자로서의 권리와 의무는 소멸된다.

**024** 소방시설공사업자의 위반한 사항을 영업정지로 행정처분을 하고자 할 때, 몇 개월 이내로 영업정지시킬 수 있는가?

① 3개월
③ 9개월
② 6개월
④ 12개월

**025** 소방시설업의 행정처분에서 등록이 시정이나, 영업정지 없이 1차에 취소처분을 하여야 하는 경우로 옳은 것은?

① 동일인이 시공 및 감리를 한 때
② 부정한 방법으로 등록을 한 때
③ 다른 자에게 등록증 또는 등록수첩을 빌려준 때
④ 등록을 한 후 정당한 사유 없이 1년이 지날 때까지 영업을 개시하지 아니하거나 계속하여 1년 이상 휴업한 때

**026** 소방시설업의 등록이 시정이나 영업정지 없이 취소되는 경우로 옳은 것은?

① 동일인이 시공 및 감리를 한 때
② 등록의 결격사유에 해당하게 된 경우
③ 다른 자에게 등록증 또는 등록수첩을 빌려준 때
④ 등록을 한 후 정당한 사유 없이 1년이 지날 때까지 영업을 개시하지 아니하거나 계속하여 1년 이상 휴업한 때

**027** 소방시설업자는 소방시설업을 휴업·폐업 또는 재개업하는 때에 취하여야 할 조치는?

① 행정안전부령으로 정하는 바에 따라 시·도지사에게 신고하여야 한다.

② 대통령령으로 정하는 바에 따라 시·도지사에게 신고하여야 한다.

③ 행정안전부령으로 정하는 바에 따라 소방본부장 또는 소방서장에게 신고하여야 한다.

④ 별도의 조치사항은 없다.

**028** 소방시설업자는 휴업·폐업 또는 재개업 신고를 하려면 휴업·폐업 또는 재개업일부터 며칠 이내로 하여야 하는가?

① 7일

② 14일

③ 30일

④ 15일

**029** 소방시설업의 등록사항 변경신고 시 등록증을 제출하지 않아도 되는 것은?

① 명칭

② 영업소 소재지

③ 대표자

④ 기술인력

**030** 다음 중 방염처리업에 해당하지 않는 것은?

① 섬유류방염업

② 합성수지류방염업

③ 위험물방염업

④ 합판·목재류방염업

**031** 소방시설업의 종류, 영업의 범위, 등록기준 등 필요사항을 정하고 있는 것은?

① 소방청장 고시
② 행정안전부령
③ 대통령령
④ 시·도 조례

**032** 소방시설업을 하기 위한 행정처리 규정으로 옳은 것은?

① 소방청장에게 신고하여야 한다.
② 소방청장에게 등록하여야 한다.
③ 시·도지사에게 신고하여야 한다.
④ 시·도지사에게 등록하여야 한다.

**033** 소방시설업에 대한 행정처분으로 1차 위반 시 등록이 취소되는 사항이 아닌 것은?

① 거짓이나 그 밖의 부정한 방법으로 등록한 경우
② 등록 결격사유에 해당하게 된 경우
③ 영업정지기간 중에 설계·시공 또는 감리를 한 경우
④ 다른 자에게 등록증 또는 등록수첩을 빌려준 경우

**034** 소방시설공사업법령상 소방시설업의 등록을 반드시 취소하여야 하는 경우에 해당하지 않는 것은?

① 거짓이나 그 밖의 부정한 방법으로 등록한 경우
② 법인의 대표자가 위험물안전관리법에 따른 금고 이상의 형의 집행유예를 선고받고 그 유예기간 중에 있어서 등록의 결격사유에 해당하는 경우
③ 등록을 한 후 정당한 사유 없이 1년이 지날 때까지 영업을 시작하지 아니한 때의 경우
④ 영업정지처분을 받고 영업정지기간 중에 새로운 설계·시공 또는 감리를 한 경우

**035** 소방시설공사업법령상 소방시설업에 대한 행정처분기준 중 2차 위반 시 등록취소사항에 해당하는 것은? (단, 가중 또는 감경 사유는 고려하지 않는다)

① 거짓이나 그 밖의 부정한 방법으로 등록한 경우
② 다른 자에게 등록증 또는 등록수첩을 빌려준 경우
③ 영업정지기간 중에 설계·시공 또는 감리를 한 경우
④ 정당한 사유 없이 하수급인의 변경요구를 따르지 아니한 경우

**036** 소방시설업에 대한 등록의 결격사유에 해당하지 않는 것은?

① 금고 이상의 실형을 선고받고 그 집행이 끝난 후 1년이 지난 사람
② 금고 이상의 형의 집행유예를 선고받고 그 유예기간이 끝난 사람
③ 방염업의 등록이 취소된 날부터 2년이 지나지 아니한 사람
④ 임원 중에 등록의 결격사유에 해당하는 사람이 있는 법인

**037** 소방시설업의 등록증 및 등록수첩을 잃어버린 경우로서 재교부신청서를 제출받았을 때 며칠 이내로 재교부하여야 하는가?

① 시·도지사는 3일 이내에 교부한다.
② 시·도지사는 5일 이내에 교부한다.
③ 시·도지사는 10일 이내에 교부한다.
④ 시·도지사는 14일 이내에 교부한다.

**038** 소방시설업의 등록증 및 등록수첩에 대한 중요사항 변경으로 재교부신청서를 제출받았을 때 며칠 이내로 재교부하여야 하는가?

① 시·도지사는 3일 이내에 교부한다.
② 시·도지사는 5일 이내에 교부한다.
③ 시·도지사는 10일 이내에 교부한다.
④ 시·도지사는 14일 이내에 교부한다.

**039** 소방시설업의 승계로 인한 행정처리 규정으로 옳은 것은?

① 소방청장에게 신고하여야 한다.
② 소방청장에게 다시 등록하여야 한다.
③ 시·도지사에게 신고하여야 한다.
④ 시·도지사에게 다시 등록하여야 한다.

**040** 소방시설업의 승계사유가 발생한 경우 며칠 이내에 신고하여야 하는가?

① 15일 이내
② 30일 이내
③ 3개월 이내
④ 6개월 이내

**041** 소방시설업의 등록취소 사유로 옳은 것은?

① 영업정지기간 중에 방염처리업을 한 경우
② 등록기준에 미달하게 된 후 30일이 경과한 경우
③ 변경신고를 하지 아니하거나 거짓으로 신고한 경우
④ 방염업의 운영을 위반하여 방염처리한 경우

---

**KEYWORD** 과징금처분

**042** 시·도지사는 영업정지가 그 이용자에게 불편을 주거나 그 밖에 공익을 해칠 우려가 있을 때에는 소방시설업자에게 영업정지처분을 갈음하여 과징금을 부과할 수 있다. 과징금의 최대금액으로 옳은 것은?

① 1천만 원
② 2천만 원
③ 3천만 원
④ 2억 원

---

**기출 OX QUIZ**

1. 연면적 5천제곱미터 미만의 공사현장인 경우에는 2개를 초과하는 공사현장에 소방기술자 1명을 배치할 수 있다. 13. 기출　　　　　　　　　　　　　　　　　　　　　　　　　○ | ×
2. 일반공사감리는 월 1회 이상 소방공사감리현장을 방문하여 감리하여야 한다. 10. 기출　　　　　○ | ×
3. 도급을 받은 자가 해당 소방시설공사등을 하도급할 때에는 행정안전부령으로 정하는 바에 따라 미리 관계인과 발주자에게 알려야 한다. 20. 기출　　　　　　　　　　　　　　　　　　　○ | ×

정답 1. ○　2. × 주 1회 이상 방문하여 감리하여야 한다.　3. ○

---

**KEYWORD 설계**

**001** 소방시설공사의 착공신고 시 소방기술사의 설계에 의해서만 시공신고가 가능한 건축물의 연면적의 크기는 몇 제곱미터 이상인가? (단, 공장을 제외한 경우이다)

① 1만제곱미터　　　　　　　　　② 2만제곱미터
③ 3만제곱미터　　　　　　　　　④ 5만제곱미터

**002** 성능위주설계를 할 수 있는 자의 자격 · 기술인력 및 자격에 따른 설계의 범위를 정하고 있는 것으로 옳은 것은?

① 대통령령　　　　　　　　　　② 행정안전부령
③ 소방청장 고시　　　　　　　　④ 시 · 도 조례

---

**KEYWORD 시공**

**003** 연면적 20만제곱미터 이상인 특정소방대상물의 공사 현장 또는 지하층을 포함한 층수가 40층 이상인 특정소방대상물의 공사 현장에 배치하여야 할 소방기술자로 옳은 것은?

① 특급기술자(기계 분야 및 전기 분야)
② 고급기술자(기계 분야 및 전기 분야)
③ 중급기술자(기계 분야 및 전기 분야)
④ 초급기술자(기계 분야 및 전기 분야)

**004** 연면적 1천제곱미터 미만인 특정소방대상물의 공사 현장에 배치하여야 할 소방기술자로 옳은 것은?

① 초급기술자(기계 분야 및 전기 분야)
② 고급기술자(기계 분야 및 전기 분야)
③ 중급기술자(기계 분야 및 전기 분야)
④ 인정자격수첩을 발급받은 소방기술자

**005** 1명의 소방기술자를 2개의 공사 현장을 초과하여 배치할 수 있는 연면적으로 옳은 것은?

① 연면적 1천제곱미터 미만인 공사
② 연면적 3천제곱미터 미만인 공사
③ 연면적 5천제곱미터 미만인 공사
④ 연면적 1만제곱미터 미만인 공사

KEYWORD 착공신고

**006** 소방시설공사업법령으로 정하고 있는 착공신고 대상에 대하여 옳은 것은?

① 소방용 외의 용도와 겸용되는 정보통신공사업자가 공사하는 비상방송설비의 신설공사
② 자동화재탐지설비의 경계구역 증설공사
③ 대형 피난구유도등의 신설공사
④ 비상방송설비의 증설공사

**007** 소방시설공사업자가 소방시설공사의 착공신고를 할 때에는 누구에게 하는가?

① 소방청장
② 행정안전부장관
③ 시·도지사
④ 소방본부장 또는 소방서장

**008** 다음 중 소방시설공사의 착공신고대상이 아닌 것은?
☐△☓

① 일반 용도의 급수 및 배수펌프의 교체
② 동력제어반의 보수
③ 소화용수설비의 신설
④ 옥내소화전의 신설

**009** 소방시설공사의 일부를 교체하거나 보수하는 경우에도 착공신고대상이 될 수 있다. 이에 해당하
☐△☓ 지 않는 것은?

① 수신반                    ② 소화펌프
③ 중계기                    ④ 감시제어반

**010** 증축, 개축, 재축, 대수선 또는 구조변경 및 용도변경되는 특정소방대상물의 소방시설공사 시 착
☐△☓ 공신고대상이 아닌 것은?

① 물분무소화설비의 헤드를 증설하는 공사
② 연소방지설비의 살수구역을 증설하는 공사
③ 연결송수관설비의 송수구역을 증설하는 공사
④ 비상콘센트설비의 전용회로를 증설하는 공사

---

**KEYWORD 완공검사**

**011** 소방시설 완공검사 시 소방본부장 또는 소방서장이 현장에서 확인하는 특정소방대상물이 아닌
☐△☓ 것은?

① 수련시설                  ② 다중이용업소
③ 문화 및 집회시설          ④ 업무시설

**012** 소방시설의 완공검사를 하기 위해 현장에서 확인할 수 있는 소방대상물이 아닌 것은?

① 종합점검대상인 특정소방대상물
② 물분무등소화설비 설치대상 특정소방대상물
③ 다중이용업소
④ 11층 이상인 특정소방대상물(아파트는 제외한다)

**013** 소방시설공사업자가 소방시설공사를 마친 때에는 완공검사를 받아야 하는데 소방관서에서 현장 확인할 수 있는 대상물이 아닌 것은?

① 16층 아파트
② 노유자시설
③ 지하상가
④ 이산화탄소 소화설비가 설치된 업무시설

**014** 소방시설공사업법령에 관한 설명으로 옳지 않은 것은?

① 감리업자가 소방공사의 감리를 마쳤을 때에는 소방공사감리 결과보고(통보)서에 소방시설공사 완공검사신청서, 소방시설 성능시험조사표, 소방공사감리일지를 첨부하여 소방본부장 또는 소방서장에게 알려야 한다.
② 특정소방대상물의 관계인은 공사감리자가 변경된 경우에는 변경일부터 30일 이내에 소방공사감리자 변경신고서를 소방본부장 또는 소방서장에게 제출하여야 한다.
③ 소방공사감리업자는 감리원을 소방공사감리현장에 배치하는 경우에는 소방공사감리원 배치통보서를 감리원 배치일부터 7일 이내에 소방본부장 또는 소방서장에게 알려야 한다.
④ 소방시설공사업자는 해당 소방시설공사의 착공 전까지 소방시설공사 착공(변경)신고서를 소방본부장 또는 소방서장에게 신고하여야 한다.

**015** 소방시설의 완공검사 시 소방본부장 또는 소방서장이 현장에서 확인하는 특정소방대상물로 옳은 것은?

① 가연성가스를 제조·저장 또는 취급하는 시설 중 지상에 노출된 가연성가스탱크의 저장용량 합계가 1천톤 이상인 시설
② 연면적 1만제곱미터 이상의 아파트
③ 이산화탄소 호스릴소화설비가 설치되는 것
④ 11층 이상인 아파트

**016** 소방시설에는 전기설비와 기계설비가 있는데, 이 중 기계설비로 옳은 것은?

① 소화수조
② 옥내소화전설비의 동력회로
③ 옥내소화전설비의 비상전원
④ 스프링클러설비의 화재감지장치

---

**KEYWORD 공사의 하자보수**

**017** 소방시설별 하자보수 보증기간이 2년인 소방시설은?

① 자동소화장치                    ② 비상방송설비
③ 자동화재탐지설비                ④ 스프링클러설비

**018** 소방시설별 하자보수 보증기간으로 옳은 것은?

① 무선통신보조설비의 하자보수 보증기간은 3년이다.
② 상수도소화용수설비의 하자보수 보증기간은 3년이다.
③ 피난기구의 하자보수 보증기간은 3년이다.
④ 자동화재탐지설비의 하자보수 보증기간은 2년이다.

**019** ☐△✕ 소방시설공사업법에 따른 소방시설 중 하자보수 보증기간이 2년이 아닌 것은?

① 비상방송설비
② 비상조명등
③ 무선통신보조설비
④ 상수도소화용수설비

**020** ☐△✕ 소방시설별 하자보수 보증기간으로 옳지 않은 것은?

① 자동소화장치: 3년
② 간이스프링클러설비: 2년
③ 비상경보설비: 2년
④ 스프링클러설비: 3년

**021** ☐△✕ 소방시설별 하자보수 보증기간으로 옳지 않은 것은?

① 연소방지설비: 2년
② 무선통신보조설비: 2년
③ 연결살수설비: 3년
④ 비상조명등: 2년

**022** ☐△✕ 소방시설공사업법령상 하자보수 보증기간이 다른 소방시설은?

① 피난기구
② 유도등
③ 무선통신보조설비
④ 옥외소화전설비

**023** ☐△✕ 소방공사감리업자는 당해 특정소방대상물에 대한 소방공사감리 결과를 공사가 완료된 날부터 며칠 이내에 보고하여야 하는가?

① 3일
② 5일
③ 7일
④ 10일

**024** 기계 분야의 일반소방공사감리업자가 감리할 수 없는 소방시설은?

① 연결송수관설비
② 이산화탄소소화설비
③ 스프링클러설비
④ 제연설비

**025** 소방공사감리의 종류·방법 및 대상을 정하고 있는 것으로 옳은 것은?

① 대통령령
② 행정안전부령
③ 소방청장 고시
④ 시·도 조례

**026** 소방시설공사업법령상 감리업자가 소방공사를 감리할 때 반드시 수행하여야 할 업무가 아닌 것은?

① 완공된 소방시설 등의 성능시험
② 공사업자가 한 소방시설 등의 시공이 설계도서와 화재안전기준에 맞는지에 대한 지도·감독
③ 소방시설 등 설계 변경 사항의 도면수정
④ 공사업자가 작성한 시공 상세 도면의 적합성 검토

**027** 다음 중 소방시설공사감리자 지정대상은?

① 증축 시 자동화재탐지설비를 신설하는 경우
② 증축 시 유도등설비를 신설하는 경우
③ 증축 시 피난구조설비를 신설하는 경우
④ 증축 시 단독경보형감지기를 신설하는 경우

## 028 소방시설공사업법령상 소방시설공사에 관한 설명으로 옳지 않은 것은?

① 하나의 건축물에 영화상영관이 10개 이상인 신축 특정소방대상물은 성능위주설계를 하여야 한다.

② 공사업자가 구조변경·용도변경되는 특정소방대상물에 연소방지설비의 살수구역을 증설하는 공사를 할 경우 소방서장에게 착공신고를 하여야 한다.

③ 하자보수대상 소방시설 중 자동소화장치의 하자보수 보증기간은 3년이다.

④ 비상경보설비를 설치하는 경우에는 공사감리자를 지정하여야 한다.

## 029 상주공사감리대상으로 옳은 것은? (단, 아파트를 제외한다)

① 연면적 1천제곱미터 이상의 특정소방대상물

② 연면적 5천제곱미터 이상의 특정소방대상물

③ 연면적 1만제곱미터 이상의 특정소방대상물

④ 연면적 3만제곱미터 이상의 특정소방대상물

## 030 아파트에 대한 상주공사감리대상으로 옳은 것은?

① 지하층을 제외한 층수가 16층 이상으로서 500세대 이상인 아파트에 대한 소방시설의 공사

② 지하층을 포함한 층수가 16층 이상으로서 500세대 이상인 아파트에 대한 소방시설의 공사

③ 지하층을 제외한 층수가 11층 이상으로서 300세대 이상인 아파트에 대한 소방시설의 공사

④ 지하층을 포함한 층수가 11층 이상으로서 300세대 이상인 아파트에 대한 소방시설의 공사

## 031 소방공사감리자 지정신고에 대하여 옳지 않은 것은?

① 소방공사감리자의 지정신고는 착공신고일까지 서류를 첨부하여 소방본부장 또는 소방서장에게 제출하여야 한다.

② 관계인은 공사감리자의 변경이 있는 때에는 변경일로부터 30일 이내에 소방공사감리자 변경신고서에 서류를 첨부하여 소방본부장 또는 소방서장에게 제출하여야 한다.

③ 소방본부장 또는 소방서장은 공사감리자의 지정신고 또는 변경신고를 받은 때에는 3일 이내에 처리하여야 한다.

④ 비상조명등을 신설하는 경우 공사감리자 지정대상이다.

**032** 아파트를 제외한 연면적 3만제곱미터 이상 20만제곱미터 미만인 특정소방대상물 또는 지하층을
포함한 층수가 16층 이상 40층 미만인 특정소방대상물의 공사 현장의 경우 배치하여야 할 소방
공사 책임감리원으로 옳은 것은?

① 초급감리원 이상 1명 이상　　　　　② 중급감리원 이상 1명 이상
③ 특급감리원 이상 1명 이상　　　　　④ 고급감리원 이상 1명 이상

**033** 물분무등소화설비 또는 제연설비가 설치되는 특정소방대상물이나 연면적이 3만제곱미터 이상
20만제곱미터 미만인 아파트 공사 현장의 경우 배치하여야 할 소방공사 책임감리원으로 옳은
것은?

① 초급감리원 이상 1명 이상　　　　　② 중급감리원 이상 1명 이상
③ 특급감리원 이상 1명 이상　　　　　④ 고급감리원 이상 1명 이상

**034** 아파트를 제외한 연면적이 20만제곱미터 이상인 특정소방대상물 또는 지하층을 포함한 층수가
40층 이상인 특정소방대상물의 공사 현장의 경우 배치하여야 할 소방공사 책임감리원으로 옳은
것은?

① 중급감리원 이상 1명 이상
② 특급감리원 중 소방기술사 자격을 취득한 사람 1명 이상
③ 특급감리원 이상 1명 이상
④ 고급감리원 이상 1명 이상

**035** 특정소방대상물이 지하구인 공사 현장의 경우 배치하여야 할 소방공사 책임감리원으로 옳은 것은?

① 중급감리원 이상 1명 이상
② 특급감리원 중 소방기술사 자격을 취득한 사람 1명 이상
③ 특급감리원 이상 1명 이상
④ 초급감리원 이상 1명 이상

**036** 고급소방감리원은 소방설비기사 자격취득 후 몇 년 이상 관련 업무를 수행한 사람인가?

① 1년　　　　　　　　　　　　② 3년
③ 5년　　　　　　　　　　　　④ 8년

**037** 소방시공 현장에 상주 책임감리원을 보조하는 보조감리원 배치대상으로 옳지 않은 것은?

① 연면적 20만제곱미터 이상인 특정소방대상물의 공사 현장
② 연면적 3만제곱미터 이상 20만제곱미터 미만인 아파트의 공사 현장
③ 물분무등소화설비(호스릴 방식의 소화설비는 제외한다) 또는 제연설비가 설치되는 특정소방대상물의 공사 현장
④ 연면적 5천제곱미터 이상 3만제곱미터 미만인 특정소방대상물의 공사 현장

**038** 일반공사감리대상에서 책임감리원 배치기준에 대한 설명으로 옳지 않은 것은?

① 1인의 책임감리원이 담당하는 소방공사감리현장은 5개 이하로서 감리현장의 연면적의 총 합계가 10만제곱미터 이하이어야 한다.
② 기계 분야 및 전기 분야의 감리원 자격을 함께 취득한 자가 있는 경우에는 그에 해당하는 자 1명 이상을 배치하여야 한다.
③ 지하층을 제외한 층수가 16층 미만인 아파트의 경우에는 연면적의 합계에 관계없이 1명의 책임감리원이 5개 이내의 공사 현장을 감리할 수 있다.
④ 책임감리원은 주 1회 이상 소방공사감리현장을 방문하여 감리하여야 한다.

**039** 소방공사감리원에 대한 설명으로 옳지 않은 것은?

① 소방시설용 배관(전선관을 제외한다)을 설치하고 매립하는 때부터 소방시설 완공검사 증명서를 교부받는 때까지 소방공사감리현장에 책임감리원을 배치하여야 한다.

② 일반공사감리대상에서 책임감리원은 주 1회 이상 소방공사감리현장을 방문하여 감리하여야 한다.

③ 일반공사감리대상에서 1인의 책임감리원이 담당하는 소방공사감리현장은 5개 이하로서 감리현장의 연면적의 총 합계가 10만제곱미터 이하로 한다.

④ 일반공사감리대상에서 지하층을 포함한 층수가 16층 미만인 아파트의 경우에는 연면적의 합계에 관계없이 1명의 책임감리원이 5개 이내의 공사 현장을 감리할 수 있다.

**040** 소방시설공사업법 시행규칙상 감리업자가 소방공사의 감리를 마쳤을 때 소방공사감리 결과보고(통보)서에 첨부하는 서류가 아닌 것은?

① 착공신고 후 변경된 건축설계도면 1부

② 소방청장이 정하여 고시하는 소방시설 성능시험조사표 1부

③ 소방공사 감리일지(소방본부장 또는 소방서장에게 보고하는 경우에만 첨부) 1부

④ 특정소방대상물의 사용승인 신청서 등 사용승인 신청을 증빙할 수 있는 서류 1부

---

**KEYWORD 도급**

**041** 특정소방대상물의 관계인 또는 발주자는 해당 도급계약의 수급인과 도급계약을 해지할 수 있다. 도급계약 해지사유로 옳지 않은 것은?

① 소방시설업이 등록취소되거나 영업정지된 경우

② 소방시설업을 휴업하거나 폐업한 경우

③ 정당한 사유 없이 30일 이상 소방시설공사를 계속하지 아니하는 경우

④ 소방시설업을 승계한 경우

**042** 다음 중 소방시설공사업법 시행령상 소방시설공사 분리 도급의 예외에 해당하는 것만을 〈보기〉에서 고른 것은?

<보기>
ㄱ. 재난 및 안전관리 기본법에 따른 재난의 발생으로 긴급하게 착공해야 하는 공사인 경우
ㄴ. 국방 및 국가안보 등과 관련하여 기밀을 유지해야 하는공사인 경우
ㄷ. 연면적이 3천제곱미터 이하인 특정소방대상물에 비상경보설비를 설치하는 공사인 경우
ㄹ. 국가를 당사자로 하는 계약에 관한 법률 시행령 및 지방자치단체를 당사자로 하는 계약에 관한 법률 시행령에 따른 원안입찰 또는 일부입찰
ㅁ. 국가를 당사자로 하는 계약에 관한 법률 시행령 및 지방자치단체를 당사자로 하는 계약에 관한 법률 시행령에 따른 실시설계 기술제안입찰 또는 기본설계기술제안입찰
ㅂ. 문화재수리 및 재개발·재건축 등의 공사로서 공사의 성질상 분리하여 도급하는 것이 곤란하다고 시·도지사가 인정하는 경우

① ㄱ, ㄴ, ㄷ
② ㄱ, ㄴ, ㅁ
③ ㄴ, ㄷ, ㅁ
④ ㄹ, ㅁ, ㅂ

**043** 소방시설공사의 하도급에 관한 설명으로 옳은 것은?

① 공사의 일부를 다른 소방시설 공사업자에게 한 번만 하도급할 수 있다.
② 하도급 내용을 소방서장에게 신고한다.
③ 도급인은 하수급인과 재계약을 하여야 한다.
④ 하도급은 부실시공의 우려가 있으므로 절대 할 수 없다.

**044** 수급인은 발주자로부터 도급받은 소방시설공사 등에 대한 준공금(竣工金)을 받은 경우에는 하도급대금의 전부를, 기성금(旣成金)을 받은 경우에는 하수급인이 시공하거나 수행한 부분에 상당한 금액을 각각 지급받은 날부터 며칠 이내에 하수급인에게 지급하여야 하는가?

① 지급받은 날(대금을 어음으로 받은 경우에는 그 어음만기일을 말한다)부터 7일 이내에 하수급인에게 현금으로 지급하여야 한다.
② 지급받은 날(대금을 어음으로 받은 경우에는 그 어음만기일을 말한다)부터 10일 이내에 하수급인에게 현금으로 지급하여야 한다.
③ 지급받은 날(대금을 어음으로 받은 경우에는 그 어음만기일을 말한다)부터 15일 이내에 하수급인에게 현금으로 지급하여야 한다.
④ 지급받은 날(대금을 어음으로 받은 경우에는 그 어음만기일을 말한다)부터 30일 이내에 하수급인에게 현금으로 지급하여야 한다.

**045** 하도급계약심사위원회는 위원장 1명과 부위원장 1명을 포함하여 10명 이내의 위원으로 구성한다. 위원의 자격으로 옳지 않은 것은?

① 해당 발주기관의 과장급 이상 공무원
② 소방 분야의 박사학위를 취득하고 그 분야에서 3년 이상 연구 또는 실무경험이 있는 사람
③ 소방 분야 연구기관의 연구위원급 이상인 사람
④ 소방시설관리사

**046** 소방시설공사업의 하도급 등에 관한 사항으로 옳지 않은 것은?

① 소방시설공사업자는 그가 도급받은 소방시설공사의 전부를 제3자에게 하도급할 수 있다.
② 소방시설공사업자는 소방시설공사의 일부를 하도급하고자 할 때에는 미리 그 소방시설공사의 관계인 및 발주자에게 그 사실을 알려야 한다.
③ 소방시설공사의 도급인은 하도급을 받은 사람이 그 소방시설 공사에 부적당하다고 인정되는 때에는 도급을 받은 소방시설공사업자에게 하수급인의 변경을 요구할 수 있다.
④ 소방시설공사의 일부를 다른 소방시설공사업자에게 한 번만 하도급할 수 있다.

**047** 도급을 받은 자는 소방시설공사의 시공을 제3자에게 하도급할 수 없으나, 소방시설공사업과 다음에 해당하는 사업을 함께 하는 소방시설공사업자가 소방시설공사와 해당 사업의 공사를 함께 도급받은 경우 소방시설공사의 일부를 한 번만 제3자에게 하도급할 수 있다. 그 해당하는 사업이 아닌 것은?

① 주택건설사업　　　　　　　② 건설업
③ 토목공사업　　　　　　　　④ 정보통신공사업

**048** 하도급계약금액이 대통령령으로 정하는 비율에 따른 금액에 미달하는 경우 하도급계약 적정성을 심사하는 대상으로 옳은 것은?

① 도급금액 중 하도급부분에 상당하는 금액의 100분의 72에 해당하는 금액에 미달하는 경우

② 도급금액 중 하도급부분에 상당하는 금액의 100분의 82에 해당하는 금액에 미달하는 경우

③ 발주자의 예정가격의 100분의 72에 해당하는 금액에 미달하는 경우

④ 발주자의 예정가격의 100분의 82에 해당하는 금액에 미달하는 경우

**049** 수급인은 발주자로부터 도급받은 소방시설공사등에 대한 준공금(竣工金)을 받은 경우에는 하도급대금의 전부를, 기성금(既成金)을 받은 경우에는 하수급인이 시공하거나 수행한 부분에 상당한 금액을 각각 지급받은 날부터 며칠 이내에 하수급인에게 현금으로 지급하여야 하는가?

① 7일

② 10일

③ 15일

④ 30일

**050** 하도급계약심사위원회의 부위원장과 위원의 자격으로 옳지 않은 것은?

① 대학(소방 분야로 한정한다)의 조교수 이상인 사람

② 소방기술사 자격을 취득한 사람

③ 소방 분야 연구기관의 연구위원급 이상인 사람

④ 소방 분야의 박사학위를 취득한 사람

**051** 소방시설공사업의 시공능력을 평가하여 공시할 수 있는 권한이 있는 자로 옳은 것은?

① 시·도지사

② 소방청장

③ 소방본부장

④ 소방서장

**KEYWORD 소방기술자**

**001** 소방기술자가 소방시설업에 취업할 수 있는 최소한의 업체 숫자는? (단, 근무시간 외에 다른 업종 ☐△✕ 에 취업하는 것을 제외한다)

① 1 ② 2
③ 3 ④ 4

**002** 소방기술자에 대한 설명으로 옳지 않은 것은?
☐△✕
① 소방기술자는 동시에 둘 이상의 업체에 취업하여서는 아니 된다.
② 소방청장은 소방기술과 관련된 자격·학력 및 경력을 가진 자를 소방기술자로 인정하는 때에는 소방기술인정자격수첩을 발급하여야 한다.
③ 부정한 방법으로 자격수첩을 발급받은 때에는 6월 이내로 자격을 정지할 수 있다.
④ 소방기술자가 경력관리를 신청하는 경우에는 소방청장은 경력관리를 할 수 있다.

**003** 소방시설공사업법상 소방기술 경력 등의 인정 등에 관한내용으로 옳은 것은?

① 소방본부장, 소방서장은 소방기술의 효율적인 활용과 소방기술의 향상을 위하여 소방기술과 관련된 자격·학력 및 경력을 가진 사람을 소방기술자로 인정할 수 있다.

② 소방본부장, 소방서장은 소방기술과 관련된 자격·학력 및 경력을 인정받은 사람에게 소방기술 인정 자격수첩과 경력수첩을 발급할 수 있다.

③ 소방기술과 관련된 자격·학력 및 경력의 인정 범위와 자격수첩 및 경력수첩의 발급 절차 등에 관하여 필요한 사항은 대통령령으로 정한다.

④ 소방청장은 자격수첩 또는 경력수첩을 발급받은 사람이 거짓이나 그 밖의 부정한 방법으로 자격수첩 또는 경력수첩을 발급받은 경우에 그 자격을 취소하여야 한다.

**004** 소방기술자 자격수첩을 발급받은 자가 인정자격수첩이 취소된 경우 취소된 날로부터 얼마 동안 자격수첩을 발급받을 수 없는가?

① 1년
② 2년
③ 3년
④ 6월

**005** 소방기술자 실무교육 지정기관이 권역별로 설치하여야 할 지부로 옳지 않은 것은?

① 수도권
② 영남권
③ 강원권
④ 호남권

**006** 소방기술자의 실무교육에 대한 설명으로 옳지 않은 것은?

① 실무교육은 2년마다 1회 이상 받아야 한다.

② 실무교육을 실시하고자 하는 때에는 교육일정 등 교육에 필요한 계획을 수립하여 소방청장에게 보고한다.

③ 실무교육의 시간·교육과목 및 수수료, 그 밖의 실무교육에 관하여 필요한 사항은 한국소방안전원장이 정하여 고시한다.

④ 교육실시 10일 전까지 교육대상자에게 통지하여야 한다.

**007** 소방시설공사업법 시행규칙상 소방기술자 양성·인정 교육훈련기관의 지정 요건으로 옳지 않은 것은?

① 교육과목별 교재 및 강사 매뉴얼을 갖출 것

② 소방기술자 양성·인정 교육훈련을 실시할 수 있는 전담인력을 6명 이상 갖출 것

③ 전국 2개 이상의 시·도에 이론교육과 실습교육이 가능한 교육·훈련장을 갖출 것

④ 교육훈련의 신청·수료, 성과측정, 경력관리 등에 필요한 교육훈련 관리시스템을 구축·운영할 것

---

**기출 OX QUIZ**

1. 시·도지사, 소방본부장 또는 소방서장은 제조소등 설치허가의 취소, 탱크시험자의 등록취소처분을 하고자 하는 경우에는 청문을 실시하여야 한다. 13. 기출변형                    O I ×
2. 청문자는 시·도지사, 소방본부장 또는 소방서장이며, 취소처분만이 청문대상이고 정지처분은 청문대상이 아니다. 13. 기출변형                    O I ×

정답 1. ○   2. ○

---

**KEYWORD 청문권자**

**001** 소방시설업의 등록을 취소하는 경우 청문권자로 옳은 것은?
O △ ×

① 시·도지사
② 행정안전부장관
③ 소방청장
④ 소방본부장 또는 소방서장

**002** 소방기술 인정 자격을 취소하는 경우 청문권자로 옳은 것은?
O △ ×

① 시·도지사
② 시장·군수
③ 소방청장
④ 소방본부장 또는 소방서장

**003** 소방시설공사업법 및 시행규칙상 행정처분 시 감경사유로 옳지 않은 것은?
O △ ×

① 경미한 위반사항으로, 유도등이 일시적으로 점등되지 않는 경우
② 경미한 위반사항으로, 스프링클러설비 헤드가 살수반경에 미치지 못하는 경우
③ 위반행위가 사소한 부주의나 오류가 아닌 고의에 의한 것으로 인정되는 경우
④ 위반 행위자가 처음 해당 위반행위를 한 경우로서 5년 이상소방시설관리사의 업무, 소방시설관리업 등을 모범적으로 해 온 사실이 인정되는 경우

**기출 OX QUIZ**

1. 하자보수 내용을 알리지 아니하거나 거짓으로 알린 자는 200만 원 이하의 과태료를 부과한다.
   12. 기출변형                                                                              O | ×
2. 소방시설공사업자가 소방시설의 완공검사를 받지 않았을 때는 200만 원 이하의 과태료에 대한
   벌칙을 적용한다. 09. 기출변형                                                              O | ×
3. 소방시설공사 현장에 감리원을 배치하지 아니한 자는 200만 원 이하의 벌금에 해당된다.
   10. 기출변형                                                                              O | ×

정답 1. ○  2. ○  3. × 300만 원 이하의 벌금에 해당된다.

---

**KEYWORD 벌칙**

**001** 다음 중 소방시설공사업법에 없는 벌칙은?

① 3년 이하의 징역 또는 3천만 원 이하의 벌금
② 1년 이하의 징역 또는 1천만 원 이하의 벌금
③ 300만 원 이하의 벌금
④ 200만 원 이하의 벌금

**002** 소방시설공사업법을 위반한 경우 벌칙이 다른 것은?

① 영업정지처분을 받고 그 영업정지기간에 영업을 한 자
② 공사업자가 아닌 자에게 소방시설공사를 도급한 자
③ 소방기술자가 소방시설공사업법 또는 소방시설공사업법에 따른 명령을 따르지 아니하고 업무를 수행한 자
④ 소방시설업 등록을 하지 아니하고 영업을 한 자

**003** 소방시설공사업법을 위반한 경우 벌칙이 다른 것은?

① 등록증이나 등록수첩을 다른 자에게 빌려준 자
② 소방기술 인정자격수첩을 빌려 준 사람
③ 동시에 둘 이상의 업체에 취업한 사람
④ 공사감리자를 지정하지 아니한 자

**004** 소방시설공사업법을 위반한 경우 과태료 부과대상이 아닌 것은?

① 등록증 또는 등록수첩의 중요 변경사항이 있는 경우 변경신고를 하지 아니하거나 거짓으로 신고한 자
② 관계인에게 지위승계, 행정처분 또는 휴업·폐업의 사실을 거짓으로 알린 자
③ 하자보수 보증기간 동안 관계 서류를 보관하지 아니한 자
④ 소방청장의 행정업무를 위탁받은 기관 등이 명령을 위반하여 보고 또는 자료 제출을 하지 아니하거나 거짓으로 한 자

**005** 소방시설공사업법을 위반한 경우 과태료 부과대상이 아닌 것은?

① 소방기술자를 공사 현장에 배치하지 아니한 자
② 공사감리 결과의 통보 또는 공사감리 결과보고서의 제출을 거짓으로 한 자
③ 3일 이내에 하자를 보수하지 아니하거나 하자보수계획을 관계인에게 거짓으로 알린 자
④ 소방시설공사 현장에 감리원을 배치하지 아니한 자

# 부록
# 실전동형모의고사

소요시간: _____ / 25분          맞힌 답의 개수:          / 25

문 1. 소방시설 설치 및 관리에 관한 법령상 교육연구시설에 해당하는 것으로 옳은 것은?

① 바닥면적의 합이 600㎡인 학원
② 바닥면적의 합이 500㎡인 정비학원
③ 바닥면적의 합이 500㎡인 운전학원
④ 바닥면적의 합이 400㎡인 무도학원

문 2. 소방기본법 시행령상 소방기술민원센터의 설치·운영기준으로 옳지 않은 것은?

① 소방청장 및 소방본부장은 각 소방서에 소방기술민원센터를 설치·운영한다.
② 소방기술민원센터는 소방기술민원과 관련된 현장 확인 및 처리업무를 수행한다.
③ 소방기술민원센터는 소방기술민원과 관련된 질의회신집 및 해설서 발간의 업무를 수행한다.
④ 소방기술민원센터는 소방시설, 소방공사와 위험물 안전관리 등과 관련된 법령해석 등의 민원을 처리한다.

문 3. 소방기본법 시행규칙상 소방용수시설 및 비상소화장치의 설치기준으로 옳지 않은 것은?

① 비상소화장치의 설치기준에 관한 세부 사항은 소방청장이 정한다.
② 소방청장은 설치된 소방용수시설에 대하여 소방용수표지를 보기 쉬운 곳에 설치하여야 한다.
③ 소방호스 및 관창은 소방청장이 정하여 고시하는 형식승인 및 제품검사의 기술기준에 적합한 것으로 설치한다.
④ 비상소화장치함은 소방청장이 정하여 고시하는 성능인증 및 제품검사의 기술기준에 적합한 것으로 설치한다.

문 4. 소방활동구역을 출입할 수 있는 사람이 아닌 것은?

① 소방활동구역 내 소유자·관리자·점유자
② 전기, 통신, 가스, 수도, 교통업무에 종사한 자로서 원활한 소방활동을 위하여 필요한 자
③ 의사, 간호사
④ 의용소방대장이 정하는 자

문 5. 소방의 화재조사에 관한 법률상 정의에서 관계인등으로 옳지 않은 것은?

① 소유자
② 관리자
③ 점유자
④ 교통업무에 관계된 사람

문 6. 화재의 위험으로부터 사람의 생명·신체 및 재산을 보호하기 위하여 화재발생을 사전에 제거하거나 방지하기 위한 모든 활동을 무엇이라 하는가?

① 예방
② 안전관리
③ 화재안전
④ 화재예방안전진단

문 7. 화재의 예방 및 안전관리에 관한 법령상 소방훈련·교육 결과 제출의 대상으로 옳은 것은?

① 가연성 가스를 1천톤 이상 저장·취급하는 시설
② 스프링클러설비를 설치해야 하는 특정소방대상물
③ 지하구
④ 문화재보호법 제23조에 따라 보물 또는 국보로 지정된 목조건축물

문 8. 화재의 예방 및 안전관리에 관한 법령상 특별관리 시설물로 옳지 않은 것은?

① 전통시장 및 상점가 육성을 위한 특별법 제2조 제1호의 전통시장으로서 점포가 500개 이상인 전통시장
② 도시가스사업법 제2조 제5호에 따른 가스공급시설
③ 물류시설의 개발 및 운영에 관한 법률 제2조 제5호의2에 따른 물류창고로서 연면적 10만 제곱미터 이상인 것
④ 발전소주변지역 지원에 관한 법률 시행령 제2조 제2항에 따른 발전소

문 9. 특수가연물에 대한 설명으로 옳지 않은 것은?

① 품명별로 구분하여 쌓을 것이며 바닥면적 사이는 실외의 경우 1.2미터 이상의 간격을 둘 것
② 높이는 10미터 이하가 되도록 할 것
③ 발전용의 석탄, 목탄류는 저장 및 취급 기준에서 제외될 것
④ 표지 기재사항은 품명·최대수량·단위체적당 질량(또는 단위질량당 체적)·관리책임자 성명·직책, 연락처 및 화기취급의 금지표시가 포함된 특수가연물 표지를 설치할 것

문 10. 화재의 예방 및 안전관리에 관한 법률 및 같은 법 시행령상 보일러의 고체연료를 사용하는 경우에 대하여 지켜야 하는 사항으로 옳지 않은 것은?

① 보일러 본체와 수평거리 2미터 이상 간격을 두어 보관하거나 불연재료로 된 별도의 구획된 공간에 보관할 것
② 연통은 천장으로부터 0.5미터 떨어지고, 연통의 배출구는 건물 밖으로 0.5미터 이상 나오도록 설치할 것
③ 연통의 배출구는 보일러 본체보다 2미터 이상 높게 설치할 것
④ 연통재질은 불연재료로 사용하고 연결부에 청소구를 설치할 것

문 11. 화재를 진압하거나 인명구조활동을 위하여 사용하는 설비의 종류로 옳은 것은?

① 제연설비
② 옥내소화전설비
③ 통합감시시설
④ 인명구조기구

문 12. 특정소방대상물의 문화 및 집회시설은 모두 몇 개인가?

| ㄱ. 동물원 | ㄴ. 예식장 |
|---|---|
| ㄷ. 식물원 | ㄹ. 도축장 |
| ㅁ. 수족관 | ㅂ. 경마장 |

① 2개
② 3개
③ 4개
④ 5개

문 13. 소방시설 설치 및 관리에 관한 법률 시행령상 특정소방대상물이 증축되는 경우, 원칙적으로 소방시설기준 적용에 관한 설명으로 옳은 것은?

① 기존 부분을 포함한 특정소방대상물의 전체에 대하여 증축 전 소방시설의 설치에 관한 대통령령 또는 화재 안전기준을 적용하여야 한다.
② 기존 부분은 증축 전에 적용되던 소방시설의 설치에 관한 대통령령 또는 화재안전기준을 적용하고, 증축 부분은 증축 당시의 소방시설의 설치에 관한 대통령령 또는 화재안전기준을 적용하여야 한다.
③ 증축 부분은 증축 전에 적용되던 소방시설의 설치에 관한 대통령령 또는 화재안전기준을 적용하고, 기존 부분은 증축 당시의 소방시설의 설치에 관한 대통령령 또는 화재안전기준을 적용하여야 한다.
④ 기존 부분을 포함한 특정소방대상물의 전체에 대하여 증축 당시의 소방시설의 설치에 관한 대통령령 또는 화재안전기준을 적용하여야 한다.

문 14. 소방시설 설치 및 관리에 관한 법률 시행령상 성능위주설계를 해야 하는 특정소방대상물의 범위로 옳지 않은 것은?

① 터널 중 수저(水底)터널 또는 길이가 5천미터 이상인 것
② 창고시설 중 연면적 10만제곱미터 이상인 것
③ 50층 이상(지하층은 제외한다)이거나 지상으로부터 높이가 200미터 이상인 아파트등
④ 30층 이상(지하층을 포함한다)이거나 지상으로부터 높이가 100미터 이상인 특정소방대상물(아파트 등은 제외한다)

문 15. 소방시설 설치 및 관리에 관한 법령상 방염대상물품으로 옳은 것은?

① 두께가 2밀리미터 미만인 종이벽지
② 사무용 책상, 사무용 의자, 계산대
③ 건축법 제52조에 따른 내부 마감재료
④ 다중이용업소의 안전관리에 관한 특별법 시행령 제2조 제7호의4에 따른 가상체험 체육시설업에 설치하는 스크린

문 16. 다음 중 위험물의 유별에 따른 공통적 성질이 옳게 짝지어진 것은?

① 제1류 위험물 – 산화성 액체
② 제2류 위험물 – 가연성 액체
③ 제3류 위험물 – 자연발화성물질 및 금수성 물질
④ 제4류 위험물 – 인화성 고체

문 17. 위험물안전관리법상 신고를 하지 아니하고 위험물의 품명·수량 또는 지정수량의 배수를 변경할 수 있는 경우로 옳은 것은?

① 농예용으로 필요한 건조시설을 위한 지정수량 20배 이하의 취급소
② 축산용으로 필요한 난방시설을 위한 지정수량 20배 이하의 저장소
③ 수산용으로 필요한 건조시설을 위한 지정수량 30배 이하의 저장소
④ 공동주택의 중앙난방시설을 위한 지정수량 30배 이하의 취급소

문 18. 위험물안전관리법상 위험물안전관리자의 선임 등에 관한 사항이다. ( )안에 들어갈 숫자로 옳은 것은?

• 위험물안전관리자를 선임한 제조소등의 관계인은 그 위험물안전관리자를 해임하거나 위험물안전관리자가 퇴직한 때에는 해임하거나 퇴직한 날부터 ( 가 )일 이내에 다시 위험물안전관리자를 선임하여야 한다.
• 제조소등의 관계인은 위험물안전관리자를 선임한 경우에는 선임한 날부터 ( 나 )일 이내에 행정안전부령으로 정하는 바에 따라 소방본부장 또는 소방서장에게 신고하여야 한다.

    (가)     (나)
①   15        14
②   15        30
③   30        14
④   30        30

문 19. 위험물 제조소의 구조 및 설비의 기준으로 옳지 않은 것은?

① 건축물의 지붕은 폭발력이 위로 방출될 정도의 가벼운 불연재료로 덮어야 한다.
② 건축물의 출입구와 비상구에는 갑종방화문 또는 을종방화문을 설치하되, 연소의 우려가 있는 외벽에 설치하는 출입구에는 수시로 열 수 있는 자동폐쇄식의 갑종방화문을 설치하여야 한다.
③ 액체의 위험물을 취급하는 건축물의 바닥은 위험물이 스며들지 못하는 재료를 사용하고, 적당한 경사를 두어 그 최저부에 집유설비를 하여야 한다.
④ 정전기를 유효하게 제어하기 위하여 공기 중의 상대습도가 70% 이상인 경우에는 건조설비를 설치하여야 한다.

문 20. 위험물안전관리법 시행규칙상 위험물 제조소의 표지 및 게시판에 대한 내용으로 옳지 않은 것은?

① 게시판은 한변의 길이가 0.3미터 이상, 다른 한변의 길이가 0.6미터 이상인 직사각형으로 한다.
② 제4류 위험물에 있어서는 적색바탕에 백색문자로, "화기엄금"을 표시한다.
③ 알칼리금속의 과산화물은 청색바탕에 백색문자로, "물기엄금"을 표시한다.
④ 인화성고체에 있어서는 적색바탕에 백색문자로, "화기주의"를 표시한다.

문 21. 소방시설공사업법상 소방시설업 등록의 결격사유에 해당하지 않는 사람은?

① 피성년후견인
② 등록하려는 소방시설업 등록이 취소된 날부터 3년이 지난 사람
③ 소방기본법에 따른 금고 이상의 형의 집행유예를 선고받고 그 유예기간 중에 있는 사람
④ 위험물안전관리법에 따른 금고 이상의 실형을 선고받고, 그 집행이 끝나거나(집행이 끝난 것으로 보는 경우를 포함한다) 면제된 날부터 1년이 지난 사람

문 22. 소방시설공사업법 시행령상 소방시설공사의 착공신고 대상으로 옳지 않은 것은?

① 창고시설에 스프링클러설비의 방호구역을 증설하는 공사
② 공동주택에 자동화재탐지설비의 경계구역을 증설하는 공사
③ 위험물 제조소에 할로겐화합물 및 불활성기체 소화설비를 신설하는 공사
④ 업무시설에 옥내소화전설비(호스릴옥내소화전설비를 포함한다)를 신설하는 공사

문 24. 소방시설공사업법상 소방공사감리업자의 업무 범위로 옳지 않은 것은?

① 완공된 소방시설 등의 성능시험
② 소방시설 등의 설치계획표의 적법성 검토
③ 소방시설 등 설계 변경사항의 적합성 검토
④ 설계업자가 작성한 시공 상세도면의 적합성 검토

문 25. 소방시설공사업법상 감리업자가 감리를 할 때 위반사항에 대하여 조치하여야 할 사항이다. (    ) 안에 들어갈 용어로 옳은 것은?

감리업자는 감리를 할 때 소방시설공사가 설계도서나 화재안전기준에 맞지 아니할 때에는 ( 가 )에게 알리고, ( 나 )에게 그 공사의 시정 또는 보완 등을 요구하여야 한다.

| | (가) | (나) |
|---|---|---|
| ① | 관계인 | 공사업자 |
| ② | 관계인 | 소방서장 |
| ③ | 소방본부장 | 공사업자 |
| ④ | 소방본부장 | 소방서장 |

문 23. 소방시설공사업자는 대통령령으로 정하는 소방시설공사를 하려면 행정안전부령으로 정하는 바에 따라 그 공사의 내용, 시공 장소, 그 밖에 필요한 사항을 소방본부장이나 소방서장에게 착공신고를 하여야 한다. 다음 중 착공신고 대상으로 옳지 않은 것은?

① 수신반 및 소화펌프를 교체하는 공사
② 연결살수설비의 살수구역을 증설하는 공사
③ 자동화재탐지설비를 신설하는 공사
④ 피난기구 및 유도등 5개를 각각 증설하는 공사

소요시간: _____ / 25분          맞힌 답의 개수:          / 25

문 1. 소방기본법 및 시행규칙에서 소방신호의 종류에 대한 설명이 옳지 않은 것은?

① 경계신호: 화재예방상 필요하다고 인정 시 발령 한다.
② 발화신호: 소화활동을 개시할 때 발령 한다.
③ 해제신호: 소화활동이 필요없다고 인정되는 때 발령 한다.
④ 훈련신호: 소방대의 비상소집할 때 발령할 수 있다.

문 2. 소방시설의 설치 및 관리에 관한 법령상 임시소방시설을 설치해야 하는 공사의 종류와 규모의 설명으로 옳지 않은 것은?

① 간이소화장치는 연면적 3천㎡ 이상에 해당하는 공사의 화재위험작업현장에 설치한다.
② 소화기는 바닥면적이 150㎡ 이상인 지하층 또는 무창층
③ 비상경보장치는 지하층 또는 무창층으로 해당 층의 바닥면적이 150㎡ 이상인 경우
④ 비상조명등은 바닥면적이 150㎡ 이상인 지하층 또는 무창층

문 3. 소방기본법 및 같은 법 시행규칙상 소방용수시설 설치기준 등에 대한 설명으로 옳지 않은 것은?

① 시·도지사는 소방활동에 필요한 소방용수시설을 설치하고 유지·관리하여야 하고, 수도법 제45조에 따라 소화전을 설치하는 일반수도사업자는 관할 소방서장과 사전협의를 거친 후 소화전을 설치하여야 하며, 설치 사실을 관할 소방서장에게 통지하고, 그 소화전은 소방서장이 유지·관리하여야 한다.
② 정당한 사유 없이 소방용수시설 또는 비상소화장치를 사용하거나 소방용수시설 또는 비상소화장치의 효용을 해치거나 그 정당한 사용을 방해한 사람에 대해서는 5년 이하의 징역 또는 5천만 원 이하의 벌금에 처한다.
③ 소방본부장 또는 소방서장은 원활한 소방활동을 위하여 소방용수시설에 대한 조사, 소방대상물에 인접한 도로의 폭·교통상황, 도로주변의 토지의 고저·건축물의 개황, 그 밖의 소방활동에 필요한 지리에 대한 조사를 월 1회 이상 실시하여야 하며, 조사결과는 2년간 보관하여야 한다.
④ 소화전은 상수도와 연결하여 지하식 또는 지상식의 구조로 하고 소방용 호스와 연결하는 소화전의 연결 금속구의 구경은 65밀리미터로 하여야 하며, 급수탑은 급수배관의 구경을 100밀리미터 이상으로 하고 개폐 밸브는 지상에서 1.5미터 이상 1.7미터 이하의 높이에 설치하여야 한다.

문 4. 소방기본법에 규정한 소방대의 생활안전 활동으로 옳지 않은 것은?

① 위해동물, 벌 등의 포획 및 퇴치 활동
② 단전사고 시 비상전원 또는 조명의 공급
③ 자연재해에 따른 급수·배수 및 제설 등 지원 활동
④ 붕괴, 낙하 등이 우려되는 고드름, 나무, 위험 구조물 등의 제거활동

문 5. 소방의 화재조사에 관한 법률 및 시행령 상 감식·감정, 화재원인 판정 등에 관한 조사 종류로 옳은 것은?

① 과학적 조사
② 현장출동 중 조사
③ 화재현장 조사
④ 정밀조사

문 6. 소방관서장이 소방대상물, 관계지역 또는 관계인에 대하여 소방시설 등이 소방 관계 법령에 적합하게 설치·관리되고 있는지, 소방대상물에 화재의 발생 위험이 있는지 등을 확인하기 위하여 실시하는 현장조사·문서열람·보고요구 등을 하는 활동을 무엇이라 하는가?

① 예방
② 안전관리
③ 화재안전조사
④ 화재예방안전진단

문 7. 다음 중 화재예방안전진단의 대상이 아닌 것은?

① 공항시설 중 여객터미널의 연면적이 1천제곱 미터 이상인 공항시설
② 자동차여객터미널 중 여객터미널의 연면적이 5천제곱미터 이상인 도시철도시설
③ 전력용 및 통신용 지하구 중 국토의 계획 및 이용에 관한 법률 제2조 제9호에 따른 공동구
④ 항만시설 중 여객이용시설 및 지원시설의 연면적이 5천제곱미터 이상인 항만시설

문 8. 화재의 예방 및 안전관리에 관한 법률 및 같은 법 시행령상 소방안전관리보조자를 두어야 하는 특정소방대상물에 대한 설명이다. (가)와 (나)에 들어갈 용어로 옳은 것은?

- 건축법 시행령 별표 1 제2호 가목에 따른 ( 가 )세대 이상인 아파트
- 아파트를 제외한 연면적이 ( 나 ) 이상인 특정소방대상물

|  | (가) | (나) |
|---|---|---|
| ① | 150 | 1만제곱미터 |
| ② | 150 | 1만5천제곱미터 |
| ③ | 300 | 1만제곱미터 |
| ④ | 300 | 1만5천제곱미터 |

문 9. 시·도지사는 화재가 발생할 우려가 높거나 화재가 발생하는 경우 그로 인하여 피해가 클 것으로 예상되는 지역을 화재예방강화지구(火災警戒地區)로 지정할 수 있다. 다음 중 화재예방강화지구로 지정하지 않아도 되는 곳은?

① 석유화학제품을 생산하는 공장이 있는 지역
② 소방시설·소방용수시설 또는 소방출동로가 없는 지역
③ 상가지역
④ 공장·창고가 밀집한 지역

문 10. 화재의 예방 및 안전관리에 관한 법률 및 시행령상 1급 소방안전관리대상물로 옳은 것은?

① 문화재보호법 제23조에 따라 보물 또는 국보로 지정된 목조건축물
② 동·식물원
③ 가연성 가스를 1천톤 이상 저장·취급하는 시설
④ 철강 등 불연성 물품을 저장·취급하는 창고

문 11. 소방시설 설치 및 관리에 관한 법률 시행령상 물분무등소화설비가 아닌 것은?

① 이산화탄소소화설비
② 미분무소화설비
③ 화재조기진압용 스프링클러설비
④ 할론소화설비

문 12. 건축허가 등의 허가동의로 옳은 것은?

① 정신보건법에 따른 정신의료기관(입원실이 없는 정신건강의학과 의원 포함)의 경우 300제곱미터 이상
② 지하층 또는 무창층이 있는 건축물로서 바닥면적이 100제곱미터 이상인 층이 있는 것
③ 가스시설로서 지상에 노출된 탱크의 저장용량의 합계가 100톤 이상인 것
④ 차고·주차장으로 사용되는 층 중 바닥면적이 150제곱미터 이상인 층이 있는 시설

문 13. 소방시설 설치 및 관리에 관한 법률 시행령상 기능과 성능이 유사한 경우 소방시설의 설치를 면제할 수 있다. 다음 중 면제할 수 없는 소화설비는?

① 스프링클러설비
② 옥내소화전설비
③ 소화기구
④ 물분무등소화설비

문 14. 소방시설 설치 및 관리에 관한 법률 시행 령상 간이스프링클러설비를 설치하여야 하는 특정소방대상물로 옳지 않은 것은?

① 교육연구시설 내에 합숙소로서 연면적 100제 곱미터 이상인 것
② 근린생활시설 중 의원, 치과의원 및 한의원 으로서 입원실이 있는 시설
③ 근린생활시설 중 근린생활시설로 사용하는 부분의 바닥면적의 합계가 1천제곱미터 이상 인 것은 모든 층
④ 숙박시설 중 생활형 숙박시설로서 해당 용도 로 사용되는 바닥면적의 합계가 500제곱미 터 이상인 것

문 15. 소방시설 설치 및 관리에 관한 법률 시행 령상 방염성능기준으로 옳지 않은 것은?

① 불꽃에 의하여 완전히 녹을 때까지 불꽃의 접촉 횟수는 3회 이상일 것
② 탄화(炭化)한 면적은 50제곱센티미터 이내, 탄화한 길이는 20센티미터 이내일 것
③ 소방청장이 정하여 고시한 방법으로 발연량 (發煙量)을 측정하는 경우 최대연기밀도는 500 이하일 것
④ 버너의 불꽃을 제거한 때부터 불꽃을 올리며 연소하는 상태가 그칠 때까지 시간은 20초 이내이며, 버너의 불꽃을 제거한 때부터 불 꽃을 올리지 아니하고 연소하는 상태가 그칠 때까지 시간은 30초 이내일 것

문 16. 위험물안전관리법 시행령 별표 1 규정된 내용으로 옳지 않은 것은?

① 유황: 순도가 60중량퍼센트 이상인 것
② 인화성 고체: 고형알코올 그 밖에 1기압에서 인화점이 섭씨 40도 미만인 고체
③ 철분: 철의 분말로서 53마이크로미터의 표준 체를 통과하는 것이 50중량퍼센트 미만인 것
④ 가연성 고체: 고체로서 화염에 의한 발화의 위험성 또는 인화의 위험성을 판단하기 위하 여 고시로 정하는 시험에서 고시로 정하는 성질과 상태를 나타내는 것

문 17. 위험물안전관리법 시행규칙상 완공검사 신청시기에 대한 설명으로 옳지 않은 것은?

① 지하탱크가 있는 제조소의 경우: 당해 지하 탱크를 매설하기 전
② 이동탱크저장소의 경우: 이동저장탱크의 공 사를 완료한 후
③ 이송취급소의 경우: 이송배관 공사의 전체 또는 일부를 완료한 후. 다만, 지하 · 하천 등 에 매설하는 이송배관 공사의 경우에는 이송 배관을 매설하기 전
④ 전체 공사가 완료된 후에 실시하기 곤란한 경우: 위험물 설비 또는 배관의 설치가 완료 되어 기밀시험 또는 내압시험을 실시하는 시기

문 18. 위험물안전관리법 시행규칙상 관계인이 예방규정을 정하여야 하는 제조소등에 대한 기준이다. (    ) 안에 들어갈 내용으로 옳은 것은?

- 지정수량의 (  ㄱ  )배 이상의 위험물을 취급하는 제조소
- 지정수량의 (  ㄴ  )배 이상의 위험물을 저장하는 옥내저장소
- 지정수량의 (  ㄷ  )배 이상의 위험물을 저장하는 옥외저장소
- 지정수량의 (  ㄹ  )배 이상의 위험물을 저장하는 옥외탱크저장소

|     | ㄱ | ㄴ | ㄷ | ㄹ |
|-----|-----|-----|-----|-----|
| ① | 10 | 150 | 100 | 200 |
| ② | 50 | 150 | 100 | 200 |
| ③ | 10 | 100 | 150 | 200 |
| ④ | 50 | 100 | 150 | 250 |

문 19. 주유취급소의 위치·구조·설비의 기준으로 옳지 않은 것은?

① 주유공지는 너비 15미터, 길이 6미터 이상이다.
② "주유중엔진정지"는 적색바탕에 황색문자로 게시한다.
③ 주유원의 간이대기실은 바닥면적 2.5제곱미터 이하이어야 한다.
④ 고정주유설비와 고정급유설비의 사이는 4미터 이상의 거리를 유지하여야 한다.

문 20. 위험물을 취급하는 제조소 건축물의 환기설비로 옳지 않은 것은?

① 환기는 강제배기방식으로 할 것
② 급기구는 당해 급기구가 설치된 실의 바닥면적 150제곱미터마다 1개 이상으로 하되, 급기구의 크기는 800제곱센티미터 이상으로 할 것
③ 환기구는 지붕위 또는 지상 2미터 이상의 높이에 회전식 고정벤틸레이터 또는 루프팬 방식으로 설치할 것
④ 급기구는 낮은 곳에 설치하고 가는 눈의 구리망 등으로 인화방지망을 설치할 것

문 21. 소방시설공사업법상 소방시설업자가 소방시설공사 등을 맡긴 특정소방대상물의 관계인에게 지체 없이 그 사실을 알려야 하는 사항으로 옳지 않은 것은?

① 소방시설업을 휴업한 경우
② 소방시설업자의 지위를 승계한 경우
③ 소방시설업에 대한 행정처분 중 등록취소처분을 받은 경우
④ 소방시설업에 대한 행정처분 중 영업정지 또는 시정명령처분을 받은 경우

문 22. 소방시설공사업법 및 같은 법 시행령상 소방공사업자는 소방기술자를 소방공사 현장에 배치하는 것이 원칙이지만, 발주자가 서면으로 승낙하는 경우에는 해당 공사가 중단된 기간 동안 소방기술자를 공사현장에 배치하지 않을 수 있도록 되어 있는 예외사항이 있다. 다음 중 예외사항으로 옳지 않은 것은?

① 발주자가 공사 중단을 요청하는 경우
② 소방공사감리원이 공사 중단을 요청하는 경우
③ 민원 또는 계절적 요인 등으로 해당 공정의 공사가 일정 기간 중단된 경우
④ 예산 부족 등 발주자의 책임 있는 사유 또는 천재지변 등 불가항력으로 공사가 일정 기간 중단된 경우

문 23. 소방시설공사업법 시행령상 소방본부장 또는 소방서장의 소방시설공사 완공검사를 위한 현장확인 대상 특정소방대상물로 옳지 않은 것은?

① 창고시설
② 스프링클러설비등이 설치되는 특정소방대상물
③ 연면적 1만제곱미터 이상이거나 11층 이상인 아파트
④ 가연성 가스를 제조·저장 또는 취급하는 시설 중 지상에 노출된 가연성가스탱크의 저장용량 합계가 1천톤 이상인 시설

문 24. 일반공사감리에 관한 사항으로 옳지 않은 것은?

① 감리원은 행정안전부령으로 정하는 기간 중에는 주 1회 이상 공사현장을 방문하여 감리의 업무를 수행하고 감리일지에 기록할 것
② 감리업자는 감리원이 부득이한 사유로 14일 이내의 범위에서 감리의 업무를 수행할 수 없는 경우에는 업무대행자를 지정하여 그 업무를 수행하게 할 것
③ 1명의 감리원이 담당하는 소방공사감리현장은 6개 이하로서 감리현장 연면적의 총 합계가 10만제곱미터 이하일 것
④ 기계분야의 감리원 자격을 취득한 사람과 전기분야의 감리원 자격을 취득한 사람 각 1명 이상을 감리원으로 배치할 것

문 25. 소방시설공사업법상 책임감리원으로 고급감리원 이상을 배치할 수 있는 공사현장으로 옳은 것은?

① 지하층을 포함한 층수가 40층 이상인 특정소방대상물의 공사현장
② 연면적 20만제곱미터 이상인 특정소방대상물의 공사현장
③ 제연설비가 설치되는 특정소방대상물의 공사현장
④ 지하층을 포함한 층수가 16층 이상 40층 미만인 특정소방대상물의 공사현장

소요시간: _____ / 25분

맞힌 답의 개수: / 25

문 1. 소방기본법상 소방활동 등에 관한 사항으로 옳은 것은?

① 국가는 소방자동차의 공무상 운행 중 교통사고가 발생한 경우 그 운전자의 법률상 분쟁에 소요되는 비용을 지원할 수 있는 보험에 가입하여야 한다.

② 소방공무원이 소방지원활동으로 인하여 타인을 사상(死傷)에 이르게 한 경우 그 소방활동이 불가피하고 소방공무원에게 고의 또는 중대한 과실이 없는 때에는 그 정상을 참작하여 사상에 대한 형사책임을 감경하거나 면제할 수 있다.

③ 소방서장은 소방공무원이 소방활동, 소방지원활동, 생활안전활동으로 인하여 민·형사상 책임과 관련된 소송을 수행할 경우 변호인 선임 등 소송수행에 필요한 지원을 할 수 있다.

④ 시·도지사는 소방업무를 전문적이고 효과적으로 수행하기 위하여 소방대원에게 필요한 교육·훈련을 실시하여야 한다.

문 2. 소방기본법상 소방업무에 관한 종합계획의 수립·시행 등에 대한 설명이다. ( ) 안에 들어갈 내용으로 옳은 것은?

( 가 )은 화재, 재난·재해, 그 밖의 위급한 상황으로부터 국민의 생명·신체 및 재산을 보호하기 위하여 소방업무에 관한 종합계획을 ( 나 )마다 수립·시행하여야 하고, 이에 필요한 재원을 확보하도록 노력하여야 한다.

|  | (가) | (나) |
|---|---|---|
| ① | 소방청장 | 3년 |
| ② | 소방청장 | 5년 |
| ③ | 행정안전부장관 | 3년 |
| ④ | 행정안전부장관 | 5년 |

문 3. 소방기본법상 소방대장의 권한으로 옳지 않은 것은?

① 소방활동에 필요한 소화전(消火栓)·급수탑(給水塔)·저수조(貯水槽)를 설치하고 유지·관리하여야 한다.

② 소방활동을 위하여 긴급하게 출동할 때에는 소방자동차의 통행과 소방활동에 방해가 되는 주차 또는 정차된 차량 및 물건 등을 제거하거나 이동시킬 수 있다.

③ 화재 발생을 막거나 폭발 등으로 화재가 확대되는 것을 막기 위하여 가스·전기 또는 유류 등의 시설에 대하여 위험물질의 공급을 차단하는 등 필요한 조치를 할 수 있다.

④ 화재, 재난·재해, 그 밖의 위급한 상황이 발생한 현장에서 소방활동을 위하여 필요할 때에는 그 관할구역에 사는 사람 또는 그 현장에 있는 사람으로 하여금 사람을 구출하는 일 또는 불을 끄거나 불이 번지지 아니하도록 하는 일을 하게 할 수 있다.

문 4. 소방기본법 시행규칙상 소방신호에 대한 설명으로 옳은 것은?

| 종류 | 타종신호 | 사이렌신호 |
|---|---|---|
| ① 경계신호 | 1타와 연2타 반복 | 5초 간격을 두고 30초씩 3회 |
| ② 발화신호 | 연3타 반복 후 난타 | 5초 간격을 두고 5초씩 3회 |
| ③ 해제신호 | 연2타 반복 | 1분간 1회 |
| ④ 훈련신호 | 연3타 반복 | 5초 간격을 두고 1분씩 3회 |

문 5. 소방의 화재조사에 관한 법률 및 같은 법 시행령상 소방관서장은 사상자가 많거나 사회적 이목을 끄는 화재 등 대통령령으로 정하는 대형화재 등이 발생한 경우 종합적이고 정밀한 화재조사를 위하여 유관기관 및 관계 전문가를 포함한 화재합동조사단을 구성·운영할 수 있다. 대통령령으로 정하는 대형화재로 옳은 것은?

① 사망자가 5명 이상 발생한 화재

② 사상자가 10명 이상 발생한 화재

③ 이재민이 100명 이상 발생한 화재

④ 다중이용업소에서 발생한 화재

문 6. 다음 중 공동 소방안전관리자 선임대상이 아닌 것은?

① 복합건축물로서 연면적이 5천제곱미터 이상인 것

② 지하가

③ 복합건축물로서 층수가 11층 이상인 것

④ 판매시설 중 도·소매시장 및 전통시장

문 7. 화재의 예방 및 안전관리에 관한 법률 및 같은 법 시행령, 시행규칙상 화재안전조사의 방법·절차 등에 대한 설명으로 옳지 않은 것은?

① 소방관서장은 화재안전조사를 마친 때에는 그 조사결과를 관계인에게 전화로 통지할 수 있다.

② 소방관서장은 화재안전조사를 하려면 사전에 관계인에게 조사대상, 조사기간 및 조사사유 등을 우편, 전화, 전자메일 또는 문자전송 등을 통하여 통지하고, 이를 대통령령으로 정하는 바에 따라 인터넷 홈페이지나 전산시스템 등을 통하여 공개하여야 한다.

③ 화재안전조사의 연기를 승인한 경우라도 연기기간이 끝나기 전에 연기사유가 없어졌거나 긴급히 조사를 하여야 할 사유가 발생하였을 때에는 관계인에게 통보하고 화재안전조사를 할 수 있다.

④ 화재안전조사의 연기를 신청하려는 자는 화재안전조사 시작 3일 전까지 연기신청서에 화재안전조사를 받기가 곤란함을 증명할 수 있는 서류를 첨부하여 소방서장 등에게 제출하여야 한다.

문 8. 화재의 예방 및 안전관리에 관한 법률상 벌칙이 다른 것으로 옳은 것은?

① 건설현장 소방안전관리대상물의 소방안전관리자의 업무를 하지 아니한 소방안전관리자

② 소방시설·피난시설·방화시설 및 방화구획 등이 법령에 위반된 것을 발견하였음에도 필요한 조치를 할 것을 요구하지 아니한 소방안전관리자

③ 화재예방안전진단 결과를 제출하지 아니한 자

④ 특수가연물의 저장 및 취급 기준을 위반한 자

문 9. 특수가연물에 대한 설명 중 옳은 것은?

① 발전용 석탄·목탄류는 품명별로 쌓을 것

② 쌓는 부분의 바닥면적 사이는 실내의 경우 1미터 이상의 간격을 둘 것

③ 쌓는 부분의 바닥면적은 50제곱미터 이하, 석탄·목탄류는 200제곱미터 이하로 할 것

④ 발전용 석탄·목탄류에 살수설비를 설치하였을 경우에 쌓은 높이를 20미터 이하로 할 것

문 10. 화재의 예방 및 안전관리에 관한 법률상 불을 사용하는 설비의 관리기준 등에 대한 설명이다. (가) ~ (라)에 들어갈 숫자로 옳은 것은?

> • 보일러: 보일러와 벽·천장 사이의 거리는 ( 가 )미터 이상 되도록 하여야 한다.
> • 난로: 연통은 천장으로부터 ( 나 )미터 이상 떨어지고, 건물 밖으로 0.6미터 이상 나오게 설치하여야 한다.
> • 건조설비: 건조설비와 벽·천장 사이의 거리는 ( 다 )미터 이상 되도록 하여야 한다.
> • 음식조리를 위하여 설치하는 설비: 열을 발생하는 조리기구는 반자 또는 선반으로부터 ( 라 )미터 이상 떨어지게 해야 한다.

|     | (가) | (나) | (다) | (라) |
| --- | --- | --- | --- | --- |
| ① | 0.5 | 0.6 | 0.6 | 0.6 |
| ② | 0.6 | 0.6 | 0.5 | 0.6 |
| ③ | 0.6 | 0.5 | 0.6 | 0.6 |
| ④ | 0.6 | 0.6 | 0.5 | 0.5 |

문 11. 다음 중 소방청장의 형식승인을 받아야 하는 소방용품이 아닌 것은?

① 기동용 수압개폐장치
② 물분무헤드
③ 음향장치 중 경종
④ 가스관선택밸브

문 12. 소방시설의 설치 및 관리에 관한 법령상 관계인이 설치하는 소방시설의 설명으로 옳지 않은 것은?

① 판매시설 중 유통산업발전법 제2조 제3호에 해당하는 대규모점포에 입점해 있는 일반음식점에는 상업용 주방자동소화장치를 설치해야 한다.
② 판매시설 중 전통시장은 화재알림설비를 설치해야 한다.
③ 층수가 11층 이상인 건축물의 경우에는 모든 층에 자동화재탐지설비를 설치해야 한다.
④ 근린생활시설 중 조산원에는 자동화재탐지설비를 설치해야 한다.

문 13. 소방시설 설치 및 관리에 관한 법률 시행령상 건설현장의 임시소방시설의 종류로 옳지 않은 것은?

① 소화기
② 스프링클러설비
③ 비상경보장치
④ 간이소화장치

문 14. 소방시설 설치 및 관리에 관한 법률 시행령 제11조 별표 4의 특정소방대상물에 설치하는 소방시설 중 단독경보형 감지기에 관한 설치기준으로 옳지 않은 것은?

① 수련시설(숙박시설이 있는 것만 해당한다)
② 연면적 400제곱미터 미만의 어린이회관
③ 공동주택 중 연립주택 및 다세대주택
④ 교육연구시설 또는 수련시설 내에 있는 합숙소 또는 기숙사로서 연면적 2,000제곱미터 미만인 것

문 15. 방염성능기준 이상의 방염대상물품을 설치하여야 하는 특정소방대상물이 아닌 것은?

① 방송국
② 의료시설
③ 연구소의 실험실
④ 다중이용업소

문 16. 위험물안전관리법에서 정하고 있는 위험물의 저장 및 취급에 대한 사항으로 옳지 않은 것은?

① 지정수량 미만인 위험물의 저장 또는 취급에 관한 기술상의 기준은 시·도의 조례로 정한다.
② 지정수량 이상의 위험물을 저장소가 아닌 장소에서 저장하거나 제조소등이 아닌 장소에서 취급하여서는 아니 된다.
③ 군부대가 지정수량 이상의 위험물을 군사목적으로 임시로 저장 또는 취급하는 경우에는 관할소방서장의 승인을 받아야 한다.
④ 항공기·선박·철도 및 궤도에 의한 위험물의 저장·취급 및 운반에 있어서는 위험물안전관리법을 적용하지 아니한다.

문 17. 위험물 제조소등에서 일반적으로 사용정지처분에 갈음하여 과징금은 얼마까지 부과할 수 있는가?

① 1천만 원 이하
② 3천만 원 이하
③ 1억 원 이하
④ 2억 원 이하

문 18. 위험물안전관리법 시행령상 다량의 위험물을 저장·취급하는 제조소등에서 자체소방대를 설치하여야 하는 사업소로 옳지 않은 것은?

① 최대수량의 합이 지정수량의 3천배 이상인 제4류 위험물을 취급하는 제조소
② 최대수량의 합이 지정수량의 3천배 이상인 제4류 위험물을 취급하는 일반취급소
③ 최대수량이 지정수량의 50만배 이상인 제4류 위험물을 저장하는 옥내탱크저장소
④ 최대수량이 지정수량의 50만배 이상인 제4류 위험물을 저장하는 옥외탱크저장소

문 19. 제6류 위험물 취급 장소가 아닌 위험물 제조소에 주위상황이 낙뢰 위험이 있을 때 피뢰침을 설치하여야 하는 수량으로 옳은 것은?

① 지정수량의 3배 이상
② 지정수량의 5배 이상
③ 지정수량의 10배 이상
④ 지정수량의 20배 이상

문 20. 위험물안전관리법 시행규칙상 옥외저장탱크의 위치·구조 및 설비 기준에 대한 설명으로 옳지 않은 것은?

① 옥외저장탱크는 위험물의 폭발 등에 의하여 탱크 내의 압력이 비정상적으로 상승하는 경우에 내부의 가스 또는 증기를 상부로 방출할 수 있는 구조로 하여야 한다.
② 이황화탄소의 옥외저장탱크는 벽 및 바닥의 두께가 0.2미터 이상이고 누수가 되지 아니하는 철근콘크리트의 수조에 넣어 보관하여야 한다.
③ 옥외저장탱크의 배수관은 탱크의 밑판에 설치하여야 한다. 다만, 탱크와 배수관과의 결합부분이 지진 등에 의하여 손상을 받을 우려가 없는 방법으로 배수관을 설치하는 경우에는 탱크의 옆판에 설치할 수 있다.
④ 제3류 위험물 중 금수성물질(고체에 한정)의 옥외저장탱크에는 방수성의 불연재료로 만든 피복설비를 설치하여야 한다.

문 21. 소방시설공사업법에서 규정한 용어의 정의로 옳지 않은 것은?

① "소방시설공사업"이란 설계도서에 따라 소방시설을 신설, 증설, 개설, 이전 및 정비하는 영업을 말한다.
② "소방시설설계업"이란 소방시설공사에 기본이 되는 공사계획, 설계도면, 설계 설명서, 기술계산서 및 이와 관련된 서류를 작성하는 영업을 말한다.
③ "발주자"란 소방시설의 설계, 시공, 감리 및 방염을 소방시설업자에게 도급한 자 및 도급받은 공사를 하도급하는 자를 말한다.
④ "소방공사감리업"이란 소방시설공사에 관한 발주자의 권한을 대행하여 소방시설공사가 설계도서와 관계법령에 따라 적법하게 시공되는지를 확인하고, 품질·시공 관리에 대한 기술지도를 하는 영업을 말한다.

문 22. 다음 중 방염업의 행정처분기준 중 1차 행정처분이 등록 취소에 해당하는 것은?

① 다른 자에게 등록증이나 등록수첩을 빌려준 경우
② 등록을 한 후 정당한 사유 없이 1년이 지날 때까지 영업을 시작하지 아니하거나 계속하여 1년 이상 휴업한 경우
③ 등록기준에 미달하게 된 경우
④ 등록 결격사유에 해당하게 된 경우

문 23. 소방시설공사업법 시행령상 소방시설공사 결과 하자보수 대상과 하자보수 보증기간의 연결이 옳은 것은?

| | 하자보수대상<br>소방시설 | 하자보수<br>보증기간 |
|---|---|---|
| ① | 비상경보설비, 자동소화장치 | 2년 |
| ② | 무선통신보조설비, 비상조명등 | 2년 |
| ③ | 피난기구, 소화활동설비 | 3년 |
| ④ | 비상방송설비, 간이스프링클러설비 | 3년 |

문 24. 소방시설공사업법상 공사의 도급에 관한 사항으로 옳지 않은 것은?

① 특정소방대상물의 관계인 또는 발주자는 소방시설공사 등을 도급할 때에는 해당 소방시설업자에게 도급하여야 한다.
② 공사업자가 도급받은 소방시설공사의 도급금액 중 그 공사(하도급한 공사 포함)의 근로자에게 지급하여야 할 노임(勞賃)에 해당하는 금액은 압류할 수 없다.
③ 도급을 받은 자는 소방시설공사의 전부를 한 번만 제3자에게 하도급할 수 있다.
④ 도급을 받은 자가 해당 소방시설공사등을 하도급할 때에는 행정안전부령으로 정하는 바에 따라 미리 관계인과 발주자에게 알려야 한다.

문 25. 소방시설공사업법상 도급계약의 해지 기준으로 옳지 않은 것은?

① 소방시설업의 등록이 취소되거나 영업이 정지된 경우
② 소방시설업을 휴업하거나 폐업한 경우
③ 정당한 사유 없이 30일 이상 소방시설공사를 계속하지 않는 경우
④ 경고를 받은 경우

**2024 대비 최신개정판**

# 해커스소방

# 김진성
# 소방관계법규 단원별 실전문제집

**개정 5판 1쇄 발행 2023년 11월 17일**

| | |
|---|---|
| **지은이** | 김진성 편저 |
| **펴낸곳** | 해커스패스 |
| **펴낸이** | 해커스소방 출판팀 |

| | |
|---|---|
| **주소** | 서울특별시 강남구 강남대로 428 해커스소방 |
| **고객센터** | 1588-4055 |
| **교재 관련 문의** | gosi@hackerspass.com |
| | 해커스소방 사이트(fire.Hackers.com) 교재 Q&A 게시판 |
| **학원 강의 및 동영상강의** | fire.Hackers.com |

| | |
|---|---|
| **ISBN** | 979-11-6999-615-0 (13350) |
| **Serial Number** | 05-01-01 |

소방공무원 1위,
해커스소방 fire.Hackers.com

**ㅐ 해커스소방**

· 해커스 스타강사의 **소방관계법규 무료 동영상강의**

· **해커스소방 학원 및 인강**(교재 내 인강 할인쿠폰 수록)

한경비즈니스 선정 2020 한국품질만족도 교육(온·오프라인 소방공무원) 부문 1위

# 해커스소방 인강

2024 대비 최신개정판

해커스소방

# 김진성
# 소방관계법규

단원별 실전문제집

# 약점 보완 해설집

해커스소방

해커스소방

# 김진성
# 소방관계법규 단원별 실전문제집

# 약점 보완 해설집

## ͪ 해커스소방

# 제1편 소방기본법

## 001 | 소방기본법의 목적
답 ④

화재를 예방·경계하거나 진압하고 화재, 재난·재해, 그 밖의 위급한 상황에서의 구조·구급활동 등을 통하여 국민의 생명·신체 및 재산을 보호함으로써 공공의 안녕 및 질서 유지와 복리 증진에 이바지함을 목적으로 한다.

## 002 | 소방기본법의 목적
답 ③

소방기본법은 화재를 ( 예방 )·( 경계 )하거나 ( 진압 )하고 화재, 재난·재해 그 밖의 위급한 상황에서의 구조·구급활동 등을 통하여 국민의 생명과 재산을 보호함으로써 공공의 안녕 및 질서 유지와 복리 증진에 이바지함을 목적으로 한다.

## 003 | 소방대상물
답 ②

소방대상물이란 건축물, 차량, 선박(선박법에 따른 선박으로서 항구에 매어둔 선박만 해당한다), 선박 건조 구조물, 산림, 그 밖의 인공 구조물 또는 물건을 말한다.

## 004 | 소방대상물
답 ②

선박은 항구에 매어둔 경우에만 소방대상물이다. 따라서 항해 중인 선박은 소방대상물이 아니다.

## 005 | 소방대상물
답 ①

관계지역이란 소방대상물이 있는 장소 및 그 이웃 지역으로서 화재의 예방·경계·진압, 구조·구급 등의 활동에 필요한 지역을 말한다.

## 006 | 소방대상물
답 ③

관계지역이란 소방대상물이 있는 장소 및 그 이웃 지역으로서 화재의 예방·경계·진압, 구조·구급 등의 활동에 필요한 지역을 말한다.

## 007 | 소방대상물
답 ②

관계인이란 소방대상물의 소유자·관리자 또는 점유자를 말한다.

> **소방기본법 제2조【정의】** 이 법에서 사용하는 용어의 뜻은 다음과 같다.
> 3. "관계인"이란 소방대상물의 소유자·관리자 또는 점유자를 말한다.

## 008 | 소방대상물
답 ④

소방대상물의 소유자·관리자 또는 점유자는 '관계인'이라 한다.

## 009 | 소방대의 구성원
답 ②

- 소방공무원
- 의무소방원
- 의용소방대원

## 010 | 소방대
답 ④

소방대란 소방기구를 장비한 소방공무원, 의무소방원, 의용소방대원으로 편성된 조직체를 말한다.

> **소방기본법 제2조【정의】** 이 법에서 사용하는 용어의 뜻은 다음과 같다.
> 5. "소방대"(消防隊)란 화재를 진압하고 화재, 재난·재해, 그 밖의 위급한 상황에서 구조·구급활동 등을 하기 위하여 다음 각 목의 사람으로 구성된 조직체를 말한다.
> 가. 소방공무원법에 따른 소방공무원
> 나. 의무소방대설치법 제3조에 따라 임용된 의무소방원(義務消防員)
> 다. 의용소방대 설치 및 운영에 관한 법률에 따른 의용소방대원(義勇消防隊員)

## 011 | 소방대원
답 ②

구급소방대원은 소방대의 정의에 해당하지 않는다.

> **소방기본법 제2조【정의】** 이 법에서 사용하는 용어의 뜻은 다음과 같다.
> 5. "소방대"(消防隊)란 화재를 진압하고 화재, 재난·재해, 그 밖의 위급한 상황에서 구조·구급활동 등을 하기 위하여 다음 각 목의 사람으로 구성된 조직체를 말한다.
>  가. 소방공무원법에 따른 소방공무원
>  나. 의무소방대설치법 제3조에 따라 임용된 의무소방원(義務消防員)
>  다. 의용소방대 설치 및 운영에 관한 법률에 따른 의용소방대원(義勇消防隊員)

## 012 | 소방대
답 ②

소방업무를 수행하는 소방본부장 또는 소방서장은 그 소재지를 관할하는 특별시장·광역시장·특별자치시장·도지사 또는 특별자치도지사의 지휘와 감독을 받는다.

> **소방기본법 제3조【소방기관의 설치 등】** ② 소방업무를 수행하는 소방본부장 또는 소방서장은 그 소재지를 관할하는 특별시장·광역시장·특별자치시장·도지사 또는 특별자치도지사(이하 "시·도지사"라 한다)의 지휘와 감독을 받는다.

## 013 | 119종합상황실
답 ①

이상기상 상황의 예보 및 특보에 관한 사항은 소방본부장이나 소방서장이 관리하는 사항이다.

> **소방기본법 시행규칙 제3조【종합상황실의 실장의 업무 등】** ① 종합상황실의 실장[종합상황실에 근무하는 자 중 최고직위에 있는 자(최고직위에 있는 자가 2인 이상인 경우에는 선임자)를 말한다. 이하 같다]은 다음 각 호의 업무를 행하고, 그에 관한 내용을 기록·관리하여야 한다.
> 1. 화재, 재난·재해 그 밖에 구조·구급이 필요한 상황(이하 "재난상황"이라 한다)의 발생의 신고접수
> 2. 접수된 재난상황을 검토하여 가까운 소방서에 인력 및 장비의 동원을 요청하는 등의 사고수습
> 3. 하급소방기관에 대한 출동지령 또는 동급 이상의 소방기관 및 유관기관에 대한 지원요청
> 4. 재난상황의 전파 및 보고
> 5. 재난상황이 발생한 현장에 대한 지휘 및 피해현황의 파악
> 6. 재난상황의 수습에 필요한 정보수집 및 제공

## 014 | 119종합상황실
답 ②

119종합상황실의 설치·운영에 관하여 필요한 사항은 행정안전부령으로 정한다(소방기본법 제4조 제2항).

[선지분석]
④ 소방기본법 시행규칙 제2조 제3항에 대한 옳은 내용이다.

> **소방기본법 시행규칙 제2조【종합상황실의 설치·운영】** ③ 종합상황실은 24시간 운영체제를 유지하여야 한다.

## 015 | 119종합상황실
답 ①

관광호텔, 층수가 11층 이상인 건축물, 연면적 1만5천제곱미터(m²) 이상인 공장 또는 화재경계지구에서 발생한 화재의 경우 상급 소방기관의 119종합상황실에 보고하여야 한다.

[선지분석]
② 지정수량의 3천배 이상의 위험물의 제조소·저장소·취급소에서 화재가 발생한 경우 보고하여야 한다.
③ 층수가 5층 이상이거나 객실이 30실 이상인 숙박시설에서 화재가 발생한 경우 보고하여야 한다.
④ 층수가 5층 이상이거나 병상이 30개 이상인 종합병원·한방병원·요양소에서 화재가 발생한 경우 보고하여야 한다.

> **소방기본법 시행규칙 제3조【종합상황실의 실장의 업무 등】** ② 종합상황실의 실장은 다음 각 호의 어느 하나에 해당하는 상황이 발생하는 때에는 그 사실을 지체 없이 별지 제1호 서식에 따라 서면·팩스 또는 컴퓨터통신 등으로 소방서의 종합상황실의 경우는 소방본부의 종합상황실에, 소방본부의 종합상황실의 경우는 소방청의 종합상황실에 각각 보고해야 한다.
> 1. 다음 각 목의 1에 해당하는 화재
>  가. 사망자가 5인 이상 발생하거나 사상자가 10인 이상 발생한 화재
>  나. 이재민이 100인 이상 발생한 화재
>  다. 재산피해액이 50억 원 이상 발생한 화재
>  라. 관공서·학교·정부미도정공장·문화재·지하철 또는 지하구의 화재
>  마. 관광호텔, 층수(건축법 시행령 제119조 제1항 제9호의 규정에 의하여 산정한 층수를 말한다. 이하 이 목에서 같다)가 11층 이상인 건축물, 지하상가, 시장, 백화점, 위험물안전관리법 제2조 제2항의 규정에 의한 지정수량의 3천배 이상의 위험물의 제조소·저장소·취급소, 층수가 5층 이상이거나 객실이 30실 이상인 숙박시설, 층수가 5층 이상이거나 병상이 30개 이상인 종합병원·정신병원·한방병원·요양소, 연면적 1만5천제곱미터 이상인 공장 또는 화재의 예방 및 안전관리에 관한 법률 제18조 제1항 각 목에 따른 화재경계지구에서 발생한 화재
>  바. 철도차량, 항구에 매어둔 총 톤수가 1천톤 이상인 선박, 항공기, 발전소 또는 변전소에서 발생한 화재
>  사. 가스 및 화약류의 폭발에 의한 화재
>  아. 다중이용업소의 안전관리에 관한 특별법 제2조에 따른 다중이용업소의 화재
> 2. 긴급구조대응활동 및 현장지휘에 관한 규칙에 의한 통제단장의 현장지휘가 필요한 재난상황
> 3. 언론에 보도된 재난상황
> 4. 그 밖에 소방청장이 정하는 재난상황

## 016 | 119종합상황실
답 ①

사상자가 10인 이상, 이재민이 100인 이상, 재산피해액이 50억 원 이상 발생한 화재의 경우 상급 119종합상황실에 보고하여야 한다.

## 017 | 119종합상황실
답 ②

연면적 1만5천제곱미터(m²) 이상인 공장에서 발생한 화재의 경우 상급 119종합상황실에 보고하여야 한다.

## 018 | 119종합상황실　답 ③

재산피해액이 50억 원 이상 발생한 화재의 경우 상급 119종합
상황실에 보고하여야 한다.

## 019 | 119종합상황실　답 ③

사망자가 5인 이상, 사상자가 10인 이상 발생한 화재의 경우
상급 119종합상황실에 보고하여야 한다.

## 020 | 119종합상황실　답 ③

지역통제단장의 현장지휘가 필요한 재난 및 재해 등은 화재로
인한 보고대상이 아니다.

## 021 | 119종합상황실　답 ③

종합상황실의 실장은 화재 및 재난상황에 대하여 그 사실을 지
체 없이 서면·모사전송 또는 컴퓨터통신 등으로 소방서의 종합
상황실의 경우는 소방본부의 종합상황실에, 소방본부의 종합상
황실의 경우는 소방청의 종합상황실에 각각 보고하여야 한다.

## 022 | 소방기술민원센터　답 ①

소방청장 또는 소방본부장은 소방기술민원센터를 소방청 또는
소방본부에 각각 설치하여 운영한다.

## 023 | 소방기술민원센터　답 ③

소방청장 또는 소방본부장은 소방기술민원센터의 업무수행을
위하여 필요하다고 인정하는 경우에는 관계기관의 장에게 소속
공무원 또는 직원의 파견을 요청할 수 있다.

## 024 | 소방박물관의 설립과 운영　답 ③

운영에 관한 중요한 사항을 심의하기 위하여 7인 이내의 위원
으로 구성된 운영위원회를 둔다.

> **소방기본법 시행규칙 제5조 【소방박물관 등의 설립과 운영】** ① 소
> 방청장은 법 제5조 제2항의 규정에 의하여 소방박물관을 설립·운
> 영하는 경우에는 소방박물관에 소방박물관장 1인과 부관장 1인을
> 두되, 소방박물관장은 소방공무원 중에서 소방청장이 임명한다.
> ② 소방박물관은 국내·외의 소방의 역사, 소방공무원의 복장 및
> 소방장비 등의 변천 및 발전에 관한 자료를 수집·보관 및 전시한다.
> ③ 소방박물관에는 그 운영에 관한 중요한 사항을 심의하기 위하
> 여 7인 이내의 위원으로 구성된 운영위원회를 둔다.
> ④ 제1항의 규정에 의하여 설립된 소방박물관의 관광업무·조직·
> 운영위원회의 구성 등에 관하여 필요한 사항은 소방청장이 정한다.

## 025 | 소방체험관　답 ④

7인 이내의 운영위원을 두고 운영에 관한 중요사항을 심의하는
대상은 소방박물관이다.

**선지분석**
①② 시·도지사는 소방체험관(화재 현장에서의 피난 등을 체
　험할 수 있는 체험관을 말한다)을 설립하여 운영할 수 있다.
③ 소방체험관의 설립과 운영에 필요한 사항은 행정안전부령으
　로 정하는 기준에 따라 시·도의 조례로 정한다.

> **소방기본법 제5조 【소방박물관 등의 설립과 운영】** ① 소방의 역사
> 와 안전문화를 발전시키고 국민의 안전의식을 높이기 위하여 소방
> 청장은 소방박물관을, 시·도지사는 소방체험관(화재 현장에서의
> 피난 등을 체험할 수 있는 체험관을 말한다. 이하 이 조에서 같다)
> 을 설립하여 운영할 수 있다.
> ② 제1항에 따른 소방박물관의 설립과 운영에 필요한 사항은 행정
> 안전부령으로 정하고, 소방체험관의 설립과 운영에 필요한 사항은
> 행정안전부령으로 정하는 기준에 따라 시·도의 조례로 정한다.

## 026 | 소방체험관　답 ③

소방체험실로 사용되는 부분의 바닥면적의 합은 900제곱미터
(m²) 이상이어야 한다.

> **📑 관련 개념 | 소방체험관의 설립 입지 및 규모 기준**
> 1. 소방체험관은 도로 등 교통시설을 갖추고, 재해 및 재난 위험요소
> 　가 없는 등 국민의 접근성과 안전성이 확보된 지역에 설립되어야
> 　한다.
> 2. 소방체험관 중 소방안전 체험실로 사용되는 부분의 바닥면적의 합
> 　이 900제곱미터(m²) 이상이 되어야 한다.

## 027 | 소방체험관　답 ④

소방 관련 학과의 석사학위 이상을 취득하여야 한다.

> **📑 관련 개념 | 체험교육 인력의 자격기준(교수요원)**

| | |
|---|---|
| 소방공무원 중 학력 및 자격증 | • 소방 관련 학과의 석사학위 이상을 취득한 사람<br>• 소방안전교육사, 소방시설관리사, 소방기술사 또는 소방설비기사 자격을 취득한 사람<br>• 간호사 또는 응급구조사 자격을 취득한 사람<br>• 소방청장이 실시하는 인명구조사시험 또는 화재대응능력시험에 합격한 사람 |
| 소방공무원 경력 | • 소방활동이나 생활안전활동을 3년 이상 수행한 경력이 있는 사람<br>• 5년 이상 근무한 소방공무원 중 시·도지사가 체험실의 교수요원으로 적합하다고 인정하는 사람 |

## 028 | 소방체험관      답 ②

중앙소방학교 또는 지방소방학교에서 2주 이상의 소방안전교육사 관련 전문교육과정을 이수한 사람이어야 한다.

> **✍ 관련 개념 | 체험교육 인력의 자격기준(조교)**
>
> 1. 교수요원의 자격을 갖춘 사람
> 2. 소방활동이나 생활안전활동을 1년 이상 수행한 경력이 있는 사람
> 3. 중앙소방학교 또는 지방소방학교에서 2주 이상의 소방안전교육사 관련 전문교육과정을 이수한 사람
> 4. 소방체험관에서 2주 이상의 체험교육에 관한 직무교육을 이수한 의무소방원
> 5. 그 밖에 1.부터 4.까지의 규정에 준하는 자격 또는 능력을 갖추었다고 시·도지사가 인정하는 사람

## 029 | 소방체험관의 설립과 운영      답 ④

1. 시·도지사는 소방체험관(화재 현장에서의 피난 등을 체험할 수 있는 체험관)을 설립하여 운영할 수 있다.
2. 소방체험관의 설립과 운영에 필요한 사항은 행정안전부령으로 정하는 기준에 따라 시·도의 조례로 정한다.

> **✍ 관련 개념 | 소방체험관의 설립 및 운영에 관한 기준**
>
> 1. **설립 입지 및 규모 기준**
>    ① 소방체험관은 도로 등 교통시설을 갖추고, 재해 및 재난 위험요소가 없는 등 국민의 접근성과 안전성이 확보된 지역에 설립되어야 한다.
>    ② 소방체험관 중 소방안전 체험실로 사용되는 부분의 바닥면적의 합이 900제곱미터 이상이 되어야 한다.
>
> 2. **소방체험관의 시설 기준**
>    소방체험관에는 다음 표에 따른 체험실을 모두 갖추어야 한다. 이 경우 체험실별 바닥면적은 100제곱미터 이상이어야 한다.
>
> | 분야 | 체험실 |
> |---|---|
> | 생활안전 | 화재안전 체험실 |
> | | 시설안전 체험실 |
> | 교통안전 | 보행안전 체험실 |
> | | 자동차안전 체험실 |
> | 자연재난안전 | 기후성 재난 체험실 |
> | | 지질성 재난 체험실 |
> | 보건안전 | 응급처치 체험실 |
>
> 3. **체험교육 인력의 자격 기준**
>    ① 교수요원: 소방공무원 중 다음에 해당하는 사람
>    　㉠ 소방 관련학과의 석사학위 이상을 취득한 사람
>    　㉡ 소방기본법에 따른 소방안전교육사, 화재예방, 소방시설 설치·유지 및 안전관리에 관한 법률 제26조에 따른 소방시설관리사, 국가기술자격법에 따른 소방기술사 또는 소방설비기사 자격을 취득한 사람
>    　㉢ 간호사 또는 응급의료에 관한 법률 제36조에 따른 응급구조사 자격을 취득한 사람
>    　㉣ 소방청장이 실시하는 인명구조사시험 또는 화재대응능력시험에 합격한 사람
>    　㉤ 소방기본법 소방활동이나 생활안전활동을 3년 이상 수행한 경력이 있는 사람
>    　㉥ 5년 이상 근무한 소방공무원 중 시·도지사가 체험실의 교수요원으로 적합하다고 인정하는 사람

> ② 조교
> 　㉠ 가목에 따른 교수요원의 자격을 갖춘 사람
> 　㉡ 소방기본법에 따른 소방활동이나 생활안전활동을 1년 이상 수행한 경력이 있는 사람
> 　㉢ 중앙소방학교 또는 지방소방학교에서 2주 이상의 소방안전교육사 관련 전문교육과정을 이수한 사람
> 　㉣ 소방체험관에서 2주 이상의 체험교육에 관한 직무교육을 이수한 의무소방원
> 　㉤ 그 밖에 ㉠부터 ㉣까지의 규정에 준하는 자격 또는 능력을 갖추었다고 시·도지사가 인정하는 사람

## 030 | 소방체험관      답 ①

(가) 소방청장, (나) 시·도지사, (다) 11월 9일이다.

> **소방기본법 제5조 【소방박물관 등의 설립과 운영】** ① 소방의 역사와 안전문화를 발전시키고 국민의 안전의식을 높이기 위하여 <u>소방청장</u>은 <u>소방박물관</u>을, 시·도지사는 소방체험관(화재 현장에서의 피난 등을 체험할 수 있는 체험관을 말한다. 이하 이 조에서 같다)을 설립하여 운영할 수 있다.
> **제7조 【소방의 날 제정과 운영 등】** ① 국민의 안전의식과 화재에 대한 경각심을 높이고 안전문화를 정착시키기 위하여 매년 <u>11월 9일</u>을 소방의 날로 정하여 기념행사를 한다.

## 031 | 소방 관련 시설의 운영      답 ④

소방체험관의 설립과 운영에 필요한 사항은 시·도 조례로 정한다.

## 032 | 소방업무      답 ①

시·도지사는 관할지역의 특성을 고려하여 종합계획의 시행에 필요한 세부계획을 매년 수립하고 이에 따른 소방업무를 성실히 수행하여야 한다.

## 033 | 소방업무      답 ③

소방청장은 화재, 재난·재해, 그 밖의 위급한 상황으로부터 국민의 생명·신체 및 재산을 보호하기 위하여 소방업무에 관한 종합계획을 5년마다 수립·시행하여야 하고, 이에 필요한 재원을 확보하도록 노력하여야 한다.

## 034 | 소방업무      답 ④

소방업무에 필요한 소방인력의 확충은 종합계획 수립 시 포함되어야 할 사항이 아니다.

> **소방기본법 제6조 【소방업무에 관한 종합계획의 수립·시행 등】** ① 소방청장은 화재, 재난·재해, 그 밖의 위급한 상황으로부터 국민의 생명·신체 및 재산을 보호하기 위하여 소방업무에 관한 종합계획(이하 이 조에서 "종합계획"이라 한다)을 5년마다 수립·시행하여야 하고, 이에 필요한 재원을 확보하도록 노력하여야 한다.

② 종합계획에는 다음 각 호의 사항이 포함되어야 한다.
1. 소방서비스의 질 향상을 위한 정책의 기본방향
2. 소방업무에 필요한 체계의 구축, 소방기술의 연구·개발 및 보급
3. 소방업무에 필요한 장비의 구비
4. 소방전문인력 양성
5. 소방업무에 필요한 기반조성
6. 소방업무의 교육 및 홍보(제21조에 따른 소방자동차의 우선 통행 등에 관한 홍보를 포함한다)
7. 그 밖에 소방업무의 효율적 수행을 위하여 필요한 사항으로서 대통령령으로 정하는 사항

## 035 | 소방업무
답 ③

소방청장은 소방업무에 관한 종합계획을 관계 중앙행정기관의 장과의 협의를 거쳐 계획 시행 전년도 10월 31일까지 수립하여야 한다.

> **소방기본법 시행령 제1조의2 【소방업무에 관한 종합계획 및 세부계획의 수립·시행】** ① 소방청장은 소방기본법(이하 "법"이라 한다) 제6조 제1항에 따른 소방업무에 관한 종합계획을 관계 중앙행정기관의 장과의 협의를 거쳐 계획 시행 전년도 10월 31일까지 수립하여야 한다.

| 제2장 | 소방장비 및 소방용수시설 등 | | | 22p |
|---|---|---|---|---|
| 001 ③ | 002 ② | 003 ④ | 004 ② | 005 ③ |
| 006 ① | 007 ① | 008 ④ | 009 ③ | 010 ② |
| 011 ① | 012 ③ | 013 ① | 014 ④ | 015 ① |
| 016 ① | 017 ④ | 018 ① | 019 ④ | 020 ② |
| 021 ② | 022 ④ | 023 ① | 024 ② | 025 ① |
| 026 ① | 027 ② | 028 ① | 029 ② | 030 ① |
| 031 ③ | 032 ④ | 033 ③ | | |

## 001 | 소방력
답 ③

시·도지사는 소방력의 기준에 따라 관할구역의 소방력을 확충하기 위하여 필요한 계획을 수립하여 시행하여야 한다.

> **소방기본법 제8조 【소방력의 기준 등】** ② 시·도지사는 제1항에 따른 소방력의 기준에 따라 관할구역의 소방력을 확충하기 위하여 필요한 계획을 수립하여 시행하여야 한다.

## 002 | 소방력
답 ②

소방기관이 소방업무를 수행하는 데에 필요한 인력과 장비 등에 관한 기준은 행정안전부령으로 정한다.

> **소방기본법 제8조 【소방력의 기준 등】** ① 소방기관이 소방업무를 수행하는 데에 필요한 인력과 장비 등[이하 "소방력"(消防力)이라 한다]에 관한 기준은 행정안전부령으로 정한다.

## 003 | 소방력
답 ④

시·도지사는 소방력의 기준에 따라 관할구역의 소방력을 확충하기 위하여 필요한 계획을 수립하여 시행하여야 한다.

## 004 | 국고보조대상
답 ②

소방업무에 필요한 집기류는 국고보조대상 사업에 해당하지 않는다.

> **소방기본법 시행령 제2조 【국고보조대상 사업의 범위와 기준보조율】** ① 법 제9조 제2항에 따른 국고보조대상 사업의 범위는 다음 각 호와 같다.
> 1. 다음 각 목의 소방활동장비와 설비의 구입 및 설치
>    가. 소방자동차
>    나. 소방헬리콥터 및 소방정
>    다. 소방전용통신설비 및 전산설비
>    라. 그 밖에 방화복 등 소방활동에 필요한 소방장비
> 2. 소방관서용 청사의 건축(건축법 제2조 제1항 제8호에 따른 건축을 말한다)
> ② 제1항 제1호에 따른 소방활동장비 및 설비의 종류와 규격은 행정안전부령으로 정한다.
> ③ 제1항에 따른 국고보조대상 사업의 기준보조율은 보조금 관리에 관한 법률 시행령에서 정하는 바에 따른다.

## 005 | 국고보조대상
답 ③

소방업무에 필요한 직원 훈련 및 교육비는 국고보조대상 사업에 해당하지 않는다.

## 006 | 국고보조대상
답 ①

소방의(소방복장)는 국고보조대상 사업에 해당하지 않는다.

## 007 | 국고보조대상
답 ①

소방용수시설의 설치자는 시·도지사이며, 국고보조 지원대상이 아니다.

## 008 | 소방용수시설
답 ④

소방용수시설이란 화재진압차량에 소화하기 위한 물을 급수하거나 저장하는 설비로서 그 종류에는 소화전(지상식, 지하식)·급수탑 및 저수조방식이 있다.

> **소방기본법 제10조 【소방용수시설의 설치 및 관리 등】** ① 시·도지사는 소방활동에 필요한 소화전(消火栓)·급수탑(給水塔)·저수조(貯水槽)(이하 "소방용수시설"이라 한다)를 설치하고 유지·관리하여야 한다. 다만, 수도법 제45조에 따라 소화전을 설치하는 일반수도사업자는 관할 소방서장과 사전협의를 거친 후 소화전을 설치하여야 하며, 설치 사실을 관할 소방서장에게 통지하고, 그 소화전을 유지·관리하여야 한다.

## 009 │ 소방용수시설의 설치권자　　답 ③

소방활동에 필요한 소방용수시설은 시·도지사가 설치하고 유지·관리하여야 한다.

> **소방기본법 제10조 【소방용수시설의 설치 및 관리 등】** ② 시·도지사는 제21조 제1항에 따른 소방자동차의 진입이 곤란한 지역 등 화재발생 시에 초기 대응이 필요한 지역으로서 대통령령으로 정하는 지역에 소방호스 또는 호스릴 등을 소방용수시설에 연결하여 화재를 진압하는 시설이나 장치(이하 "비상소화장치"라 한다)를 설치하고 유지·관리할 수 있다.

## 010 │ 소방용수시설의 설치기준　　답 ②

소화전 연결금속구의 구경은 65밀리미터(mm)로 하여야 한다.

> 📝 **관련 개념 | 소방용수시설의 설치기준**
>
> **1. 공통기준**
> ⓐ 국토의 계획 및 이용에 관한 법률 제36조 제1항 제1호의 규정에 의한 주거지역·상업지역 및 공업지역에 설치하는 경우: 소방대상물과의 수평거리를 100미터(m) 이하가 되도록 할 것
> ⓑ ⓐ 외의 지역에 설치하는 경우: 소방대상물과의 수평거리를 140미터(m) 이하가 되도록 할 것
>
> **2. 소방용수시설별 설치기준**
> ⓐ 소화전의 설치기준: 상수도와 연결하여 지하식 또는 지상식의 구조로 하고, 소방용호스와 연결하는 소화전의 연결금속구의 구경은 65밀리미터(mm)로 할 것
> ⓑ 급수탑의 설치기준: 급수배관의 구경은 100밀리미터(mm) 이상으로 하고, 개폐밸브는 지상에서 1.5미터(m) 이상 1.7미터(m) 이하의 위치에 설치하도록 할 것
> ⓒ 저수조의 설치기준
> • 지면으로부터의 낙차가 4.5미터(m) 이하일 것
> • 흡수부분의 수심이 0.5미터(m) 이상일 것
> • 소방펌프자동차가 쉽게 접근할 수 있도록 할 것
> • 흡수에 지장이 없도록 토사 및 쓰레기 등을 제거할 수 있는 설비를 갖출 것
> • 흡수관의 투입구가 사각형의 경우에는 한 변의 길이가 60센티미터(cm) 이상, 원형의 경우에는 지름이 60센티미터(cm) 이상일 것
> • 저수조에 물을 공급하는 방법은 상수도에 연결하여 자동으로 급수되는 구조일 것

## 011 │ 소방용수시설의 배치기준　　답 ①

주거지역·상업지역·공업지역의 소방용수시설은 수평거리 100미터(m) 이하마다 배치하여야 한다.

## 012 │ 소방용수시설의 설치기준　　답 ③

소방용호스와 연결하는 소화전의 연결금속구의 구경은 65밀리미터(mm)로 하여야 한다.

## 013 │ 소방용수시설의 설치기준　　답 ①

선지분석
② 흡수부분의 수심이 0.5미터(m) 이상이어야 한다.
③ 지면으로부터의 낙차가 4.5미터(m) 이하이어야 한다.
④ 저수조에 물을 공급하는 방법은 상수도에 연결하여 자동으로 급수되는 구조이어야 한다.

## 014 │ 소방용수시설의 설치기준　　답 ④

급수배관의 구경은 100밀리미터(mm) 이상으로 하고, 개폐밸브는 지상에서 1.5미터(m) 이상 1.7미터(m) 이하의 위치에 설치하도록 하여야 한다.

## 015 │ 소방용수시설의 설치기준　　답 ③

급수탑 급수배관의 구경은 100밀리미터(mm) 이상이어야 한다.

## 016 │ 소방용수시설의 설치　　답 ①

안쪽 문자는 흰색, 바깥쪽 문자는 노란색으로, 안쪽 바탕은 붉은색, 바깥쪽 바탕은 파란색으로 하고, 반사재료를 사용해야 한다.

## 017 │ 소방용수시설의 설치기준　　답 ④

선지분석
① 주거지역·상업지역 및 공업지역에 설치하는 경우에는 소방대상물과의 수평거리를 100미터(m) 이하가 되도록 하여야 한다.
② ① 외의 지역에 설치하는 경우에는 소방대상물과의 수평거리를 140미터(m) 이하가 되도록 하여야 한다.
③ 급수배관의 구경은 100밀리미터(mm) 이상으로 하고, 개폐밸브는 지상에서 1.5미터(m) 이상 1.7미터(m) 이하의 위치에 설치하여야 한다.

## 018 │ 소방용수시설의 설치기준　　답 ①

선지분석
② 주거지역·상업지역에 설치하는 경우 수평거리를 100미터(m) 이하가 되도록 설치하여야 한다.
③ 소방용수시설의 유지·관리책임자는 시·도지사이다.
④ 저수조에 물을 공급하는 방법은 상수도에 연결하여 자동으로 급수되는 구조이어야 한다.

## 019 │ 비상소화장치　　답 ④

관창은 소방시설 설치 및 관리에 관한 법률 제37조 제5항에 따라 소방청장이 정하여 고시하는 형식승인 및 제품검사의 기술기준에 적합한 것으로 설치하여야 한다.

① 비상소화장치의 설치대상 지역은 화재경계지구, 시·도지사가 비상소화장치의 설치가 필요하다고 인정하는 지역이다.

> **소방기본법 시행규칙 제6조【소방용수시설 및 비상소화장치의 설치기준】** ① 특별시장·광역시장·특별자치시장·도지사 또는 특별자치도지사(이하 "시·도지사"라 한다)는 법 제10조 제1항의 규정에 의하여 설치된 소방용수시설에 대하여 별표 2의 소방용수표지를 보기 쉬운 곳에 설치하여야 한다.
> ② 법 제10조 제1항에 따른 소방용수시설의 설치기준은 별표 3과 같다.
> ③ 법 제10조 제2항에 따른 비상소화장치의 설치기준은 다음 각 호와 같다.
> 1. 비상소화장치는 비상소화장치함, 소화전, 소방호스(소화전의 방수구에 연결하여 소화용수를 방수하기 위한 도관으로서 호스와 연결금속구로 구성되어 있는 소방용릴호스 또는 소방용고무내장호스를 말한다), 관창(소방호스용 연결금속구 또는 중간연결금속구 등의 끝에 연결하여 소화용수를 방수하기 위한 나사식 또는 차입식 토출기구를 말한다)을 포함하여 구성할 것
> 2. 소방호스 및 관창은 소방시설 설치 및 관리에 관한 법률 제37조 제5항에 따라 소방청장이 정하여 고시하는 형식승인 및 제품검사의 기술기준에 적합한 것으로 설치할 것
> 3. 비상소화장치함은 소방시설 설치 및 관리에 관한 법률 제40조 제4항에 따라 소방청장이 정하여 고시하는 성능인증 및 제품검사의 기술기준에 적합한 것으로 설치할 것
> ④ 제3항에서 규정한 사항 외에 비상소화장치의 설치기준에 관한 세부 사항은 소방청장이 정한다.

## 020 ｜ 비상소화장치　　　　　답 ②

비상소화장치의 설치대상 지역은 대통령령으로 정하고, 비상소화장치의 설치기준은 행정안전부령으로 정한다.

## 021 ｜ 비상소화장치　　　　　답 ②

특별시장·광역시장·특별자치시장·도지사 또는 특별자치도지사(이하 "시·도지사"라 한다)는 소방용수시설에 대하여 소방용수표지를 보기 쉬운 곳에 설치하여야 한다.

① 비상소화장치의 설치대상 지역은 화재예방강화지구, 시·도지사가 비상소화장치의 설치가 필요하다고 인정하는 지역이다.

> **소방기본법 시행규칙【소방용수시설 및 비상소화장치의 설치기준】**
> ① 특별시장·광역시장·특별자치시장·도지사 또는 특별자치도지사(이하 "시·도지사"라 한다)는 규정에 의하여 설치된 소방용수시설에 대하여 소방용수표지를 보기 쉬운 곳에 설치하여야 한다.
> ② 비상소화장치의 설치기준은 다음 각 호와 같다.
> 1. 비상소화장치는 비상소화장치함, 소화전, 소방호스(소화전의 방수구에 연결하여 소화용수를 방수하기 위한 도관으로서 호스와 연결금속구로 구성되어 있는 소방용릴호스 또는 소방용고무내장호스를 말한다), 관창(소방호스용 연결금속구 또는 중간연결금속구 등의 끝에 연결하여 소화용수를 방수하기 위한 나사식 또는 차입식 토출기구를 말한다)을 포함하여 구성할 것
> 2. 소방호스 및 관창은 소방시설 설치 및 관리에 관한 법률에 따라 소방청장이 정하여 고시하는 형식승인 및 제품검사의 기술기준에 적합한 것으로 설치할 것

> 3. 비상소화장치함은 소방시설 설치 및 관리에 관한 법률에 따라 소방청장이 정하여 고시하는 성능인증 및 제품검사의 기술기준에 적합한 것으로 설치할 것
> ③ 비상소화장치의 설치기준에 관한 세부 사항은 소방청장이 정한다.

## 022 ｜ 비상소화장치　　　　　답 ④

비상소화장치의 설치대상 지역은 화재예방강화지구, 시·도지사가 비상소화장치의 설치가 필요하다고 인정하는 지역이다.

## 023 ｜ 소방용수 및 지리조사　　　　　답 ①

소방본부장 또는 소방서장은 원활한 소방활동을 위하여 소방용수 및 지리조사를 월 1회 이상 실시하여야 한다.

> **소방기본법 시행규칙 제7조【소방용수시설 및 지리조사】** ① 소방본부장 또는 소방서장은 원활한 소방활동을 위하여 다음 각 호의 조사를 월 1회 이상 실시하여야 한다.
> 1. 법 제10조의 규정에 의하여 설치된 소방용수시설에 대한 조사
> 2. 소방대상물에 인접한 도로의 폭·교통상황, 도로주변의 토지의 고저·건축물의 개황 그 밖의 소방활동에 필요한 지리에 대한 조사
> ② 제1항의 조사결과는 전자적 처리가 불가능한 특별한 사유가 없으면 전자적 처리가 가능한 방법으로 작성·관리하여야 한다.
> ③ 제1항 제1호의 조사는 별지 제2호 서식에 의하고, 제1항 제2호의 조사는 별지 제3호 서식에 의하되, 그 조사결과를 2년간 보관하여야 한다.

## 024 ｜ 소방용수시설 및 지리조사　　　　　답 ②

지리조사는 소방대상물에 인접한 도로의 폭·교통상황, 도로주변의 토지의 고저·건축물의 개황 그 밖의 소방활동에 필요한 사항이다.

## 025 ｜ 소방응원　　　　　답 ①

화재의 예방은 화재를 미연에 방지하는 것으로서 화재가 발생하여 응원을 요청하는 소방업무대상이 아니다.

## 026 ｜ 소방응원　　　　　답 ①

지휘권은 응원을 요청한 소방본부장 또는 소방서장이 갖는다.

## 027 ｜ 소방응원　　　　　답 ④

소방업무의 응원을 요청하는 시·도지사는 소방응원에 소요되는 경비를 부담하여야 한다.

## 028 | 소방응원 답 ①

화재의 예방활동은 상호응원협정을 체결하고자 할 때 포함되어야 하는 사항은 아니다.

> **소방기본법 시행규칙 제8조【소방업무의 상호응원협정】** 법 제11조 제4항에 따라 시·도지사는 이웃하는 다른 시·도지사와 소방업무에 관하여 상호응원협정을 체결하고자 하는 때에는 다음 각 호의 사항이 포함되도록 해야 한다.
> 1. 다음 각 목의 소방활동에 관한 사항
>    가. 화재의 경계·진압활동
>    나. 구조·구급업무의 지원
>    다. 화재조사활동
> 2. 응원출동대상지역 및 규모
> 3. 다음 각 목의 소요경비의 부담에 관한 사항
>    가. 출동대원의 수당·식사 및 의복의 수선
>    나. 소방장비 및 기구의 정비와 연료의 보급
>    다. 그 밖의 경비
> 4. 응원출동의 요청방법
> 5. 응원출동훈련 및 평가

## 029 | 소방력의 동원 요청 답 ②

소방청장은 각 시·도지사에게 소방력을 동원할 것을 요청할 수 있다.

> **소방기본법 제11조의2【소방력의 동원】** ① 소방청장은 해당 시·도의 소방력만으로는 소방활동을 효율적으로 수행하기 어려운 화재, 재난·재해, 그 밖의 구조·구급이 필요한 상황이 발생하거나 특별히 국가적 차원에서 소방활동을 수행할 필요가 인정될 때에는 각 시·도지사에게 행정안전부령으로 정하는 바에 따라 소방력을 동원할 것을 요청할 수 있다.

## 030 | 소방대의 지휘권 답 ①

지휘권은 동원이 필요한 지역의 소방본부장 또는 소방서장이 갖는다.

> **소방기본법 제11조의2【소방력의 동원】** ④ 제1항에 따라 동원된 소방대원이 다른 시·도에 파견·지원되어 소방활동을 수행할 때에는 특별한 사정이 없으면 화재, 재난·재해 등이 발생한 지역을 관할하는 소방본부장 또는 소방서장의 지휘에 따라야 한다. 다만, 소방청장이 직접 소방대를 편성하여 소방활동을 하게 하는 경우에는 소방청장의 지휘에 따라야 한다.

## 031 | 소방대의 지휘권 답 ③

동원된 소방대를 소방청장이 직접 편성하여 현장에서 소방활동을 하는 경우, 지휘권은 소방청장이 갖는다.

## 032 | 소방대에 대한 경비부담 답 ④

동원된 소방력의 소방활동 수행 과정에서 발생하는 경비는 화재, 재난·재해 또는 그 밖의 구조·구급이 필요한 상황이 발생한 시·도에서 부담하는 것을 원칙으로 한다.

> **소방기본법 시행령 제2조의3【소방력의 동원】** ① 법 제11조의2 제3항 및 제4항에 따라 동원된 소방력의 소방활동 수행 과정에서 발생하는 경비는 화재, 재난·재해나 그 밖의 구조·구급이 필요한 상황이 발생한 시·도에서 부담하는 것을 원칙으로 하며, 구체적인 내용은 해당 시·도가 서로 협의하여 정한다.

## 033 | 소방력의 동원 답 ③

소방활동을 수행하는 과정에서 발생하는 경비 부담에 관한 사항, 소방활동을 수행한 민간 소방 인력이 사망하거나 부상을 입었을 경우의 보상주체·보상기준 등에 관한 사항, 그 밖에 동원된 소방력의 운용과 관련하여 필요한 사항은 대통령령으로 정한다.

> **소방기본법 제11조의2【소방력의 동원】** ⑤ 제3항 및 제4항에 따른 소방활동을 수행하는 과정에서 발생하는 경비 부담에 관한 사항, 제3항 및 제4항에 따라 소방활동을 수행한 민간 소방 인력이 사망하거나 부상을 입었을 경우의 보상주체·보상기준 등에 관한 사항, 그 밖에 동원된 소방력의 운용과 관련하여 필요한 사항은 대통령령으로 정한다.

| 제3장 | 소방활동 등 | | | 31p |
|---|---|---|---|---|
| 001 ① | 002 ① | 003 ③ | 004 ④ | 005 ③ |
| 006 ④ | 007 ③ | 008 ① | 009 ③ | 010 ① |
| 011 ③ | 012 ① | 013 ① | 014 ① | 015 ① |
| 016 ④ | 017 ① | 018 ④ | 019 ① | 020 ① |
| 021 ③ | 022 ① | 023 ② | 024 ① | 025 ③ |
| 026 ① | 027 ① | 028 ① | 029 ① | 030 ④ |
| 031 ② | 032 ④ | 033 ③ | 034 ① | 035 ④ |
| 036 ④ | 037 ① | 038 ① | 039 ② | 040 ② |
| 041 ② | 042 ④ | 043 ② | 044 ① | 045 ③ |
| 046 ④ | | | | |

## 001 | 소방활동구역의 출입 답 ①

소방활동구역 안에 있는 소방대상물의 소유자·관리자 또는 점유자의 경우 소방활동구역에 출입할 수 있다.

> **소방기본법 시행령 제8조【소방활동구역의 출입자】** 법 제23조 제1항에서 "대통령령으로 정하는 사람"이란 다음 각 호의 사람을 말한다.
> 1. 소방활동구역 안에 있는 소방대상물의 소유자·관리자 또는 점유자
> 2. 전기·가스·수도·통신·교통의 업무에 종사하는 사람으로서 원활한 소방활동을 위하여 필요한 사람
> 3. 의사·간호사 그 밖의 구조·구급업무에 종사하는 사람
> 4. 취재인력 등 보도업무에 종사하는 사람
> 5. 수사업무에 종사하는 사람
> 6. 그 밖에 소방대장이 소방활동을 위하여 출입을 허가한 사람

## 002 | 소방활동구역의 출입    답 ①

소방대장이 소방활동을 위하여 출입을 허가한 사람의 경우 소방활동구역에 출입할 수 있다.

## 003 | 소방활동    답 ③

소방서로 돌아올 때에는 사이렌을 사용할 수 없다. 즉, 도로교통법을 준수하여야 한다.

## 004 | 소방지원활동    답 ④

화재 시 출동은 지원활동이 아니며 소방활동이다. 소방활동에는 화재진압, 구조, 구급 등이 있다.

> **소방기본법 제16조의2 【소방지원활동】** ① 소방청장·소방본부장 또는 소방서장은 공공의 안녕질서 유지 또는 복리증진을 위하여 필요한 경우 소방활동 외에 다음 각 호의 활동(이하 "소방지원활동"이라 한다)을 하게 할 수 있다.
> 1. 산불에 대한 예방·진압 등 지원활동
> 2. 자연재해에 따른 급수·배수 및 제설 등 지원활동
> 3. 집회·공연 등 각종 행사 시 사고에 대비한 근접대기 등 지원활동
> 4. 화재, 재난·재해로 인한 피해복구 지원활동
> 5. 삭제
> 6. 그 밖에 행정안전부령으로 정하는 활동
> ② 소방지원활동은 제16조의 소방활동 수행에 지장을 주지 아니하는 범위에서 할 수 있다.
> ③ 유관기관·단체 등의 요청에 따른 소방지원활동에 드는 비용은 지원요청을 한 유관기관·단체 등에게 부담하게 할 수 있다. 다만, 부담금액 및 부담방법에 관하여는 지원요청을 한 유관기관·단체 등과 협의하여 결정한다.

## 005 | 생활안전활동    답 ③

소방시설 오작동 신고에 따른 조치활동은 생활안전활동이 아니다.

> **소방기본법 제16조의3 【생활안전활동】** ① 소방청장·소방본부장 또는 소방서장은 신고가 접수된 생활안전 및 위험제거활동(화재, 재난·재해, 그 밖의 위급한 상황에 해당하는 것은 제외한다)에 대응하기 위하여 소방대를 출동시켜 다음 각 호의 활동(이하 "생활안전활동"이라 한다)을 하게 하여야 한다.
> 1. 붕괴, 낙하 등이 우려되는 고드름, 나무, 위험 구조물 등의 제거 활동
> 2. 위해동물, 벌 등의 포획 및 퇴치활동
> 3. 끼임, 고립 등에 따른 위험제거 및 구출활동
> 4. 단전사고 시 비상전원 또는 조명의 공급
> 5. 그 밖에 방치하면 급박해질 우려가 있는 위험을 예방하기 위한 활동
> ② 누구든지 정당한 사유 없이 제1항에 따라 출동하는 소방대의 생활안전활동을 방해하여서는 아니 된다.

## 006 | 소방지원활동    답 ④

화재, 재난·재해로 인한 피해복구지원활동은 법률로 정하는 소방지원활동이다.

## 007 | 소방활동    답 ③

소방청장, 소방본부장 또는 소방서장은 소방공무원이 소방활동, 소방지원활동, 생활안전활동으로 인하여 민·형사상 책임과 관련된 소송을 수행할 경우 변호인 선임 등 소송수행에 필요한 지원을 할 수 있다.

## 008 | 소방교육·훈련 실시권자    답 ①

소방교육·훈련 실시권자는 소방청장, 소방본부장 또는 소방서장이다.

> **소방기본법 제17조 【소방교육·훈련】** ① 소방청장, 소방본부장 또는 소방서장은 소방업무를 전문적이고 효과적으로 수행하기 위하여 소방대원에게 필요한 교육·훈련을 실시하여야 한다.

## 009 | 소방교육·훈련    답 ③

응급처치훈련은 구급업무를 담당하는 소방공무원, 의용소방대원, 의무소방원에게 실시한다.

> **🖐 관련 개념 | 교육·훈련의 종류 및 교육·훈련을 받아야 할 대상자**

| 종류 | 교육·훈련을 받아야 할 대상자 |
| --- | --- |
| 화재진압훈련 | • 화재진압업무를 담당하는 소방공무원<br>• 의무소방대설치법 시행령 제20조 제1항 제1호에 따른 임무를 수행하는 의무소방원<br>• 의용소방대 설치 및 운영에 관한 법률 제3조에 따라 임명된 의용소방대원 |
| 인명구조훈련 | • 구조업무를 담당하는 소방공무원<br>• 의무소방대설치법 시행령 제20조 제1항 제1호에 따른 임무를 수행하는 의무소방원<br>• 의용소방대 설치 및 운영에 관한 법률 제3조에 따라 임명된 의용소방대원 |
| 응급처치훈련 | • 구급업무를 담당하는 소방공무원<br>• 의무소방대설치법 제3조에 따라 임용된 의무소방원<br>• 의용소방대 설치 및 운영에 관한 법률 제3조에 따라 임명된 의용소방대원 |
| 인명대피훈련 | • 소방공무원<br>• 의무소방대설치법 제3조에 따라 임용된 의무소방원<br>• 의용소방대 설치 및 운영에 관한 법률 제3조에 따라 임명된 의용소방대원 |
| 현장지휘훈련 | 소방공무원 중 다음의 계급에 있는 사람<br>• 지방소방정<br>• 지방소방령<br>• 지방소방경<br>• 지방소방위 |

## 010 │ 소방교육·훈련의 실시권자    답 ①

소방교육·훈련의 실시권자는 소방청장, 소방본부장 또는 소방서장이다.

## 011 │ 소방교육·훈련의 대상자    답 ③

응급처치훈련을 하는 소방교육·훈련의 대상자는 구급업무를 담당하는 소방공무원이다.

## 012 │ 소방안전교육사    답 ①

소방청장은 소방안전교육을 위하여 소방청장이 실시하는 시험에 합격한 사람에게 소방안전교육사 자격을 부여한다.

> **소방기본법 제17조의2【소방안전교육사】** ① 소방청장은 제17조 제2항에 따른 소방안전교육을 위하여 소방청장이 실시하는 시험에 합격한 사람에게 소방안전교육사 자격을 부여한다.

## 013 │ 소방안전교육사의 응시자격    답 ①

소방안전 관련 학과, 교육학과 또는 응급구조학과 박사학위의 취득자인 경우 응시자격심사위원 및 시험위원으로 임명 또는 위촉될 수 있다.

> **소방기본법 시행령 제7조의5【시험위원 등】** ① 소방청장은 소방안전교육사시험 응시자격심사, 출제 및 채점을 위하여 다음 각 호의 어느 하나에 해당하는 사람을 응시자격심사위원 및 시험위원으로 임명 또는 위촉하여야 한다.
> 1. 소방 관련 학과, 교육학과 또는 응급구조학과 박사학위 취득자
> 2. 고등교육법 제2조 제1호부터 제6호까지의 규정 중 어느 하나에 해당하는 학교에서 소방 관련 학과, 교육학과 또는 응급구조학과에서 조교수 이상으로 2년 이상 재직한 자
> 3. 소방위 이상의 소방공무원
> 4. 소방안전교육사 자격을 취득한 자

## 014 │ 소방안전교육사의 응시자격    답 ①

소방공무원으로 3년 이상 근무한 경력이 있어야 한다.

> **📖 관련 개념 | 소방안전교육사 시험의 응시자격**
> 1. 소방공무원
>  ⓐ 3년 이상
>  ⓑ 2주 이상 전문교육과정 이수
> 2. 간호사면허를 취득 + 1년 이상
> 3. 응급구조사 자격을 취득(1급 + 1년 이상, 2급 + 3년 이상)
> 4. 의용소방대원으로 임명된 후 + 5년 이상
> 5. 교원의 자격을 취득(유치원, 초등, 중등, 고등)
> 6. 어린이집 원장, 보육교사 자격 취득 후 + 3년 이상
> 7. 소방안전 관련 교과목 6학점 이상 이수(교육, 응급구조, 소방 관련 학과)
> 8. 안전관리 분야 기술사
> 9. 안전관리 분야 기사 + 1년 이상
> 10. 안전관리 분야 산업기사 + 3년 이상
> 11. 소방안전관리자(특급, 1급 + 1년 이상, 2급 + 3년 이상)

## 015 │ 소방안전교육사의 응시자격    답 ①

소방공무원으로 3년 이상 근무한 경력이 있어야 한다.

## 016 │ 소방안전교육사의 응시자격    답 ④

3급 소방안전관리자는 소방안전교육사의 응시자격에 해당하지 않는다.

## 017 │ 소방안전교육사의 응시자격    답 ①

선지분석
② 국가기술자격의 직무 분야 중 안전관리 분야의 기사 자격을 취득한 후 안전관리 분야에 1년 이상 종사한 사람
③ 간호사 면허를 취득한 후 간호업무 분야에 1년 이상 종사한 사람
④ 1급 응급구조사 자격을 취득한 후 응급의료 업무 분야에 1년 이상 종사한 사람

## 018 │ 소방안전교육 강사의 자격    답 ④

소방 관련 학과의 석사학위 이상을 취득한 사람이어야 한다.

> **📖 관련 개념 | 소방안전교육 강사의 자격**
> 1. 소방 관련 학과의 석사학위 이상을 취득한 사람
> 2. 소방안전교육사, 소방시설관리사, 소방기술사 또는 소방설비기사 자격을 취득한 사람
> 3. 응급구조사, 인명구조사, 화재대응능력 등 소방청장이 정하는 소방활동 관련 자격을 취득한 사람
> 4. 소방공무원으로서 5년 이상 근무한 경력이 있는 사람

## 019 │ 소방안전교육훈련에 필요한 장소 및 차량의 기준    답 ④

1. 소방안전교실: 화재안전 및 생활안전 등을 체험할 수 있는 100제곱미터 이상의 실내시설
2. 이동안전체험차량: 어린이 30명(성인은 15명)을 동시에 수용할 수 있는 실내공간을 갖춘 자동차

> **📖 관련 개념 | 소방안전교실 및 이동안전체험차량에 갖추어야 할 안전교육장비의 종류**
>
> | 구분 | 종류 |
> | --- | --- |
> | 화재안전 교육용 | 안전체험복, 안전체험용 안전모, 소화기, 물소화기, 연기소화기, 옥내소화전 모형장비, 화재모형 타켓, 가상화재 연출장비, 연기발생기, 유도등, 유도표지, 완강기, 소방시설(자동화재탐지설비, 옥내소화전 등) 계통 모형도, 화재대피용 마스크, 공기호흡기, 119신고 실습전화기 |
> | 생활안전 교육용 | 구명조끼, 구명환, 공기 튜브, 안전벨트, 개인로프, 가스안전 실습 모형도, 전기안전 실습 모형도 |
> | 교육 기자재 | 유·무선 마이크, 노트북 컴퓨터, 빔 프로젝터, 이동형 앰프, LCD 모니터, 디지털 캠코더 |

해커스소방 **김진성 소방관계법규** 단원별 실전문제집

## 020 소방안전교육사의 배치     답 ①

소방안전교육사의 배치대상 및 배치기준, 그 밖에 필요한 사항은 대통령령으로 정한다.

> **소방기본법 제17조의5 【소방안전교육사의 배치】** ① 제17조의2 제1항에 따른 소방안전교육사를 소방청, 소방본부 또는 소방서, 그 밖에 대통령령으로 정하는 대상에 배치할 수 있다.
> ② 제1항에 따른 소방안전교육사의 배치대상 및 배치기준, 그 밖에 필요한 사항은 대통령령으로 정한다.

## 021 소방안전교육사의 결격사유     답 ③

파산선고를 받고 복권되지 아니한 사람은 소방안전교육사의 결격사유에 해당하지 않는다.

> **소방기본법 제17조의3 【소방안전교육사의 결격사유】** 다음 각 호의 어느 하나에 해당하는 사람은 소방안전교육사가 될 수 없다.
> 1. 피성년후견인
> 2. 금고 이상의 실형을 선고받고 그 집행이 끝나거나(집행이 끝난 것으로 보는 경우를 포함한다) 집행이 면제된 날부터 2년이 지나지 아니한 사람
> 3. 금고 이상의 형의 집행유예를 선고받고 그 유예기간 중에 있는 사람
> 4. 법원의 판결 또는 다른 법률에 따라 자격이 정지되거나 상실된 사람

## 022 소방안전교육사의 배치     답 ①

소방서에는 소방안전교육사를 1명 이상 배치하여야 한다.

> **관련 개념 | 소방안전교육사의 배치대상별 배치기준**

| 배치대상 | 배치기준(단위: 명) |
|---|---|
| 소방청 | 2 이상 |
| 소방본부 | 2 이상 |
| 소방서 | 1 이상 |
| 한국소방안전협회 | • 본회: 2 이상<br>• 시·도지부: 1 이상 |
| 한국소방산업기술원 | 2 이상 |

## 023 소방안전교육사의 배치     답 ②

소방본부에는 소방안전교육사를 2명 이상 배치하여야 한다.

## 024 한국119청소년단     답 ④

> **관련 개념 | 한국119청소년단**
> 1. 청소년에게 소방안전에 관한 올바른 이해와 안전의식을 함양시키기 위하여 한국119청소년단을 설립한다.
> 2. 한국119청소년단은 법인으로 하고, 그 주된 사무소의 소재지에 설립등기를 함으로써 성립한다.
> 3. 국가나 지방자치단체는 한국119청소년단에 그 조직 및 활동에 필요한 시설·장비를 지원할 수 있으며, 운영경비와 시설비 및 국내외 행사에 필요한 경비를 보조할 수 있다.
> 4. 개인·법인 또는 단체는 한국119청소년단의 시설 및 운영 등을 지원하기 위하여 금전이나 그 밖의 재산을 기부할 수 있다.
> 5. 한국119청소년단이 아닌 자는 한국119청소년단 또는 이와 유사한 명칭을 사용할 수 없다.
> 6. 한국119청소년단의 정관 또는 사업의 범위·지도·감독 및 지원에 필요한 사항은 행정안전부령으로 정한다.
> 7. 한국119청소년단에 관하여 이 법에서 규정한 것을 제외하고는 민법 중 사단법인에 관한 규정을 준용한다.

## 025 소방신호의 목적     답 ③

소방신호의 목적으로는 화재예방, 소방활동 또는 소방훈련이 있다.

> **소방기본법 제18조 【소방신호】** 화재예방, 소방활동 또는 소방훈련을 위하여 사용되는 소방신호의 종류와 방법은 행정안전부령으로 정한다.

## 026 소방신호의 종류     답 ①

소방신호의 사용목적은 소방활동 시 통신두절 등 비상상황에서 소방대의 원활한 소방활동을 수행할 수 있도록 정한 것으로서 그 신호의 종류에는 경계신호, 발화신호, 해제신호, 훈련신호 등이 있다.

> **소방기본법 시행규칙 제10조 【소방신호의 종류 및 방법】** ① 법 제18조의 규정에 의한 소방신호의 종류는 다음 각 호와 같다.
> 1. 경계신호: 화재예방상 필요하다고 인정되거나 화재의 예방 및 안전관리에 관한 법률 제20조의 규정에 의한 화재위험경보 시 발령
> 2. 발화신호: 화재가 발생한 때 발령
> 3. 해제신호: 소화활동이 필요없다고 인정되는 때 발령
> 4. 훈련신호: 훈련상 필요하다고 인정되는 때 발령
> ② 제1항의 규정에 의한 소방신호의 종류별 소방신호의 방법은 별표 4와 같다.

## 027 소방신호     답 ①

경계신호는 화재예방 및 화재위험 시 발령한다.

## 028 소방신호의 방법

답 ①

훈련신호 시 타종신호는 연 3타를 반복한다.

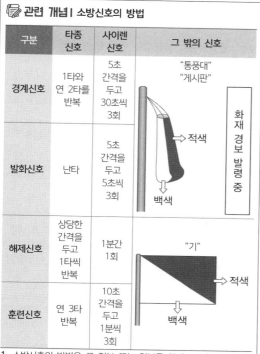

**관련 개념 | 소방신호의 방법**

| 구분 | 타종 신호 | 사이렌 신호 | 그 밖의 신호 |
|---|---|---|---|
| 경계신호 | 1타와 연 2타를 반복 | 5초 간격을 두고 30초씩 3회 | "통풍대" "게시판" 적색 / 백색 — 화재경보 발령 중 |
| 발화신호 | 난타 | 5초 간격을 두고 5초씩 3회 | |
| 해제신호 | 상당한 간격을 두고 1타씩 반복 | 1분간 1회 | "기" 적색 / 백색 |
| 훈련신호 | 연 3타 반복 | 10초 간격을 두고 1분씩 3회 | |

1. 소방신호의 방법은 그 전부 또는 일부를 함께 사용할 수 있다.
2. 게시판을 철거하거나 통풍대 또는 기를 내리는 것으로 소방활동이 해제되었음을 알린다.
3. 소방대의 비상소집을 하는 경우에는 훈련신호를 사용할 수 있다.

## 029 사이렌신호

답 ①

(가) ~ (라)는 각각 30, 5, 1, 1이다.

**관련 개념 | 신호종별 사이렌신호의 발령**

| 구분 | 발령시간 | 간격 | 발령횟수 |
|---|---|---|---|
| 경계신호 | 30초 | 5초 | 3회 |
| 발화신호 | 5초 | 5초 | 3회 |
| 해제신호 | 1분 | – | 1회 |
| 훈련신호 | 1분 | 10초 | 3회 |

## 030 소방신호

답 ④

소방신호의 사용목적은 소방활동 시 통신두절 등 비상상황에서 소방대의 원활한 소방활동을 수행할 수 있도록 정한 것으로서 그 신호의 종류에는 경계신호, 발화신호, 해제신호, 훈련신호 등이 있다.

## 031 소방신호의 방법

답 ②

발화신호는 사이렌신호로 5초 간격으로 5초씩 3회 발령하여야 한다.

## 032 소방신호의 종류

답 ④

소방신호의 사용목적은 소방활동 시 통신두절 등 비상상황에서 소방대의 원활한 소방활동을 수행할 수 있도록 정한 것으로서 그 신호의 종류에는 경계신호, 발화신호, 해제신호, 훈련신호 등이 있다.

## 033 소방신호

답 ②

화재예방상 필요하다고 인정하거나 화재위험경보 시 발령하는 신호는 경계신호이다.

## 034 화재 등의 통지

답 ①

화재경계지구에 해당하는 지역 또는 장소에서 화재로 오인할 만한 우려가 있는 불을 피우거나 연막(煙幕) 소독을 하려는 자는 시·도의 조례로 정하는 바에 따라 관할 소방본부장 또는 소방서장에게 신고하여야 한다.

> **소방기본법 제19조 【화재 등의 통지】** ② 다음 각 호의 어느 하나에 해당하는 지역 또는 장소에서 화재로 오인할 만한 우려가 있는 불을 피우거나 연막(煙幕) 소독을 하려는 자는 시·도의 조례로 정하는 바에 따라 관할 소방본부장 또는 소방서장에게 신고하여야 한다.
> 1. 시장지역
> 2. 공장·창고가 밀집한 지역
> 3. 목조건물이 밀집한 지역
> 4. 위험물의 저장 및 처리시설이 밀집한 지역
> 5. 석유화학제품을 생산하는 공장이 있는 지역
> 6. 그 밖에 시·도의 조례로 정하는 지역 또는 장소

## 035 소방자동차

답 ④

시·도지사는 소방자동차의 공무상 운행 중 교통사고가 발생한 경우 그 운전자의 법률상 분쟁에 소요되는 비용을 지원할 수 있는 보험에 가입하여야 한다.

> **소방기본법 제16조의4 【소방자동차의 보험 가입 등】** ① 시·도지사는 소방자동차의 공무상 운행 중 교통사고가 발생한 경우 그 운전자의 법률상 분쟁에 소요되는 비용을 지원할 수 있는 보험에 가입하여야 한다.
> ② 국가는 제1항에 따른 보험 가입비용의 일부를 지원할 수 있다.

## 036 | 소방자동차의 우선통행 답 ④

사이렌은 출동 시와 훈련 시에만 사용할 수 있다.

> **소방기본법 제21조【소방자동차의 우선 통행 등】** ① 모든 차와 사람은 소방자동차(지휘를 위한 자동차와 구조·구급차를 포함한다. 이하 같다)가 화재진압 및 구조·구급활동을 위하여 출동을 할 때에는 이를 방해하여서는 아니 된다.
> ② 소방자동차가 화재진압 및 구조·구급활동을 위하여 출동하거나 훈련을 위하여 필요할 때에는 사이렌을 사용할 수 있다.
> ③ 모든 차와 사람은 소방자동차가 화재진압 및 구조·구급활동을 위하여 제2항에 따라 사이렌을 사용하여 출동하는 경우에는 다음 각 호의 행위를 하여서는 아니 된다.
> 1. 소방자동차에 진로를 양보하지 아니하는 행위
> 2. 소방자동차 앞에 끼어들거나 소방자동차를 가로막는 행위
> 3. 그 밖에 소방자동차의 출동에 지장을 주는 행위
> ④ 제3항의 경우를 제외하고 소방자동차의 우선 통행에 관하여는 도로교통법에서 정하는 바에 따른다.

## 037 | 소방자동차의 우선통행 답 ③

소방자동차의 우선통행에 관하여는 도로교통법이 정하는 바에 따른다.

## 038 | 소방자동차 전용구역 답 ①

공동주택의 건축주는 소방활동의 원활한 수행을 위하여 공동주택에 소방자동차 전용구역을 설치하여야 한다.

> **소방기본법 제21조의2【소방자동차 전용구역 등】** ① 건축법 제2조 제2항 제2호에 따른 공동주택 중 대통령령으로 정하는 공동주택의 건축주는 제16조 제1항에 따른 소방활동의 원활한 수행을 위하여 공동주택에 소방자동차 전용구역(이하 "전용구역"이라 한다)을 설치하여야 한다.
> ② 누구든지 전용구역에 차를 주차하거나 전용구역에의 진입을 가로막는 등의 방해행위를 하여서는 아니 된다.
> ③ 전용구역의 설치기준·방법, 제2항에 따른 방해행위의 기준, 그 밖의 필요한 사항은 대통령령으로 정한다.

## 039 | 소방자동차 전용구역 답 ②

전용구역 노면표지 도료의 색채는 황색을 기본으로 표시한다.

> **📑 관련 개념 | 전용구역의 설치방법**
>
>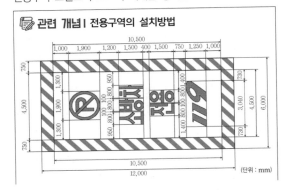

1. 전용구역 노면표지의 외곽선은 빗금무늬로 표시하되, 빗금은 두께를 30센티미터로 하여 50센티미터 간격으로 표시한다.
2. 전용구역 노면표지 도료의 색채는 황색을 기본으로 하되, 문자(P, 소방차 전용)는 백색으로 표시한다.

## 040 | 소방자동차 전용구역 방해 행위 기준 답 ②

> **선지분석**

① 전용구역의 앞면, 뒷면 또는 양 측면에 물건 등을 쌓거나 주차하는 행위, 단, 주차장법 제19조에 따른 부설주차장의 주차구획 내에 주차하는 행위 제외
③ 전용구역 진입로에 물건 등을 쌓거나 주차하여 전용구역으로의 진입을 가로막는 행위
④ 전용구역 노면표지를 지우거나 훼손하는 행위

## 041 | 소방활동구역 답 ②

소방대장은 화재, 재난·재해, 그 밖의 위급한 상황이 발생한 현장에 소방활동구역을 정하여 소방활동에 필요한 사람으로서 대통령령으로 정하는 사람 외에는 그 구역에 출입하는 것을 제한할 수 있다.

> **소방기본법 제23조【소방활동구역의 설정】** ① 소방대장은 화재, 재난·재해, 그 밖의 위급한 상황이 발생한 현장에 소방활동구역을 정하여 소방활동에 필요한 사람으로서 대통령령으로 정하는 사람 외에는 그 구역에 출입하는 것을 제한할 수 있다.
> ② 경찰공무원은 소방대가 제1항에 따른 소방활동구역에 있지 아니하거나 소방대장의 요청이 있을 때에는 제1항에 따른 조치를 할 수 있다.

## 042 | 소방활동 종사명령 답 ④

관계지역에 있는 자로서 소방활동에 종사한 사람은 비용지급을 받을 수 있다.

> **소방기본법 제24조【소방활동 종사 명령】** ③ 제1항에 따른 명령에 따라 소방활동에 종사한 사람은 시·도지사로부터 소방활동의 비용을 지급받을 수 있다. 다만, 다음 각 호의 어느 하나에 해당하는 사람의 경우에는 그러하지 아니하다.
> 1. 소방대상물에 화재, 재난·재해, 그 밖의 위급한 상황이 발생한 경우 그 관계인
> 2. 고의 또는 과실로 화재 또는 구조·구급활동이 필요한 상황을 발생시킨 사람
> 3. 화재 또는 구조·구급 현장에서 물건을 가져간 사람

## 043 | 소방활동 답 ②

> **선지분석**

① 소방활동에 종사한 자는 시·도지사로부터 소방활동의 비용을 지급받을 수 있다.
③ 시·도지사는 규정에 따라 소방활동에 종사한 자가 이로 인하여 사망하거나 부상을 입은 경우에는 이를 보상하여야 한다.

④ 소방대장, 소방본부장·소방서장은 화재, 재난·재해 그 밖의 위급한 상황의 발생으로 인하여 사람의 생명에 위험이 미칠 것으로 인정하는 때에는 일정한 구역을 지정하여 그 구역 안에 있는 사람에 대하여 그 구역 밖으로 피난할 것을 명할 수 있다.

## 044 | 소방활동

답 ①

소방본부장, 소방서장 또는 소방대장은 소방활동으로 인한 강제처분의 권한이 있다.

> **소방기본법 제25조【강제처분 등】** ① <u>소방본부장, 소방서장 또는 소방대장은 사람을 구출하거나 불이 번지는 것을 막기 위하여 필요</u>할 때에는 화재가 발생하거나 불이 번질 우려가 있는 소방대상물 및 토지를 일시적으로 사용하거나 그 <u>사용의 제한 또는 소방활동에 필요한 처분을 할 수 있다.</u>

## 045 | 긴급조치

답 ③

관할 경찰서장 또는 자치경찰단장에게 협조를 요청할 수 있다.

> **소방기본법 제26조【피난 명령】** ① 소방본부장, 소방서장 또는 소방대장은 화재, 재난·재해, 그 밖의 위급한 상황이 발생하여 사람의 생명을 위험하게 할 것으로 인정할 때에는 일정한 구역을 지정하여 그 구역에 있는 사람에게 그 구역 밖으로 피난할 것을 명할 수 있다.
> ② 소방본부장, 소방서장 또는 소방대장은 제1항에 따른 명령을 할 때 필요하면 <u>관할 경찰서장 또는 자치경찰단장에게 협조를 요청할 수 있다.</u>

## 046 | 긴급조치

답 ④

위험시설 등에 대한 긴급조치를 할 수 있는 사람은 소방본부장, 소방서장 또는 소방대장이다.

> **소방기본법 제27조【위험시설 등에 대한 긴급조치】** ① 소방본부장, 소방서장 또는 소방대장은 화재진압 등 소방활동을 위하여 필요할 때에는 소방용수 외에 댐·저수지 또는 수영장 등의 물을 사용하거나 수도(水道)의 개폐장치 등을 조작할 수 있다.
> ② 소방본부장, 소방서장 또는 소방대장은 화재발생을 막거나 폭발 등으로 화재가 확대되는 것을 막기 위하여 가스·전기 또는 유류 등의 시설에 대하여 위험물질의 공급을 차단하는 등 필요한 조치를 할 수 있다.

---

## 001 | 소방산업의 육성·진흥 및 지원

답 ①

국가가 마련하여야 한다.

> **소방기본법 제39조의3【국가의 책무】** 국가는 소방산업(소방용 기계·기구의 제조, 연구·개발 및 판매 등에 관한 일련의 산업을 말한다. 이하 같다)의 육성·진흥을 위하여 필요한 계획의 수립 등 행정상·재정상의 지원시책을 마련하여야 한다.

## 002 | 한국소방안전원의 업무

답 ②

㉠ 소방기술과 안전관리에 관한 교육 및 조사·연구
㉡ 소방기술과 안전관리에 관한 각종 간행물 발간
㉢ 화재 예방과 안전관리의식 고취를 위한 대국민 홍보

## 003 | 소방산업의 육성·진흥 및 지원

답 ④

소방기술 및 소방산업의 국제경쟁력과 국제적 통용성을 높이기 위한 사업의 추진은 소방청장의 업무이다.

> **관련 개념 | 소방산업의 육성·진흥 및 지원**
> 1. 국가가 행하는 것
>    ⓐ 소방산업의 육성·진흥을 위하여 필요한 계획의 수립 등 행정상·재정상의 지원시책 마련
>    ⓑ 소방산업과 관련된 기술의 개발을 촉진하기 위하여 기술개발을 실시하는 자에게 그 기술개발에 드는 자금의 전부나 일부를 출연하거나 보조
>    ⓒ 소방기술의 연구·개발 사업을 수행하게 하는 경우 필요한 경비 지원
>    ⓓ 소방기술 및 소방산업의 국제경쟁력과 국제적 통용성을 높이는 데에 필요한 기반 조성을 촉진하기 위한 시책 마련
> 2. 소방청장이 행하는 것
>    ⓐ 소방기술 및 소방산업의 국제 협력을 위한 조사·연구
>    ⓑ 소방기술 및 소방산업에 관한 국제 전시회, 국제 학술회의 개최 등 국제 교류
>    ⓒ 소방기술 및 소방산업의 국외시장 개척
>    ⓓ 그 밖에 소방기술 및 소방산업의 국제경쟁력과 국제적 통용성을 높이기 위하여 필요하다고 인정하는 사업

## 004 | 소방산업의 육성·진흥 및 지원

답 ④

소방청장은 소방기술 및 소방산업의 국외시장 개척을 위한 사업을 추진하여야 한다.

## 005 | 국제화사업

답 ③

국제화사업의 시책 마련은 국가가 진행하고, 사업추진은 소방청장이 한다.

## 001 | 한국소방안전원의 업무    답 ④

소방기술자 자격수첩 발급은 소방시설업자협회에서 한다.

> **소방기본법 제41조【안전원의 업무】** 안전원은 다음 각 호의 업무를
> 수행한다.
> 1. 소방기술과 안전관리에 관한 교육 및 조사·연구
> 2. 소방기술과 안전관리에 관한 각종 간행물 발간
> 3. 화재 예방과 안전관리의식 고취를 위한 대국민 홍보
> 4. 소방업무에 관하여 행정기관이 위탁하는 업무
> 5. 소방안전에 관한 국제협력
> 6. 그 밖에 회원에 대한 기술지원 등 정관으로 정하는 사항

## 002 | 한국소방안전원의 업무    답 ②

ㄱ 소방기술과 안전관리에 관한 교육 및 조사·연구
ㄴ 소방기술과 안전관리에 관한 각종 간행물 발간
ㄷ 화재 예방과 안전관리의식 고취를 위한 대국민 홍보

## 003 | 한국소방안전원의 정관 변경    답 ①

인가란 제3자의 법률행위를 보충하여 그 법률상 효력을 완성시
켜 주는 행정행위로, 한국소방안전원은 정관을 변경하려면 소
방청장의 인가를 받아야 한다.

> **소방기본법 제43조【안전원의 정관】** ② 안전원은 정관을 변경하려
> 면 소방청장의 인가를 받아야 한다.

## 004 | 한국소방안전원의 사업계획 및 예산    답 ②

한국소방안전원의 사업계획 및 예산에 관하여는 소방청장의 승
인을 받아야 한다.

> **소방기본법 시행령 제10조【감독 등】** ① 소방청장은 법 제48조 제
> 1항에 따라 안전원의 다음 각 호의 업무를 감독하여야 한다.
> 1. 이사회의 중요의결 사항
> 2. 회원의 가입·탈퇴 및 회비에 관한 사항
> 3. 사업계획 및 예산에 관한 사항
> 4. 기구 및 조직에 관한 사항
> 5. 그 밖에 소방청장이 위탁한 업무의 수행 또는 정관에서 정하고
>    있는 업무의 수행에 관한 사항
> ② 협회의 사업계획 및 예산에 관하여는 소방청장의 승인을 얻어
> 야 한다.

## 005 | 한국소방안전원의 감독기관    답 ①

소방청장은 한국소방안전원의 업무를 감독하여야 한다.

> **소방기본법 제48조【감독】** ① 소방청장은 안전원의 업무를 감독한다.

## 006 | 교육평가심의위원회의 구성 및 운영    답 ②

소방안전교육업무 담당 소방공무원 중 소방청장이 추천하는 사
람을 안전원장이 임명 또는 위촉한다.

> **소방기본법 시행령 제9조【교육평가심의위원회의 구성·운영】** ①
> 안전원의 장(이하 "안전원장"이라 한다)은 법 제40조의2 제3항에
> 따라 다음 각 호의 사항을 심의하기 위하여 교육평가심의위원회(이
> 하 "평가위원회"라 한다)를 둔다.
> 1. 교육평가 및 운영에 관한 사항
> 2. 교육결과 분석 및 개선에 관한 사항
> 3. 다음 연도의 교육계획에 관한 사항
> ② 평가위원회는 위원장 1명을 포함하여 9명 이하의 위원으로 성
> 별을 고려하여 구성한다.
> ③ 평가위원회의 위원장은 위원 중에서 호선(互選)한다.
> ④ 평가위원회의 위원은 다음 각 호의 어느 하나에 해당하는 사람
> 중에서 안전원장이 임명 또는 위촉한다.
> 1. 소방안전교육업무 담당 소방공무원 중 소방청장이 추천하는 사람
> 2. 소방안전교육 전문가
> 3. 소방안전교육 수료자
> 4. 소방안전에 관한 학식과 경험이 풍부한 사람
> ⑤ 평가위원회에 참석한 위원에게는 예산의 범위에서 수당을 지급
> 할 수 있다. 다만, 공무원인 위원이 소관 업무와 직접 관련되어 참
> 석하는 경우에는 수당을 지급하지 아니한다.
> ⑥ 제1항부터 제5항까지에서 규정한 사항 외에 평가위원회의 운영
> 등에 필요한 사항은 안전원장이 정한다.

## 001 | 손실보상대상    답 ①

손실이 있음을 안 날부터 3년, 손실이 발생한 날부터 5년간 행
사하지 아니하면 시효의 완성으로 소멸한다.

> **소방기본법 제49조의2【손실보상】** ① 소방청장 또는 시·도지사는
> 다음 각 호의 어느 하나에 해당하는 자에게 제3항의 손실보상심의
> 위원회의 심사·의결에 따라 정당한 보상을 하여야 한다.
> 1. 제16조의3 제1항에 따른 조치로 인하여 손실을 입은 자
> 2. 제24조 제1항 전단에 따른 소방활동 종사로 인하여 사망하거나
>    부상을 입은 자
> 3. 제25조 제2항 또는 제3항에 따른 처분으로 인하여 손실을 입은
>    자. 다만, 같은 조 제3항에 해당하는 경우로서 법령을 위반하여
>    소방자동차의 통행과 소방활동에 방해가 된 경우는 제외한다.
> 4. 제27조 제1항 또는 제2항에 따른 조치로 인하여 손실을 입은 자
> 5. 그 밖에 소방기관 또는 소방대의 적법한 소방업무 또는 소방활
>    동으로 인하여 손실을 입은 자
> ② 제1항에 따라 손실보상을 청구할 수 있는 권리는 손실이 있음
> 을 안 날부터 3년, 손실이 발생한 날부터 5년간 행사하지 아니하면
> 시효의 완성으로 소멸한다.
> ③ 제1항에 따른 손실보상청구 사건을 심사·의결하기 위하여 손
> 실보상심의위원회를 둔다.
> ④ 제1항에 따른 손실보상의 기준, 보상금액, 지급절차 및 방법, 제
> 3항에 따른 손실보상심의위원회의 구성 및 운영, 그 밖에 필요한
> 사항은 대통령령으로 정한다.

## 002 | 손실보상심의위원회
답 ③

보상금 지급 청구서를 받은 날부터 60일 이내에 보상금 지급 여부 및 보상금액을 결정하여야 한다.

> **소방기본법 시행령 제12조【손실보상의 지급절차 및 방법】** ② 소방청장등은 제13조에 따른 손실보상심의위원회의 심사·의결을 거쳐 특별한 사유가 없으면 보상금 지급 청구서를 받은 날부터 60일 이내에 보상금 지급 여부 및 보상금액을 결정하여야 한다.

## 003 | 보상금
답 ②

통지한 날부터 30일 이내에 보상금을 지급하여야 한다.

> **소방기본법 시행령 제12조【손실보상의 지급절차 및 방법】** ④ 소방청장등은 제2항 또는 제3항에 따른 결정일부터 10일 이내에 행정안전부령으로 정하는 바에 따라 결정 내용을 청구인에게 통지하고, 보상금을 지급하기로 결정한 경우에는 특별한 사유가 없으면 통지한 날부터 30일 이내에 보상금을 지급하여야 한다.

## 004 | 손실보상심의위원회의 설치 및 구성
답 ②

1. 소방청장등은 손실보상청구 사건을 심사·의결하기 위하여 각각 손실보상심의위원회(이하 "보상위원회"라 한다)를 둔다.
2. 보상위원회는 위원장 1명을 포함하여 5명 이상 7명 이하의 위원으로 구성한다.
3. 보상위원회의 위원은 다음 각 호의 어느 하나에 해당하는 사람 중에서 소방청장등이 위촉하거나 임명한다. 이 경우 위원의 과반수는 성별을 고려하여 소방공무원이 아닌 사람으로 하여야 한다.
   가. 소속 소방공무원
   나. 판사·검사 또는 변호사로 5년 이상 근무한 사람
   다. 고등교육법 제2조에 따른 학교에서 법학 또는 행정학을 가르치는 부교수 이상으로 5년 이상 재직한 사람
   라. 보험업법제186조에 따른 손해사정사
   마. 소방안전 또는 의학 분야에 관한 학식과 경험이 풍부한 사람
4. 위촉되는 위원의 임기는 2년으로 하며, 한 차례만 연임할 수 있다.
5. 보상위원회의 사무를 처리하기 위하여 보상위원회에 간사 1명을 두되, 간사는 소속 소방공무원 중에서 소방청장등이 지명한다.

---

| 제7장 | 벌칙 | | | 49p |
|---|---|---|---|---|
| 001 ① | 002 ① | 003 ① | 004 ② | 005 ③ |
| 006 ④ | 007 ④ | 008 ④ | 009 ③ | 010 ② |

## 001 | 구급활동을 방해하는 자의 벌칙
답 ①

위력(威力)을 사용하여 출동한 소방대의 화재진압·인명구조 또는 구급활동을 방해하는 행위를 한 자의 경우 5년 이하의 징역 또는 5천만 원 이하의 벌금에 처한다.

> **소방기본법 제50조【벌칙】** 다음 각 호의 어느 하나에 해당하는 사람은 5년 이하의 징역 또는 5천만 원 이하의 벌금에 처한다.
> 1. 제16조 제2항을 위반하여 다음 각 목의 어느 하나에 해당하는 행위를 한 사람
>    가. 위력(威力)을 사용하여 출동한 소방대의 화재진압·인명구조 또는 구급활동을 방해하는 행위
>    나. 소방대가 화재진압·인명구조 또는 구급활동을 위하여 현장에 출동하거나 현장에 출입하는 것을 고의로 방해하는 행위
>    다. 출동한 소방대원에게 폭행 또는 협박을 행사하여 화재진압·인명구조 또는 구급활동을 방해하는 행위
>    라. 출동한 소방대의 소방장비를 파손하거나 그 효용을 해하여 화재진압·인명구조 또는 구급활동을 방해하는 행위
> 2. 제21조 제1항을 위반하여 소방자동차의 출동을 방해한 사람
> 3. 제24조 제1항에 따른 사람을 구출하는 일 또는 불을 끄거나 불이 번지지 아니하도록 하는 일을 방해한 사람
> 4. 제28조를 위반하여 정당한 사유 없이 소방용수시설 또는 비상소화장치를 사용하거나 소방용수시설 또는 비상소화장치의 효용을 해치거나 그 정당한 사용을 방해한 사람

## 002 | 구급활동을 방해하는 자의 벌칙
답 ①

출동한 소방대원에게 폭행 또는 협박을 행사하여 화재진압·인명구조 또는 구급활동을 방해하는 행위를 한 자의 경우 5년 이하의 징역 또는 5천만 원 이하의 벌금에 처한다.

## 003 | 구급활동을 방해하는 자의 벌칙
답 ①

출동한 소방대의 소방장비를 파손하거나 그 효용을 해하여 화재진압·인명구조 또는 구급활동을 방해하는 행위를 한 자의 경우 5년 이하의 징역 또는 5천만 원 이하의 벌금에 처한다.

## 004 | 강제처분을 방해한 자의 벌칙
답 ②

소방대상물 및 토지에 대한 강제처분을 방해한 자의 경우 3년 이하의 징역 또는 3천만 원 이하의 벌금에 처한다.

> **소방기본법 제51조【벌칙】** 제25조 제1항에 따른 처분을 방해한 자 또는 정당한 사유 없이 그 처분에 따르지 아니한 자는 3년 이하의 징역 또는 3천만 원 이하의 벌금에 처한다.
> **제25조【강제처분 등】** ① 소방본부장, 소방서장 또는 소방대장은 사람을 구출하거나 불이 번지는 것을 막기 위하여 필요할 때에는 화재가 발생하거나 불이 번질 우려가 있는 소방대상물 및 토지를 일시적으로 사용하거나 그 사용의 제한 또는 소방활동에 필요한 처분을 할 수 있다.

## 005 | 거짓으로 알린 경우 과태료 답 ③

화재 또는 구조·구급이 필요한 상황을 거짓으로 알린 경우 1차 200만 원, 2차 400만 원, 3차 및 4차에는 500만 원의 과태료를 부과한다.

## 006 | 소방활동구역을 출입한 경우의 벌칙 답 ④

소방활동구역의 출입이 허용되지 않은 자가 소방활동구역을 출입한 경우 과태료 부과대상으로 회차에 관계없이 100만 원을 부과한다.

## 007 | 과태료의 감경대상 답 ④

위반 행위자가 최근 1년 이내에 소방관계법령 및 그 하위법령을 2회 이상 위반한 경우에는 감경받을 수 없다.

## 008 | 과태료의 부과·징수권자 답 ④

과태료는 대통령령으로 정하는 바에 따라 관할 시·도지사, 소방본부장 또는 소방서장이 부과·징수한다.

## 009 | 과태료의 감경 답 ③

과태료 부과권자는 과태료 금액의 100분의 50의 범위에서 그 금액을 감경하여 부과할 수 있다. 다만, 감경할 사유가 여러 개 있는 경우라도 질서위반행위규제법에 따른 감경을 제외하고는 감경의 범위는 100분의 50을 넘을 수 없다.

## 010 | 화재통지를 하지 않은 자의 벌칙 답 ②

연막소독을 실시할 때 화재통지를 하지 않아 소방자동차가 출동한 경우 과태료 부과대상으로 20만 원 이하의 과태료를 부과한다.

> **소방기본법 제57조 【과태료】** ① 제19조 제2항에 따른 <u>신고를 하지 아니하여 소방자동차를 출동하게 한 자에게는 20만원 이하의 과태료를 부과한다.</u>
> ② 제1항에 따른 과태료는 조례로 정하는 바에 따라 관할 소방본부장 또는 소방서장이 부과·징수한다.
> **제19조 【화재 등의 통지】** ② 다음 각 호의 어느 하나에 해당하는 지역 또는 장소에서 화재로 오인할 만한 우려가 있는 불을 피우거나 <u>연막(煙幕) 소독을 하려는 자는 시·도의 조례로 정하는 바에 따라 관할 소방본부장 또는 소방서장에게 신고하여야 한다.</u>
> 1. 시장지역
> 2. 공장·창고가 밀집한 지역
> 3. 목조건물이 밀집한 지역
> 4. 위험물의 저장 및 처리시설이 밀집한 지역
> 5. 석유화학제품을 생산하는 공장이 있는 지역
> 6. 시·도의 조례로 정하는 지역 또는 장소

# 제2편 소방의 화재조사에 관한 법률

## 001 관계인등
답 ④

"관계인등"이란 화재가 발생한 소방대상물의 소유자·관리자 또는 점유자(이하 "관계인"이라 한다) 및 다음의 사람을 말한다.
1. 화재 현장을 발견하고 신고한 사람
2. 화재 현장을 목격한 사람
3. 소화활동을 행하거나 인명구조활동(유도대피 포함)에 관계된 사람
4. 화재를 발생시키거나 화재발생과 관계된 사람

## 002 관계인등
답 ④

"관계인등"이란 화재가 발생한 소방대상물의 소유자·관리자 또는 점유자(이하 "관계인"이라 한다) 및 다음의 사람을 말한다.
1. 화재 현장을 발견하고 신고한 사람
2. 화재 현장을 목격한 사람
3. 소화활동을 행하거나 인명구조활동(유도대피 포함)에 관계된 사람
4. 화재를 발생시키거나 화재발생과 관계된 사람

## 003 화재
답 ③

"화재"란 사람의 의도에 반하거나 고의 또는 과실에 의하여 발생하는 연소 현상으로서 소화할 필요가 있는 현상 또는 사람의 의도에 반하여 발생하거나 확대된 화학적 폭발현상을 말한다.

## 004 정의
답 ①

화재란, 사람의 의도에 반하거나 고의 또는 과실에 의하여 발생하는 연소 현상으로서 소화할 필요가 있는 현상 또는 사람의 의도에 반하여 발생하거나 확대된 화학적 폭발현상을 말한다.

## 001 화재조사의 실시
답 ③

1. 소방청장, 소방본부장 또는 소방서장(이하 "소방관서장"이라 한다)은 화재발생 사실을 알게 된 때에는 지체 없이 화재조사를 하여야 한다. 이 경우 수사기관의 범죄수사에 지장을 주어서는 아니 된다.
2. 소방관서장은 화재조사를 하는 경우 다음의 사항에 대하여 조사하여야 한다.
   ① 화재원인에 관한 사항
   ② 화재로 인한 인명·재산피해상황
   ③ 대응활동에 관한 사항
   ④ 소방시설 등의 설치·관리 및 작동 여부에 관한 사항
   ⑤ 화재발생건축물과 구조물, 화재유형별 화재위험성 등에 관한 사항
   ⑥ 그 밖에 대통령령으로 정하는 사항
3. 화재조사의 대상 및 절차 등에 필요한 사항은 대통령령으로 정한다.

## 002 화재조사
답 ④

화재조사는 다음의 절차에 따라 실시한다.
1. 현장출동 중 조사: 화재발생 접수, 출동 중 화재상황 파악 등
2. 화재현장 조사: 화재의 발화(發火) 원인, 연소상황 및 피해상황 조사 등
3. 정밀조사: 감식·감정, 화재원인 판정 등
4. 화재조사 결과 보고

## 003 화재조사전담부서의 설치·운영 등
답 ①

1. 소방관서장은 전문성에 기반하는 화재조사를 위하여 화재조사전담부서(이하 "전담부서"라 한다)를 설치·운영하여야 한다.
2. 전담부서는 다음의 업무를 수행한다.
   ① 화재조사의 실시 및 조사결과 분석·관리
   ② 화재조사 관련 기술개발과 화재조사관의 역량증진
   ③ 화재조사에 필요한 시설·장비의 관리·운영
   ④ 그 밖의 화재조사에 관하여 필요한 업무
3. 소방관서장은 화재조사관으로 하여금 화재조사 업무를 수행하게 하여야 한다.

4. 화재조사관은 소방청장이 실시하는 화재조사에 관한 시험에 합격한 소방공무원 등 화재조사에 관한 전문적인 자격을 가진 소방공무원으로 한다.
5. 전담부서의 구성·운영, 화재조사관의 구체적인 자격기준 및 교육훈련 등에 필요한 사항은 대통령령으로 정한다.

## 004 | 출입 조사 답 ④

소방청장, 소방본부장 또는 소방서장이 화재원인, 피해상황, 대응활동 등을 파악하기 위하여 자료의 수집, 감정 및 실험을 하는 행위는 화재조사에 포함된다.

## 005 | 화재조사관의 자격기준 답 ④

화재조사 업무를 수행하는 화재조사관은 다음의 어느 하나에 해당하는 소방공무원으로 한다.
1. 소방청장이 실시하는 화재조사에 관한 시험에 합격한 소방공무원
2. 국가기술자격법에 따른 국가기술자격의 직무분야 중 화재감식평가 분야의 기사 또는 산업기사 자격을 취득한 소방공무원

## 006 | 화재합동조사단의 구성·운영 답 ①

"사상자가 많거나 사회적 이목을 끄는 화재 등 대통령령으로 정하는 대형화재"란 다음의 화재를 말한다.
1. 사망자가 5명 이상 발생한 화재
2. 화재로 인한 사회적·경제적 영향이 광범위하다고 소방관서장이 인정하는 화재

## 007 | 화재합동조사단의 단원 자격 답 ②

1. 화재조사관
2. 화재조사 업무에 관한 경력이 3년 이상인 소방공무원
3. 고등교육법 제2조에 따른 학교 또는 이에 준하는 교육기관에서 화재조사, 소방 또는 안전관리 등 관련 분야 조교수 이상의 직에 3년 이상 재직한 사람
4. 국가기술자격법에 따른 국가기술자격의 직무분야 중 안전관리 분야에서 산업기사 이상의 자격을 취득한 사람
5. 그 밖에 건축·안전 분야 또는 화재조사에 관한 학식과 경험이 풍부한 사람

## 008 | 화재현장 보존 등 답 ②

1. 소방관서장은 화재조사를 위하여 필요한 범위에서 화재현장 보존조치를 하거나 화재현장과 그 인근 지역을 통제구역으로 설정할 수 있다. 다만, 방화(放火) 또는 실화(失火)의 혐의로 수사의 대상이 된 경우에는 관할 경찰서장 또는 해양경찰서장(이하 "경찰서장"이라 한다)이 통제구역을 설정한다.

2. 누구든지 소방관서장 또는 경찰서장의 허가 없이 설정된 통제구역에 출입하여서는 아니 된다.
3. 화재현장 보존조치를 하거나 통제구역을 설정한 경우 누구든지 소방관서장 또는 경찰서장의 허가 없이 화재현장에 있는 물건 등을 이동시키거나 변경·훼손하여서는 아니 된다. 다만, 공공의 이익에 중대한 영향을 미친다고 판단되거나 인명구조 등 긴급한 사유가 있는 경우에는 그러하지 아니하다.
4. 화재현장 보존조치, 통제구역의 설정 및 출입 등에 필요한 사항은 대통령령으로 정한다.

## 009 | 화재조사전담부서에서 갖추어야 할 장비와 시설 답 ④

| 구분 | 기자재명 및 시설규모 |
|---|---|
| 발굴용구 (8종) | 공구세트, 전동 드릴, 전동 그라인더(절삭·연마기), 전동 드라이버, 이동용 진공청소기, 휴대용 열풍기, 에어 컴프레서(공기압축기), 전동 절단기 |
| 기록용 기기 (13종) | 디지털카메라(DSLR)세트, 비디오카메라세트, TV, 적외선거리측정기, 디지털온도·습도측정시스템, 디지털풍향풍속기록계, 정밀저울, 버니어캘리퍼스(아들자가 달려 두께나 지름을 재는 기구), 웨어러블캠, 3D스캐너, 3D카메라(AR), 3D캐드시스템, 드론 |
| 감식기기 (16종) | 절연저항계, 멀티테스터기, 클램프미터, 정전기측정장치, 누설전류계, 검전기, 복합가스측정기, 가스(유증)검지기, 확대경, 산업용실체현미경, 적외선열상카메라, 접지저항계, 휴대용디지털현미경, 디지털탄화심도계, 슈미트해머(콘크리트 반발 경도 측정기구), 내시경현미경 |
| 감정용 기기 (21종) | 가스크로마토그래피, 고속카메라세트, 화재시뮬레이션시스템, X선 촬영기, 금속현미경, 시편(試片)절단기, 시편성형기, 시편연마기, 접점저항계, 직류전압전류계, 교류전압전류계, 오실로스코프(변화가 심한 전기 현상의 파형을 눈으로 관찰하는 장치), 주사전자현미경, 인화점측정기, 발화점측정기, 미량융점측정기, 온도기록계, 폭발압력측정기세트, 전압조정기(직류, 교류), 적외선 분광광도계, 전기단락흔실험장치[1차 용융흔(鎔融痕), 2차 용융흔(鎔融痕), 3차 용융흔(鎔融痕) 측정 가능] |

---

## 제3장 화재조사 결과의 공표 등 60p

001 ③   002 ④

## 001 | 화재조사 결과의 공표 답 ③

1. 소방관서장은 국민이 유사한 화재로부터 피해를 입지 않도록 하기 위한 경우 등 필요한 경우 화재조사 결과를 공표할 수 있다. 다만, 수사가 진행 중이거나 수사의 필요성이 인정되는 경우에는 관계 수사기관의 장과 공표 여부에 관하여 사전에 협의하여야 한다.
2. 공표의 범위·방법 및 절차 등에 관하여 필요한 사항은 행정안전부령으로 정한다.

## 002 │ 화재증명원의 발급     답 ④

1. 소방관서장은 화재와 관련된 이해관계인 또는 화재발생 내용 입증이 필요한 사람이 화재를 증명하는 서류(이하 "화재 증명원"이라 한다) 발급을 신청하는 때에는 화재증명원을 발급하여야 한다.
2. 화재증명원의 발급신청 절차·방법·서식 및 기재사항, 온라인 발급 등에 필요한 사항은 행정안전부령으로 정한다.

---

## 제4장 화재조사 기반구축     61p

| 001 ④ | 002 ④ | 003 ① | 004 ① |

---

## 001 │ 감정기관의 지정·운영 등     답 ④

1. 소방청장은 과학적이고 전문적인 화재조사를 위하여 대통령령으로 정하는 시설과 전문인력 등 지정기준을 갖춘 기관을 화재감정기관(이하 "감정기관"이라 한다)으로 지정·운영하여야 한다.
2. 소방청장은 지정된 감정기관에서의 과학적 조사·분석 등에 소요되는 비용의 전부 또는 일부를 지원할 수 있다.
3. 소방청장은 감정기관으로 지정받은 자가 다음의 어느 하나에 해당하는 경우에는 지정을 취소할 수 있다. 다만, ①에 해당하는 경우에는 지정을 취소하여야 한다.
   ① 거짓이나 그 밖의 부정한 방법으로 지정을 받은 경우
   ② 1.에 따른 지정기준에 적합하지 아니하게 된 경우
   ③ 고의 또는 중대한 과실로 감정 결과를 사실과 다르게 작성한 경우
   ④ 그 밖에 대통령령으로 정하는 사항을 위반한 경우
4. 소방청장은 감정기관의 지정을 취소하려면 청문을 하여야 한다.
5. 감정기관의 지정기준, 지정 절차, 지정 취소 및 운영 등에 필요한 사항은 대통령령으로 정한다.

## 002 │ 화재감정기관의 지정기준     답 ④

1. "대통령령으로 정하는 시설과 전문인력 등 지정기준"이란 다음의 기준을 말한다.
   ① 화재조사를 수행할 수 있는 다음의 시설을 모두 갖출 것
   • 증거물, 화재조사 장비 등을 안전하게 보호할 수 있는 설비를 갖춘 시설
   • 증거물 등을 장기간 보존·보관할 수 있는 시설
   • 증거물의 감식·감정을 수행하는 과정 등을 촬영하고 이를 디지털파일의 형태로 처리·보관할 수 있는 시설

② 화재조사에 필요한 다음의 구분에 따른 전문인력을 각각 보유할 것
   • 주된 기술인력: 다음의 어느 하나에 해당하는 사람을 2명 이상 보유할 것
     - 국가기술자격법에 따른 국가기술자격의 직무분야 중 화재감식평가 분야의 기사 자격 취득 후 화재조사 관련 분야에서 5년 이상 근무한 사람
     - 화재조사관 자격 취득 후 화재조사 관련 분야에서 5년 이상 근무한 사람
     - 이공계 분야의 박사학위 취득 후 화재조사 관련 분야에서 2년 이상 근무한 사람
   • 보조 기술인력: 다음의 어느 하나에 해당하는 사람을 3명 이상 보유할 것
     - 국가기술자격법에 따른 국가기술자격의 직무분야 중 화재감식평가 분야의 기사 또는 산업기사 자격을 취득한 사람
     - 화재조사관 자격을 취득한 사람
     - 소방청장이 인정하는 화재조사 관련 국제자격증 소지자
     - 이공계 분야의 석사 이상 학위 취득 후 화재조사 관련 분야에서 1년 이상 근무한 사람
   ③ 화재조사를 수행할 수 있는 감식·감정 장비, 증거물 수집 장비 등을 갖출 것
2. 지정된 화재감정기관이 갖추어야 할 시설과 전문인력 등에 관한 세부적인 기준은 소방청장이 정하여 고시한다.

## 003 │ 국가화재정보시스템의 구축·운영     답 ①

1. 소방청장은 화재조사 결과, 화재원인, 피해상황 등에 관한 화재정보를 종합적으로 수집·관리하여 화재예방과 소방활동에 활용할 수 있는 국가화재정보시스템을 구축·운영하여야 한다.
2. 화재정보의 수집·관리 및 활용 등에 필요한 사항은 대통령령으로 정한다.

## 004 │ 연구개발사업의 지원     답 ①

1. 소방청장은 화재조사 기법에 필요한 연구·실험·조사·기술개발 등(이하 "연구개발사업"이라 한다)을 지원하는 시책을 수립할 수 있다.
2. 소방청장은 연구개발사업을 효율적으로 추진하기 위하여 기관 또는 단체 등에게 연구개발사업을 수행하게 하거나 공동으로 수행할 수 있다.
3. 소방청장은 기관 또는 단체 등에 대하여 연구개발사업을 실시하는 데 필요한 경비의 전부 또는 일부를 출연하거나 보조할 수 있다.
4. 연구개발사업의 추진에 필요한 사항은 행정안전부령으로 정한다.

---

### 001 | 벌칙
답 ③

300만 원 이하의 벌금에 처한다.
1. 허가 없이 화재현장에 있는 물건 등을 이동시키거나 변경·훼손한 사람
2. 정당한 사유 없이 화재조사관의 출입 또는 조사를 거부·방해 또는 기피한 사람
3. 관계인의 정당한 업무를 방해하거나 화재조사를 수행하면서 알게 된 비밀을 다른 용도로 사용하거나 다른 사람에게 누설한 사람
4. 정당한 사유 없이 증거물 수집을 거부·방해 또는 기피한 사람

---

### 002 | 과태료
답 ④

200만 원 이하의 과태료를 부과한다.
1. 허가 없이 통제구역에 출입한 사람
2. 명령을 위반하여 보고 또는 자료 제출을 하지 아니하거나 거짓으로 보고 또는 자료를 제출한 사람
3. 정당한 사유 없이 출석을 거부하거나 질문에 대하여 거짓으로 진술한 사람

---

### 003 | 과태료
답 ③

과태료는 대통령령으로 정하는 바에 따라 소방관서장 또는 경찰서장이 부과·징수한다.

# 제3편 화재의 예방 및 안전관리에 관한 법률

## 제1장 총칙 66p

001 ①　　002 ②　　003 ③

### 001 | 용어의 정의 답 ①

1. 예방: 화재의 위험으로부터 사람의 생명·신체 및 재산을 보호하기 위하여 화재발생을 사전에 제거하거나 방지하기 위한 모든 활동
2. 안전관리: 화재로 인한 피해를 최소화하기 위한 예방, 대비, 대응 등의 활동
3. 화재안전조사: 소방청장, 소방본부장 또는 소방서장(이하 "소방관서장"이라 한다)이 소방대상물, 관계지역 또는 관계인에 대하여 소방시설 등이 소방 관계 법령에 적합하게 설치·관리되고 있는지, 소방대상물에 화재의 발생 위험이 있는지 등을 확인하기 위하여 실시하는 현장조사·문서열람·보고요구 등을 하는 활동
4. 화재예방강화지구: 시·도지사가 화재발생 우려가 크거나 화재가 발생할 경우 피해가 클 것으로 예상되는 지역에 대하여 화재의 예방 및 안전관리를 강화하기 위해 지정·관리하는 지역
5. 화재예방안전진단: 화재가 발생할 경우 사회·경제적으로 피해 규모가 클 것으로 예상되는 소방대상물에 대하여 화재위험요인을 조사하고 그 위험성을 평가하여 개선대책을 수립하는 것

### 002 | 용어의 정의 답 ②

1. 예방: 화재의 위험으로부터 사람의 생명·신체 및 재산을 보호하기 위하여 화재발생을 사전에 제거하거나 방지하기 위한 모든 활동
2. 안전관리: 화재로 인한 피해를 최소화하기 위한 예방, 대비, 대응 등의 활동
3. 화재안전조사: 소방청장, 소방본부장 또는 소방서장(이하 "소방관서장"이라 한다)이 소방대상물, 관계지역 또는 관계인에 대하여 소방시설 등이 소방 관계 법령에 적합하게 설치·관리되고 있는지, 소방대상물에 화재의 발생 위험이 있는지 등을 확인하기 위하여 실시하는 현장조사·문서열람·보고요구 등을 하는 활동
4. 화재예방강화지구: 시·도지사가 화재발생 우려가 크거나 화재가 발생할 경우 피해가 클 것으로 예상되는 지역에 대하여 화재의 예방 및 안전관리를 강화하기 위해 지정·관리하는 지역

5. 화재예방안전진단: 화재가 발생할 경우 사회·경제적으로 피해 규모가 클 것으로 예상되는 소방대상물에 대하여 화재위험요인을 조사하고 그 위험성을 평가하여 개선대책을 수립하는 것

### 003 | 용어의 정의 답 ③

1. 예방: 화재의 위험으로부터 사람의 생명·신체 및 재산을 보호하기 위하여 화재발생을 사전에 제거하거나 방지하기 위한 모든 활동
2. 안전관리: 화재로 인한 피해를 최소화하기 위한 예방, 대비, 대응 등의 활동
3. 화재안전조사: 소방청장, 소방본부장 또는 소방서장(이하 "소방관서장"이라 한다)이 소방대상물, 관계지역 또는 관계인에 대하여 소방시설 등이 소방 관계 법령에 적합하게 설치·관리되고 있는지, 소방대상물에 화재의 발생 위험이 있는지 등을 확인하기 위하여 실시하는 현장조사·문서열람·보고요구 등을 하는 활동
4. 화재예방강화지구: 시·도지사가 화재발생 우려가 크거나 화재가 발생할 경우 피해가 클 것으로 예상되는 지역에 대하여 화재의 예방 및 안전관리를 강화하기 위해 지정·관리하는 지역
5. 화재예방안전진단: 화재가 발생할 경우 사회·경제적으로 피해 규모가 클 것으로 예상되는 소방대상물에 대하여 화재위험요인을 조사하고 그 위험성을 평가하여 개선대책을 수립하는 것

## 제2장 화재의 예방 및 안전관리 기본계획의 수립·시행 67p

001 ①　　002 ④

### 001 | 화재의 예방 및 안전관리에 관한 기본계획 답 ①

1. 소방청장은 화재예방정책을 체계적·효율적으로 추진하고 이에 필요한 기반 확충을 위하여 화재의 예방 및 안전관리에 관한 기본계획을 5년마다 수립·시행하여야 한다.
2. 기본계획은 대통령령으로 정하는 바에 따라 소방청장이 관계 중앙행정기관의 장과 협의하여 수립한다.
3. 소방청장은 기본계획을 시행하기 위하여 매년 시행계획을 수립·시행하여야 한다.
4. 소방청장은 수립된 기본계획 및 시행계획을 관계 중앙행정기관의 장, 시·도지사에게 통보한다.

5. 기본계획과 시행계획을 통보받은 관계 중앙행정기관의 장 또는 시·도지사는 소관 사무의 특성을 반영한 세부 시행계획을 수립하여 시행하여야 하고, 시행결과를 소방청장에게 통보하여야 한다.
6. 소방청장은 기본계획 및 시행계획을 수립하기 위하여 필요한 경우에는 관계 중앙행정기관의 장 또는 시·도지사에게 관련 자료의 제출을 요청할 수 있다.
7. 기본계획, 시행계획 및 세부시행계획 등의 수립·시행에 관하여 필요한 사항은 대통령령으로 정한다.

### 002 | 화재의 예방 및 안전관리에 관한 기본계획    답 ④

소방청장은 화재의 예방 및 안전관리에 관한 기본계획을 계획 시행 전년도 8월 31일까지 관계 중앙행정기관의 장과 협의한 후 계획 시행 전년도 9월 30일까지 수립해야 한다.

| 제3장 | 화재안전조사 | | | 68p |
|---|---|---|---|---|
| 001 ① | 002 ② | 003 ② | 004 ② | 005 ④ |
| 006 ③ | 007 ① | 008 ① | 009 ③ | 010 ① |
| 011 ② | 012 ① | 013 ① | 014 ④ | 015 ③ |
| 016 ④ | 017 ① | 018 ④ | 019 ① | 020 ② |

### 001 | 화재안전조사의 방법·절차 등    답 ①

1. 소방관서장은 화재안전조사를 조사의 목적에 따라 화재안전조사의 항목 전체에 대하여 종합적으로 실시하거나 특정 항목에 한정하여 실시할 수 있다.
2. 소방관서장은 화재안전조사를 실시하려는 경우 사전에 관계인에게 조사대상, 조사기간 및 조사사유 등을 우편, 전화, 전자메일 또는 문자전송 등을 통하여 통지하고 이를 대통령령으로 정하는 바에 따라 인터넷 홈페이지나 전산시스템 등을 통하여 공개하여야 한다. 다만, 다음의 어느 하나에 해당하는 경우에는 그러하지 아니하다.
   ① 화재가 발생할 우려가 뚜렷하여 긴급하게 조사할 필요가 있는 경우
   ② ① 외에 화재안전조사의 실시를 사전에 통지하거나 공개하면 조사목적을 달성할 수 없다고 인정되는 경우
3. 화재안전조사는 관계인의 승낙 없이 소방대상물의 공개시간 또는 근무시간 이외에는 할 수 없다.
4. 통지를 받은 관계인은 천재지변이나 그 밖에 대통령령으로 정하는 사유로 화재안전조사를 받기 곤란한 경우에는 화재안전조사를 통지한 소방관서장에게 대통령령으로 정하는 바에 따라 화재안전조사를 연기하여 줄 것을 신청할 수 있다. 이 경우 소방관서장은 연기신청 승인 여부를 결정하고 그 결과를 조사 시작 전까지 관계인에게 알려 주어야 한다.
5. 화재안전조사의 방법 및 절차 등에 필요한 사항은 대통령령으로 정한다.

6. 소방관서장은 화재안전조사를 마친 때에는 그 조사 결과를 관계인에게 서면으로 통지하여야 한다. 다만, 화재안전조사의 현장에서 관계인에게 조사의 결과를 설명하고 화재안전조사 결과서의 부본을 교부한 경우에는 그러하지 아니하다.

### 002 | 화재안전조사의 연기신청 등    답 ②

1. 화재안전조사의 연기를 신청하려는 관계인은 화재안전조사 시작 3일 전까지 화재안전조사 연기신청서(전자문서를 포함한다)에 화재안전조사를 받기 곤란함을 증명할 수 있는 서류(전자문서를 포함한다)를 첨부하여 소방관서장에게 제출해야 한다.
2. 신청서를 제출받은 소방관서장은 3일 이내에 연기신청의 승인 여부를 결정하여 화재안전조사 연기신청 결과 통지서를 연기신청을 한 자에게 통지해야 하며 연기기간이 종료되면 지체 없이 화재안전조사를 시작해야 한다.

### 003 | 화재안전조사 대상    답 ②

1. 소방시설 설치 및 관리에 관한 법률 제22조에 따른 자체점검이 불성실하거나 불완전하다고 인정되는 경우
2. 화재예방강화지구 등 법령에서 화재안전조사를 하도록 규정되어 있는 경우
3. 화재예방안전진단이 불성실하거나 불완전하다고 인정되는 경우
4. 국가적 행사 등 주요 행사가 개최되는 장소 및 그 주변의 관계 지역에 대하여 소방안전관리 실태를 조사할 필요가 있는 경우
5. 화재가 자주 발생하였거나 발생할 우려가 뚜렷한 곳에 대한 조사가 필요한 경우
6. 재난예측정보, 기상예보 등을 분석한 결과 소방대상물에 화재의 발생 위험이 크다고 판단되는 경우
7. 화재, 그 밖의 긴급한 상황이 발생할 경우 인명 또는 재산피해의 우려가 현저하다고 판단되는 경우

### 004 | 화재안전조사의 방법·절차 등    답 ②

1. 소방관서장은 화재안전조사를 조사의 목적에 따라 화재안전조사의 항목 전체에 대하여 종합적으로 실시하거나 특정 항목에 한정하여 실시할 수 있다.
2. 소방관서장은 화재안전조사를 실시하려는 경우 사전에 관계인에게 조사대상, 조사기간 및 조사사유 등을 우편, 전화, 전자메일 또는 문자전송 등을 통하여 통지하고 이를 대통령령으로 정하는 바에 따라 인터넷 홈페이지나 전산시스템 등을 통하여 공개하여야 한다. 다만, 다음의 어느 하나에 해당하는 경우에는 그러하지 아니하다.
   ① 화재가 발생할 우려가 뚜렷하여 긴급하게 조사할 필요가 있는 경우
   ② ① 외에 화재안전조사의 실시를 사전에 통지하거나 공개하면 조사목적을 달성할 수 없다고 인정되는 경우

3. 화재안전조사는 관계인의 승낙 없이 소방대상물의 공개시간 또는 근무시간 이외에는 할 수 없다. 다만, 화재가 발생할 우려가 뚜렷하여 긴급하게 조사할 필요가 있는 경우에는 그러하지 아니하다.
4. 통지를 받은 관계인은 천재지변이나 그 밖에 대통령령으로 정하는 사유로 화재안전조사를 받기 곤란한 경우에는 화재안전조사를 통지한 소방관서장에게 대통령령으로 정하는 바에 따라 화재안전조사를 연기하여 줄 것을 신청할 수 있다. 이 경우 소방관서장은 연기신청 승인 여부를 결정하고 그 결과를 조사 시작 전까지 관계인에게 알려 주어야 한다.

## 005 | 화재안전조사 대상   답 ④

1. 소방시설 설치 및 관리에 관한 법률에 따른 자체점검이 불성실하거나 불완전하다고 인정되는 경우
2. 화재예방강화지구 등 법령에서 화재안전조사를 하도록 규정되어 있는 경우
3. 화재예방안전진단이 불성실하거나 불완전하다고 인정되는 경우
4. 국가적 행사 등 주요 행사가 개최되는 장소 및 그 주변의 관계 지역에 대하여 소방안전관리 실태를 조사할 필요가 있는 경우
5. 화재가 자주 발생하였거나 발생할 우려가 뚜렷한 곳에 대한 조사가 필요한 경우
6. 재난예측정보, 기상예보 등을 분석한 결과 소방대상물에 화재의 발생 위험이 크다고 판단되는 경우
7. 그밖에 화재, 긴급한 상황이 발생할 경우 인명 또는 재산 피해의 우려가 현저하다고 판단되는 경우

## 006 | 화재예방강화지구의 관리   답 ③

1. 소방관서장은 화재예방강화지구 안의 소방대상물의 위치·구조 및 설비 등에 대한 화재안전조사를 연 1회 이상 실시해야 한다.
2. 소방관서장은 화재예방강화지구 안의 관계인에 대하여 소방에 필요한 훈련 및 교육을 연 1회 이상 실시할 수 있다.
3. 소방관서장은 훈련 및 교육을 실시하려는 경우에는 화재예방강화지구 안의 관계인에게 훈련 또는 교육 10일 전까지 그 사실을 통보해야 한다.

## 007 | 화재안전조사 전문가 참여   답 ①

1. 소방관서장은 필요한 경우에는 소방기술사, 소방시설관리사, 그 밖에 화재안전 분야에 전문지식을 갖춘 사람을 화재안전조사에 참여하게 할 수 있다.
2. 조사에 참여하는 외부 전문가에게는 예산의 범위에서 수당, 여비, 그 밖에 필요한 경비를 지급할 수 있다.

## 008 | 화재안전조사위원회의 구성·운영 등   답 ①

화재안전조사위원회(이하 "위원회"라 한다)는 위원장 1명을 포함하여 7명 이내의 위원으로 성별을 고려하여 구성한다.

## 009 | 화재안전조사위원회 구성·운영   답 ③

1. 소방관서장은 화재안전조사의 대상을 객관적이고 공정하게 선정하기 위하여 필요한 경우 화재안전조사위원회를 구성하여 화재안전조사의 대상을 선정할 수 있다.
2. 화재안전조사위원회의 구성·운영 등에 필요한 사항은 대통령령으로 정한다.

## 010 | 화재안전조사위원회의 구성   답 ①

화재안전조사위원회는 위원장 1명을 포함한 7명 이내의 위원으로 성별을 고려하여 구성하고, 위원장은 소방관서장이 된다.

## 011 | 화재안전조사단 편성·운영   답 ②

소방관서장은 화재안전조사를 효율적으로 수행하기 위하여 대통령령으로 정하는 바에 따라 소방청에는 중앙화재안전조사단을, 소방본부 및 소방서에는 지방화재안전조사단을 편성하여 운영할 수 있다.

## 012 | 화재안전조사단 편성·운영   답 ①

중앙화재안전조사단 및 지방화재안전조사단은 단장을 포함하여 50명 이내의 단원으로 성별을 고려하여 구성한다.

## 013 | 화재안전조사위원회 위원의 자격   답 ①

1. 과장급 직위 이상의 소방공무원
2. 소방기술사
3. 소방시설관리사
4. 소방 관련 분야의 석사 이상 학위를 취득한 사람
5. 소방 관련 법인 또는 단체에서 소방 관련 업무에 5년 이상 종사한 사람
6. 소방공무원 교육훈련규정 제3조 제2항에 따른 소방공무원 교육훈련기관, 고등교육법 제2조의 학교 또는 연구소에서 소방과 관련한 교육 또는 연구에 5년 이상 종사한 사람

## 014 | 화재조사 위원회의 위원 자격   답 ④

1. 과장급 직위 이상의 소방공무원
2. 소방기술사
3. 소방시설관리사
4. 소방 관련 분야의 석사 이상 학위를 취득한 사람
5. 소방 관련 법인 또는 단체에서 소방 관련 업무에 5년 이상 종사한 사람
6. 소방공무원 교육훈련규정에 따른 소방공무원 교육훈련기관, 고등교육법의 학교 또는 연구소에서 소방과 관련한 교육 또는 연구에 5년 이상 종사한 사람

## 015  해임·해촉 사유　　답 ③

1. 심신장애로 직무를 수행할 수 없게 된 경우
2. 직무와 관련된 비위사실이 있는 경우
3. 직무태만, 품위손상이나 그 밖의 사유로 위원으로 적합하지 않다고 인정되는 경우
4. 제척의 어느 하나에 해당함에도 불구하고 회피하지 않은 경우
5. 위원 스스로 직무를 수행하기 어렵다는 의사를 밝히는 경우

## 016  제척 사유　　답 ④

1. 위원, 그 배우자나 배우자였던 사람 또는 위원의 친족이거나 친족이었던 사람이 다음의 어느 하나에 해당하는 경우
   ① 해당 소방대상물의 관계인이거나 그 관계인과 공동권리자 또는 공동의무자인 경우
   ② 해당 소방대상물의 설계, 공사, 감리 또는 자체점검 등을 수행한 경우
   ③ 해당 소방대상물에 대하여 업무를 수행한 경우 등 소방대상물과 직접적인 이해관계가 있는 경우
2. 위원이 해당 소방대상물에 관하여 자문, 연구, 용역(하도급을 포함한다), 감정 또는 조사를 한 경우
3. 위원이 임원 또는 직원으로 재직하고 있거나 최근 3년 내에 재직하였던 기업 등이 해당 소방대상물에 관하여 자문, 연구, 용역(하도급을 포함한다), 감정 또는 조사를 한 경우

## 017  회피　　답 ②

위원이 제척의 사유에 해당하는 경우에는 스스로 해당 안건의 심의·의결에서 회피(回避)해야 한다.

## 018  화재안전조사 결과에 따른 조치명령　　답 ④

1. 소방관서장은 화재안전조사 결과에 따른 소방대상물의 위치·구조·설비 또는 관리의 상황이 화재예방을 위하여 보완될 필요가 있거나 화재가 발생하면 인명 또는 재산의 피해가 클 것으로 예상되는 때에는 행정안전부령으로 정하는 바에 따라 관계인에게 그 소방대상물의 개수(改修)·이전·제거, 사용의 금지 또는 제한, 사용폐쇄, 공사의 정지 또는 중지, 그 밖에 필요한 조치를 명할 수 있다.
2. 소방관서장은 화재안전조사 결과 소방대상물이 법령을 위반하여 건축 또는 설비되었거나 소방시설 등, 피난시설·방화구획, 방화시설 등이 법령에 적합하게 설치 또는 관리되고 있지 아니한 경우에는 관계인에게 조치를 명하거나 관계 행정기관의 장에게 필요한 조치를 하여 줄 것을 요청할 수 있다.

## 019  손실보상　　답 ①

소방청장 또는 시·도지사는 조치명령으로 인하여 손실을 입은 자가 있는 경우에는 대통령령으로 정하는 바에 따라 보상하여야 한다.

## 020  조치명령, 손실보상　　답 ②

화재안전조사 결과에 따른 조치명령, 손실보상
화재안전조사 결과에 따른 조치명령으로 소방청장 또는 시·도지사가 손실을 보상하는 경우에는 시가(時價)로 보상해야 한다.

| 제4장 | 화재의 예방조치 등 | | | 75p |
|---|---|---|---|---|
| 001 ④ | 002 ① | 003 ④ | 004 ② | 005 ① |
| 006 ③ | 007 ③ | 008 ④ | 009 ① | 010 ② |
| 011 ③ | 012 ② | 013 ① | 014 ③ | 015 ④ |
| 016 ④ | 017 ③ | 018 ④ | 019 ② | 020 ① |
| 021 ④ | 022 ① | 023 ④ | 024 ① | 025 ④ |
| 026 ② | 027 ④ | | | |

## 001  옮긴 물건 등　　답 ④

옮긴 물건 등의 보관기간 및 보관기간 경과 후 처리
1. 소방관서장은 옮긴 물건 등을 보관하는 경우에는 그날부터 14일 동안 해당 소방관서의 인터넷 홈페이지에 그 사실을 공고해야 한다.
2. 옮긴 물건 등의 보관기간은 공고기간의 종료일 다음 날부터 7일까지로 한다.
3. 소방관서장은 보관기간이 종료된 때에는 보관하고 있는 옮긴 물건 등을 매각해야 한다. 다만, 보관하고 있는 옮긴 물건 등이 부패·파손 또는 이와 유사한 사유로 정해진 용도로 계속 사용할 수 없는 경우에는 폐기할 수 있다.
4. 소방관서장은 보관하던 옮긴 물건 등을 매각한 경우에는 지체 없이 국가재정법에 따라 세입조치를 해야 한다.
5. 소방관서장은 매각되거나 폐기된 옮긴 물건 등의 소유자가 보상을 요구하는 경우에는 보상금액에 대하여 소유자와의 협의를 거쳐 이를 보상해야 한다.

## 002  옮긴 물건 등　　답 ①

옮긴 물건 등의 보관기간 및 보관기간 경과 후 처리
1. 소방관서장은 옮긴 물건 등을 보관하는 경우에는 그날부터 14일 동안 해당 소방관서의 인터넷 홈페이지에 그 사실을 공고해야 한다.
2. 옮긴 물건 등의 보관기간은 공고기간의 종료일 다음 날부터 7일까지로 한다.
3. 소방관서장은 보관기간이 종료된 때에는 보관하고 있는 옮긴 물건 등을 매각해야 한다. 다만, 보관하고 있는 옮긴 물건 등이 부패·파손 또는 이와 유사한 사유로 정해진 용도로 계속 사용할 수 없는 경우에는 폐기할 수 있다.
4. 소방관서장은 보관하던 옮긴 물건 등을 매각한 경우에는 지체 없이 국가재정법에 따라 세입조치를 해야 한다.

5. 소방관서장은 매각되거나 폐기된 옮긴 물건 등의 소유자가 보상을 요구하는 경우에는 보상금액에 대하여 소유자와의 협의를 거쳐 이를 보상해야 한다.

## 003 | 화재의 예방조치 등    답 ④

누구든지 화재예방강화지구 및 이에 준하는 대통령령으로 정하는 장소에서는 다음의 어느 하나에 해당하는 행위를 하여서는 아니 된다.
1. 모닥불, 흡연 등 화기의 취급
2. 풍등 등 소형열기구 날리기
3. 용접·용단 등 불꽃을 발생시키는 행위
4. 위험물안전관리법 제2조 제1항 제1호에 따른 위험물을 방치하는 행위

## 004 | 화재예방강화지구의 관리    답 ②

• 소방관서장은 화재예방강화지구 안의 소방대상물의 위치·구조 및 설비 등에 대한 화재안전조사를 연 ( 1 )회 이상 실시하여야 한다.
• 소방관서장은 화재예방강화지구 안의 관계인에 대하여 소방상 필요한 훈련 및 교육을 연 ( 1 )회 이상 실시할 수 있다.
• 소방관서장은 소방상 필요한 훈련 및 교육을 실시하고자 하는 때에는 화재예방강화지구 안의 관계인에게 훈련 또는 교육 ( 10 )일 전까지 그 사실을 통보하여야 한다.

## 005 | 지정 요청    답 ①

소방관서장이 화재예방강화지구로 지정할 필요가 있다고 인정하는 지역에도 불구하고 시·도지사가 화재예방강화지구로 지정할 필요가 있는 지역을 화재예방강화지구로 지정하지 아니하는 경우 소방청장은 해당 시·도지사에게 해당 지역의 화재예방강화지구 지정을 요청할 수 있다.

## 006 | 화재예방강화지구의 지정    답 ③

1. 시장지역
2. 공장·창고가 밀집한 지역
3. 목조건물이 밀집한 지역
4. 노후·불량건축물이 밀집한 지역
5. 위험물의 저장 및 처리 시설이 밀집한 지역
6. 석유화학제품을 생산하는 공장이 있는 지역
7. 산업입지 및 개발에 관한 법률에 따른 산업단지
8. 소방시설·소방용수시설 또는 소방출동로가 없는 지역
9. 그 밖에 지정에 준하는 지역으로서 소방관서장이 화재예방강화지구로 지정할 필요가 있다고 인정하는 지역

## 007 | 화재예방강화지구의 관리    답 ③

1. 소방관서장은 법에 따라 화재예방강화지구 안의 소방대상물의 위치·구조 및 설비 등에 대한 화재안전조사를 연 1회 이상 실시해야 한다.

2. 소방관서장은 법에 따라 화재예방강화지구 안의 관계인에 대하여 소방에 필요한 훈련 및 교육을 연 1회 이상 실시할 수 있다.
3. 소방관서장은 훈련 및 교육을 실시하려는 경우에는 화재예방강화지구 안의 관계인에게 훈련 또는 교육 10일 전까지 그 사실을 통보해야 한다.
4. 시·도지사는 법에 따라 다음의 사항을 행정안전부령으로 정하는 화재예방강화지구 관리대장에 작성하고 관리해야 한다.
   ① 화재예방강화지구의 지정 현황
   ② 화재안전조사의 결과
   ③ 법에 따른 소화기구, 소방용수시설 또는 그 밖에 소방에 필요한 설비의 설치(보수, 보강을 포함한다) 명령 현황
   ④ 법에 따른 소방훈련 및 교육의 실시 현황
   ⑤ 그 밖에 화재예방 강화를 위하여 필요한 사항

## 008 | 화재 위험경보    답 ④

소방관서장은 기상법에 따른 기상현상 및 기상영향에 대한 예보·특보에 따라 화재의 발생 위험이 높다고 분석·판단되는 경우에는 행정안전부령으로 정하는 바에 따라 화재에 관한 위험경보를 발령하고 그에 따른 필요한 조치를 할 수 있다.

## 009 | 화목(火木) 등 고체연료를 사용하는 보일러    답 ①

1. 고체연료는 보일러 본체와 수평거리 2미터 이상 간격을 두어 보관하거나 불연재료로 된 별도의 구획된 공간에 보관할 것
2. 연통은 천장으로부터 0.6미터 떨어지고, 연통의 배출구는 건물 밖으로 0.6미터 이상 나오도록 설치할 것
3. 연통의 배출구는 보일러 본체보다 2미터 이상 높게 설치할 것
4. 연통이 관통하는 벽면, 지붕 등은 불연재료로 처리할 것
5. 연통재질은 불연재료로 사용하고 연결부에 청소구를 설치할 것

## 010 | 특수가연물의 품명 및 수량    답 ②

| 품명 | | 수량 |
| --- | --- | --- |
| 면화류 | | 200킬로그램 이상 |
| 나무껍질 및 대팻밥 | | 400킬로그램 이상 |
| 넝마 및 종이부스러기 | | 1,000킬로그램 이상 |
| 사류(絲類) | | 1,000킬로그램 이상 |
| 볏짚류 | | 1,000킬로그램 이상 |
| 가연성 고체류 | | 3,000킬로그램 이상 |
| 석탄·목탄류 | | 10,000킬로그램 이상 |
| 가연성 액체류 | | 2세제곱미터 이상 |
| 목재가공품 및 나무부스러기 | | 10세제곱미터 이상 |
| 고무류·플라스틱류 | 발포시킨 것 | 20세제곱미터 이상 |
| | 그 밖의 것 | 3,000킬로그램 이상 |

## 011 | 특수가연물의 저장·취급 기준
답 ③

특수가연물은 다음의 기준에 따라 쌓아 저장해야 한다. 다만, 석탄·목탄류를 발전용(發電用)으로 저장하는 경우는 제외한다.
1. 품명별로 구분하여 쌓을 것
2. 다음의 기준에 맞게 쌓을 것

| 구분 | 살수설비를 설치하거나 방사능력 범위에 해당 특수가연물이 포함되도록 대형수동식소화기를 설치하는 경우 | 그 밖의 경우 |
|---|---|---|
| 높이 | 15미터 이하 | 10미터 이하 |
| 쌓는 부분의 바닥면적 | 200제곱미터 (석탄·목탄류의 경우에는 300제곱미터) 이하 | 50제곱미터 (석탄·목탄류의 경우에는 200제곱미터) 이하 |

3. 실외에 쌓아 저장하는 경우 쌓는 부분이 대지경계선, 도로 및 인접 건축물과 최소 6미터 이상 간격을 둘 것. 다만, 쌓는 높이보다 0.9미터 이상 높은 건축법 시행령 제2조 제7호에 따른 내화구조(이하 "내화구조"라 한다) 벽체를 설치한 경우는 그렇지 않다.
4. 실내에 쌓아 저장하는 경우 주요구조부는 내화구조이면서 불연재료여야 하고, 다른 종류의 특수가연물과 같은 공간에 보관하지 않을 것. 다만, 내화구조의 벽으로 분리하는 경우는 그렇지 않다.
5. 쌓는 부분 바닥면적의 사이는 실내의 경우 1.2미터 또는 쌓는 높이의 1/2 중 큰 값 이상으로 간격을 두어야 하며, 실외의 경우 3미터 또는 쌓는 높이 중 큰 값 이상으로 간격을 둘 것

## 012 | 특수가연물 저장 및 취급기준
답 ②

1. 실외에 쌓아 저장하는 경우 쌓는 부분이 대지경계선, 도로 및 인접 건축물과 최소 6미터 이상 간격을 둘 것. 다만, 쌓는 높이보다 0.9미터 이상 높은 건축법 시행령 제2조 제7호에 따른 내화구조(이하 "내화구조"라 한다) 벽체를 설치한 경우는 그렇지 않다.
2. 실내에 쌓아 저장하는 경우 주요구조부는 내화구조이면서 불연재료여야 하고, 다른 종류의 특수가연물과 같은 공간에 보관하지 않을 것. 다만, 내화구조의 벽으로 분리하는 경우는 그렇지 않다.
3. 쌓는 부분 바닥면적의 사이는 실내의 경우 1.2미터 또는 쌓는 높이의 1/2 중 큰 값 이상으로 간격을 두어야 하며, 실외의 경우 3미터 또는 쌓는 높이 중 큰 값 이상으로 간격을 둘 것

## 013 | 특수가연물의 저장·취급 기준
답 ①

특수가연물은 다음의 기준에 따라 쌓아 저장해야 한다. 다만, 석탄·목탄류를 발전용(發電用)으로 저장하는 경우는 제외한다.
1. 실외에 쌓아 저장하는 경우 쌓는 부분이 대지경계선, 도로 및 인접 건축물과 최소 6미터 이상 간격을 둘 것. 다만, 쌓는 높이보다 0.9미터 이상 높은 건축법 시행령 제2조 제7호에 따른 내화구조(이하 "내화구조"라 한다) 벽체를 설치한 경우는 그렇지 않다.
2. 실내에 쌓아 저장하는 경우 주요구조부는 내화구조이면서 불연재료여야 하고, 다른 종류의 특수가연물과 같은 공간에 보관하지 않을 것. 다만, 내화구조의 벽으로 분리하는 경우는 그렇지 않다.
3. 쌓는 부분 바닥면적의 사이는 실내의 경우 1.2미터 또는 쌓는 높이의 1/2 중 큰 값 이상으로 간격을 두어야 하며, 실외의 경우 3미터 또는 쌓는 높이 중 큰 값 이상으로 간격을 둘 것

## 014 | 특수가연물 표지
답 ③

특수가연물 표지의 바탕은 흰색으로, 문자는 검은색으로 할 것. 다만, "화기엄금" 표시 부분은 제외한다.

선지분석
① 특수가연물 표지 중 화기엄금 표시 부분의 바탕은 붉은색으로, 문자는 백색으로 할 것
② 특수가연물 표지는 한 변의 길이가 0.3미터 이상, 다른 한 변의 길이가 0.6미터 이상인 직사각형으로 할 것
④ 특수가연물을 저장 또는 취급하는 장소에는 품명, 최대저장수량, 단위부피당 질량 또는 단위체적당 질량, 관리책임자 성명·직책, 연락처 및 화기취급의 금지표시가 포함된 특수가연물 표지를 설치해야 한다.

## 015 | 특수가연물 표지
답 ④

1. 특수가연물을 저장 또는 취급하는 장소에는 품명, 최대저장수량, 단위부피당 질량 또는 단위체적당 질량, 관리책임자 성명·직책, 연락처 및 화기취급의 금지표시가 포함된 특수가연물 표지를 설치해야 한다.
2. 특수가연물 표지의 규격

| 특수가연물 | |
|---|---|
| 화기엄금 | |
| 품명 | 합성수지류 |
| 최대저장수량 (배수) | 000톤(00배) |
| 단위부피당 질량 (단위체적당 질량) | 000kg/m³ |
| 관리책임자 (직책) | 홍길동 팀장 |
| 연락처 | 02 - 000 - 0000 |

① 특수가연물 표지는 한 변의 길이가 0.3미터 이상, 다른 한 변의 길이가 0.6미터 이상인 직사각형으로 할 것

② 특수가연물 표지의 바탕은 흰색으로, 문자는 검은색으로 할 것. 다만, "화기엄금" 표시 부분은 제외한다.
③ 특수가연물 표지 중 화기엄금 표시 부분의 바탕은 붉은색으로, 문자는 백색으로 할 것

## 016 │ 쌓는 부분 바닥면적의 사이   답 ④

1. 실내의 경우 1.2미터 또는 쌓는 높이의 1/2 중 큰 값 이상으로 간격을 둘 것
2. 실외의 경우 3미터 또는 쌓는 높이 중 큰 값 이상으로 간격을 둘 것

## 017 │ 특수가연물 표지   답 ③

1. 특수가연물을 저장 또는 취급하는 장소에는 품명, 최대저장수량, 단위부피당 질량 또는 단위체적당 질량, 관리책임자 성명·직책, 연락처 및 화기취급의 금지표시가 포함된 특수가연물 표지를 설치해야 한다.
2. 특수가연물 표지의 규격은 다음과 같다.

| 특수가연물 | |
|---|---|
| 화기엄금 | |
| 품명 | 합성수지류 |
| 최대저장수량<br>(배수) | 000톤(00배) |
| 단위부피당 질량<br>(단위체적당 질량) | 000kg/m³ |
| 관리책임자<br>(직책) | 홍길동 팀장 |
| 연락처 | 02-000-0000 |

• 특수가연물 표지는 한 변의 길이가 0.3미터 이상, 다른 한 변의 길이가 0.6미터 이상인 직사각형으로 할 것
• 특수가연물 표지의 바탕은 흰색으로, 문자는 검은색으로 할 것. 다만, "화기엄금" 표시 부분은 제외한다.
• 특수가연물 표지 중 화기엄금 표시 부분의 바탕은 붉은색으로, 문자는 백색으로 할 것
3. 특수가연물 표지는 특수가연물을 저장하거나 취급하는 장소 중 보기 쉬운 곳에 설치해야 한다.

## 018 │ 가연성고체류   답 ④

1. 인화점이 섭씨 40도 이상 100도 미만인 것
2. 인화점이 섭씨 100도 이상 200도 미만이고, 연소열량이 1그램당 8킬로칼로리 이상인 것
3. 인화점이 섭씨 200도 이상이고 연소열량이 1그램당 8킬로칼로리 이상인 것으로서 융점이 100도 미만인 것
4. 1기압과 섭씨 20도 초과 40도 이하에서 액상인 것으로서 인화점이 섭씨 70도 이상 섭씨 200도 미만이거나 2. 또는 3.에 해당하는 것

## 019 │ 가연성액체류   답 ②

1. 1기압과 섭씨 20도 이하에서 액상인 것으로서 가연성 액체량이 40중량퍼센트 이하이면서 인화점이 섭씨 40도 이상 섭씨 70도 미만이고 연소점이 섭씨 60도 이상인 물품
2. 1기압과 섭씨 20도에서 액상인 것으로서 가연성 액체량이 40중량퍼센트 이하이고 인화점이 섭씨 70도 이상 섭씨 250도 미만인 물품
3. 동물의 기름기와 살코기 또는 식물의 씨나 과일의 살로부터 추출한 것으로서
   • 1기압과 섭씨 20도에서 액상이고 인화점이 250도 미만인 것으로서 위험물안전관리법 제20조 제1항의 규정에 의한 용기기준과 수납·저장기준에 적합하고 용기외부에 물품명·수량 및 "화기엄금" 등의 표시를 한 것
   • 1기압과 섭씨 20도에서 액상이고 인화점이 섭씨 250도 이상인 것

## 020 │ 불꽃을 사용하는 용접·용단 기구   답 ①

용접 또는 용단 작업장에서는 다음의 사항을 지켜야 한다. 다만, 산업안전보건법 제38조의 적용을 받는 사업장에는 적용하지 않는다.
1. 용접 또는 용단 작업장 주변 반경 5미터 이내에 소화기를 갖추어 둘 것
2. 용접 또는 용단 작업장 주변 반경 10미터 이내에는 가연물을 쌓아두거나 놓아두지 말 것. 다만, 가연물의 제거가 곤란하여 방화포 등으로 방호조치를 한 경우는 제외한다.

## 021 │ 불을 사용하는 설비의 기준   답 ②

1. 보일러
   ① 보일러 본체와 벽·천장 사이의 거리는 0.6미터 이상이어야 한다.
   ② 보일러를 실내에 설치하는 경우에는 콘크리트바닥 또는 금속 외의 불연재료로 된 바닥 위에 설치해야 한다.
2. 난로
   ① 연통은 천장으로부터 0.6미터 이상 떨어지고, 연통의 배출구는 건물 밖으로 0.6미터 이상 나오게 설치해야 한다.
   ② 가연성 벽·바닥 또는 천장과 접촉하는 연통의 부분은 규조토 등 난연성 또는 불연성의 단열재로 덮어씌워야 한다.
   ③ 이동식난로는 다음의 장소(생략)에서 사용해서는 안 된다. 다만, 난로가 쓰러지지 않도록 받침대를 두어 고정시키거나 쓰러지는 경우 즉시 소화되고 연료의 누출을 차단할 수 있는 장치가 부착된 경우에는 그렇지 않다.
3. 건조설비
   ① 건조설비와 벽·천장 사이의 거리는 0.5미터 이상이어야 한다.
   ② 건조물품이 열원과 직접 접촉하지 않도록 해야 한다.

4. 음식조리를 위하여 설치하는 설비
   ① 열을 발생하는 조리기구는 반자 또는 선반으로부터 0.6
     미터 이상 떨어지게 할 것
   ② 열을 발생하는 조리기구로부터 0.15미터 이내의 거리에
     있는 가연성 주요구조부는 단열성이 있는 불연재료로
     덮어 씌울 것

## 022 | 불을 사용하는 설비의 관리기준 답 ③

건조설비: 실내에 설치하는 경우에 벽·천장 및 바닥은 불연재
료로 해야 한다.

## 023 | 경유·등유 등 액체연료 사용 보일러 답 ④

1. 연료탱크는 보일러 본체로부터 수평거리 1미터 이상의 간격
   을 두어 설치할 것
2. 연료탱크에는 화재 등 긴급상황이 발생하는 경우 연료를 차
   단할 수 있는 개폐밸브를 연료탱크로부터 0.5미터 이내에
   설치할 것
3. 연료탱크 또는 보일러 등에 연료를 공급하는 배관에는 여과
   장치를 설치할 것
4. 사용이 허용된 연료 외의 것을 사용하지 않을 것
5. 연료탱크가 넘어지지 않도록 받침대를 설치하고, 연료탱크
   및 연료탱크 받침대는 건축법 시행령에 따른 불연재료(이하
   "불연재료"라 한다)로 할 것
6. 기체연료 사용 보일러를 설치하는 장소에는 환기구를 설치
   하는 등 가연성 가스가 머무르지 않도록 할 것

## 024 | 불을 사용하는 설비의 관리기준 등 답 ①

보일러, 난로, 건조설비, 불꽃을 사용하는 용접·용단기구 및 노·
화덕설비가 설치된 장소에는 소화기 1개 이상을 갖추어 두어야
한다.

## 025 | 기체연료 사용 보일러 답 ④

1. 보일러를 설치하는 장소에는 환기구를 설치하는 등 가연성
   가스가 머무르지 않도록 할 것
2. 연료를 공급하는 배관은 금속관으로 할 것
3. 화재 등 긴급 시 연료를 차단할 수 있는 개폐밸브를 연료용
   기 등으로부터 0.5미터 이내에 설치할 것
4. 보일러가 설치된 장소에는 가스누설경보기를 설치할 것

## 026 | 화목(火木) 등 고체연료 사용 보일러 답 ②

1. 고체연료는 보일러 본체와 수평거리 2미터 이상 간격을 두
   어 보관하거나 불연재료로 된 별도의 구획된 공간에 보관할 것
2. 연통은 천장으로부터 0.6미터 떨어지고, 연통의 배출구는
   건물 밖으로 0.6미터 이상 나오도록 설치할 것
3. 연통의 배출구는 보일러 본체보다 2미터 이상 높게 설치할 것
4. 연통이 관통하는 벽면, 지붕 등은 불연재료로 처리할 것
5. 연통재질은 불연재료로 사용하고 연결부에 청소구를 설치할 것

## 027 | 노·화덕설비 답 ④

1. 실내에 설치하는 경우에는 흙바닥 또는 금속 외의 불연재료
   로 된 바닥에 설치해야 한다.
2. 노 또는 화덕을 설치하는 장소의 벽·천장은 불연재료로 된
   것이어야 한다.
3. 노 또는 화덕의 주위에는 녹는 물질이 확산되지 않도록 높
   이 0.1미터 이상의 턱을 설치해야 한다.
4. 시간당 열량이 30만킬로칼로리 이상인 노를 설치하는 경우
   지켜야 할 사항
   ① 건축법에 따른 주요구조부(이하 "주요구조부"라 한다)
     는 불연재료 이상으로 할 것
   ② 창문과 출입구는 건축법 시행령에 따른 60분+방화문
     또는 60분 방화문으로 설치할 것
   ③ 노 주위에는 1미터 이상 공간을 확보할 것

| 제5장 | 소방대상물의 소방안전관리 | | | 85p |
|---|---|---|---|---|
| 001 ② | 002 ③ | 003 ② | 004 ② | 005 ④ |
| 006 ② | 007 ③ | 008 ④ | 009 ③ | 010 ④ |
| 011 ④ | 012 ① | 013 ① | 014 ② | 015 ① |
| 016 ① | 017 ① | 018 ① | 019 ④ | 020 ② |
| 021 ④ | | | | |

## 001 | 특급 소방안전관리대상물의 범위 답 ②

1. 50층 이상(지하층은 제외한다)이거나 지상으로부터 높이가
   200미터 이상인 아파트
2. 30층 이상(지하층을 포함한다)이거나 지상으로부터 높이가
   120미터 이상인 특정소방대상물(아파트는 제외한다)
3. 2.에 해당하지 않는 특정소방대상물로서 연면적이 10만제
   곱미터 이상인 특정소방대상물(아파트는 제외한다)

## 002 | 1급 소방안전관리대상물의 범위 답 ③

1. 30층 이상(지하층은 제외한다)이거나 지상으로부터 높이가
   120미터 이상인 아파트
2. 연면적 1만5천제곱미터(m²) 이상인 특정소방대상물(아파
   트 및 연립주택은 제외한다)
3. 2.에 해당하지 않는 특정소방대상물로서 지상층의 층수가
   11층 이상인 특정소방대상물(아파트는 제외한다)
4. 가연성 가스를 1천톤 이상 저장·취급하는 시설

## 003 | 소방안전관리 답 ②

선지분석
① 관계인이 소방안전관리자를 선임한 경우 소방본부장 또는 소방서장에게 14일 이내에 신고한다.
③ 소방설비기사 또는 소방설비산업기사는 1급 소방안전관리대상물에 선임자격이 있다.
④ 소방공무원으로 3년 이상 근무 경력이 있으면 2급 소방안전관리자로 선임될 수 있다.

## 004 | 특급 소방안전관리대상물의 소방안전관리자 답 ②

1. 소방기술사 또는 소방시설관리사의 자격이 있는 사람
2. 소방설비기사의 자격을 취득한 후 5년 이상 1급 소방안전관리대상물의 소방안전관리자로 근무한 실무경력이 있는 사람
3. 소방설비산업기사의 자격을 취득한 후 7년 이상 1급 소방안전관리대상물의 소방안전관리자로 근무한 실무경력이 있는 사람
4. 소방공무원으로 20년 이상 근무한 경력이 있는 사람
5. 소방청장이 실시하는 특급 소방안전관리대상물의 소방안전관리에 관한 시험에 합격한 사람

## 005 | 1급 소방안전관리대상물의 소방안전관리자 답 ④

1. 특급 소방안전관리대상물의 소방안전관리자 자격증을 발급받은 사람
2. 소방설비기사 또는 소방설비산업기사의 자격이 있는 사람
3. 소방공무원으로 7년 이상 근무한 경력이 있는 사람
4. 소방청장이 실시하는 1급 소방안전관리대상물의 소방안전관리에 관한 시험에 합격한 사람

## 006 | 특급 소방안전관리대상물의 소방안전관리자 답 ②

1. 소방기술사 또는 소방시설관리사의 자격이 있는 사람
2. 소방설비기사의 자격을 취득한 후 5년 이상 1급 소방안전관리대상물의 소방안전관리자로 근무한 실무경력이 있는 사람
3. 소방설비산업기사의 자격을 취득한 후 7년 이상 1급 소방안전관리대상물의 소방안전관리자로 근무한 실무경력이 있는 사람
4. 소방공무원으로 20년 이상 근무한 경력이 있는 사람
5. 소방청장이 실시하는 특급 소방안전관리대상물의 소방안전관리에 관한 시험에 합격한 사람

## 007 | 소방안전관리보조자 선임인원 답 ③

1. 아파트 중 300세대 이상인 소방안전관리대상물의 경우에는 1명. 다만, 초과되는 300세대마다 1명 이상을 추가로 선임해야 한다.
2. $\dfrac{1000세대}{300세대} = 3.33$ 소수는 1이므로 $3 + 1 = 4$명

## 008 | 소방안전관리대상물 답 ④

소방안전관리보조자를 선임해야 하는 소방안전관리대상물
1. 건축법 시행령 별표 1 제2호 가목에 따른 아파트 중 300세대 이상인 아파트
2. 연면적이 1만5천제곱미터($m^2$) 이상인 특정소방대상물(아파트 및 연립주택은 제외한다)
3. 1. 및 2.에 따른 특정소방대상물을 제외한 특정소방대상물 중
   ① 공동주택 중 기숙사
   ② 의료시설
   ③ 노유자시설
   ④ 수련시설
   ⑤ 숙박시설[숙박시설로 사용되는 바닥면적의 합계가 1천500제곱미터($m^2$) 미만이고 관계인이 24시간 상시 근무하고 있는 숙박시설은 제외한다]

## 009 | 소방안전관리대상물 답 ③

소방안전관리보조자를 선임해야 하는 소방안전관리대상물
1. 건축법 시행령 별표 1 제2호 가목에 따른 아파트 중 300세대 이상인 아파트
2. 연면적이 1만5천제곱미터($m^2$) 이상인 특정소방대상물(아파트 및 연립주택은 제외한다)
3. 1. 및 2.에 따른 특정소방대상물을 제외한 특정소방대상물 중
   ① 공동주택 중 기숙사
   ② 의료시설
   ③ 노유자시설
   ④ 수련시설
   ⑤ 숙박시설[숙박시설로 사용되는 바닥면적의 합계가 1천500제곱미터($m^2$) 미만이고 관계인이 24시간 상시 근무하고 있는 숙박시설은 제외한다]

## 010 | 소방안전관리대상물 답 ④

소방안전관리 업무의 대행 대상 소방안전관리대상물
1. 지상층의 층수가 11층 이상인 1급 소방안전관리대상물(연면적 1만5천제곱미터($m^2$) 이상인 특정소방대상물과 아파트는 제외한다)
2. 별표 4 제3호에 따른 2급 소방안전관리대상물
3. 별표 4 제4호에 따른 3급 소방안전관리대상물

## 011 | 건설현장 소방안전관리자의 업무 답 ④

건설현장 작업자에 대한 소방안전 교육 및 훈련

선지분석
① 건설현장의 소방계획서의 작성
② 화기취급의 감독, 화재위험작업의 허가 및 관리
③ 공사진행 단계별 피난안전구역, 피난로 등의 확보와 관리

## 012 건설현장 소방안전관리대상물　　　답 ①

1. 신축·증축·개축·재축·이전·용도변경 또는 대수선을 하려는 부분의 연면적의 합계가 1만5천제곱미터 이상인 것
2. 신축·증축·개축·재축·이전·용도변경 또는 대수선을 하려는 부분의 연면적이 5천제곱미터 이상인 것으로서 다음의 어느 하나에 해당하는 것
   - 지하층의 층수가 2개 층 이상인 것
   - 지상층의 층수가 11층 이상인 것
   - 냉동창고, 냉장창고 또는 냉동·냉장창고

## 013 소방안전관리　　　답 ①

관리의 권원이 분리된 특정소방대상물의 소방안전관리
1. 복합건축물(지하층을 제외한 층수가 11층 이상 또는 연면적 3만제곱미터 이상인 건축물)
2. 지하가(지하의 인공구조물 안에 설치된 상점 및 사무실, 그 밖에 이와 비슷한 시설이 연속하여 지하도에 접하여 설치된 것과 그 지하도를 합한 것을 말한다)
3. 판매시설 중 도매시장, 소매시장 및 전통시장

## 014 관리의 권원이 분리된 특정소방대상물　　　답 ②

1. 복합건축물[지하층을 제외한 층수가 11층 이상 또는 연면적 3만제곱미터(m²) 이상인 건축물]
2. 지하가(지하의 인공구조물 안에 설치된 상점 및 사무실, 그 밖에 이와 비슷한 시설이 연속하여 지하도에 접하여 설치된 것과 그 지하도를 합한 것을 말한다)
3. 판매시설 중 도매시장, 소매시장 및 전통시장을 말한다.

## 015 관리의 권원이 분리된 특정소방대상물　　　답 ①

1. 복합건축물[지하층을 제외한 층수가 11층 이상 또는 연면적 3만제곱미터(m²) 이상인 건축물]
2. 지하가(지하의 인공구조물 안에 설치된 상점 및 사무실, 그 밖에 이와 비슷한 시설이 연속하여 지하도에 접하여 설치된 것과 그 지하도를 합한 것을 말한다)
3. 판매시설 중 도매시장, 소매시장 및 전통시장을 말한다.

## 016 피난유도 안내정보의 제공　　　답 ①

1. 연 2회 피난안내 교육을 실시하는 방법
2. 분기별 1회 이상 피난안내방송을 실시하는 방법
3. 피난안내도를 층마다 보기 쉬운 위치에 게시하는 방법
4. 엘리베이터, 출입구 등 시청이 용이한 장소에 피난안내영상을 제공하는 방법

## 017 소방훈련·교육 결과 제출의 대상　　　답 ①

1. 특급 소방안전관리대상물
2. 1급 소방안전관리대상물

## 018 불시 소방훈련·교육의 대상　　　답 ①

1. 의료시설
2. 교육연구시설
3. 노유자시설
4. 그 밖에 화재 발생 시 불특정 다수의 인명피해가 예상되어 소방본부장 또는 소방서장이 소방훈련·교육이 필요하다고 인정하는 특정소방대상물

## 019 소방안전교육 대상자 등　　　답 ④

1. 소화기 또는 비상경보설비가 설치된 공장·창고 등의 특정소방대상물
2. 그 밖에 관할 소방본부장 또는 소방서장이 화재에 대한 취약성이 높다고 인정하는 특정소방대상물

## 020 실무교육의 실시　　　답 ②

소방청장은 실무교육을 실시하려는 경우에는 실무교육 실시 30일 전까지 일시·장소, 그 밖에 실무교육 실시에 필요한 사항을 인터넷 홈페이지에 공고하고 교육대상자에게 통보해야 한다.

선지분석
① 소방청장은 법에 따른 실무교육의 대상·일정·횟수 등을 포함한 실무교육의 실시 계획을 매년 수립·시행해야 한다.
③ 소방안전관리자는 소방안전관리자로 선임된 날부터 6개월 이내에 실무교육을 받아야 하며, 그 이후에는 2년마다(최초 실무교육을 받은 날을 기준일로 하여 매 2년이 되는 해의 기준일과 같은 날 전까지를 말한다) 1회 이상 실무교육을 받아야 한다.
④ 소방안전관리 실무교육을 받은 후 1년 이내에 소방안전관리자로 선임된 사람은 해당 실무교육을 이수한 날에 실무교육을 이수한 것으로 본다.

## 021 실무교육 대상자　　　답 ④

선지분석
① 선임된 소방안전관리자
② 선임된 소방안전관리보조자
③ 소방안전관리 업무를 대행하는 자를 감독하는 자로 선임된 소방안전관리자

## 제6장　특별관리시설물의 소방안전관리
92p

| 001 ① | 002 ④ | 003 ③ | 004 ④ | 005 ③ |

---

### 001　소방안전 특별관리시설물
답 ①

1. 공항시설
2. 철도시설
3. 도시철도시설
4. 항만시설
5. 지정문화재인 시설(시설이 아닌 지정문화재를 보호하거나 소장하고 있는 시설을 포함한다)
6. 산업기술단지
7. 산업단지
8. 초고층 건축물 및 지하연계 복합건축물
9. 영화상영관 중 수용인원 1천명 이상인 영화상영관
10. 전력용 및 통신용 지하구
11. 석유비축시설
12. 천연가스 인수기지 및 공급망
13. 점포가 500개 이상인 전통시장
14. 발전사업자가 가동 중인 발전소
15. 물류창고로서 연면적 10만제곱미터(m²) 이상인 것
16. 도시가스공급시설

### 002　소방안전 특별관리시설물
답 ④

1. 공항시설
2. 철도시설
3. 도시철도시설
4. 항만시설
5. 지정문화재인 시설(시설이 아닌 지정문화재를 보호하거나 소장하고 있는 시설을 포함한다)
6. 산업기술단지
7. 산업단지
8. 초고층 건축물 및 지하연계 복합건축물
9. 영화상영관 중 수용인원 1천명 이상인 영화상영관
10. 전력용 및 통신용 지하구
11. 석유비축시설
12. 천연가스 인수기지 및 공급망
13. 점포가 500개 이상인 전통시장
14. 발전사업자가 가동 중인 발전소
15. 물류창고로서 연면적 10만제곱미터(m²) 이상인 것
16. 도시가스공급시설

### 003　화재예방안전진단의 대상
답 ③

1. 공항시설 중 여객터미널의 연면적이 1천제곱미터(m²) 이상인 공항시설(2023년 12월 31일 기간 내 진단)
2. 철도시설 중 역 시설의 연면적이 5천제곱미터(m²) 이상인 철도시설(2024년 12월 31일 기간 내 진단)
3. 도시철도시설 중 역사 및 역 시설의 연면적이 5천제곱미터(m²) 이상인 도시철도시설(2025년 12월 31일 기간 내 진단)
4. 항만시설 중 여객이용시설 및 지원시설의 연면적이 5천제곱미터(m²) 이상인 항만시설(2024년 12월 31일 기간 내 진단)
5. 전력용 및 통신용 지하구 중 국토의 계획 및 이용에 관한 법률에 따른 공동구(2023년 12월 31일 기간 내 진단)
6. 천연가스 인수기지 및 공급망 중 가스시설(2026년 12월 31일 기간 내 진단)
7. 발전소 중 연면적이 5천제곱미터(m²) 이상인 발전소(2026년 12월 31일 기간 내 진단)
8. 가스공급시설 중 가연성 가스 탱크의 저장용량의 합계가 100톤 이상이거나 저장용량이 30톤 이상인 가연성 가스 탱크가 있는 가스공급시설(2026년 12월 31일 기간 내 진단)

### 004　화재예방안전진단의 범위
답 ④

1. 소방계획 및 피난계획 수립에 관한 사항
2. 소방시설등의 유지·관리에 관한 사항
3. 비상대응조직 및 교육훈련에 관한 사항
4. 화재 위험성 평가에 관한 사항
5. 화재위험요인의 조사에 관한 사항

### 005　화재안전영향평가
답 ③

소방청장은 화재발생 원인 및 연소과정을 조사·분석하는 등의 과정에서 법령이나 정책의 개선이 필요하다고 인정되는 경우 그 법령이나 정책에 대한 화재 위험성의 유발요인 및 완화 방안에 대한 평가(이하 "화재안전영향평가"라 한다)를 실시할 수 있다.

## 제7장　보칙
94p

| 001 ① | 002 ④ |

---

### 001　청문
답 ①

소방청장 또는 시·도지사는 다음의 어느 하나에 해당하는 처분을 하려면 청문을 하여야 한다.
1. 소방안전관리자의 자격 취소
2. 화재예방안전진단기관의 지정 취소

### 002　우수 소방대상물 관계인에 대한 포상 등
답 ④

1. 소방청장은 소방대상물의 자율적인 안전관리를 유도하기 위하여 안전관리 상태가 우수한 소방대상물을 선정하여 우수 소방대상물 표지를 발급하고, 소방대상물의 관계인을 포상할 수 있다.

2. 1.에 따른 우수 소방대상물의 선정 방법, 평가 대상물의 범
   위 및 평가 절차 등에 필요한 사항은 행정안전부령으로 정
   한다.

| 제8장 | 벌칙 | 95p |
|---|---|---|
| 001 ② | 002 ③ | 003 ④ | 004 ④ |

### 001 | 벌칙
답 ②

3년 이하의 징역 또는 3천만 원 이하의 벌금에 처한다.
1. 화재안전조사 결과에 따른 조치명령을 정당한 사유 없이 위
   반한 자
2. 소방안전관리자 선임명령을 정당한 사유 없이 위반한 자
3. 화재예방안전진단결과에 따른 보수·보강 등의 조치명령을
   정당한 사유 없이 위반한 자
4. 거짓이나 그 밖의 부정한 방법으로 화재예방안전 진단기관
   으로 지정을 받은 자

### 002 | 벌칙
답 ③

1년 이하의 징역 또는 1천만 원 이하의 벌금
1. 화재안전조사 수행자가 법을 위반하여 관계인의 정당한 업
   무를 방해하거나, 조사업무를 수행하면서 취득한 자료나 알
   게 된 비밀을 다른 사람 또는 기관에게 제공 또는 누설하거
   나 목적 외의 용도로 사용한 자
2. 소방안전관리자 자격증을 다른 사람에게 빌려 주거나 빌리
   거나 이를 알선한 자
3. 화재예방안전진단 대상의 관계인이 진단기관으로부터 화재
   예방안전진단을 받지 않음

### 003 | 벌칙
답 ④

300만 원 이하의 벌금
1. 화재안전조사를 정당한 사유 없이 거부·방해 또는 기피한 자
2. 화재예방상 옮기거나 보관 등 필요한 조치명령을 정당한 사
   유 없이 따르지 아니하거나 방해한 자
3. 소방안전관리자, 총괄소방안전관리자 또는 소방안전관리보
   조자를 선임하지 아니한 자
4. 소방시설·피난시설·방화시설 및 방화구획 등이 법령에 위
   반된 것을 발견하였음에도 필요한 조치를 할 것을 요구하지
   아니한 소방안전관리자
5. 소방안전관리자에게 불이익한 처우를 한 관계인
6. 화재예방안전진단 및 권한의 위임 및 위탁을 위반하여 업무
   를 수행하면서 알게 된 비밀을 이 법에서 정한 목적 외의 용
   도로 사용하거나 다른 사람 또는 기관에 제공하거나 누설한 자

### 004 | 벌칙
답 ④

200만 원 이하의 과태료
1. 불을 사용할 때 지켜야 하는 사항 및 특수가연물의 저장 및
   취급 기준을 위반한 자
2. 소방설비 등의 설치 명령을 정당한 사유 없이 따르지 아니
   한 자
3. 기간 내에 선임신고를 하지 아니하거나 소방안전관리자의
   성명 등을 게시하지 아니한 자
4. 기간 내에 소방훈련 및 교육 결과를 제출하지 아니한 자

# 제4편 소방시설의 설치 및 관리에 관한 법률

## 001 | 소방시설 분류                                       답 ②

1. 소화설비: 물 또는 그 밖의 소화약제를 사용하여 소화하는 기계·기구 또는 설비
2. 경보설비: 화재발생 사실을 통보하는 기계·기구 또는 설비
3. 피난구조설비: 화재가 발생할 경우 피난하기 위하여 사용하는 기구 또는 설비
4. 소화용수설비: 화재를 진압하는 데 필요한 물을 공급하거나 저장하는 설비
5. 소화활동설비: 화재를 진압하거나 인명구조활동을 위하여 사용하는 설비

## 002 | 소방활동설비                                       답 ①

화재를 진압하거나 인명구조활동을 위하여 사용하는 설비로서 다음의 것
1. 제연설비
2. 연결송수관설비
3. 연결살수설비
4. 비상콘센트설비
5. 무선통신보조설비
6. 연소방지설비

## 003 | 피난구조설비                                       답 ③

화재가 발생할 경우 피난하기 위하여 사용하는 기구 또는 설비
1. 피난기구
   ① 피난사다리
   ② 구조대
   ③ 완강기
   ④ 간이완강기
   ⑤ 그 밖에 화재안전기준으로 정하는 것
2. 인명구조기구
   ① 방열복, 방화복(안전모, 보호장갑 및 안전화를 포함한다)
   ② 공기호흡기
   ③ 인공소생기

3. 유도등
   ① 피난유도선
   ② 피난구유도등
   ③ 통로유도등
   ④ 객석유도등
   ⑤ 유도표지
4. 비상조명등 및 휴대용비상조명등

## 004 | 피난구조설비                                       답 ①

화재가 발생할 경우 피난하기 위하여 사용하는 기구 또는 설비
1. 피난기구
   ① 피난사다리
   ② 구조대
   ③ 완강기
   ④ 간이완강기
   ⑤ 그 밖에 화재안전기준으로 정하는 것
2. 인명구조기구
   ① 방열복, 방화복(안전모, 보호장갑 및 안전화를 포함한다)
   ② 공기호흡기
   ③ 인공소생기
3. 유도등
   ① 피난유도선
   ② 피난구유도등
   ③ 통로유도등
   ④ 객석유도등
   ⑤ 유도표지
4. 비상조명등 및 휴대용비상조명등

## 005 | 소화용수설비                                       답 ④

화재를 진압하는 데 필요한 물을 공급하거나 저장하는 설비
1. 상수도소화용수설비
2. 소화수조·저수조, 그 밖의 소화용수설비

## 006 | 물분무등소화설비                                    답 ③

1. 물분무소화설비
2. 미분무소화설비
3. 포소화설비
4. 이산화탄소소화설비
5. 할론소화설비
6. 할로겐화합물 및 불활성기체(다른 원소와 화학반응을 일으키기 어려운 기체) 소화설비
7. 분말소화설비

8. 강화액소화설비
9. 고체에어로졸소화설비

## 007 | 소화활동설비

화재를 진압하거나 인명구조활동을 위하여 사용하는 설비
1. 제연설비
2. 연결송수관설비
3. 연결살수설비
4. 비상콘센트설비
5. 무선통신보조설비
6. 연소방지설비

## 008 | 소방용품
답 ③

1. 소화설비를 구성하는 제품 또는 기기
   ① 소화기구(소화약제 외의 것을 이용한 간이소화용구는 제외한다)
   ② 자동소화장치
   ③ 소화설비를 구성하는 소화전, 관창(管槍), 소방호스, 스프링클러헤드, 기동용 수압개폐장치, 유수제어밸브 및 가스관선택밸브
2. 경보설비를 구성하는 제품 또는 기기
   ① 누전경보기 및 가스누설경보기
   ② 경보설비를 구성하는 발신기, 수신기, 중계기, 감지기 및 음향장치(경종만 해당한다)
3. 피난구조설비를 구성하는 제품 또는 기기
   ① 피난사다리, 구조대, 완강기(지지대를 포함한다) 및 간이완강기(지지대를 포함한다)
   ② 공기호흡기(충전기를 포함한다)
   ③ 피난구유도등, 통로유도등, 객석유도등 및 예비 전원이 내장된 비상조명등
4. 소화용으로 사용하는 제품 또는 기기
   ① 소화약제(물 제외)
   ② 방염제(방염액·방염도료 및 방염성물질을 말한다)
5. 그 밖에 행정안전부령으로 정하는 소방 관련 제품 또는 기기

## 009 | 피난구조설비를 구성하는 제품 또는 기기
답 ②

1. 피난사다리, 구조대, 완강기(지지대를 포함한다) 및 간이완강기(지지대를 포함한다)
2. 공기호흡기(충전기를 포함한다)
3. 피난구유도등, 통로유도등, 객석유도등 및 예비 전원이 내장된 비상조명등

## 010 | 소방용품
답 ②

1. 소화설비를 구성하는 제품 또는 기기
   ① 소화기구(소화약제 외의 것을 이용한 간이소화용구는 제외한다)
   ② 자동소화장치

   ③ 소화설비를 구성하는 소화전, 관창(管槍), 소방호스, 스프링클러헤드, 기동용 수압개폐장치, 유수제어밸브 및 가스관선택밸브
2. 경보설비를 구성하는 제품 또는 기기
   ① 누전경보기 및 가스누설경보기
   ② 경보설비를 구성하는 발신기, 수신기, 중계기, 감지기 및 음향장치(경종만 해당한다)
3. 피난구조설비를 구성하는 제품 또는 기기
   ① 피난사다리, 구조대, 완강기(지지대를 포함한다) 및 간이완강기(지지대를 포함한다)
   ② 공기호흡기(충전기를 포함한다)
   ③ 피난구유도등, 통로유도등, 객석유도등 및 예비 전원이 내장된 비상조명등
4. 소화용으로 사용하는 제품 또는 기기
   ① 소화약제(물 제외)
   ② 방염제(방염액·방염도료 및 방염성물질을 말한다)
5. 그 밖에 행정안전부령으로 정하는 소방 관련 제품 또는 기기

## 011 | 근린생활시설
답 ②

1. 단란주점으로 같은 건축물에 해당 용도로 쓰는 바닥면적의 합계가 150m² 미만인 것
2. 공연장(극장, 영화상영관, 연예장, 음악당, 서커스장, 영화 및 비디오물의 진흥에 관한 법률 제2조 제16호 가목에 따른 비디오물감상실업의 시설, 같은 호 나목에 따른 비디오물소극장업의 시설, 그 밖에 이와 비슷한 것을 말한다. 이하 같다)으로서 같은 건축물에 해당 용도로 쓰는 바닥면적의 합계가 300m² 미만인 것
3. 종교집회장[교회, 성당, 사찰, 기도원, 수도원, 수녀원, 제실(祭室), 사당, 그 밖에 이와 비슷한 것을 말한다. 이하 같다]으로서 같은 건축물에 해당 용도로 쓰는 바닥면적의 합계가 300m² 미만인 것
4. 게임산업진흥에 관한 법률에 따른 청소년게임제공업 및 일반게임제공업의 시설, 인터넷컴퓨터게임시설제공업의 시설 및 복합유통게임제공업의 시설로서 같은 건축물에 해당 용도로 쓰는 바닥면적의 합계가 500m² 미만인 것
5. 소매점으로서 같은 건축물(하나의 대지에 두 동 이상의 건축물이 있는 경우에는 이를 같은 건축물로 본다. 이하 같다)에 해당 용도로 쓰는 바닥면적의 합계가 1천m² 미만인 것

## 012 | 의료시설
답 ③

1. 병원: 종합병원, 병원, 치과병원, 한방병원, 요양병원
2. 격리병원: 전염병원, 마약진료소, 그 밖에 이와 비슷한 것
3. 정신의료기관
4. 장애인복지법 제58조 제1항 제4호에 따른 장애인 의료재활시설

## 013 | 문화 및 집회시설
답 ③

1. 공연장으로서 근린생활시설에 해당하지 않는 것
2. 집회장: 예식장, 공회당, 회의장, 마권(馬券) 장외 발매소, 마권 전화투표소, 그 밖에 이와 비슷한 것으로서 근린생활시설에 해당하지 않는 것
3. 관람장: 경마장, 경륜장, 경정장, 자동차 경기장, 그 밖에 이와 비슷한 것과 체육관 및 운동장으로서 관람석의 바닥면적의 합계가 1천제곱미터(m²) 이상인 것
4. 전시장: 박물관, 미술관, 과학관, 문화관, 체험관, 기념관, 산업전시장, 박람회장, 견본주택, 그 밖에 이와 비슷한 것
5. 동·식물원: 동물원, 식물원, 수족관, 그 밖에 이와 비슷한 것

## 014 | 특정소방대상물의 분류
답 ①

항공기 및 자동차 관련 시설 – 항공기격납고, 폐차장, 자동차 검사장

선지분석
② 의료시설 – 치과병원, 종합병원, 요양병원, 마약진료소
③ 관광 휴게시설 – 관망탑, 유원지 또는 관광지에 부수되는 건축물
④ 묘지 관련 시설 – 화장시설, 봉안당(종교집회장 안에 설치된 봉안당 제외)

## 015 | 업무시설
답 ④

1. 공공업무시설: 국가 또는 지방자치단체의 청사와 외국공관의 건축물로서 근린생활시설에 해당하지 않는 것
2. 일반업무시설: 금융업소, 사무소, 신문사, 오피스텔[업무를 주로 하며, 분양하거나 임대하는 구획 중 일부의 구획에서 숙식을 할 수 있도록 한 건축물로서 건축법 시행령 별표 1 제14호 나목 2)에 따라 국토교통부장관이 고시하는 기준에 적합한 것을 말한다], 그 밖에 이와 비슷한 것으로서 근린생활시설에 해당하지 않는 것
3. 주민자치센터(동사무소), 경찰서, 지구대, 파출소, 소방서, 119안전센터, 우체국, 보건소, 공공도서관, 국민건강보험공단, 그 밖에 이와 비슷한 용도로 사용하는 것
4. 마을회관, 마을공동작업소, 마을공동구판장, 그 밖에 이와 유사한 용도로 사용되는 것
5. 변전소, 양수장, 정수장, 대피소, 공중화장실, 그 밖에 이와 유사한 용도로 사용되는 것

## 016 | 특정소방대상물의 분류
답 ①

자원순환 관련 시설 – 고물상

선지분석
② 근린생활시설 – 치과의원
③ 의료시설 – 요양병원
④ 근린생활시설 – 안마시술소

## 017 | 운수시설
답 ①

1. 여객자동차터미널
2. 철도 및 도시철도 시설[정비창(整備廠) 등 관련 시설을 포함한다]
3. 공항시설(항공관제탑을 포함한다)
4. 항만시설 및 종합여객시설

## 018 | 지하구
답 ②

1. 전력·통신용의 전선이나 가스·냉난방용의 배관 또는 이와 비슷한 것을 집합수용하기 위하여 설치한 지하 인공구조물로서 사람이 점검 또는 보수를 하기 위하여 출입이 가능한 것 중 다음의 어느 하나에 해당하는 것
   ① 전력 또는 통신사업용 지하 인공구조물로서 전력구(케이블 접속부가 없는 경우는 제외한다) 또는 통신구 방식으로 설치된 것
   ② ① 외의 지하 인공구조물로서 폭이 1.8미터 이상이고 높이가 2미터 이상이며 길이가 50미터 이상인 것
2. 국토의 계획 및 이용에 관한 법률 제2조 제9호에 따른 공동구

## 019 | 특정소방대상물
답 ①

청소년게임제공업 및 일반게임제공업의 시설로서 같은 건축물에 해당 용도로 쓰는 바닥면적의 합계가
1. 500제곱미터(m²) 미만인 것: 근린생활시설
2. 500제곱미터(m²) 이상인 것: 판매시설

## 020 | 문화 및 집회시설
답 ②

1. 공연장으로서 근린생활시설에 해당하지 않는 것
2. 집회장: 예식장, 공회당, 회의장, 마권(馬券) 장외 발매소, 마권 전화투표소, 그 밖에 이와 비슷한 것으로서 근린생활시설에 해당하지 않는 것
3. 관람장: 경마장, 경륜장, 경정장, 자동차 경기장, 그 밖에 이와 비슷한 것과 체육관 및 운동장으로서 관람석의 바닥면적의 합계가 1천제곱미터(m²) 이상인 것
4. 전시장: 박물관, 미술관, 과학관, 문화관, 체험관, 기념관, 산업전시장, 박람회장, 견본주택, 그 밖에 이와 비슷한 것
5. 동·식물원: 동물원, 식물원, 수족관, 그 밖에 이와 비슷한 것

## 021 | 특정소방대상물
답 ②

1. 둘 이상의 특정소방대상물이 다음의 어느 하나에 해당되는 구조의 연결통로로 연결된 경우에는 이를 하나의 특정소방대상물로 본다.
   ① 내화구조로 된 연결통로가 다음의 어느 하나에 해당되는 경우
   • 벽이 없는 구조로서 그 길이가 6미터 이하인 경우

- 벽이 있는 구조로서 그 길이가 10미터 이하인 경우. 다만, 벽 높이가 바닥에서 천장까지의 높이의 2분의 1 이상인 경우에는 벽이 있는 구조로 보고, 벽 높이가 바닥에서 천장까지의 높이의 2분의 1 미만인 경우에는 벽이 없는 구조로 본다.
  ② 내화구조가 아닌 연결통로로 연결된 경우
  ③ 컨베이어로 연결되거나 플랜트설비의 배관 등으로 연결되어 있는 경우
  ④ 지하보도, 지하상가, 지하가로 연결된 경우
  ⑤ 자동방화셔터 또는 60분+방화문이 설치되지 않은 피트(전기설비 또는 배관설비 등이 설치되는 공간을 말한다)로 연결된 경우
  ⑥ 지하구로 연결된 경우
2. 별개의 특정소방대상물로 본다.
  ① 화재 시 경보설비 또는 자동소화설비의 작동과 연동하여 자동으로 닫히는 자동방화셔터 또는 60분+방화문이 설치된 경우
  ② 화재 시 자동으로 방수되는 방식의 드렌처설비 또는 개방형 스프링클러헤드가 설치된 경우

### 022 | 무창층
답 ③

"무창층"(無窓層)이란 지상층 중 다음의 요건을 모두 갖춘 개구부의 면적의 합계가 해당 층의 바닥면적의 30분의 1 이하가 되는 층을 말한다.
1. 크기는 지름 50센티미터 이상의 원이 통과할 수 있을 것
2. 해당 층의 바닥면으로부터 개구부 밑부분까지의 높이가 1.2 미터 이내일 것
3. 도로 또는 차량이 진입할 수 있는 빈터를 향할 것
4. 화재 시 건축물로부터 쉽게 피난할 수 있도록 창살이나 그 밖의 장애물이 설치되지 않을 것
5. 내부 또는 외부에서 쉽게 부수거나 열 수 있을 것

### 023 | 무창층
답 ④

무창층(無窓層)이란 지상층 중 다음의 요건을 모두 갖춘 개구부(건축물에서 채광·환기·통풍 또는 출입 등을 위하여 만든 창·출입구, 그 밖에 이와 비슷한 것을 말한다. 이하 같다)의 면적의 합계가 해당 층의 바닥면적의 30분의 1 이하가 되는 층을 말한다.
1. 크기는 지름 50센티미터 이상의 원이 통과할 수 있을 것
2. 해당 층의 바닥면으로부터 개구부 밑부분까지의 높이가 1.2 미터 이내일 것
3. 도로 또는 차량이 진입할 수 있는 빈터를 향할 것
4. 화재 시 건축물로부터 쉽게 피난할 수 있도록 창살이나 그 밖의 장애물이 설치되지 않을 것
5. 내부 또는 외부에서 쉽게 부수거나 열 수 있을 것

## 제2장 | 소방시설등의 설치·관리 및 방염
101p

| | | | | |
|---|---|---|---|---|
| 001 ① | 002 ③ | 003 ③ | 004 ③ | 005 ③ |
| 006 ④ | 007 ③ | 008 ③ | 009 ④ | 010 ① |
| 011 ④ | 012 ④ | 013 ① | 014 ① | 015 ① |
| 016 ① | 017 ③ | 018 ④ | 019 ① | 020 ④ |
| 021 ② | 022 ③ | 023 ④ | 024 ③ | 025 ④ |
| 026 ① | 027 ① | 028 ④ | 029 ④ | 030 ② |
| 031 ④ | 032 ③ | 033 ② | 034 ② | 035 ① |
| 036 ① | 037 ① | 038 ③ | 039 ② | 040 ③ |
| 041 ④ | 042 ③ | 043 ② | 044 ④ | 045 ③ |
| 046 ④ | 047 ④ | 048 ④ | 049 ④ | 050 ④ |

### 001 | 건축허가등의 대상
답 ①

연면적이 400제곱미터 이상인 건축물이나 시설. 단, 다음의 어느 하나에 해당하는 건축물이나 시설은 해당 목에서 정한 기준 이상인 건축물이나 시설로 한다.
1. 학교시설사업 촉진법 제5조의2 제1항에 따라 건축등을 하려는 학교시설: 100제곱미터
2. 별표 2의 특정소방대상물 중 노유자(老幼者) 시설 및 수련시설: 200제곱미터
3. 정신건강증진 및 정신질환자 복지서비스 지원에 관한 법률 제3조 제5호에 따른 정신의료기관(입원실이 없는 정신건강의학과 의원은 제외하며, 이하 "정신의료기관"이라 한다): 300제곱미터
4. 장애인복지법 제58조 제1항 제4호에 따른 장애인 의료재활시설(이하 "의료재활시설"이라 한다): 300제곱미터

### 002 | 건축허가등의 동의대상물의 범위
답 ③

1. 연면적이 400제곱미터($m^2$) 이상인 건축물이나 시설. 다만, 다음의 어느 하나에 해당하는 건축물이나 시설은 해당 목에서 정한 기준 이상인 건축물이나 시설로 한다.
   ① 학교시설사업 촉진법에 따라 건축 등을 하려는 학교시설: 100제곱미터($m^2$)
   ② 노유자(老幼者)시설 및 수련시설: 200제곱미터($m^2$)
   ③ 정신의료기관(입원실이 없는 정신건강의학과 의원은 제외하며, 이하 "정신의료기관"이라 한다): 300제곱미터($m^2$)
   ④ 장애인복지법 제58조 제1항 제4호에 따른 장애인 의료재활시설(이하 "의료재활시설"이라 한다): 300제곱미터($m^2$)
2. 지하층 또는 무창층이 있는 건축물로서 바닥면적이 150제곱미터($m^2$)[공연장의 경우에는 100제곱미터($m^2$)] 이상인 층이 있는 것
3. 차고·주차장 또는 주차 용도로 사용되는 시설로서 다음의 어느 하나에 해당하는 것
   ① 차고·주차장으로 사용되는 바닥면적이 200제곱미터($m^2$) 이상인 층이 있는 건축물이나 주차시설

② 승강기 등 기계장치에 의한 주차시설로서 자동차 20대 이상을 주차할 수 있는 시설
4. 층수가 6층 이상인 건축물
5. 항공기 격납고, 관망탑, 항공관제탑, 방송용 송수신탑
6. 의원(입원실이 있는 것으로 한정한다)·조산원·산후조리원, 위험물 저장 및 처리 시설, 발전시설 중 풍력발전소·전기저장시설, 지하구(地下溝)
7. 노유자시설 중 생활시설. 다만, 단독주택 또는 공동주택에 설치되는 시설은 제외한다.
8. 의료법에 따른 요양병원. 다만, 의료재활시설은 제외한다.
9. 공장 또는 창고시설로서 화재의 예방 및 안전관리에 관한 법률 시행령 별표 2에서 정하는 수량의 750배 이상의 특수가연물을 저장·취급하는 것
10. 가스시설로서 지상에 노출된 탱크의 저장용량의 합계가 100톤 이상인 것

## 003 | 건축허가등의 동의대상물의 범위                        답 ③

1. 연면적이 400제곱미터(m²) 이상인 건축물이나 시설. 다만, 다음의 어느 하나에 해당하는 건축물이나 시설은 해당 목에서 정한 기준 이상인 건축물이나 시설로 한다.
   ① 학교시설사업 촉진법에 따라 건축 등을 하려는 학교시설: 100제곱미터(m²)
   ② 노유자(老幼者)시설 및 수련시설: 200제곱미터(m²)
   ③ 정신의료기관(입원실이 없는 정신건강의학과 의원은 제외하며, 이하 "정신의료기관"이라 한다): 300제곱미터(m²)
   ④ 장애인복지법 제58조 제1항 제4호에 따른 장애인 의료재활시설(이하 "의료재활시설"이라 한다): 300제곱미터(m²)
2. 지하층 또는 무창층이 있는 건축물로서 바닥면적이 150제곱미터(m²)[공연장의 경우에는 100제곱미터(m²)] 이상인 층이 있는 것
3. 차고·주차장 또는 주차 용도로 사용되는 시설로서 다음의 어느 하나에 해당하는 것
   ① 차고·주차장으로 사용되는 바닥면적이 200제곱미터(m²) 이상인 층이 있는 건축물이나 주차시설
   ② 승강기 등 기계장치에 의한 주차시설로서 자동차 20대 이상을 주차할 수 있는 시설
4. 층수가 6층 이상인 건축물
5. 항공기 격납고, 관망탑, 항공관제탑, 방송용 송수신탑
6. 의원(입원실이 있는 것으로 한정한다)·조산원·산후조리원, 위험물 저장 및 처리 시설, 발전시설 중 풍력발전소·전기저장시설, 지하구(地下溝)
7. 노유자시설 중 생활시설. 다만, 단독주택 또는 공동주택에 설치되는 시설은 제외한다.
8. 의료법에 따른 요양병원. 다만, 의료재활시설은 제외한다.
9. 공장 또는 창고시설로서 화재의 예방 및 안전관리에 관한 법률 시행령 별표 2에서 정하는 수량의 750배 이상의 특수가연물을 저장·취급하는 것
10. 가스시설로서 지상에 노출된 탱크의 저장용량의 합계가 100톤 이상인 것

## 004 | 건축허가등의 동의대상물의 범위                        답 ③

1. 연면적이 400제곱미터(m²) 이상인 건축물이나 시설. 다만, 다음의 어느 하나에 해당하는 건축물이나 시설은 해당 목에서 정한 기준 이상인 건축물이나 시설로 한다.
   ① 학교시설사업 촉진법에 따라 건축 등을 하려는 학교시설: 100제곱미터(m²)
   ② 노유자(老幼者)시설 및 수련시설: 200제곱미터(m²)
   ③ 정신의료기관(입원실이 없는 정신건강의학과 의원은 제외하며, 이하 "정신의료기관"이라 한다): 300제곱미터(m²)
   ④ 장애인복지법 제58조 제1항 제4호에 따른 장애인 의료재활시설(이하 "의료재활시설"이라 한다): 300제곱미터(m²)
2. 지하층 또는 무창층이 있는 건축물로서 바닥면적이 150제곱미터(m²)[공연장의 경우에는 100제곱미터(m²)] 이상인 층이 있는 것
3. 차고·주차장 또는 주차 용도로 사용되는 시설로서 다음의 어느 하나에 해당하는 것
   ① 차고·주차장으로 사용되는 바닥면적이 200제곱미터(m²) 이상인 층이 있는 건축물이나 주차시설
   ② 승강기 등 기계장치에 의한 주차시설로서 자동차 20대 이상을 주차할 수 있는 시설
4. 층수가 6층 이상인 건축물
5. 항공기 격납고, 관망탑, 항공관제탑, 방송용 송수신탑
6. 의원(입원실이 있는 것으로 한정한다)·조산원·산후조리원, 위험물 저장 및 처리 시설, 발전시설 중 풍력발전소·전기저장시설, 지하구(地下溝)
7. 노유자시설 중 생활시설. 다만, 단독주택 또는 공동주택에 설치되는 시설은 제외한다.
8. 의료법에 따른 요양병원. 다만, 의료재활시설은 제외한다.
9. 공장 또는 창고시설로서 화재의 예방 및 안전관리에 관한 법률 시행령 별표 2에서 정하는 수량의 750배 이상의 특수가연물을 저장·취급하는 것
10. 가스시설로서 지상에 노출된 탱크의 저장용량의 합계가 100톤 이상인 것

## 005 | 건축허가등의 동의 요구시 제출서류                        답 ③

1. 건축허가등을 확인할 수 있는 서류의 사본. 이 경우 동의 요구를 받은 담당 공무원은 특별한 사정이 있는 경우를 제외하고는 전자정부법 제36조 제1항에 따른 행정정보의 공동 이용을 통하여 건축허가서를 확인함으로써 첨부서류의 제출을 갈음할 수 있다.
2. 설계도서
   ① 건축물 설계도서
   ② 소방시설 설계도서
3. 소방시설 설치계획표
4. 임시소방시설 설치계획서(설치시기·위치·종류·방법 등 임시소방시설의 설치와 관련된 세부 사항을 포함한다)
5. 소방시설공사업법에 따라 등록한 소방시설설계업등록증과 소방시설을 설계한 기술인력의 기술자격증 사본
6. 소방시설공사업법에 따라 체결한 소방시설설계 계약서 사본

## 006 | 주택용소방시설

답 ④

주택용 소방시설이란 소화기 및 단독경보형 감지기를 말한다.

## 007 | 주택에 설치하는 소방시설

답 ③

주택용소방시설의 설치기준 및 자율적인 안전관리 등에 관한 사항은 시·도의 조례로 정한다.

## 008 | 소방시설기준 적용의 특례

답 ③

소방본부장이나 소방서장은 대통령령 또는 화재안전기준이 변경되어 그 기준이 강화되는 경우 기존의 특정소방대상물의 소방시설에 대하여는 변경 전의 대통령령 또는 화재안전기준을 적용한다. 다만, 다음의 어느 하나에 해당하는 소방시설의 경우에는 대통령령 또는 화재안전기준의 변경으로 강화된 기준을 적용할 수 있다.
1. 다음의 소방시설 중 대통령령 또는 화재안전기준으로 정하는 것
   ① 소화기구
   ② 비상경보설비
   ③ 자동화재탐지설비
   ④ 자동화재속보설비
   ⑤ 피난구조설비
2. 다음의 특정소방대상물에 설치하는 소방시설 중 대통령령 또는 화재안전기준으로 정하는 것
   ① 국토의 계획 및 이용에 관한 법률 제2조 제9호에 따른 공동구
   ② 전력 및 통신사업용 지하구
   ③ 노유자(老幼者)시설
   ④ 의료시설
3. 대통령령으로 정하는 것
   ① 국토의 계획 및 이용에 관한 법률 제2조 제9호에 따른 공동구에 설치하는 소화기, 자동소화장치, 자동화재탐지설비, 통합감시시설, 유도등 및 연소방지설비
   ② 전력 및 통신사업용 지하구에 설치하는 소화기, 자동소화장치, 자동화재탐지설비, 통합감시시설, 유도등 및 연소방지설비
   ③ 노유자시설에 설치하는 간이스프링클러설비, 자동화재탐지설비 및 단독경보형 감지기
   ④ 의료시설에 설치하는 스프링클러설비, 간이스프링클러설비, 자동화재탐지설비 및 자동화재속보설비

## 009 | 소방시설기준 적용의 특례

답 ④

소방본부장이나 소방서장은 대통령령 또는 화재안전기준이 변경되어 그 기준이 강화되는 경우 기존의 특정소방대상물의 소방시설에 대하여는 변경 전의 대통령령 또는 화재안전기준을 적용한다. 다만, 다음의 어느 하나에 해당하는 소방시설의 경우에는 대통령령 또는 화재안전기준의 변경으로 강화된 기준을 적용할 수 있다.

1. 다음의 소방시설 중 대통령령 또는 화재안전기준으로 정하는 것
   ① 소화기구
   ② 비상경보설비
   ③ 자동화재탐지설비
   ④ 자동화재속보설비
   ⑤ 피난구조설비
2. 다음의 특정소방대상물에 설치하는 소방시설 중 대통령령 또는 화재안전기준으로 정하는 것
   ① 국토의 계획 및 이용에 관한 법률 제2조 제9호에 따른 공동구
   ② 전력 및 통신사업용 지하구
   ③ 노유자(老幼者)시설
   ④ 의료시설
3. 대통령령으로 정하는 것
   ① 국토의 계획 및 이용에 관한 법률 제2조 제9호에 따른 공동구에 설치하는 소화기, 자동소화장치, 자동화재탐지설비, 통합감시시설, 유도등 및 연소방지설비
   ② 전력 및 통신사업용 지하구에 설치하는 소화기, 자동소화장치, 자동화재탐지설비, 통합감시시설, 유도등 및 연소방지설비
   ③ 노유자시설에 설치하는 간이스프링클러설비, 자동화재탐지설비 및 단독경보형 감지기
   ④ 의료시설에 설치하는 스프링클러설비, 간이스프링클러설비, 자동화재탐지설비 및 자동화재속보설비

## 010 | 소방시설기준 적용의 특례

답 ①

소방본부장이나 소방서장은 대통령령 또는 화재안전기준이 변경되어 그 기준이 강화되는 경우 기존의 특정소방대상물의 소방시설에 대하여는 변경 전의 대통령령 또는 화재안전기준을 적용한다. 다만, 다음의 어느 하나에 해당하는 소방시설의 경우에는 대통령령 또는 화재안전기준의 변경으로 강화된 기준을 적용할 수 있다.
1. 다음의 소방시설 중 대통령령 또는 화재안전기준으로 정하는 것
   ① 소화기구
   ② 비상경보설비
   ③ 자동화재탐지설비
   ④ 자동화재속보설비
   ⑤ 피난구조설비
2. 다음의 특정소방대상물에 설치하는 소방시설 중 대통령령 또는 화재안전기준으로 정하는 것
   ① 국토의 계획 및 이용에 관한 법률 제2조 제9호에 따른 공동구
   ② 전력 및 통신사업용 지하구
   ③ 노유자(老幼者)시설
   ④ 의료시설
3. 대통령령으로 정하는 것
   ① 국토의 계획 및 이용에 관한 법률 제2조 제9호에 따른 공동구에 설치하는 소화기, 자동소화장치, 자동화재탐지설비, 통합감시시설, 유도등 및 연소방지설비

② 전력 및 통신사업용 지하구에 설치하는 소화기, 자동소화장치, 자동화재탐지설비, 통합감시시설, 유도등 및 연소방지설비

③ 노유자시설에 설치하는 간이스프링클러설비, 자동화재탐지설비 및 단독경보형 감지기

④ 의료시설에 설치하는 스프링클러설비, 간이스프링클러설비, 자동화재탐지설비 및 자동화재속보설비

## 011 특정소방대상물의 증축 또는 용도변경  답 ④

특정소방대상물의 증축 또는 용도변경 시의 소방시설기준 적용의 특례

1. 소방본부장 또는 소방서장은 특정소방대상물이 증축되는 경우에는 기존 부분을 포함한 특정소방대상물의 전체에 대하여 증축 당시의 소방시설의 설치에 관한 대통령령 또는 화재안전기준을 적용해야 한다. 다만, 다음의 어느 하나에 해당하는 경우에는 기존 부분에 대해서는 증축 당시의 소방시설의 설치에 관한 대통령령 또는 화재안전기준을 적용하지 않는다.

① 기존 부분과 증축 부분이 내화구조(耐火構造)로 된 바닥과 벽으로 구획된 경우

② 기존 부분과 증축 부분이 건축법 시행령 제46조 제1항 제2호에 따른 자동방화셔터(이하 "자동방화셔터"라 한다) 또는 같은 영 제64조 제1항 제1호에 따른 60분+방화문(이하 "60분+방화문"이라 한다)으로 구획되어 있는 경우

③ 자동차 생산공장 등 화재 위험이 낮은 특정소방대상물 내부에 연면적 33제곱미터(m²) 이하의 직원 휴게실을 증축하는 경우

④ 자동차 생산공장 등 화재 위험이 낮은 특정소방대상물에 캐노피(기둥으로 받치거나 매달아 놓은 덮개를 말하며, 3면 이상에 벽이 없는 구조의 것을 말한다)를 설치하는 경우

2. 소방본부장 또는 소방서장은 특정소방대상물이 용도변경되는 경우에는 용도변경되는 부분에 대해서만 용도변경 당시의 소방시설의 설치에 관한 대통령령 또는 화재안전기준을 적용한다. 다만, 다음의 어느 하나에 해당하는 경우에는 특정소방대상물 전체에 대하여 용도변경 전에 해당 특정소방대상물에 적용되던 소방시설의 설치에 관한 대통령령 또는 화재안전기준을 적용한다.

① 특정소방대상물의 구조·설비가 화재연소 확대 요인이 적어지거나 피난 또는 화재진압활동이 쉬워지도록 변경되는 경우

② 용도변경으로 인하여 천장·바닥·벽 등에 고정되어 있는 가연성 물질의 양이 줄어드는 경우

## 012 특정소방대상물의 증축  답 ④

특정소방대상물의 증축 시의 소방시설기준 적용의 특례

소방본부장 또는 소방서장은 특정소방대상물이 증축되는 경우에는 기존 부분을 포함한 특정소방대상물의 전체에 대하여 증축 당시의 소방시설의 설치에 관한 대통령령 또는 화재안전기준을 적용해야 한다. 다만, 다음의 어느 하나에 해당하는 경우에는 기존 부분에 대해서는 증축 당시의 소방시설의 설치에 관한 대통령령 또는 화재안전기준을 적용하지 않는다.

1. 기존 부분과 증축 부분이 내화구조(耐火構造)로 된 바닥과 벽으로 구획된 경우

2. 기존 부분과 증축 부분이 건축법 시행령 제46조 제1항 제2호에 따른 자동방화셔터(이하 "자동방화셔터"라 한다) 또는 같은 영 제64조 제1항 제1호에 따른 60분+방화문(이하 "60분+방화문"이라 한다)으로 구획되어 있는 경우

3. 자동차 생산공장 등 화재 위험이 낮은 특정소방대상물 내부에 연면적 33제곱미터(m²) 이하의 직원 휴게실을 증축하는 경우

4. 자동차 생산공장 등 화재 위험이 낮은 특정소방대상물에 캐노피(기둥으로 받치거나 매달아 놓은 덮개를 말하며, 3면 이상에 벽이 없는 구조의 것을 말한다)를 설치하는 경우

## 013 소방시설을 설치하지 않을 수 있는 특정소방대상물  답 ①

소방시설을 설치하지 않을 수 있는 특정소방대상물 및 소방시설의 범위

| 구분 | 특정소방대상물 | 설치하지 않을 수 있는 소방시설 |
| --- | --- | --- |
| 1. 화재 위험도가 낮은 특정소방대상물 | 석재, 불연성금속, 불연성 건축재료 등의 가공공장·기계조립 공장 또는 불연성 물품을 저장하는 창고 | 옥외소화전 및 연결살수설비 |
| 2. 화재안전기준을 적용하기 어려운 특정소방대상물 | 펄프공장의 작업장, 음료수 공장의 세정 또는 충전을 하는 작업장, 그 밖에 이와 비슷한 용도로 사용하는 것 | 스프링클러설비, 상수도소화용수설비 및 연결살수설비 |
| | 정수장, 수영장, 목욕장, 농예·축산·어류양식용 시설, 그 밖에 이와 비슷한 용도로 사용되는 것 | 자동화재탐지설비, 상수도소화용수설비 및 연결살수설비 |
| 3. 화재안전기준을 달리 적용해야 하는 특수한 용도 또는 구조를 가진 특정소방대상물 | 원자력발전소, 중·저준위방사성폐기물의 저장시설 | 연결송수관설비 및 연결살수설비 |
| 4. 위험물안전관리법 제19조에 따른 자체소방대가 설치된 특정소방대상물 | 자체소방대가 설치된 제조소등에 부속된 사무실 | 옥내소화전설비, 소화용수설비, 연결살수설비 및 연결송수관설비 |

## 014 | 소방시설을 설치하지 않을 수 있는 특정소방대상물    답 ①

| 구분 | 특정소방대상물 | 설치하지 않을 수 있는 소방시설 |
|---|---|---|
| 화재 위험도가 낮은 특정소방대상물 | 석재, 불연성금속, 불연성 건축재료 등의 가공공장·기계조립공장 또는 불연성 물품을 저장하는 창고 | 옥외소화전 및 연결살수설비 |

## 015 | 소방시설을 설치하지 않을 수 있는 특정소방대상물    답 ①

| 구분 | 특정소방대상물 | 설치하지 않을 수 있는 소방시설 |
|---|---|---|
| 화재안전기준을 적용하기 어려운 특정소방대상물 | 펄프공장의 작업장, 음료수 공장의 세정 또는 충전을 하는 작업장, 그 밖에 이와 비슷한 용도로 사용하는 것 | 스프링클러설비, 상수도소화용수설비 및 연결살수설비 |
| | 정수장, 수영장, 목욕장, 농예·축산·어류양식용 시설, 그 밖에 이와 비슷한 용도로 사용되는 것 | 자동화재탐지설비, 상수도소화용수설비 및 연결살수설비 |

## 016 | 자동화재탐지설비(면제)    답 ①

| 자동화재탐지설비 (면제) | 기준: 자동화재탐지설비의 기능(감지·수신·경보기능을 말한다)과 성능을 가진 화재알림설비, 스프링클러설비 또는 물분무등소화설비를 화재안전기준에 적합하게 설치한 경우에는 그 설비의 유효범위에서 설치가 면제된다. |
|---|---|

## 017 | 설치를 면제할 수 없는 소화설비    답 ③

기능과 성능이 유사한 경우 소방시설의 설치 면제를 제외하는 경우: 소화기구(주거용 주방자동소화장치 및 상업용 주방자동소화장치)

## 018 | 소방시설의 내진설계    답 ④

소방시설 중 옥내소화전설비, 스프링클러설비, 물분무등소화설비를 말한다.

## 019 | 수용인원의 산정 방법    답 ①

1. 숙박시설이 있는 특정소방대상물
   ① 침대가 있는 숙박시설: 해당 특정소방대상물의 종사자 수에 침대 수(2인용 침대는 2개로 산정한다)를 합한 수
   ② 침대가 없는 숙박시설: 해당 특정소방대상물의 종사자 수에 숙박시설 바닥면적의 합계를 3제곱미터($m^2$)로 나누어 얻은 수를 합한 수

2. 1. 외의 특정소방대상물
   ① 강의실·교무실·상담실·실습실·휴게실 용도로 쓰는 특정소방대상물: 해당 용도로 사용하는 바닥면적의 합계를 1.9제곱미터($m^2$)로 나누어 얻은 수
   ② 강당, 문화 및 집회시설, 운동시설, 종교시설: 해당 용도로 사용하는 바닥면적의 합계를 4.6제곱미터($m^2$)로 나누어 얻은 수(관람석이 있는 경우 고정식 의자를 설치한 부분은 그 부분의 의자 수로 하고, 긴 의자의 경우에는 의자의 정면너비를 0.45미터로 나누어 얻은 수로 한다)
   ③ 그 밖의 특정소방대상물: 해당 용도로 사용하는 바닥면적의 합계를 3제곱미터($m^2$)로 나누어 얻은 수

▶ 비고
1. 위에서 바닥면적을 산정할 때에는 복도(건축법 시행령 제2조 제11호에 따른 준불연재료 이상의 것을 사용하여 바닥에서 천장까지 벽으로 구획한 것을 말한다), 계단 및 화장실의 바닥면적을 포함하지 않는다.
2. 계산 결과 소수점 이하의 수는 반올림한다.

## 020 | 수용인원의 산정방법    답 ④

1. 강의실·교무실·상담실·실습실·휴게실 용도로 쓰이는 특정소방대상물: 해당 용도로 사용하는 바닥면적의 합계를 1.9제곱미터($m^2$)로 나누어 얻은 수
2. 강당, 문화 및 집회시설, 운동시설, 종교시설: 해당 용도로 사용하는 바닥면적의 합계를 4.6제곱미터($m^2$)로 나누어 얻은 수(관람석이 있는 경우 고정식 의자를 설치한 부분은 그 부분의 의자 수로 하고, 긴 의자의 경우에는 의자의 정면너비를 0.45미터로 나누어 얻은 수로 한다)

$$수용인원 = \frac{바닥면적(m^2)}{1.9(m^2)} = \frac{190}{1.9} = 100명$$

## 021 | 임시소방시설의 종류    답 ②

1. 소화기
2. 간이소화장치: 물을 방사(放射)하여 화재를 진화할 수 있는 장치로서 소방청장이 정하는 성능을 갖추고 있을 것
3. 비상경보장치: 화재가 발생한 경우 주변에 있는 작업자에게 화재사실을 알릴 수 있는 장치로서 소방청장이 정하는 성능을 갖추고 있을 것
4. 가스누설경보기: 가연성 가스가 누설되거나 발생된 경우 이를 탐지하여 경보하는 장치로서 법 제37조에 따른 형식승인 및 제품검사를 받은 것
5. 간이피난유도선: 화재가 발생한 경우 피난구 방향을 안내할 수 있는 장치로서 소방청장이 정하는 성능을 갖추고 있을 것
6. 비상조명등: 화재가 발생한 경우 안전하고 원활한 피난활동을 할 수 있도록 자동 점등되는 조명장치로서 소방청장이 정하는 성능을 갖추고 있을 것
7. 방화포: 용접·용단 등의 작업 시 발생하는 불티로부터 가연물이 점화되는 것을 방지해주는 천 또는 불연성 물품으로서 소방청장이 정하는 성능을 갖추고 있을 것

## 022 │ 임시소방시설의 종류  답 ④

1. 소화기
2. 간이소화장치: 물을 방사(放射)하여 화재를 진화할 수 있는 장치로서 소방청장이 정하는 성능을 갖추고 있을 것
3. 비상경보장치: 화재가 발생한 경우 주변에 있는 작업자에게 화재사실을 알릴 수 있는 장치로서 소방청장이 정하는 성능을 갖추고 있을 것
4. 가스누설경보기: 가연성 가스가 누설되거나 발생된 경우 이를 탐지하여 경보하는 장치로서 법 제37조에 따른 형식승인 및 제품검사를 받은 것
5. 간이피난유도선: 화재가 발생한 경우 피난구 방향을 안내할 수 있는 장치로서 소방청장이 정하는 성능을 갖추고 있을 것
6. 비상조명등: 화재가 발생한 경우 안전하고 원활한 피난활동을 할 수 있도록 자동 점등되는 조명장치로서 소방청장이 정하는 성능을 갖추고 있을 것
7. 방화포: 용접·용단 등의 작업 시 발생하는 불티로부터 가연물이 점화되는 것을 방지해주는 천 또는 불연성 물품으로서 소방청장이 정하는 성능을 갖추고 있을 것

## 023 │ 성능위주설계  답 ④

성능위주설계를 해야 하는 특정소방대상물의 범위(신축하는 것만 해당한다)
1. 연면적 20만제곱미터 이상인 특정소방대상물(아파트등 제외)
2. 50층 이상(지하층은 제외한다)이거나 지상으로부터 높이가 200미터 이상인 아파트등
3. 30층 이상(지하층을 포함한다)이거나 지상으로부터 높이가 120미터 이상인 특정소방대상물(아파트등은 제외한다)
4. 연면적 3만제곱미터($m^2$) 이상인 특정소방대상물로서
   ① 철도 및 도시철도 시설
   ② 공항시설
5. 창고시설 중 연면적 10만제곱미터 이상인 것 또는 지하층의 층수가 2개 층 이상이고 지하층의 바닥면적의 합계가 3만제곱미터($m^2$) 이상인 것
6. 하나의 건축물에 영화 및 비디오물의 진흥에 관한 법률에 따른 영화상영관이 10개 이상인 특정소방대상물
7. 초고층 및 지하연계 복합건축물 재난관리에 관한 특별법에 따른 지하연계 복합건축물에 해당하는 특정소방대상물
8. 터널 중 수저(水底)터널 또는 길이가 5천미터 이상인 것

## 024 │ 성능위주설계  답 ③

성능위주설계를 해야 하는 특정소방대상물의 범위(신축하는 것만 해당한다)
1. 연면적 20만제곱미터($m^2$) 이상인 특정소방대상물(아파트등 제외)
2. 50층 이상(지하층은 제외한다)이거나 지상으로부터 높이가 200미터 이상인 아파트등
3. 30층 이상(지하층을 포함한다)이거나 지상으로부터 높이가 120미터 이상인 특정소방대상물(아파트등은 제외한다)
4. 연면적 3만제곱미터 이상인 특정소방대상물로서
   ① 철도 및 도시철도 시설

② 공항시설
5. 창고시설 중 연면적 10만제곱미터($m^2$) 이상인 것 또는 지하층의 층수가 2개 층 이상이고 지하층의 바닥면적의 합계가 3만제곱미터($m^2$) 이상인 것
6. 하나의 건축물에 영화 및 비디오물의 진흥에 관한 법률에 따른 영화상영관이 10개 이상인 특정소방대상물
7. 초고층 및 지하연계 복합건축물 재난관리에 관한 특별법에 따른 지하연계 복합건축물에 해당하는 특정소방대상물
8. 터널 중 수저(水底)터널 또는 길이가 5천미터 이상인 것

## 025 │ 성능위주설계  답 ④

성능위주설계를 해야 하는 특정소방대상물의 범위(신축하는 것만 해당한다)
1. 연면적 20만제곱미터($m^2$) 이상인 특정소방대상물(아파트등 제외)
2. 50층 이상(지하층은 제외한다)이거나 지상으로부터 높이가 200미터 이상인 아파트등
3. 30층 이상(지하층을 포함한다)이거나 지상으로부터 높이가 120미터 이상인 특정소방대상물(아파트등은 제외한다)
4. 연면적 3만제곱미터($m^2$) 이상인 특정소방대상물로서
   ① 철도 및 도시철도 시설
   ② 공항시설
5. 창고시설 중 연면적 10만제곱미터($m^2$) 이상인 것 또는 지하층의 층수가 2개 층 이상이고 지하층의 바닥면적의 합계가 3만제곱미터($m^2$) 이상인 것
6. 하나의 건축물에 영화 및 비디오물의 진흥에 관한 법률에 따른 영화상영관이 10개 이상인 특정소방대상물
7. 초고층 및 지하연계 복합건축물 재난관리에 관한 특별법에 따른 지하연계 복합건축물에 해당하는 특정소방대상물
8. 터널 중 수저(水底)터널 또는 길이가 5천미터 이상인 것

## 026 │ 성능위주설계  답 ①

성능위주설계를 해야 하는 특정소방대상물의 범위(신축하는 것만 해당한다)
1. 연면적 20만제곱미터($m^2$) 이상인 특정소방대상물(아파트등 제외)
2. 50층 이상(지하층은 제외한다)이거나 지상으로부터 높이가 200미터 이상인 아파트등
3. 30층 이상(지하층을 포함한다)이거나 지상으로부터 높이가 120미터 이상인 특정소방대상물(아파트등은 제외한다)
4. 연면적 3만제곱미터($m^2$) 이상인 특정소방대상물로서
   ① 철도 및 도시철도 시설
   ② 공항시설
5. 창고시설 중 연면적 10만제곱미터($m^2$) 이상인 것 또는 지하층의 층수가 2개 층 이상이고 지하층의 바닥면적의 합계가 3만제곱미터($m^2$) 이상인 것
6. 하나의 건축물에 영화 및 비디오물의 진흥에 관한 법률에 따른 영화상영관이 10개 이상인 특정소방대상물
7. 초고층 및 지하연계 복합건축물 재난관리에 관한 특별법에 따른 지하연계 복합건축물에 해당하는 특정소방대상물
8. 터널 중 수저(水底)터널 또는 길이가 5천미터 이상인 것

### 027  주거용 주방자동소화장치  답 ①

주거용 주방자동소화장치를 설치해야 하는 것: 아파트등 및 오피스텔의 모든 층

### 028  옥내소화전설비  답 ④

옥내소화전설비를 설치해야 하는 특정소방대상물
옥내소화전설비를 설치해야 하는 특정소방대상물. 단, 위험물 저장 및 처리 시설 중 가스시설, 지하구 및 업무시설 중 무인변전소(방재실 등에서 스프링클러설비 또는 물분무등소화설비를 원격으로 조정할 수 있는 무인변전소로 한정한다)는 제외한다.
1. 다음의 어느 하나에 해당하는 경우에는 모든 층
   - 연면적 3천m² 이상인 것(지하가 중 터널은 제외한다)
   - 지하층·무창층(축사는 제외한다)으로서 바닥면적이 600m² 이상인 층이 있는 것
   - 층수가 4층 이상인 것 중 바닥면적이 600m² 이상인 층이 있는 것
2. 1.에 해당하지 않는 근린생활시설, 판매시설, 운수시설, 의료시설, 노유자 시설, 업무시설, 숙박시설, 위락시설, 공장, 창고시설, 항공기 및 자동차 관련 시설, 교정 및 군사시설 중 국방·군사시설, 방송통신시설, 발전시설, 장례시설 또는 복합건축물로서 다음의 어느 하나에 해당하는 경우에는 모든 층
   - 연면적 1천5백m² 이상인 것
   - 지하층·무창층으로서 바닥면적이 300m² 이상인 층이 있는 것
   - 층수가 4층 이상인 것 중 바닥면적이 300m² 이상인 층이 있는 것
3. 건축물의 옥상에 설치된 차고·주차장으로서 사용되는 면적이 200m² 이상인 경우 해당 부분
4. 지하가 중 터널로서 다음에 해당하는 터널
   - 길이가 1천m 이상인 터널
   - 예상교통량, 경사도 등 터널의 특성을 고려하여 행정안전부령으로 정하는 터널
5. 1. 및 2.에 해당하지 않는 공장 또는 창고시설로서 화재의 예방 및 안전관리에 관한 법률 시행령 별표 2에서 정하는 수량의 750배 이상의 특수가연물을 저장·취급하는 것

### 029  간이스프링클러설비  답 ④

간이스프링클러설비를 설치해야 하는 특정소방대상물
1. 공동주택 중 연립주택 및 다세대주택(연립주택 및 다세대주택에 설치하는 간이스프링클러설비는 화재안전기준에 따른 주택전용 간이스프링클러설비를 설치한다)
2. 근린생활시설 중 다음의 어느 하나에 해당하는 것
   ① 근린생활시설로 사용하는 부분의 바닥면적 합계가 1천제곱미터(m²) 이상인 것은 모든 층
   ② 의원, 치과의원 및 한의원으로서 입원실이 있는 시설
   ③ 조산원 및 산후조리원으로서 연면적 600제곱미터(m²) 미만인 시설

3. 의료시설 중 다음의 어느 하나에 해당하는 시설
   ① 종합병원, 병원, 치과병원, 한방병원 및 요양병원(의료재활시설은 제외한다)으로 사용되는 바닥면적의 합계가 600제곱미터(m²) 미만인 시설
   ② 정신의료기관 또는 의료재활시설로 사용되는 바닥면적의 합계가 300제곱미터(m²) 이상 600제곱미터(m²) 미만인 시설
   ③ 정신의료기관 또는 의료재활시설로 사용되는 바닥면적의 합계가 300제곱미터(m²) 미만이고, 창살(철재·플라스틱 또는 목재 등으로 사람의 탈출 등을 막기 위하여 설치한 것을 말하며, 화재 시 자동으로 열리는 구조로 되어 있는 (창살은 제외한다)이 설치된 시설
4. 교육연구시설 내에 합숙소로서 연면적 100제곱미터(m²) 이상인 경우에는 모든 층
5. 노유자시설로서 다음의 어느 하나에 해당하는 시설
   ① 노유자 생활시설
   ② ①에 해당하지 않는 노유자시설로 해당 시설로 사용하는 바닥면적의 합계가 300제곱미터(m²) 이상 600제곱미터(m²) 미만인 시설
   ③ ①에 해당하지 않는 노유자 시설로 해당 시설로 사용하는 바닥면적의 합계가 300제곱미터(m²) 미만이고, 창살(철재·플라스틱 또는 목재 등으로 사람의 탈출 등을 막기 위하여 설치한 것을 말하며, 화재 시 자동으로 열리는 구조로 되어 있는 창살은 제외한다)이 설치된 시설
6. 숙박시설로 사용되는 바닥면적의 합계가 300제곱미터(m²) 이상 600제곱미터(m²) 미만인 시설
7. 건물을 임차하여 출입국관리법에 따른 보호시설로 사용하는 부분
8. 복합건축물(주택용도와 함께사용되는 복합건축물만 해당한다)로서 연면적 1천제곱미터(m²) 이상인 것은 모든 층

### 030  스프링클러설비  답 ②

스프링클러설비를 설치해야 하는 특정소방대상물
1. 수련시설 내에 있는 학생 수용을 위한 기숙사로서 연면적 5천m² 이상인 경우
2. 교육연구시설 내에 있는 기숙사로서 연면적 5천m² 이상인 경우
3. 숙박시설로 사용되는 바닥면적의 합계가 600m² 이상인 경우
4. 영화상영관의 용도로 쓰는 층의 바닥면적이 1천m² 이상인 경우

### 031  스프링클러설비  답 ②

스프링클러설비를 설치해야 하는 특정소방대상물
판매시설, 운수시설 및 창고시설(물류터미널로 한정한다)로서 바닥면적의 합계가 5천제곱미터(m²) 이상이거나 수용인원이 500명 이상인 경우에는 모든 층

## 032 | 옥외소화전설비     답 ④

옥외소화전설비를 설치해야 하는 특정소방대상물
옥외소화전설비를 설치해야 하는 특정소방대상물(아파트등, 위험물 저장 및 처리 시설 중 가스시설, 지하구 및 지하가 중 터널은 제외한다)은 다음의 어느 하나에 해당하는 것으로 한다.
1. 지상 1층 및 2층의 바닥면적의 합계가 9천m² 이상인 것. 이 경우 같은 구(區) 내의 둘 이상의 특정소방대상물이 행정안전부령으로 정하는 연소(延燒) 우려가 있는 구조인 경우에는 이를 하나의 특정소방대상물로 본다.
2. 문화재 중 문화재보호법 제23조에 따라 보물 또는 국보로 지정된 목조건축물
3. 1.에 해당하지 않는 공장 또는 창고시설로서 화재의 예방 및 안전관리에 관한 법률 시행령 별표 2에서 정하는 수량의 750배 이상의 특수가연물을 저장·취급하는 것

## 033 | 단독경보형 감지기     답 ②

단독경보형 감지기를 설치하여야 하는 특정소방대상물
연립주택 및 다세대주택에 설치하는 단독경보형 감지기는 연동형으로 설치해야 한다.
1. 교육연구시설 내에 있는 기숙사 또는 합숙소로서 연면적 2천제곱미터(m²) 미만인 것
2. 수련시설 내에 있는 기숙사 또는 합숙소로서 연면적 2천제곱미터(m²) 미만인 것
3. 수련시설(숙박시설이 있는 것만 해당한다)
4. 연면적 400제곱미터(m²) 미만의 유치원
5. 공동주택 중 연립주택 및 다세대주택

## 034 | 소방시설 설치기준     답 ②

아파트등 및 오피스텔의 모든 층에는 주거용주방자동소화장치를 설치하여야 한다.

선지분석
① 지하가 중 터널로서 길이가 1000미터인 터널에는 옥내소화전설비를 설치하여야 한다.
③ 물류터미널을 제외한 창고시설로 바닥면적 합계가 5천제곱미터(m²)인 경우에는 모든 층에 스프링클러설비를 설치하여야 한다.
④ 근린생활시설 중 조산원 및 산후조리원으로서 연면적 600제곱미터(m²) 미만인 시설은 간이스프링클러설비를 설치하여야한다.

## 035 | 소방시설 설치     답 ③

1. 연면적 1천제곱미터(m²) 의 지하가(터널 제외)에 설치해야 할 소방시설: 무선통신보조설비, 제연설비, 스프링클러설비
2. 연소방지설비: 지하구(전력 또는 통신사업용인 것만 해당한다)에 설치

## 036 | 제연설비     답 ①

제연설비를 설치하여야 하는 특정소방대상물
1. 문화 및 집회시설, 종교시설, 운동시설 중 무대부의 바닥면적이 200제곱미터(m²) 이상인 경우에는 해당 무대부
2. 문화 및 집회시설 중 영화상영관으로서 수용인원 100명 이상인 경우에는 해당 영화상영관
3. 지하층이나 무창층에 설치된 근린생활시설, 판매시설, 운수시설, 숙박시설, 위락시설, 의료시설, 노유자시설 또는 창고시설(물류터미널로 한정한다)로서 해당 용도로 사용되는 바닥면적의 합계가 1천제곱미터(m²) 이상인 경우 해당 부분
4. 운수시설 중 시외버스정류장, 철도 및 도시철도 시설, 공항시설 및 항만시설의 대기실 또는 휴게시설로서 지하층 또는 무창층의 바닥면적이 1천제곱미터(m²) 이상인 경우에는 모든 층
5. 지하가(터널은 제외한다)로서 연면적 1천제곱미터(m²) 이상인 것
6. 지하가 중 예상 교통량, 경사도 등 터널의 특성을 고려하여 행정안전부령으로 정하는 터널
7. 특정소방대상물(갓복도형 아파트등은 제외한다)에 부설된 특별피난계단, 비상용 승강기의 승강장 또는 피난용 승강기의 승강장

## 037 | 제연설비     답 ①

제연설비를 설치하여야 하는 특정소방대상물
1. 문화 및 집회시설, 종교시설, 운동시설 중 무대부의 바닥면적이 200제곱미터(m²) 이상인 경우에는 해당 무대부
2. 문화 및 집회시설 중 영화상영관으로서 수용인원 100명 이상인 경우에는 해당 영화상영관
3. 지하층이나 무창층에 설치된 근린생활시설, 판매시설, 운수시설, 숙박시설, 위락시설, 의료시설, 노유자시설 또는 창고시설(물류터미널로 한정한다)로서 해당 용도로 사용되는 바닥면적의 합계가 1천제곱미터(m²) 이상인 경우 해당 부분
4. 운수시설 중 시외버스정류장, 철도 및 도시철도 시설, 공항시설 및 항만시설의 대기실 또는 휴게시설로서 지하층 또는 무창층의 바닥면적이 1천제곱미터(m²) 이상인 경우에는 모든 층
5. 지하가(터널은 제외한다)로서 연면적 1천제곱미터(m²) 이상인 것
6. 지하가 중 예상 교통량, 경사도 등 터널의 특성을 고려하여 행정안전부령으로 정하는 터널
7. 특정소방대상물(갓복도형 아파트등은 제외한다)에 부설된 특별피난계단, 비상용 승강기의 승강장 또는 피난용 승강기의 승강장

## 038 | 소방시설 설치     답 ①

자동화재탐지설비는 지하가 중에서 1000미터 터널에 적용한다.

1. 화재안전기준에 관한 사항
2. 소방시설의 구조 및 원리 등에서 공법이 특수한 설계 및 시공에 관한 사항
3. 소방시설의 설계 및 공사감리의 방법에 관한 사항
4. 소방시설공사의 하자를 판단하는 기준에 관한 사항
5. 제8조 제5항 단서에 따라 신기술·신공법 등 검토·평가에 고도의 기술이 필요한 경우로서 중앙위원회에 심의를 요청한 사항
6. 그 밖에 소방기술 등에 관하여 대통령령으로 정하는 사항
   ① 연면적 10만제곱미터(m²) 이상의 특정소방대상물에 설치된 소방시설의 설계·시공·감리의 하자 유무에 관한 사항
   ② 새로운 소방시설과 소방용품 등의 도입 여부에 관한 사항
   ③ 그 밖에 소방기술과 관련하여 소방청장이 소방기술심의위원회의 심의에 부치는 사항

1. 화재안전기준에 관한 사항
2. 소방시설의 구조 및 원리 등에서 공법이 특수한 설계 및 시공에 관한 사항
3. 소방시설의 설계 및 공사감리의 방법에 관한 사항
4. 소방시설공사의 하자를 판단하는 기준에 관한 사항
5. 제8조 제5항 단서에 따라 신기술·신공법 등 검토·평가에 고도의 기술이 필요한 경우로서 중앙위원회에 심의를 요청한 사항
6. 그 밖에 소방기술 등에 관하여 대통령령으로 정하는 사항
   ① 연면적 10만제곱미터(m²) 이상의 특정소방대상물에 설치된 소방시설의 설계·시공·감리의 하자 유무에 관한 사항
   ② 새로운 소방시설과 소방용품 등의 도입 여부에 관한 사항
   ③ 그 밖에 소방기술과 관련하여 소방청장이 소방기술심의위원회의 심의에 부치는 사항

1. 소방시설에 하자가 있는지의 판단에 관한 사항
2. 그 밖에 소방기술 등에 관하여 대통령령으로 정하는 사항
   ① 연면적 10만제곱미터(m²) 미만의 특정소방대상물에 설치된 소방시설의 설계·시공·감리의 하자 유무에 관한 사항
   ② 소방본부장 또는 소방서장이 제조소등의 시설기준 또는 화재안전기준의 적용에 관하여 기술검토를 요청하는 사항
   ③ 그 밖에 소방기술과 관련하여 시·도지사가 소방기술심의위원회의 심의에 부치는 사항

1. 버너의 불꽃을 제거한 때부터 불꽃을 올리며 연소하는 상태가 그칠 때까지 시간은 20초 이내일 것
2. 버너의 불꽃을 제거한 때부터 불꽃을 올리지 아니하고 연소하는 상태가 그칠 때까지 시간은 30초 이내일 것
3. 탄화(炭化)한 면적은 50제곱센티미터(cm²) 이내, 탄화한 길이는 20센티미터(cm) 이내일 것
4. 불꽃에 의하여 완전히 녹을 때까지 불꽃의 접촉 횟수는 3회 이상일 것
5. 소방청장이 정하여 고시한방법으로 발연량(發煙量)을 측정하는 경우 최대연기밀도는 400 이하일 것

1. 버너의 불꽃을 제거한 때부터 불꽃을 올리며 연소하는 상태가 그칠 때까지 시간은 20초 이내일 것
2. 버너의 불꽃을 제거한 때부터 불꽃을 올리지 아니하고 연소하는 상태가 그칠 때까지 시간은 30초 이내일 것
3. 탄화(炭化)한 면적은 50제곱센티미터 이내, 탄화한 길이는 20센티미터 이내일 것
4. 불꽃에 의하여 완전히 녹을 때까지 불꽃의 접촉 횟수는 3회 이상일 것
5. 소방청장이 정하여 고시한방법으로 발연량(發煙量)을 측정하는 경우 최대연기밀도는 400 이하일 것

방염성능기준 이상의 실내장식물 등을 설치해야 하는 특정소방대상물
   1. 근린생활시설 중 의원, 조산원, 산후조리원, 체력단련장, 공연장 및 종교집회장
   2. 건축물의 옥내에 있는 다음의 시설
      ① 문화 및 집회시설
      ② 종교시설
      ③ 운동시설(수영장은 제외한다)
   3. 의료시설
   4. 교육연구시설 중 합숙소
   5. 노유자시설
   6. 숙박이 가능한 수련시설
   7. 숙박시설
   8. 방송통신시설 중 방송국 및 촬영소
   9. 다중이용업소의 안전관리에 관한 특별법에 따른 다중이용업의 영업소(이하 "다중이용업소"라 한다)
   10. 층수가 11층 이상인 것(아파트등은 제외한다)

방염성능기준 이상의 실내장식물 등을 설치해야 하는 특정소방대상물
   1. 근린생활시설 중 의원, 조산원, 산후조리원, 체력단련장, 공연장 및 종교집회장

2. 건축물의 옥내에 있는 다음의 시설
     ① 문화 및 집회시설
     ② 종교시설
     ③ 운동시설(수영장은 제외한다)
  3. 의료시설
  4. 교육연구시설 중 합숙소
  5. 노유자시설
  6. 숙박이 가능한 수련시설
  7. 숙박시설
  8. 방송통신시설 중 방송국 및 촬영소
  9. 다중이용업소의 안전관리에 관한 특별법에 따른 다중이용업의 영업소(이하 "다중이용업소"라 한다)
  10. 층수가 11층 이상인 것(아파트등은 제외한다)

## 046 | 방염성능기준 이상의 실내장식물 등  답 ④

방염성능기준 이상의 실내장식물 등을 설치해야 하는 특정소방대상물
  1. 근린생활시설 중 의원, 조산원, 산후조리원, 체력단련장, 공연장 및 종교집회장
  2. 건축물의 옥내에 있는 다음의 시설
     ① 문화 및 집회시설
     ② 종교시설
     ③ 운동시설(수영장은 제외한다)
  3. 의료시설
  4. 교육연구시설 중 합숙소
  5. 노유자시설
  6. 숙박이 가능한 수련시설
  7. 숙박시설
  8. 방송통신시설 중 방송국 및 촬영소
  9. 다중이용업소의 안전관리에 관한 특별법에 따른 다중이용업의 영업소(이하 "다중이용업소"라 한다)
  10. 층수가 11층 이상인 것(아파트등은 제외한다)

## 047 | 방염성능기준 이상의 실내장식물 등  답 ④

방염성능기준 이상의 실내장식물 등을 설치해야 하는 특정소방대상물
  1. 근린생활시설 중 의원, 조산원, 산후조리원, 체력단련장, 공연장 및 종교집회장
  2. 건축물의 옥내에 있는 다음의 시설
     ① 문화 및 집회시설
     ② 종교시설
     ③ 운동시설(수영장은 제외한다)
  3. 의료시설
  4. 교육연구시설 중 합숙소
  5. 노유자시설
  6. 숙박이 가능한 수련시설
  7. 숙박시설
  8. 방송통신시설 중 방송국 및 촬영소
  9. 다중이용업소의 안전관리에 관한 특별법에 따른 다중이용업의 영업소(이하 "다중이용업소"라 한다)
  10. 층수가 11층 이상인 것(아파트등은 제외한다)

## 048 | 방염대상 특정소방대상물  답 ④

방염성능기준 이상의 실내장식물 등을 설치해야 하는 특정소방대상물
  1. 근린생활시설 중 의원, 조산원, 산후조리원, 체력단련장, 공연장 및 종교집회장
  2. 건축물의 옥내에 있는 시설
     ① 문화 및 집회시설
     ② 종교시설
     ③ 운동시설(수영장은 제외한다)
  3. 의료시설
  4. 교육연구시설 중 합숙소
  5. 노유자시설
  6. 숙박이 가능한 수련시설
  7. 숙박시설
  8. 방송통신시설 중 방송국 및 촬영소
  9. 다중이용업소
  10. 층수가 11층 이상인 것(아파트는 제외한다)

## 049 | 방염대상물품  답 ④

1. 제조 또는 가공 공정에서 방염처리를 한 다음의 물품
   ① 창문에 설치하는 커튼류(블라인드를 포함한다)
   ② 카펫
   ③ 벽지류(두께가 2밀리미터 미만인 종이벽지는 제외한다)
   ④ 전시용 합판·목재 또는 섬유판, 무대용 합판·목재 또는 섬유판(합판·목재류의 경우 불가피하게 설치 현장에서 방염처리한 것을 포함한다)
   ⑤ 암막·무대막(영화 및 비디오물의 진흥에 관한 법률에 따른 영화상영관에 설치하는 스크린과 다중이용업소의 안전관리에 관한 특별법 시행령에 따른 가상체험 체육시설업에 설치하는 스크린을 포함한다)
   ⑥ 섬유류 또는 합성수지류 등을 원료로 하여 제작된 소파·의자(다중이용업소의 안전관리에 관한 특별법 시행령에 따른 단란주점영업, 유흥주점영업 및 노래연습장업의 영업장에 설치하는 것으로 한정한다)
2. 건축물 내부의 천장이나 벽에 부착하거나 설치하는 다음의 것. 다만, 가구류(옷장, 찬장, 식탁, 식탁용 의자, 사무용 책상, 사무용 의자, 계산대, 그 밖에 이와 비슷한 것을 말한다)와 너비 10센티미터 이하인 반자돌림대 등과 건축법에 따른 내부 마감재료는 제외한다.
   ① 종이류(두께 2밀리미터 이상인 것을 말한다)·합성수지류 또는 섬유류를 주원료로 한 물품
   ② 합판이나 목재
   ③ 공간을 구획하기 위하여 설치하는 간이 칸막이(접이식 등 이동 가능한 벽체나 천장 또는 반자가 실내에 접하는 부분까지 구획하지 않는 벽체를 말한다)
   ④ 흡음(吸音)을 위하여 설치하는 흡음재(흡음용 커튼을 포함한다)
   ⑤ 방음(防音)을 위하여 설치하는 방음재(방음용 커튼을 포함한다)

## 050 | 방염대상물품

1. 제조 또는 가공 공정에서 방염처리를 한 다음의 물품
   ① 창문에 설치하는 커튼류(블라인드를 포함한다)
   ② 카펫
   ③ 벽지류(두께가 2밀리미터 미만인 종이벽지는 제외한다)
   ④ 전시용 합판·목재 또는 섬유판, 무대용 합판·목재 또는 섬유판(합판·목재류의 경우 불가피하게 설치 현장에서 방염처리한 것을 포함한다)
   ⑤ 암막·무대막(영화 및 비디오물의 진흥에 관한 법률에 따른 영화상영관에 설치하는 스크린과 다중이용업소의 안전관리에 관한 특별법 시행령에 따른 가상체험 체육시설업에 설치하는 스크린을 포함한다)
   ⑥ 섬유류 또는 합성수지류 등을 원료로 하여 제작된 소파·의자(다중이용업소의 안전관리에 관한 특별법 시행령에 따른 단란주점영업, 유흥주점영업 및 노래연습장업의 영업장에 설치하는 것으로 한정한다)
2. 건축물 내부의 천장이나 벽에 부착하거나 설치하는 다음의 것. 다만, 가구류(옷장, 찬장, 식탁, 식탁용 의자, 사무용 책상, 사무용 의자, 계산대, 그 밖에 이와 비슷한 것을 말한다)와 너비 10센티미터 이하인 반자돌림대 등과 건축법에 따른 내부 마감재료는 제외한다.
   ① 종이류(두께 2밀리미터 이상인 것을 말한다)·합성수지류 또는 섬유류를 주원료로 한 물품
   ② 합판이나 목재
   ③ 공간을 구획하기 위하여 설치하는 간이 칸막이(접이식 등 이동 가능한 벽체나 천장 또는 반자가 실내에 접하는 부분까지 구획하지 않는 벽체를 말한다)
   ④ 흡음(吸音)을 위하여 설치하는 흡음재(흡음용 커튼을 포함한다)
   ⑤ 방음(防音)을 위하여 설치하는 방음재(방음용 커튼을 포함한다)

---

| 제3장 | 소방시설등의 자체점검 | | | 122p |
|---|---|---|---|---|
| 001 ④ | 002 ③ | 003 ③ | 004 ③ | 005 ① |

---

## 001 | 종합점검 특정소방대상물

1. 해당 특정소방대상물의 소방시설등이 신설된 경우에 해당하는 특정소방대상물
2. 스프링클러설비가 설치된 특정소방대상물
3. 물분무등소화설비[호스릴(hose reel) 방식의 물분무등소화설비만을 설치한 경우는 제외한다]가 설치된 연면적 5,000제곱미터($m^2$) 이상인 특정소방대상물(제조소등은 제외한다)
4. 다중이용업소의 안전관리에 관한 특별법 시행령 제2조 제1호나목, 같은 조 제2호(비디오물소극장업은 제외한다)·제6호·제7호·제7호의2 및 제7호의5의 다중이용업의 영업장이 설치된 특정소방대상물로서 연면적이 2,000제곱미터($m^2$) 이상인 것

5. 제연설비가 설치된 터널
6. 공공기관의 소방안전관리에 관한 규정 제2조에 따른 공공기관 중 연면적(터널·지하구의 경우 그 길이와 평균 폭을 곱하여 계산된 값을 말한다)이 1,000제곱미터($m^2$) 이상인 것으로서 옥내소화전설비 또는 자동화재탐지설비가 설치된 것. 다만, 소방기본법 제2조 제5호에 따른 소방대가 근무하는 공공기관은 제외한다.

---

## 002 | 종합점검 특정소방대상물

1. 해당 특정소방대상물의 소방시설등이 신설된 경우에 해당하는 특정소방대상물
2. 스프링클러설비가 설치된 특정소방대상물
3. 물분무등소화설비[호스릴(hose reel) 방식의 물분무등소화설비만을 설치한 경우는 제외한다]가 설치된 연면적 5,000제곱미터($m^2$) 이상인 특정소방대상물(제조소등은 제외한다)
4. 다중이용업소의 안전관리에 관한 특별법 시행령 제2조 제1호나목, 같은 조 제2호(비디오물소극장업은 제외한다)·제6호·제7호·제7호의2 및 제7호의5의 다중이용업의 영업장이 설치된 특정소방대상물로서 연면적이 2,000제곱미터($m^2$) 이상인 것
5. 제연설비가 설치된 터널
6. 공공기관의 소방안전관리에 관한 규정 제2조에 따른 공공기관 중 연면적(터널·지하구의 경우 그 길이와 평균 폭을 곱하여 계산된 값을 말한다)이 1,000제곱미터($m^2$) 이상인 것으로서 옥내소화전설비 또는 자동화재탐지설비가 설치된 것. 다만, 소방기본법 제2조 제5호에 따른 소방대가 근무하는 공공기관은 제외한다.

---

## 003 | 종합점검의 점검 횟수

1. 연 1회 이상(화재의 예방 및 안전에 관한 법률 시행령의 특급 소방안전관리대상물은 반기에 1회 이상) 실시한다.
2. 1.에도 불구하고 소방본부장 또는 소방서장은 소방청장이 소방안전관리가 우수하다고 인정한 특정소방대상물에 대해서는 3년의 범위에서 소방청장이 고시하거나 정한 기간 동안 종합점검을 면제할 수 있다. 다만, 면제기간 중 화재가 발생한 경우는 제외한다.

---

## 004 | 작동점검의 점검한도 면적

점검인력 1단위가 하루 동안 점검할 수 있는 특정소방대상물의 연면적(점검한도 면적)[2024.11.30까지 시행]
1. 종합정밀점검: 10,000제곱미터($m^2$)
2. 작동기능점검: 12,000제곱미터($m^2$)[소규모점검의 경우에는 3,500제곱미터($m^2$)]

---

## 005 | 작동점검 기술인력 점검자

1. 간이스프링클러설비(주택전용 간이스프링클러설비는 제외) 또는 같은 표 자동화재탐지설비가 설치된 특정소방대상물

① 관계인
② 관리업에 등록된 기술인력 중 소방시설관리사
③ 소방시설공사업법 시행규칙에 따른 특급점검자
④ 소방안전관리자로 선임된 소방시설관리사 및 소방기술사
2. 1.에 해당하지 않는 특정소방대상물
① 관리업에 등록된 소방시설관리사
② 소방안전관리자로 선임된 소방시설관리사 및 소방기술사

## 001 | 소방시설관리사 답 ③

1. 소방시설관리사가 되려는 사람은 소방청장이 실시하는 관리사시험에 합격하여야 한다.
2. 관리사시험의 응시자격, 시험방법, 시험과목, 시험위원, 그 밖에 관리사시험에 필요한 사항은 대통령령으로 정한다.
3. 관리사시험의 최종 합격자 발표일을 기준으로 제27조의 결격사유에 해당하는 사람은 관리사 시험에 응시할 수 없다.
4. 소방기술사 등 대통령령으로 정하는 사람에 대하여는 대통령령으로 정하는 바에 따라 관리사시험 과목 가운데 일부를 면제할 수 있다.
5. 소방청장은 관리사시험에 합격한 사람에게는 행정안전부령으로 정하는 바에 따라 소방시설관리사증을 발급하여야 한다.

## 002 | 자격의 취소·정지 답 ②

소방청장은 관리사가 다음의 어느 하나에 해당할 때에는 행정안전부령으로 정하는 바에 따라 그 자격을 취소하거나 1년 이내의 기간을 정하여 그 자격의 정지를 명할 수 있다. 다만, 1, 4, 5. 또는 7.에 해당하면 그 자격을 취소하여야 한다.
1. 거짓이나 그 밖의 부정한 방법으로 시험에 합격한 경우
2. 화재의 예방 및 안전관리에 관한 법률에 따른 대행인력의 배치기준·자격·방법 등 준수사항을 지키지 아니한 경우
3. 점검을 하지 아니하거나 거짓으로 한 경우
4. 소방시설관리사증을 다른 사람에게 빌려준 경우
5. 동시에 둘 이상의 업체에 취업한 경우
6. 성실하게 자체점검 업무를 수행하지 아니한 경우
7. 결격사유에 해당하게 된 경우

## 003 | 자격의 취소·정지 답 ③

소방청장은 관리사가 다음의 어느 하나에 해당할 때에는 행정안전부령으로 정하는 바에 따라 그 자격을 취소하거나 1년 이내의 기간을 정하여 그 자격의 정지를 명할 수 있다. 다만, 1, 4, 5. 또는 7.에 해당하면 그 자격을 취소하여야 한다.
1. 거짓이나 그 밖의 부정한 방법으로 시험에 합격한 경우
2. 화재의 예방 및 안전관리에 관한 법률에 따른 대행인력의 배치기준·자격·방법 등 준수사항을 지키지 아니한 경우
3. 점검을 하지 아니하거나 거짓으로 한 경우
4. 소방시설관리사증을 다른 사람에게 빌려준 경우
5. 동시에 둘 이상의 업체에 취업한 경우
6. 성실하게 자체점검 업무를 수행하지 아니한 경우
7. 결격사유에 해당하게 된 경우

## 004 | 전문소방시설관리업 등록기준 답 ④

1. 주된 기술인력
   • 소방시설관리사 자격을 취득한 후 소방 관련 실무경력이 5년 이상인 사람 1명 이상
   • 소방시설관리사 자격을 취득한 후 소방 관련 실무경력이 3년 이상인 사람 1명 이상
2. 보조 기술인력
   • 고급점검자 이상의 기술인력: 2명 이상
   • 중급점검자 이상의 기술인력: 2명 이상
   • 초급점검자 이상의 기술인력: 2명 이상

## 005 | 등록사항의 변경신고 사항 답 ①

"행정안전부령으로 정하는 중요 사항"이란 다음의 어느 하나에 해당하는 사항을 말한다.
1. 명칭·상호 또는 영업소 소재지
2. 대표자
3. 기술인력

## 006 | 소방시설관리업의 업종별 등록기준 및 영업범위 답 ②

| 기술인력 등 업종별 | 기술인력 | 영업범위 |
|---|---|---|
| 전문 소방시설 관리업 | 1. 주된 기술인력<br>① 소방시설관리사 자격을 취득한 후 소방 관련 실무경력이 5년 이상인 사람 1명 이상<br>② 소방시설관리사 자격을 취득한 후 소방 관련 실무경력이 3년 이상인 사람 1명 이상<br>2. 보조 기술인력<br>① 고급점검자 이상의 기술인력: 2명 이상<br>② 중급점검자 이상의 기술인력: 2명 이상<br>③ 초급점검자 이상의 기술인력: 2명 이상 | 모든 특정소방대상물 |

| 일반<br>소방시설<br>관리업 | 1. 주된 기술인력: 소방시설관리사 자격을 취득한 후 소방 관련 실무경력이 1년 이상인 사람 1명 이상<br>2. 보조 기술인력<br>① 중급점검자 이상의 기술인력: 1명 이상<br>② 초급점검자 이상의 기술인력: 1명 이상 | 특정소방대상물 중 화재의 예방 및 안전관리에 관한 법률 시행령 별표 4에 따른 1급, 2급, 3급 소방안전관리대상물 |
| --- | --- | --- |

## 007 | 등록의 취소와 영업정지 등
답 ③

시·도지사는 관리업자가 다음의 어느 하나에 해당하는 경우에는 행정안전부령으로 정하는 바에 따라 그 등록을 취소하거나 6개월 이내의 기간을 정하여 이의 시정이나 그 영업의 정지를 명할 수 있다. 다만, 1, 4. 또는 5.에 해당할 때에는 등록을 취소하여야 한다.
1. 거짓이나 그 밖의 부정한 방법으로 등록을 한 경우
2. 점검을 하지 아니하거나 거짓으로 한 경우
3. 등록기준에 미달하게 된 경우
4. 결격사유
5. 등록증 또는 등록수첩을 빌려준 경우
6. 점검능력 평가를 받지 아니하고 자체점검을 한 경우

## 008 | 점검능력 평가 및 공시 등
답 ②

1. 소방청장은 특정소방대상물의 관계인이 적정한 관리업자를 선정할 수 있도록 하기 위하여 관리업자의 신청이 있는 경우 해당 관리업자의 점검능력을 종합적으로 평가하여 공시하여야 한다.
2. 점검능력 평가를 신청하려는 관리업자는 소방시설 등의 점검실적을 증명하는 서류 등을 행정안전부령으로 정하는 바에 따라 소방청장에게 제출하여야 한다.
3. 점검능력 평가 및 공시방법, 수수료 등 필요한 사항은 행정안전부령으로 정한다.

## 009 | 점검능력의 평가 항목
답 ④

1. 실적
   ① 점검실적(소방시설등에 대한 자체점검 실적을 말한다)
   ② 대행실적(소방안전관리 업무를 대행하여 수행한 실적을 말한다)
2. 기술력
3. 경력
4. 신인도

## 010 | 점검장비
답 ①

| 소방시설 | 점검 장비 |
| --- | --- |
| 모든 소방시설 | 방수압력측정계,<br>절연저항계(절연저항측정기),<br>전류전압측정계 |
| 소화기구 | 저울 |
| 옥내소화전설비<br>옥외소화전설비 | 소화전밸브압력계 |
| 스프링클러설비<br>포소화설비 | 헤드결합렌치(볼트, 너트, 나사 등을 죄거나 푸는 공구) |
| 이산화탄소소화설비<br>분말소화설비<br>할론소화설비<br>할로겐화합물 및 불활성기체 소화설비 | 검량계, 기동관누설시험기, 그 밖에 소화약제의 저장량을 측정할 수 있는 점검기구 |
| 자동화재탐지설비<br>시각경보기 | 열감지기시험기,<br>연(煙)감지기시험기,<br>공기주입시험기,<br>감지기시험기연결막대, 음량계 |
| 누전경보기 | 누전계 |
| 무선통신보조설비 | 무선기 |
| 제연설비 | 풍속풍압계, 폐쇄력측정기,<br>차압계(압력차 측정기) |
| 통로유도등<br>비상조명등 | 조도계(밝기 측정기) |

## 011 | 과징금처분
답 ③

1. 시·도지사는 영업정지를 명하는 경우로서 그 영업정지가 이용자에게 불편을 주거나 그 밖에 공익을 해칠 우려가 있을 때에는 영업정지처분을 갈음하여 3천만 원 이하의 과징금을 부과할 수 있다.
2. 과징금을 부과하는 위반행위의 종류와 위반 정도 등에 따른 과징금의 금액, 그 밖에 필요한 사항은 행정안전부령으로 정한다.
3. 시·도지사는 과징금을 내야 하는 자가 납부기한까지 내지 아니하면 지방행정제재·부과금의 징수 등에 관한 법률에 따라 징수한다.

## 012 | 과징금처분
답 ③

1. 시·도지사는 영업정지를 명하는 경우로서 그 영업정지가 이용자에게 불편을 주거나 그 밖에 공익을 해칠 우려가 있을 때에는 영업정지처분을 갈음하여 3천만 원 이하의 과징금을 부과할 수 있다.
2. 과징금을 부과하는 위반행위의 종류와 위반 정도 등에 따른 과징금의 금액, 그 밖에 필요한 사항은 행정안전부령으로 정한다.
3. 시·도지사는 과징금을 내야 하는 자가 납부기한까지 내지 아니하면 지방행정제재·부과금의 징수 등에 관한 법률에 따라 징수한다.

## 001   소방용품의 형식승인 등      답 ①

1. 소방용품을 제조하거나 수입하려는 자는 소방청장의 형식승인을 받아야 한다. 다만, 연구개발 목적으로 제조하거나 수입하는 소방용품은 그러하지 아니하다.
2. 형식승인을 받으려는 자는 행정안전부령으로 정하는 기준에 따라 형식승인을 위한 시험시설을 갖추고 소방청장의 심사를 받아야 한다. 다만, 소방용품을 수입하는 자가 판매를 목적으로 하지 아니하고 자신의 건축물에 직접 설치하거나 사용하려는 경우 등 행정안전부령으로 정하는 경우에는 시험시설을 갖추지 아니할 수 있다.
3. 형식승인을 받은 자는 그 소방용품에 대하여 소방청장이 실시하는 제품검사를 받아야 한다.
4. 형식승인의 방법·절차 등과 제품검사의 구분·방법·순서·합격표시 등에 필요한 사항은 행정안전부령으로 정한다.
5. 소방용품의 형상·구조·재질·성분·성능 등(이하 "형상등"이라 한다)의 형식승인 및 제품검사의 기술기준 등에 필요한 사항은 소방청장이 정하여 고시한다.
6. 누구든지 다음 어느 하나에 해당하는 소방용품을 판매하거나 판매 목적으로 진열하거나 소방시설공사에 사용할 수 없다.
   ① 형식승인을 받지 아니한 것
   ② 형상등을 임의로 변경한 것
   ③ 제품검사를 받지 아니하거나 합격표시를 하지 아니한 것
7. 소방청장, 소방본부장 또는 소방서장은 법을 위반한 소방용품에 대하여는 그 제조자·수입자·판매자 또는 시공자에게 수거·폐기 또는 교체 등 행정안전부령으로 정하는 필요한 조치를 명할 수 있다.

## 002   소방용품에 대한 형식승인의 권한      답 ①

소방용품을 제조하거나 수입하려는 자는 소방청장의 형식승인을 받아야 한다. 다만, 연구개발 목적으로 제조하거나 수입하는 소방용품은 그러하지 아니하다.

## 003   소방용품의 품질관리      답 ①

누구든지 다음의 어느 하나에 해당하는 소방용품을 판매하거나 판매 목적으로 진열하거나 소방시설공사에 사용할 수 없다.
1. 형식승인을 받지 아니한 것
2. 형상등을 임의로 변경한 것
3. 제품검사를 받지 아니하거나 합격표시를 하지 아니한 것

## 004   소방용품의 형식승인 등      답 ④

1. 소방용품을 제조하거나 수입하려는 자는 소방청장의 형식승인을 받아야 한다. 다만, 연구개발 목적으로 제조하거나 수입하는 소방용품은 그러하지 아니하다.

2. 형식승인을 받으려는 자는 행정안전부령으로 정하는 기준에 따라 형식승인을 위한 시험시설을 갖추고 소방청장의 심사를 받아야 한다. 다만, 소방용품을 수입하는 자가 판매를 목적으로 하지 아니하고 자신의 건축물에 직접 설치하거나 사용하려는 경우 등 행정안전부령으로 정하는 경우에는 시험시설을 갖추지 아니할 수 있다.
3. 형식승인을 받은 자는 그 소방용품에 대하여 소방청장이 실시하는 제품검사를 받아야 한다.
4. 형식승인의 방법·절차 등과 제품검사의 구분·방법·순서·합격표시 등에 필요한 사항은 행정안전부령으로 정한다.
5. 소방용품의 형상·구조·재질·성분·성능 등(이하 "형상등"이라 한다)의 형식승인 및 제품검사의 기술기준 등에 필요한 사항은 소방청장이 정하여 고시한다.
6. 누구든지 다음의 어느 하나에 해당하는 소방용품을 판매하거나 판매 목적으로 진열하거나 소방시설공사에 사용할 수 없다.
   ① 형식승인을 받지 아니한 것
   ② 형상등을 임의로 변경한 것
   ③ 제품검사를 받지 아니하거나 합격표시를 하지 아니한 것
7. 소방청장, 소방본부장 또는 소방서장은 법을 위반한 소방용품에 대하여는 그 제조자·수입자·판매자 또는 시공자에게 수거·폐기 또는 교체 등 행정안전부령으로 정하는 필요한 조치를 명할 수 있다.

## 001   제품검사 전문기관의 지정 등      답 ①

1. 소방청장은 제품검사를 전문적·효율적으로 실시하기 위하여 다음의 요건을 모두 갖춘 기관을 제품검사 전문기관으로 지정할 수 있다.
   ① 다음의 어느 하나에 해당하는 기관일 것
      • 과학기술분야 정부출연연구기관 등의 설립·운영 및 육성에 관한 법률 제8조에 따라 설립된 연구기관
      • 공공기관
      • 소방용품의 시험·검사 및 연구를 주된 업무로 하는 비영리 법인
   ② 국가표준기본법 제23조에 따라 인정을 받은 시험·검사기관일 것
   ③ 행정안전부령으로 정하는 검사인력 및 검사설비를 갖추고 있을 것
   ④ 기관의 대표자가 제27조 제1호부터 제3호까지의 어느 하나에 해당하지 아니할 것
   ⑤ 제47조에 따라 전문기관의 지정이 취소된 경우 그 지정이 취소된 날부터 2년이 경과하였을 것
2. 전문기관 지정의 방법 및 절차 등에 필요한 사항은 행정안전부령으로 정한다.

## 002 | 청문 답 ④

소방청장 또는 시·도지사는 다음의 어느 하나에 해당하는 처분을 하려면 청문을 하여야 한다.
1. 관리사 자격의 취소 및 정지
2. 관리업의 등록취소 및 영업정지
3. 소방용품의 형식승인 취소 및 제품검사 중지
4. 성능인증의 취소
5. 우수품질인증의 취소
6. 전문기관의 지정취소 및 업무정지

## 003 | 권한 또는 업무의 위임·위탁 등 답 ③

1. 소방청장 또는 시·도지사의 권한은 대통령령으로 정하는 바에 따라 그 일부를 소속 기관의 장, 시·도지사, 소방본부장 또는 소방서장에게 위임할 수 있다.
2. 소방청장은 다음의 업무를 한국소방산업기술원에 위탁할 수 있다. 이 경우 소방청장은 기술원에 소방시설 및 소방용품에 관한 기술개발·연구 등에 필요한 경비의 일부를 보조할 수 있다.
   ① 방염성능검사 중 대통령령으로 정하는 검사
   ② 소방용품의 형식승인
   ③ 형식승인의 변경승인
   ④ 형식승인의 취소
   ⑤ 성능인증 및 성능인증의 취소
   ⑥ 성능인증의 변경인증
   ⑦ 우수품질인증 및 그 취소
3. 소방청장은 제품검사 업무를 기술원 또는 전문기관에 위탁할 수 있다.

---

| 제7장 | 벌칙 | | | | 130p |
|---|---|---|---|---|---|
| 001 ④ | 002 ② | 003 ③ | 004 ③ | 005 ④ | |

## 001 | 벌칙 답 ④

1. 소방시설에 폐쇄·차단 등의 행위를 한 자는 5년 이하의 징역 또는 5천만 원 이하의 벌금에 처한다.
2. 방염성능물품에 대한 조치명령을 위반한 자는 3년 이하의 징역 또는 3천만 원 이하의 벌금에 처한다.
3. 피난시설·방화시설, 방화구획의 유지·관리 조치명령을 위반한 자는 3년 이하의 징역 또는 3천만 원 이하의 벌금에 처한다.
4. 특정소방대상물의 소방시설이 화재안전기준에 따른 소방서장 등의 조치명령을 위반한 자는 3년 이하의 징역 또는 3천만 원 이하의 벌금에 처한다.

## 002 | 벌칙 답 ②

관리업의 등록을 하지 아니하고 영업을 한 자는 3년 이하의 징역 또는 3천만 원 이하의 벌금에 처한다.

## 003 | 벌칙 답 ③

소방시설관리업의 등록증이나 등록수첩을 다른 자에게 빌려준 자는 1년 이하의 징역 또는 1천만 원 이하의 벌금에 처한다.

## 004 | 과태료 부과 개별기준 답 ③

| 위반행위 | 과태료 금액 (단위: 만 원) | | |
|---|---|---|---|
| | 1차 위반 | 2차 위반 | 3차 이상 위반 |
| 가. 법 제12조 제1항을 위반한 경우 | | | |
| 1) 2) 및 3)의 규정을 제외하고 소방시설을 최근 1년 이내에 2회 이상 화재안전기준에 따라 관리·유지하지 않은 경우 | 100 | | |
| 2) 소방시설을 다음에 해당하는 고장 상태 등으로 방치한 경우 | 200 | | |
| 가) 소화펌프를 고장 상태로 방치한 경우 | | | |
| 나) 수신반, 동력(감시)제어반 또는 소방시설용 비상전원을 차단하거나, 고장난 상태로 방치하거나, 임의로 조작하여 자동으로 작동이 되지 않도록 한 경우 | | | |
| 다) 소방시설이 작동하는 경우 소화배관을 통하여 소화수가 방수되지 않는 상태 또는 소화약제가 방출되지 않는 상태로 방치한 경우 | | | |
| 3) 소방시설을 설치하지 않은 경우 | 300 | | |
| 나. 피난시설, 방화구획 또는 방화시설을 폐쇄·훼손·변경하는 등의 행위를 한 경우 | 100 | 200 | 300 |
| 다. 임시소방시설을 설치·관리하지 않은 경우 | 300 | | |

## 005 | 벌칙 답 ④

300만 원 이하의 벌금에 처한다.
1. 제9조 제2항(평가단의 업무를 수행) 및 제50조 제7항(권한을 위탁받은 업무)을 위반하여 업무를 수행하면서 알게 된 비밀을 이 법에서 정한 목적 외의 용도로 사용하거나 다른 사람 또는 기관에 제공하거나 누설한 자
2. 방염성능검사에 합격하지 아니한 물품에 합격표시를 하거나 합격표시를 위조하거나 변조하여 사용한 자
3. 방염성능검사를 위반하여 거짓 시료를 제출한 자
4. 중대위반사항을 위반하여 필요한 조치를 하지 아니한 관계인 또는 관계인에게 중대위반사항을 알리지 아니한 관리업자 등

## 제1장  총칙

134p

| | | | | |
|---|---|---|---|---|
| 001 ④ | 002 ② | 003 ④ | 004 ③ | 005 ② |
| 006 ② | 007 ④ | 008 ④ | 009 ① | 010 ② |
| 011 ② | 012 ② | 013 ④ | 014 ④ | 015 ① |
| 016 ① | 017 ④ | 018 ② | 019 ③ | 020 ③ |
| 021 ① | 022 ③ | 023 ④ | 024 ② | 025 ③ |
| 026 ② | 027 ① | 028 ④ | 029 ① | 030 ④ |
| 031 ② | 032 ③ | | | |

### 001 | 위험물의 정의

답 ④

위험물이라 함은 인화성 또는 발화성 등의 성질을 가지는 것으로서 대통령령이 정하는 물품을 말한다.

### 002 | 위험물의 지정수량

답 ②

지정수량이라 함은 위험물의 종류별로 위험성을 고려하여 대통령령이 정하는 수량으로서 제조소등의 설치허가 등에 있어서 최저의 기준이 되는 수량을 말한다.

### 003 | 위험물안전관리법

답 ④

위험물안전관리법은 항공기·선박(선박법 제1조의2 제1항의 규정에 따른 선박을 말한다)·철도 및 궤도에 의한 위험물의 저장·취급 및 운반에 있어서는 이를 적용하지 아니한다(위험물안전관리법 제3조).

**선지분석**
① 위험물이라 함은 인화성 또는 발화성 등의 성질을 가지는 것으로서 대통령령으로 정하는 물품을 말한다.
② 지정수량이라 함은 위험물의 종류별로 위험성을 고려하여 대통령령으로 정하는 수량을 말한다.
③ 지정수량 미만인 위험물의 저장 또는 취급에 관한 기술상의 기준은 시·도 조례로 정한다.

### 004 | 산화성 고체

답 ③

유기과산화물, 질산에스테르류, 히드록실아민염류는 자기반응성물질이다.

### 📑 관련 개념 | 제1류 위험물의 종류 및 지정수량

| | | |
|---|---|---|
| 산화성 고체 | 1. 아염소산염류 | 50킬로그램 |
| | 2. 염소산염류 | 50킬로그램 |
| | 3. 과염소산염류 | 50킬로그램 |
| | 4. 무기과산화물 | 50킬로그램 |
| | 5. 브롬산염류 | 300킬로그램 |
| | 6. 질산염류 | 300킬로그램 |
| | 7. 요오드산염류 | 300킬로그램 |
| | 8. 과망간산염류 | 1,000킬로그램 |
| | 9. 중크롬산염류 | 1,000킬로그램 |
| | 10. 그 밖에 행정안전부령으로 정하는 것 | 50킬로그램, 300킬로그램 또는 1,000킬로그램 |
| | 11. 1. 내지 10.에 해당하는 어느 하나 이상을 함유한 것 | |

### 005 | 위험물제조소등

답 ②

제조소등이라 함은 제조소·저장소 및 취급소를 말한다.

### 006 | 탱크의 용량

답 ②

탱크의 용량은 탱크의 내용적에서 탱크의 공간용적을 뺀 값이다.

### 007 | 제4류 위험물

답 ④

특수가연물은 소방기본법에서 정하는 물품이다.

### 008 | 제1류 위험물

답 ④

제1류 위험물은 산화성 고체이다.

### 📑 관련 개념 | 유별 위험물의 성질

1. **제1류 위험물**: 산화성 고체
2. **제2류 위험물**: 가연성 고체
3. **제3류 위험물**: 자연발화성물질 및 금수성물질
4. **제4류 위험물**: 인화성 액체
5. **제5류 위험물**: 자기반응성물질
6. **제6류 위험물**: 산화성 액체

### 009 | 제3류 위험물

답 ①

제3류 위험물은 자연발화성물질 및 금수성물질이다.

## 010 | 제3류 위험물

답 ②

적린, 황화린, 인화성고체는 제2류 위험물이다.

**📝 관련 개념 | 제3류 위험물의 종류 및 지정수량**

| | | |
|---|---|---|
| 자연<br>발화성<br>물질<br>및<br>금수성<br>물질 | 1. 칼륨 | 10킬로그램 |
| | 2. 나트륨 | 10킬로그램 |
| | 3. 알킬알루미늄 | 10킬로그램 |
| | 4. 알킬리튬 | 10킬로그램 |
| | 5. 황린 | 20킬로그램 |
| | 6. 알칼리금속(칼륨 및 나트륨을 제외한다) 및 알칼리토금속 | 50킬로그램 |
| | 7. 유기금속화합물(알킬알루미늄 및 알킬리튬을 제외한다) | 50킬로그램 |
| | 8. 금속의 수소화물 | 300킬로그램 |
| | 9. 금속의 인화물 | 300킬로그램 |
| | 10. 칼슘 또는 알루미늄의 탄화물 | 300킬로그램 |
| | 11. 그 밖에 행정안전부령으로 정하는 것<br>12. 1. 내지 11.에 해당하는 어느 하나 이상을 함유한 것 | 10킬로그램,<br>20킬로그램,<br>50킬로그램<br>또는<br>300킬로그램 |

## 011 | 인화성액체

답 ②

동식물유류는 인화성액체이다.

[선지분석]
①④ 과염소산, 과산화수소, 질산은 제6류 위험물이다.
③ 황산은 위험물에 속하지 않는다.

## 012 | 제2류 위험물

답 ②

가연성 고체는 제2류 위험물의 성질이다.

[선지분석]
① 산화성 고체는 제1류 위험물의 성질이다.
③ 인화성 고체는 제2류 위험물이다.
④ 산화성 액체는 제6류 위험물의 성질이다.

## 013 | 자기반응성물질

답 ④

자기반응성물질은 제5류 위험물의 성질로 질산에스테르류가 제5류 위험물에 속한다.

[선지분석]
① 황린은 제3류 위험물이다.
② 아염소산염류는 제1류 위험물이다.
③ 특수인화물은 제4류 위험물이다.

**📝 관련 개념 | 제5류 위험물의 종류 및 지정수량**

| | | |
|---|---|---|
| 자기<br>반응성<br>물질 | 1. 유기과산화물 | 10킬로그램 |
| | 2. 질산에스테르류 | 10킬로그램 |
| | 3. 니트로화합물 | 200킬로그램 |
| | 4. 니트로소화합물 | 200킬로그램 |
| | 5. 아조화합물 | 200킬로그램 |
| | 6. 디아조화합물 | 200킬로그램 |
| | 7. 히드라진 유도체 | 200킬로그램 |
| | 8. 히드록실아민 | 100킬로그램 |
| | 9. 히드록실아민염류 | 100킬로그램 |
| | 10. 그 밖에 행정안전부령으로 정하는 것<br>11. 1. 내지 10.에 해당하는 어느 하나 이상을 함유한 것 | 10킬로그램,<br>100킬로그램<br>또는<br>200킬로그램 |

## 014 | 제2류 위험물

답 ④

황린은 제3류 위험물이다.

## 015 | 위험물의 지정수량

답 ①

[선지분석]
② 염소산염류의 지정수량은 50킬로그램(kg)이다.
③ 과염소산의 지정수량은 300킬로그램(kg)이다.
④ 질산의 지정수량은 300킬로그램(kg)이다.

## 016 | 자기반응성물질

답 ①

제5류 자기반응성물질에 해당하는 것은 니트로화합물이다.

[선지분석]
②④ 과염소산염류, 무기과산화물은 제1류 위험물이다.
③ 금속리튬은 제3류 위험물이다.

## 017 | 제5류 위험물

답 ④

염소산염류, 과염소산염류, 질산염류는 제1류 위험물이다.

## 018 | 제6류 위험물

답 ②

과염소산은 제6류 위험물로서 그 성질이 산화성 액체이다.

[선지분석]
① 알코올류는 제4류 위험물이다.
④ 유기과산화물은 제5류 위험물이다.

### 019 | 위험물의 품명

답 ③

아세트알데히드 등은 아세트알데히드와 산화프로필렌을 말한다.

### 020 | 위험물의 성질

답 ③

가연성액체에 대하여는 정하고 있지 않다.

**관련 개념 | 유별 위험물의 성질**

1. **제1류 위험물**: 산화성 고체
2. **제2류 위험물**: 가연성 고체
3. **제3류 위험물**: 자연발화성물질 및 금수성물질
4. **제4류 위험물**: 인화성 액체
5. **제5류 위험물**: 자기반응성물질
6. **제6류 위험물**: 산화성 액체

### 021 | 위험물 제조소

답 ①

제조소라 함은 위험물을 제조할 목적으로 지정수량 이상의 위험물을 취급하기 위하여 규정에 따른 허가(허가가 면제된 경우 및 협의로써 허가를 받은 것으로 보는 경우를 포함한다)를 받은 장소를 말한다.

### 022 | 제조소등

답 ③

제조소등이라 함은 지정수량 이상의 위험물을 취급하는 제조소·저장소·취급소로서 시·도지사의 허가를 받은 장소를 말한다.

### 023 | 제조소등

답 ④

제조소라 함은 위험물을 제조할 목적으로 지정수량 이상의 위험물을 취급하기 위하여 시·도지사의 허가를 받은 장소를 말한다.

### 024 | 저장소의 종류

답 ②

이송탱크저장소는 위험물의 저장소에 속하지 않는다.

### 025 | 위험물 저장소

답 ③

판매탱크저장소는 위험물의 저장소에 속하지 않는다.

### 026 | 위험물 취급소

답 ②

관리취급소는 취급소의 구분에 해당하지 않는다.

**관련 개념 | 취급소의 종류**

1. 주유취급소
2. 판매취급소
3. 이송취급소
4. 일반취급소

### 027 | 판매취급소

답 ①

1종 판매취급소는 지정수량의 20배 이하, 2종 판매취급소는 지정수량의 40배 이하의 위험물을 취급한다.

### 028 | 위험물의 저장·취급 및 운반

답 ④

항공기, 선박 및 철도·궤도에 의하여 위험물을 저장·취급 및 운반하는 경우에는 위험물안전관리법의 적용을 받지 않는다.

> **위험물안전관리법 제3조 【적용제외】** 이 법은 항공기·선박(선박법 제1조의2 제1항의 규정에 따른 선박을 말한다)·철도 및 궤도에 의한 위험물의 저장·취급 및 운반에 있어서는 이를 적용하지 아니한다.

### 029 | 위험물의 저장·취급 및 운반

답 ①

지정수량 미만인 위험물의 저장 또는 취급에 관한 기술상의 기준은 시·도의 조례로 정한다.

> **위험물안전관리법 제4조 【지정수량 미만인 위험물의 저장·취급】** 지정수량 미만인 위험물의 저장 또는 취급에 관한 기술상의 기준은 특별시·광역시·특별자치시·도 및 특별자치도(이하 "시·도"라 한다)의 조례로 정한다.

### 030 | 위험물의 저장·취급 및 운반

답 ④

지정수량 미만인 위험물의 저장 또는 취급에 관한 기술상의 기준은 시·도의 조례로 정한다.

## 031 위험물의 저장·취급 및 운반 답 ②

시·도의 조례가 정하는 바에 따라 관할소방서장의 승인을 받아 지정수량 이상의 위험물을 90일 이내의 기간 동안 임시로 저장 또는 취급할 수 있다.

## 032 위험물의 저장·취급 및 운반 답 ③

임시로 저장 또는 취급하는 장소에서의 저장 또는 취급의 기준과 임시로 저장 또는 취급하는 장소의 위치·구조 및 설비의 기준은 시·도의 조례로 정한다.

> **위험물안전관리법 제5조【위험물의 저장 및 취급의 제한】** ① 지정 수량 이상의 위험물을 저장소가 아닌 장소에서 저장하거나 제조소 등이 아닌 장소에서 취급하여서는 아니 된다.
> ② 제1항의 규정에 불구하고 다음 각 호의 어느 하나에 해당하는 경우에는 제조소등이 아닌 장소에서 지정수량 이상의 위험물을 취급할 수 있다. 이 경우 임시로 저장 또는 취급하는 장소에서의 저장 또는 취급의 기준과 임시로 저장 또는 취급하는 장소의 위치·구조 및 설비의 기준은 <u>시·도의 조례</u>로 정한다.

---

## 001 제조소등의 설치허가 답 ①

제조소등을 설치하고자 하는 자는 대통령령이 정하는 바에 따라 그 설치장소를 관할하는 시·도지사의 허가를 받아야 한다.

## 002 제조소등의 설치허가 답 ①

제조소등을 설치하고자 하는 자는 대통령령이 정하는 바에 따라 그 설치장소를 관할하는 시·도지사의 허가를 받아야 한다.

## 003 제조소등의 위치·구조 또는 설비 답 ③

제조소등의 위치·구조 또는 설비의 기준은 행정안전부령으로 정한다. 즉, 시행규칙으로 정하고 있다.

## 004 제조소등의 설치허가 답 ③

50만리터(L) 이상의 옥외탱크저장소의 경우에는 당해 옥외저장탱크의 기초·지반 및 탱크본체의 설계도서, 공사계획서, 공사공정표, 지질조사자료 등 기초·지반에 관하여 필요한 자료와 용접부에 관한 설명서 등 탱크에 관한 자료를 제출하여야 한다.

## 005 제조소등의 설치 및 변경 답 ③

주택의 난방시설(공동주택의 중앙난방시설을 제외)을 위한 저장소 또는 취급소는 설치허가·변경허가 또는 변경신고를 받지 않아도 된다.

## 006 제조소등의 변경허가 답 ①

300미터(m), 지하 30미터(m)를 초과하는 위험물배관을 신설·교체·철거 또는 보수(배관을 절개하는 경우에 한한다)하는 경우 제조소등의 변경허가를 받아야 한다.

## 007 제조소등의 변경허가 답 ④

펌프설비는 변경허가대상이 아니다.

## 008 위험물시설의 설치 및 변경 답 ①

변경하고자 하는 날의 1일 전까지 행정안전부령이 정하는 바에 따라 시·도지사에게 신고하여야 한다.

> **위험물안전관리법 제6조【위험물시설의 설치 및 변경 등】** ② 제조 소등의 위치·구조 또는 설비의 변경 없이 당해 제조소등에서 저장하거나 취급하는 위험물의 품명·수량 또는 지정수량의 배수를 변경하고자 하는 자는 변경하고자 하는 날의 1일 전까지 행정안전부령이 정하는 바에 따라 시·도지사에게 신고하여야 한다.

## 009 위험물시설의 설치 및 변경 답 ③

완공검사를 자체적으로 실시한 군부대의 장은 지체 없이 행정안전부령이 정하는 사항을 시·도지사에게 통보하여야 한다.

> **위험물안전관리법 제7조【군용위험물시설의 설치 및 변경에 대한 특례】** ① 군사목적 또는 군부대시설을 위한 제조소등을 설치하거나 그 위치·구조 또는 설비를 변경하고자 하는 군부대의 장은 대통령령이 정하는 바에 따라 미리 제조소등의 소재지를 관할하는 시·도지사와 협의하여야 한다.
> ② 군부대의 장이 제1항의 규정에 따라 제조소등의 소재지를 관할하는 시·도지사와 협의한 경우에는 제6조 제1항의 규정에 따른 허가를 받은 것으로 본다.
> ③ 군부대의 장은 제1항의 규정에 따라 협의한 제조소등에 대하여는 제8조 및 제9조의 규정에 불구하고 <u>탱크안전성능검사와 완공검사</u>를 자체적으로 실시할 수 있다. 이 경우 완공검사를 자체적으로 실시한 군부대의 장은 지체 없이 행정안전부령이 정하는 사항을 시·도지사에게 통보하여야 한다.

## 010 | 제조소등의 설치    답 ③

군사목적 또는 군부대시설을 위한 제조소등을 설치하거나 그 위치·구조 또는 설비를 변경하고자 하는 군부대의 장은 대통령령이 정하는 바에 따라 미리 제조소등의 소재지를 관할하는 시·도지사와 협의하여야 한다.

## 011 | 위험물탱크안전성능검사    답 ③

탱크안전성능검사의 내용은 대통령령으로 정하고, 탱크안전성능검사의 실시 등에 관하여 필요한 사항은 행정안전부령으로 정한다.

## 012 | 위험물탱크의 설치    답 ④

기초·지반검사를 병행하여 실시하는 탱크의 용량은 옥외탱크저장소의 액체위험물탱크 중 그 용량이 100만리터(L) 이상이어야 한다.

## 013 | 탱크안전성능검사    답 ②

탱크안전성능검사의 내용으로는 기초 및 지반검사, 충수 및 수압검사, 용접부검사, 암반탱크검사가 있다.

> **📑 관련 개념 | 탱크안전성능검사를 받아야 하는 위험물탱크**
> 1. **기초·지반검사:** 옥외탱크저장소의 액체위험물탱크 중 그 용량이 100만리터(L) 이상인 탱크
> 2. **충수(充水)·수압검사:** 액체위험물을 저장 또는 취급하는 탱크
> 3. **용접부검사:** 옥외탱크저장소의 액체위험물탱크 중 그 용량이 100만리터(L) 이상인 탱크
> 4. **암반탱크검사:** 액체위험물을 저장 또는 취급하는 암반 내의 공간을 이용한 탱크

## 014 | 위험물저장탱크    답 ④

충수·수압검사는 위험물을 저장 또는 취급하는 탱크에 배관 그 밖의 부속설비를 부착하기 전에 실시한다.

## 015 | 탱크안전성능검사    답 ②

시·도지사가 면제할 수 있는 탱크안전성능검사는 충수·수압검사로 한다.

## 016 | 완공검사권자    답 ③

제조소등의 설치허가를 받은 자가 제조소등의 설치를 마쳤거나 그 위치·구조 또는 설비의 변경을 마친 때에는 당해 제조소등마다 시·도지사가 행하는 완공검사를 받아 기술기준에 적합하다고 인정받은 후가 아니면 이를 사용하여서는 아니 된다.

## 017 | 완공검사 신청시기    답 ②

이동탱크저장소의 경우 이동저장탱크를 완공하고 상치장소를 확보한 후 완공검사를 신청하여야 한다.

## 018 | 위험물 제조소등의 설치자    답 ④

제조소등의 설치자의 지위를 승계한 자는 행정안전부령이 정하는 바에 따라 승계한 날부터 30일 이내에 시·도지사에게 그 사실을 신고하여야 한다.

## 019 | 제조소등의 용도 폐지    답 ②

제조소등의 관계인은 당해 제조소등의 용도를 폐지(장래에 대하여 위험물시설로서의 기능을 완전히 상실시키는 것을 말한다)한 때에는 행정안전부령이 정하는 바에 따라 제조소등의 용도를 폐지한 날부터 14일 이내에 시·도지사에게 신고하여야 한다.

## 020 | 위험물 지위승계    답 ①

위험물 지위승계 시 30일 이내에 신고하여야 하며, 제조소등의 용도 폐지 시에는 14일 이내에 신고하여야 한다. 또한, 위험물안전관리자의 대리자를 선임할 경우 직무를 대행하는 기간은 30일을 초과할 수 없다.

> **위험물안전관리법 제10조【제조소등 설치자의 지위승계】** ③ 제1항 또는 제2항의 규정에 따라 제조소등의 설치자의 지위를 승계한 자는 행정안전부령이 정하는 바에 따라 승계한 날부터 <u>30일 이내에 시·도지사에게 그 사실을 신고</u>하여야 한다.
> **제11조【제조소등의 폐지】** 제조소등의 관계인(소유자·점유자 또는 관리자를 말한다. 이하 같다)은 당해 제조소등의 용도를 폐지(장래에 대하여 위험물시설로서의 기능을 완전히 상실시키는 것을 말한다)한 때에는 행정안전부령이 정하는 바에 따라 제조소등의 용도를 폐지한 날부터 <u>14일 이내에 시·도지사에게 신고</u>하여야 한다.
> **제15조【위험물안전관리자】** ⑤ 제1항의 규정에 따라 안전관리자를 선임한 제조소등의 관계인은 안전관리자가 여행·질병 그 밖의 사유로 인하여 일시적으로 직무를 수행할 수 없거나 안전관리자의 해임 또는 퇴직과 동시에 다른 안전관리자를 선임하지 못하는 경우에는 국가기술자격법에 따른 위험물의 취급에 관한 자격취득자 또는 위험물안전에 관한 기본지식과 경험이 있는 자로서 행정안전부령이 정하는 자를 대리자(代理者)로 지정하여 그 직무를 대행하게 하여야 한다. 이 경우 <u>대리자가 안전관리자의 직무를 대행하는 기간은 30일을 초과할 수 없다.</u>

## 021 | 과징금처분    답 ④

과징금의 부과 및 징수권자는 시·도지사이다.

| 001 | ④ | 002 | ② | 003 | ④ | 004 | ③ | 005 | ④ |
|-----|---|-----|---|-----|---|-----|---|-----|---|
| 006 | ③ | 007 | ③ | 008 | ⑤ | 009 | ④ | 010 | ④ |
| 011 | ③ | 012 | ③ | 013 | ③ | 014 | ④ | 015 | ③ |
| 016 | ② | 017 | ③ | 018 | ④ | 019 | ① | 020 | ④ |
| 021 | ① | 022 | ① | 023 | ① | 024 | ④ | 025 | ② |
| 026 | ③ | 027 | ① | 028 | ① | 029 | ① | 030 | ① |
| 031 | ① | 032 | ③ | 033 | ③ | 034 | ② | 035 | ④ |
| 036 | ④ | 037 | ② | 038 | ⑤ | 039 | ① | 040 | ② |

## 001 | 위험물취급안전관리자　　　답 ④

소방시설이 아닌 위험물의 취급에 관한 일지를 작성·기록하는 업무를 한다.

> 📝 **관련 개념 | 위험물안전관리자의 책무**
> 1. 위험물의 취급 작업에 참여하여 당해 작업이 저장 또는 취급에 관한 기술기준과 예방규정에 적합하도록 해당 작업자(당해 작업에 참여하는 위험물취급자격자를 포함한다)에 대하여 지시 및 감독하는 업무
> 2. 화재 등의 재난이 발생한 경우 응급조치 및 소방관서 등에 대한 연락업무
> 3. 위험물시설의 안전을 담당하는 자를 따로 두는 제조소등의 경우에는 그 담당자에게 업무의 지시, 그 밖의 제조소등의 경우에는 다음의 업무
>    ⓐ 제조소등의 위치·구조 및 설비를 기술기준에 적합하도록 유지하기 위한 점검과 점검상황의 기록·보존
>    ⓑ 제조소등의 구조 또는 설비의 이상을 발견한 경우 관계자에 대한 연락 및 응급조치
>    ⓒ 화재가 발생하거나 화재발생의 위험성이 현저한 경우 소방관서 등에 대한 연락 및 응급조치
>    ⓓ 제조소등의 계측장치·제어장치 및 안전장치 등의 적정한 유지·관리
>    ⓔ 제조소등의 위치·구조 및 설비에 관한 설계도서 등의 정비·보존 및 제조소등의 구조 및 설비의 안전에 관한 사무의 관리
> 4. 화재 등의 재해의 방지와 응급조치에 관하여 인접하는 제조소등과 그 밖의 관련되는 시설의 관계자와 협조체제의 유지
> 5. 위험물의 취급에 관한 일지의 작성·기록
> 6. 그 밖에 위험물을 수납한 용기를 차량에 적재하는 작업, 위험물설비를 보수하는 작업 등 위험물의 취급과 관련된 작업의 안전에 관하여 필요한 감독의 수행

## 002 | 위험물취급자격자　　　답 ②

위험물기능사는 모든 위험물을 취급할 수 있다.

## 003 | 위험물안전관리자　　　답 ④

위험물안전관리자를 선임하지 못한 경우에는 행정안전부령으로 정하는 자를 대리자로 지정하여 직무를 대행하게 하여야 한다.

## 004 | 위험물안전관리자　　　답 ③

안전관리자를 선임한 경우 소방본부장 또는 소방서장에게 신고하여야 한다.

> **위험물안전관리법 제15조 【위험물안전관리자】** ③ 제조소등의 관계인은 제1항 및 제2항에 따라 안전관리자를 선임한 경우에는 선임한 날부터 14일 이내에 행정안전부령으로 정하는 바에 따라 소방본부장 또는 소방서장에게 신고하여야 한다.

## 005 | 위험물안전관리자　　　답 ④

이동탱크저장소 및 위험물시설의 설치허가를 받지 아니하는 제조소등은 위험물안전관리자 선임대상이 아니다.

> 📝 **관련 개념 | 위험물설치허가를 받지 않는 제조소등**
> 1. **주거시설:** 난방(단, 공동주택의 중앙난방시설은 허가대상)
> 2. **농예·축산·수산용:** 지정수량의 20배 이하

## 006 | 위험물안전관리자　　　답 ③

해임일로부터 30일 이내에 다시 선임하여야 한다.

## 007 | 위험물안전관리자　　　답 ③

대리자가 안전관리자의 직무를 대행하는 기간은 30일을 초과할 수 없다.

> **위험물안전관리법 제15조 【위험물안전관리자】** ⑤ 제1항의 규정에 따라 안전관리자를 선임한 제조소등의 관계인은 안전관리자가 여행·질병 그 밖의 사유로 인하여 일시적으로 직무를 수행할 수 없거나 안전관리자의 해임 또는 퇴직과 동시에 다른 안전관리자를 선임하지 못하는 경우에는 국가기술자격법에 따른 위험물의 취급에 관한 자격취득자 또는 위험물안전에 관한 기본지식과 경험이 있는 자로서 행정안전부령이 정하는 자를 대리자(代理者)로 지정하여 그 직무를 대행하게 하여야 한다. 이 경우 대리자가 안전관리자의 직무를 대행하는 기간은 30일을 초과할 수 없다.

## 008 | 위험물안전관리자의 중복 선임　　　답 ③

10개 이하의 옥외저장소에만 중복 선임할 수 있다.

> 📝 **관련 개념 | 중복 선임 가능 저장소 등**
> 1. 10개 이하의 옥내저장소
> 2. 30개 이하의 옥외탱크저장소
> 3. 옥내탱크저장소
> 4. 지하탱크저장소
> 5. 간이탱크저장소
> 6. 10개 이하의 옥외저장소
> 7. 10개 이하의 암반탱크저장소

## 009 | 위험물안전관리자의 중복 선임　답 ④

동일구내에 있거나 상호 100미터(m) 이내의 거리에 있는 저장소로서 저장소의 규모, 저장하는 위험물의 종류 등을 고려하여 행정안전부령이 정하는 저장소를 동일인이 설치한 경우 중복 선임할 수 있다.

## 010 | 위험물탱크시험자　답 ④

탱크시험자가 되고자 하는 자는 대통령령이 정하는 기술능력·시설 및 장비를 갖추어 시·도지사에게 등록하여야 한다.

## 011 | 위험물탱크시험자　답 ③

탱크시험자가 되고자 하는 자는 대통령령이 정하는 기술능력·시설 및 장비를 갖추어 시·도지사에게 등록하여야 한다.

## 012 | 위험물탱크안전성능시험자　답 ③

등록한 사항 가운데 행정안전부령이 정하는 중요사항을 변경한 경우에는 그 날부터 30일 이내에 시·도지사에게 변경신고를 하여야 한다.

## 013 | 위험물탱크안전성능시험자　답 ③

금고 이상의 형의 선고를 받고 그 집행이 종료된 후 2년이 경과된 사람은 위험물 탱크안전성능시험자의 등록을 받을 수 있다.

> **관련 개념 | 탱크시험자로 등록하거나 탱크시험자의 업무에 종사할 수 없는 결격사유**
>
> 1. 피성년후견인 또는 피한정후견인
> 2. 금고 이상의 실형의 선고를 받고 그 집행이 종료(집행이 종료된 것으로 보는 경우를 포함한다)되거나 집행이 면제된 날부터 2년이 지나지 아니한 자
> 3. 금고 이상의 형의 집행유예선고를 받고 그 유예기간 중에 있는 자
> 4. 탱크시험자의 등록이 취소된 날부터 2년이 지나지 아니한 자
> 5. 법인으로서 그 대표자가 결격사유에 해당하는 경우

## 014 | 위험물탱크안전성능시험자　답 ④

위험물탱크안전성능시험자는 기밀시험장치를 갖추어야 한다.

> **관련 개념 | 위험물탱크안전성능시험자가 갖추어야 할 장비**
>
> 1. 방사선투과시험기, 초음파탐상시험기, 자기탐상시험기, 초음파두께측정기 및 진공능력 53kPa 이상의 진공누설시험기
> 2. 기밀시험장치
> 3. 수직·수평도 측정기

## 015 | 화재에 관한 예방규정　답 ③

지정수량 100배의 위험물을 저장하는 옥내저장소는 화재에 관한 예방규정을 정하지 않아도 된다.

> **관련 개념 | 예방규정 제출대상**
>
> 1. 지정수량의 10배 이상의 위험물을 취급하는 제조소, 일반취급소
> 2. 지정수량의 100배 이상의 위험물을 저장하는 옥외저장소
> 3. 지정수량의 150배 이상의 위험물을 저장하는 옥내저장소
> 4. 지정수량의 200배 이상의 위험물을 저장하는 옥외탱크저장소
> 5. 암반탱크저장소
> 6. 이송취급소

## 016 | 화재에 관한 예방규정　답 ②

제조소등의 관계인은 당해 제조소등의 화재예방과 화재 등 재해발생 시의 비상조치를 위하여 행정안전부령이 정하는 바에 따라 예방규정을 정하여 당해 제조소등의 사용을 시작하기 전에 시·도지사에게 제출하여야 한다.

## 017 | 화재에 관한 예방규정　답 ③

시·도지사에게 제출하여야 한다.

## 018 | 예방규정 작성대상　답 ④

옥외탱크저장소는 지정수량의 200배 이상의 위험물의 취급 시 예방규정을 작성하여야 한다.

> **관련 개념 | 예방규정 작성대상**
>
> 1. 지정수량의 10배 이상의 위험물을 취급하는 제조소, 일반취급소
> 2. 지정수량의 100배 이상의 위험물을 저장하는 옥외저장소
> 3. 지정수량의 150배 이상의 위험물을 저장하는 옥내저장소
> 4. 지정수량의 200배 이상의 위험물을 저장하는 옥외탱크저장소
> 5. 암반탱크저장소
> 6. 이송취급소

## 019 | 예방규정 작성대상　답 ①

지정수량의 10배 이상의 위험물을 취급하는 제조소의 경우 예방규정을 작성하여야 한다.

## 020 | 예방규정을 정하여야 하는 제조소등　답 ④

150,000L의 경유를 저장하는 옥외탱크저장소: 1,000L×200배 이상 = 200,000L 이상

[선지분석]
① 4,000L의 알코올류를 취급하는 제조소:
　 400L×10배 이상 = 4,000L 이상
② 30,000kg의 유황을 저장하는 옥외저장소:
　 100kg×100배 이상 = 10,000kg 이상
③ 2,500kg의 질산에스테르류를 저장하는 옥내저장소:
　 10kg×150배 이상 = 1,500kg 이상

## 021 | 예방규정 작성대상     답 ①

위험물의 안전관리업무를 담당하는 자의 인사에 관한 사항은 예방규정에 포함되어야 할 사항이 아니다.

> 📝 **관련 개념 | 예방규정에 포함되어야 할 사항**
>
> 1. 위험물의 안전관리업무를 담당하는 자의 직무 및 조직에 관한 사항
> 2. 안전관리자가 여행·질병 등으로 인하여 그 직무를 수행할 수 없을 경우 그 직무의 대리자에 관한 사항
> 3. 자체소방대를 설치하여야 하는 경우에는 자체소방대의 편성과 화학소방자동차의 배치에 관한 사항
> 4. 위험물의 안전에 관계된 작업에 종사하는 자에 대한 안전교육에 관한 사항
> 5. 위험물시설 및 작업장에 대한 안전순찰에 관한 사항
> 6. 위험물시설·소방시설 그 밖의 관련 시설에 대한 점검 및 정비에 관한 사항
> 7. 위험물시설의 운전 또는 조작에 관한 사항
> 8. 위험물 취급 작업의 기준에 관한 사항
> 9. 이송취급소에 있어서는 배관공사 현장책임자의 조건 등 배관공사 현장에 대한 감독체제에 관한 사항과 배관주위에 있는 이송취급소 시설 외의 공사를 하는 경우 배관의 안전 확보에 관한 사항
> 10. 재난 그 밖의 비상 시의 경우에 취하여야 하는 조치에 관한 사항
> 11. 위험물의 안전에 관한 기록에 관한 사항
> 12. 제조소등의 위치·구조 및 설비를 명시한 서류와 도면의 정비에 관한 사항

## 022 | 정기점검대상     답 ①

지정수량의 150배 이상의 옥내저장소가 정기점검대상이다.

## 023 | 정기점검 횟수     답 ①

제조소등의 관계인은 당해 제조소등에 대하여 연 1회 이상 정기점검을 실시하여야 한다.

## 024 | 정기점검의 보관     답 ④

정기점검기록부 보관기간은 옥외저장탱크의 구조안전점검의 경우 25년, 그 밖의 점검은 3년이다.

## 025 | 옥외탱크저장소     답 ②

구조안전점검대상이 되는 옥외탱크저장소의 액체위험물탱크의 용량은 50만리터(L) 이상(준특정옥외탱크 및 특정옥외탱크)이다.

## 026 | 정기점검대상     답 ③

정기점검의 대상인 제조소등은 예방규정 작성대상 제조소등, 지하탱크저장소, 이동탱크저장소이다.

## 027 | 정기검사대상     답 ①

액체위험물을 저장 또는 취급하는 50만리터(L) 이상의 옥외탱크저장소가 정기검사대상이다.

## 028 | 행정처리 기관     답 ①

위험물탱크안전 성능검사의 행정처리자는 시·도지사이다.

> **선지분석**
>
> ②③④ 모두 소방본부장 또는 소방서장이 행정처리자이다.

> 📝 **관련 개념 | 행정처리자**
>
> 1. **시·도지사:** 위험물탱크안전 성능검사
> 2. **소방본부장 또는 소방서장**
>    ⓐ 위험물안전관리자 및 보조자에 대한 선임신고
>    ⓑ 위험물 제조소등의 정기검사
>    ⓒ 이동탱크저장소의 응급조치강구 명령

## 029 | 자체소방대 편성대상     답 ①

1. 제조소 또는 일반취급소에서 취급하는 제4류 위험물의 최대수량의 합이 지정수량의 3천 배 이상의 제조소 또는 일반취급소. 다만, 보일러로 위험물을 소비하는 일반취급소 등 행정안전부령으로 정하는 일반취급소는 제외한다.
2. 제4류 위험물의 최대수량이 지정수량의 50만 배 이상을 저장하는 옥외탱크저장소

## 030 | 자체소방대     답 ①

지정수량의 3천 배 이상의 제4류 위험물을 저장·취급하는 제조소 또는 일반취급소에는 자체소방대를 편성하여야 한다.

> 📝 **관련 개념 | 자체소방대 편성대상**
>
> 1. 제조소 또는 일반취급소에서 취급하는 제4류 위험물의 최대수량의 합이 지정수량의 3천 배 이상의 제조소 또는 일반취급소. 다만, 보일러로 위험물을 소비하는 일반취급소 등 행정안전부령으로 정하는 일반취급소는 제외한다.
> 2. 제4류 위험물의 최대수량이 지정수량의 50만 배 이상을 저장하는 옥외탱크저장소

## 031 | 자체소방대     답 ①

지정수량의 3천 배 이상의 제4류 위험물을 저장·취급하는 제조소 또는 일반취급소에는 자체소방대를 편성하여야 한다.

## 032 | 자체소방대     답 ③

지정수량의 3천 배 이상의 제4류 위험물을 저장·취급하는 제조소 또는 일반취급소에는 자체소방대를 편성하여야 한다.

## 033 | 자체소방대 답 ③

지정수량의 3천 배 이상의 제4류 위험물을 저장·취급하는 제조소 또는 일반취급소에는 자체소방대를 편성하여야 한다.

## 034 | 자체소방대 답 ②

위험물안전관리법의 적용을 받는 제조소 또는 일반취급소는 자체소방대 설치 제외대상이 아니다.

> **위험물안전관리법 시행규칙 제73조 【자체소방대의 설치 제외대상인 일반취급소】** 영 제18조 제1항 제1호 단서에서 "행정안전부령으로 정하는 일반취급소"란 다음 각 호의 어느 하나에 해당하는 일반취급소를 말한다.
> 1. 보일러, 버너 그 밖에 이와 유사한 장치로 위험물을 소비하는 일반취급소
> 2. 이동저장탱크 그 밖에 이와 유사한 것에 위험물을 주입하는 일반취급소
> 3. 용기에 위험물을 옮겨 담는 일반취급소
> 4. 유압장치, 윤활유순환장치 그 밖에 이와 유사한 장치로 위험물을 취급하는 일반취급소
> 5. 광산안전법의 적용을 받는 일반취급소

## 035 | 화학소방자동차의 소화약제 답 ④

자체소방대에서 화학소방자동차에 사용할 수 있는 소화약제는 포, 분말, 이산화탄소, 할로겐화합물이다.

## 036 | 화학소방자동차의 소화능력 답 ④

이산화탄소를 방사하는 차에 있어서는 이산화탄소의 방사능력이 매초 40킬로그램(kg) 이상이어야 한다.

## 037 | 화학소방자동차 답 ②

35킬로그램/초(kg/s) 이상, 1천400킬로그램(kg) 이상의 분말을 비치하여야 한다.

## 038 | 화학소방자동차 답 ④

제독차를 갖추어야 하며 규조토와 가성소오다를 각각 50킬로그램(kg) 이상 비치하여야 한다.

## 039 | 화학소방자동차와 소방대원 답 ①

위험물 지정수량의 10만 배인 경우 보유하여야 할 화학소방자동차는 1대, 소방대원의 수는 5인이다.

### 📑 관련 개념 | 자체소방대에 두는 화학소방자동차 및 인원

| 사업소의 구분 | 화학소방자동차 | 자체소방대원의 수 |
|---|---|---|
| 제조소 또는 일반취급소에서 취급하는 제4류 위험물의 최대수량의 합이 지정수량의 12만 배 미만인 사업소 | 1대 | 5인 |
| 제조소 또는 일반취급소에서 취급하는 제4류 위험물의 최대수량의 합이 지정수량의 12만 배 이상 24만 배 미만인 사업소 | 2대 | 10인 |
| 제조소 또는 일반취급소에서 취급하는 제4류 위험물의 최대수량의 합이 지정수량의 24만 배 이상 48만 배 미만인 사업소 | 3대 | 15인 |
| 제조소 또는 일반취급소에서 취급하는 제4류 위험물의 최대수량의 합이 지정수량의 48만 배 이상인 사업소 | 4대 | 20인 |
| 옥외탱크저장소에 저장하는 제4류 위험물의 최대수량이 지정수량의 50만배 이상인 사업소 | 2대 | 10인 |

## 040 | 자체소방대 답 ②

제조소에서 취급하는 제4류 위험물의 최대수량의 합이 지정수량의 12만 배 이상 24만 배 미만인 사업소의 경우 자체소방대에 두는 화학소방자동차 대수는 2대, 자체소방대원 수는 10인이다.

---

### 제4장 위험물의 운반 등 158p

001 ②　　002 ①　　003 ①

## 001 | 위험물의 운반 답 ②

위험물의 운반은 그 용기·적재방법 및 운반방법에 관한 중요기준과 세부기준에 따라 행하여야 한다.

## 002 | 위험물의 종류 답 ①

[선지분석]
② 자연발화성 물질 – 화기엄금, 공기접촉엄금
③ 제4류 위험물 – 화기엄금
④ 제6류 위험물 – 가연물접촉주의

## 003 | 운송책임자의 감독 및 지원 답 ①

운송책임자 감독 및 지원대상인 위험물은 알킬알루미늄과 알킬리튬이다.

## 001  저장·취급기준 준수명령자  답 ①

위험물 저장 또는 취급기준에 대한 준수명령자는 시·도지사, 소방본부장 또는 소방서장이다.

> **위험물안전관리법 제26조【저장·취급기준 준수명령 등】** ① 시·도지사, 소방본부장 또는 소방서장은 제조소등에서의 <u>위험물의 저장 또는 취급</u>이 제5조 제3항의 규정에 위반된다고 인정하는 때에는 당해 제조소등의 관계인에 대하여 동항의 <u>기준에 따라 위험물을 저장 또는 취급하도록 명할 수 있다.</u>
> ② 시·도지사, 소방본부장 또는 소방서장은 관할하는 구역에 있는 이동탱크저장소에서의 위험물의 저장 또는 취급이 제5조 제3항의 규정에 위반된다고 인정하는 때에는 당해 이동탱크저장소의 관계인에 대하여 동항의 기준에 따라 위험물을 저장 또는 취급하도록 명할 수 있다.
> ③ 시·도지사, 소방본부장 또는 소방서장은 제2항의 규정에 따라 이동탱크저장소의 관계인에 대하여 명령을 한 경우에는 행정안전부령이 정하는 바에 따라 제6조 제1항의 규정에 따라 당해 이동탱크저장소의 허가를 한 시·도지사, 소방본부장 또는 소방서장에게 신속히 그 취지를 통지하여야 한다.

## 002  탱크시험자에 대한 명령권자  답 ①

시·도지사, 소방본부장 또는 소방서장은 탱크시험자에 대하여 당해 업무를 적정하게 실시하게 하기 위하여 필요하다고 인정하는 때에는 감독상 필요한 명령을 할 수 있다.

## 003  응급조치·통보 및 조치명령권자  답 ④

이동탱크저장소의 관계인에 대한 응급조치 강구명령은 소방본부장 또는 소방서장의 권한이다.

## 001  위탁교육  답 ②

탱크시험자의 기술인력으로 종사하는 자에 대한 안전교육은 소방청장이 기술원에 위탁한 교육에 해당한다.

## 002  실무교육대상자  답 ④

실무교육의 대상은 이미 자격을 갖춘 자에게 실시하는 교육이며, 강습교육이 자격을 갖추기 위한 교육이다.

## 003  청문권자  답 ①

시·도지사, 소방본부장 또는 소방서장은 취소처분을 하고자 하는 경우에는 청문을 실시하여야 한다.

> **위험물안전관리법 제29조【청문】** 시·도지사, 소방본부장 또는 소방서장은 다음 각 호의 어느 하나에 해당하는 처분을 하고자 하는 경우에는 청문을 실시하여야 한다.
> 1. 제12조의 규정에 따른 제조소등 설치허가의 취소
> 2. 제16조 제5항의 규정에 따른 탱크시험자의 등록취소

## 004  위탁업무  답 ④

저장용량이 70만리터인 옥외탱크저장소 설치에 따른 완공검사는 기술원에 위탁하는 업무에 해당한다.

> **위험물안전관리법 시행령 제22조【업무의 위탁】** ① 소방청장은 법 제30조 제2항에 따라 법 제28조 제1항에 따른 안전교육을 다음 각 호의 구분에 따라 안전원 또는 기술원에 위탁한다.
> 1. 제20조 제1호, 제3호 및 제4호에 해당하는 자에 대한 안전교육: 안전원
> 2. 제20조 제2호에 해당하는 자에 대한 안전교육: 기술원
> ② 시·도지사는 법 제30조 제2항에 따라 다음 각 호의 업무를 기술원에 위탁한다.
> 1. 법 제8조 제1항에 따른 탱크안전성능검사 중 다음 각 목의 탱크에 대한 탱크안전성능검사
>   가. 용량이 100만리터 이상인 액체위험물을 저장하는 탱크
>   나. 암반탱크
>   다. 지하탱크저장소의 위험물탱크 중 행정안전부령으로 정하는 액체위험물탱크
> 2. 법 제9조 제1항에 따른 완공검사 중 다음 각 목의 완공검사
>   가. 지정수량의 3천배 이상의 위험물을 취급하는 제조소 또는 일반취급소의 설치 또는 변경(사용 중인 제조소 또는 일반취급소의 보수 또는 부분적인 증설은 제외한다)에 따른 완공검사
>   나. 옥외탱크저장소(저장용량이 50만리터 이상인 것만 해당한다) 또는 암반탱크저장소의 설치 또는 변경에 따른 완공검사
> 3. 법 제20조 제3항에 따른 운반용기 검사
> ③ 소방본부장 또는 소방서장은 법 제30조 제2항에 따라 법 제18조 제3항에 따른 정기검사를 기술원에 위탁한다.

## 001  벌칙  답 ①

제조소등의 설치허가를 받지 아니하고 제조소등을 설치한 자는 5년 이하의 징역 또는 1억 원 이하의 벌금에 처한다.

## 002 | 벌칙                                      답 ②

제조소등에서 위험물을 유출·방출 또는 확산시켜 사람의 생명·신체 또는 재산에 대하여 위험을 발생시킨 자는 1년 이상 10년 이하의 징역에 처한다.

> 📝 **관련 개념 | 벌칙**
>
> 1. **1년 이상 10년 이하의 징역**: 제조소등에서 위험물을 유출·방출 또는 확산시켜 사람의 생명·신체 또는 재산에 대하여 위험을 발생시킨 자
> 2. **무기 또는 3년 이상의 징역**: 제조소등에서 위험물을 유출·방출 또는 확산시켜 사람을 상해(傷害)에 이르게 한 때
> 3. **무기 또는 5년 이상의 징역**: 제조소등에서 위험물을 유출·방출 또는 확산시켜 사람을 사망에 이르게 한 때
> 4. **7년 이하의 금고 또는 7천만 원 이하의 벌금**: 업무상 과실로 제조소등에서 위험물을 유출·방출 또는 확산시켜 사람의 생명·신체 또는 재산에 대하여 위험을 발생시킨 자
> 5. **10년 이하의 징역 또는 금고나 1억 원 이하의 벌금**: 업무상 과실로 제조소등에서 위험물을 유출·방출 또는 확산시켜 사람을 사상(死傷)에 이르게 한 자

## 003 | 벌칙                                      답 ④

탱크시험자를 등록하지 않고 영업을 한 경우 1년 이하의 징역 또는 1천만 원 이하의 벌금에 처한다.

> 📝 **관련 개념 | 벌칙**
>
> 1. **3년 이하의 징역 또는 3천만 원 이하의 벌금**: 관리업을 등록하지 않고 영업을 한 경우
> 2. **3년 이하의 징역 또는 1천500만 원 이하의 벌금**
>    ⓐ 방염처리업을 등록하지 않고 영업을 한 경우
>    ⓑ 소방시설업을 등록하지 않고 영업을 한 경우
> 3. **1년 이하의 징역 또는 1천만 원 이하의 벌금**: 탱크시험자를 등록하지 않고 영업을 한 경우

## 004 | 제조소등의 관계인의 벌칙                    답 ④

제조소등의 관계인이 위험물안전관리자를 선임하지 아니한 경우 1천500만 원 이하의 벌금에 처한다.

## 005 | 제조소등의 관계인의 벌칙                    답 ④

제조소등의 관계인이 대리자를 지정하지 아니한 경우 1천500만 원 이하의 벌금에 처한다.

## 006 | 비밀을 누설한 자의 벌칙                     답 ④

위험물 제조소등에 출입·검사 등을 수행하면서 알게 된 비밀을 누설한 경우 1천만 원 이하의 벌금에 처한다.

## 007 | 벌칙                                      답 ①

위험물의 저장 또는 취급에 관한 중요기준에 따르지 아니한 자는 1천500만 원 이하의 벌금에 처한다.

**선지분석**
②③④ 나머지는 1천만 원 이하의 벌금에 처한다.

> 📝 **관련 개념 | 벌금**
>
> 1. **1천500만 원 이하의 벌금**: 위험물의 저장 또는 취급에 관한 중요기준에 따르지 아니한 자
> 2. **1천만 원 이하의 벌금**
>    ⓐ 예방규정을 제출하지 아니한 관계인
>    ⓑ 위험물 취급에 관한 안전관리와 감독을 하지 아니한 관계인
>    ⓒ 위험물 운반에 관한 중요기준에 따르지 아니한 자

## 008 | 세부기준을 위반한 경우의 벌칙               답 ④

위험물의 저장 또는 취급에 관한 세부기준 및 위험물 운반에 관한 세부기준을 위반한 경우 500만 원 이하의 과태료에 처한다.

> 📝 **관련 개념 | 500만 원 이하의 과태료**
>
> 1. 임시저장 취급 시 승인을 받지 아니한 자
> 2. 위험물의 저장 또는 취급에 관한 세부기준을 위반한 자
> 3. 품명 등의 변경신고를 기간 이내에 하지 아니하거나 허위로 한 자
> 4. 지위승계신고를 기간 이내에 하지 아니하거나 허위로 한 자
> 5. 제조소등의 폐지신고 또는 안전관리자의 선임신고를 기간 이내에 하지 아니하거나 허위로 한 자
> 6. 등록사항의 변경신고를 기간 이내에 하지 아니하거나 허위로 한 자
> 7. 정기점검결과를 기록·보존하지 아니한 자
> 8. 위험물의 운반에 관한 세부기준을 위반한 자
> 9. 위험물의 운송에 관한 기준을 따르지 아니한 자

## 009 | 벌칙                                      답 ②

제조소등에서 위험물을 유출·방출 또는 확산시켜 사람의 생명·신체 또는 재산에 대하여 위험을 발생시킨 자는 그 행위자를 벌하는 외에 그 법인 또는 개인을 5천만 원 이하의 벌금에 처한다.

> 📝 **관련 개념 | 양벌규정**
>
> 1. 제조소등에서 위험물을 유출·방출 또는 확산시켜 사람의 생명·신체 또는 재산에 대하여 위험을 발생시킨 자는 그 행위자를 벌하는 외에 그 법인 또는 개인을 5천만 원 이하의 벌금에 처한다.
> 2. 제조소등에서 위험물을 유출·방출 또는 확산시켜 사람을 상해(傷害) 또는 사망에 이르게 한 때에 그 행위자를 벌하는 외에 그 법인 또는 개인을 1억 원 이하의 벌금에 처한다.
> 3. 업무상 과실로 제조소등에서 위험물을 유출·방출 또는 확산시켜 사람의 생명·신체 또는 재산에 대하여 위험을 발생시킨 자는 그 행위자를 벌하는 외에 그 법인 또는 개인을 7천만 원 이하의 벌금에 처한다.
> 4. 업무상 과실로 제조소등에서 위험물을 유출·방출 또는 확산시켜 사람을 사상(死傷)에 이르게 한 때에 그 행위자를 벌하는 외에 그 법인 또는 개인을 1억 원 이하의 벌금에 처한다.

해커스소방 **김진성 소방관계법규** 단원별 실전문제집

## 010 | 벌칙
답 ③

법인의 대표자나 법인 또는 개인의 대리인, 사용인, 그 밖의 종업원이 그 법인 또는 개인의 업무에 관하여 제조소등에서 위험물을 유출·방출 또는 확산시켜 사람을 상해(傷害)에 이르게 하거나 사망에 이르게 하는 위반행위를 하면 그 행위자를 벌하는 외에 그 법인 또는 개인을 1억 원 이하의 벌금에 처한다.

## 011 | 과태료
답 ④

제조소등의 폐지신고, 안전관리자의 선임신고를 기간 이내에 하지 아니하거나 허위로 한 자는 500만 원 이하의 과태료에 처한다.

## 012 | 과태료
답 ④

위험물 취급 국가기술자격자가 아닌 자가 위험물을 운송한 자는 1천만 원 이하의 벌금에 처한다.

| 제8장 | 제조소등 및 운반 등의 기술기준 | | | 166p |
|---|---|---|---|---|
| 001 ③ | 002 ① | 003 ③ | 004 ② | 005 ① |
| 006 ② | 007 ④ | 008 ② | 009 ① | 010 ④ |
| 011 ④ | 012 ④ | 013 ④ | 014 ① | 015 ① |
| 016 ① | 017 ④ | 018 ④ | 019 ① | 020 ② |
| 021 ① | 022 ② | 023 ① | 024 ② | 025 ④ |
| 026 ② | 027 ① | 028 ① | 029 ① | 030 ① |
| 031 ③ | 032 ③ | 033 ② | 034 ④ | 035 ② |
| 036 ③ | 037 ③ | 038 ② | 039 ④ | 040 ② |
| 041 ③ | 042 ② | 043 ① | 044 ① | 045 ③ |
| 046 ③ | 047 ① | 048 ④ | 049 ④ | 050 ③ |
| 051 ② | 052 ④ | 053 ④ | 054 ② | 055 ④ |
| 056 ④ | 057 ④ | 058 ① | 059 ④ | 060 ③ |

## 001 | 피뢰설비
답 ③

지정수량의 10배 이상인 경우에는 피뢰설비를 하여야 한다(단, 제6류 위험물은 제외한다).

## 002 | 경보설비
답 ①

지정수량의 10배 이상인 경우 경보설비를 설치하여야 한다.

## 003 | 제조소의 안전거리
답 ③

고압가스, 액화석유가스 또는 도시가스를 저장 또는 취급하는 시설에 해당하는 것에 있어서는 20미터(m) 이상 안전거리를 두어야 한다.

## 004 | 제조소의 안전거리
답 ②

사용전압이 3만 5천 볼트(V)를 초과하는 특고압 가공전선에 있어서는 5미터(m) 이상, 사용전압이 7천 볼트(V) 초과 3만 5천 볼트(V) 이하의 특고압 가공전선에 있어서는 3미터(m) 이상 안전거리를 두어야 한다.

## 005 | 보유공지
답 ①

지정수량의 10배 이하의 위험물을 취급하는 경우에는 3미터(m) 이상의 공지를 보유하여야 한다.

📝 **관련 개념 | 보유공지**

| 취급하는 위험물의 최대수량 | 공지의 너비 |
|---|---|
| 지정수량의 10배 이하 | 3미터(m) 이상 |
| 지정수량의 10배 초과 | 5미터(m) 이상 |

## 006 | 방화벽의 규정
답 ②

제6류 위험물인 방화벽의 경우에는 불연재료로 할 수 있다.

## 007 | 게시판의 기준
답 ④

알칼리금속의 과산화물과 이를 함유한 것 또는 제3류 위험물 중 금수성 물품에 있어서는 물기엄금 표시를 하여야 한다.

## 008 | 게시판의 기준
답 ②

인화성 고체를 제외한 제2류 위험물에는 화기주의를 표시한 게시판을 설치하여야 한다.

📝 **관련 개념 | 화기엄금·물기엄금·화기주의**

1. 화기엄금: 제2류 위험물 중 인화성 고체, 제3류 위험물 중 자연발화성물질, 제4류 위험물, 제5류 위험물
2. 물기엄금: 알칼리금속의 과산화물과 이를 함유한 것, 제3류 위험물 중 금수성 물질
3. 화기주의: 인화성 고체를 제외한 제2류 위험물

## 009 | 제조소등의 게시판
답 ①

제2류 위험물(인화성 고체 제외)에는 화기주의 표시를 하여야 한다.

## 010 | 제조소등의 게시판
답 ④

게시판의 색은 물기엄금을 표시하는 것에 있어서는 청색바탕에 백색문자로, 화기주의 또는 화기엄금을 표시하는 것에 있어서는 적색바탕에 백색문자로 하여야 한다.

## 011 | 제조소 건축물의 구조 답 ④

지붕은 폭발력이 위로 방출될 정도의 가벼운 불연재료로 덮어야 한다.

> **📎 관련 개념 | 건축물의 구조**
>
> 1. 지하층이 없도록 하여야 한다. 다만, 위험물을 취급하지 아니하는 지하층으로서 위험물의 취급장소에서 새어나온 위험물 또는 가연성의 증기가 흘러 들어갈 우려가 없는 구조로 된 경우에는 그러하지 아니하다.
> 2. 벽·기둥·바닥·보·서까래 및 계단을 불연재료로 하고, 연소(延燒)의 우려가 있는 외벽(소방청장이 정하여 고시하는 것에 한한다. 이하 같다)은 출입구 외의 개구부가 없는 내화구조의 벽으로 하여야 한다. 이 경우 제6류 위험물을 취급하는 건축물에 있어서 위험물이 스며들 우려가 있는 부분에 대하여는 아스팔트 그 밖에 부식되지 아니하는 재료로 피복하여야 한다.
> 3. 지붕(작업공정상 제조기계시설 등이 2층 이상에 연결되어 설치된 경우에는 최상층의 지붕을 말한다)은 폭발력이 위로 방출될 정도의 가벼운 불연재료로 덮어야 한다. 다만, 위험물을 취급하는 건축물이 아래의 어느 하나에 해당하는 경우에는 그 지붕을 내화구조로 할 수 있다.
>     ⓐ 제2류 위험물(분상의 것과 인화성고체를 제외한다), 제4류 위험물 중 제4석유류·동식물유류 또는 제6류 위험물을 취급하는 건축물인 경우
>     ⓑ 다음의 기준에 적합한 밀폐형 구조의 건축물인 경우
>     • 발생할 수 있는 내부의 과압(過壓) 또는 부압(負壓)에 견딜 수 있는 철근콘크리트조일 것
>     • 외부화재에 90분 이상 견딜 수 있는 구조일 것
> 4. 출입구와 산업안전보건기준에 관한 규칙 제17조에 따라 설치하여야 하는 비상구에는 갑종방화문 또는 을종방화문을 설치하되, 연소의 우려가 있는 외벽에 설치하는 출입구에는 수시로 열 수 있는 자동폐쇄식의 갑종방화문을 설치하여야 한다.
> 5. 위험물을 취급하는 건축물의 창 및 출입구에 유리를 이용하는 경우에는 망입유리로 하여야 한다.
> 6. 액체의 위험물을 취급하는 건축물의 바닥은 위험물이 스며들지 못하는 재료를 사용하고, 적당한 경사를 두어 그 최저부에 집유설비를 하여야 한다.

## 012 | 제조소의 지붕 답 ④

제2류 위험물(분상의 것과 인화성 고체를 제외한다), 제4류 위험물 중 제4석유류·동식물유류 또는 제6류 위험물을 취급하는 건축물인 경우 그 지붕을 내화구조로 할 수 있다.

## 013 | 제조소 건축물의 채광 및 조명설비기준 답 ④

가연성 가스 등이 체류할 우려가 있는 장소의 점멸스위치는 출입구 바깥쪽부분에 설치하여야 한다.

> **📎 관련 개념 | 채광·조명 및 환기설비**
>
> 1. 위험물을 취급하는 건축물에는 아래의 기준에 의하여 위험물을 취급하는 데 필요한 채광·조명 및 환기의 설비를 설치하여야 한다.
>     ⓐ 채광설비는 불연재료로 하고, 연소의 우려가 없는 장소에 설치하되 채광면적을 최소로 할 것
>     ⓑ 조명설비는 다음의 기준에 적합하게 설치할 것
>     • 가연성 가스 등이 체류할 우려가 있는 장소의 조명등은 방폭등으로 할 것
>     • 전선은 내화·내열전선으로 할 것
>     • 점멸스위치는 출입구 바깥부분에 설치할 것. 다만, 스위치의 스파크로 인한 화재·폭발의 우려가 없을 경우에는 그러하지 아니하다.
>     ⓒ 환기설비는 다음의 기준에 의할 것
>     • 환기는 자연배기방식으로 할 것
>     • 급기구는 당해 급기구가 설치된 실의 바닥면적 150제곱미터($m^2$)마다 1개 이상으로 하되, 급기구의 크기는 800제곱센티미터($cm^2$) 이상으로 할 것. 다만, 바닥면적이 150제곱미터($m^2$) 미만인 경우에는 다음의 크기로 하여야 한다.
>         - 급기구는 낮은 곳에 설치하고 가는 눈의 구리망 등으로 인화방지망을 설치할 것
>         - 환기구는 지붕위 또는 지상 2미터($m$) 이상의 높이에 회전식 고정벤티레이터 또는 루프팬방식으로 설치할 것
> 2. 배출설비가 설치되어 유효하게 환기가 되는 건축물에는 환기설비를 하지 아니할 수 있고, 조명설비가 설치되어 유효하게 조도가 확보되는 건축물에는 채광설비를 하지 아니할 수 있다.

## 014 | 제조소 건축물의 환기설비 답 ①

환기는 자연배기방식으로 하여야 한다.

## 015 | 제조소 건축물의 배출설비 답 ①

배출설비는 국소방출방식으로 하는 것을 원칙으로 한다.

## 016 | 바닥기준 답 ①

바닥의 둘레에 높이 0.15미터($m$) 이상의 턱을 설치하는 등 위험물이 외부로 흘러나가지 아니하도록 하여야 한다.

## 017 | 정전기의 제거 답 ④

공기 중의 전하를 축적하는 방법은 정전기를 제거하는 방법에 해당하지 않는다.

> **📎 관련 개념 | 정전기 제거설비**
>
> 1. 접지에 의한 방법
> 2. 공기 중의 상대습도를 70% 이상으로 하는 방법
> 3. 공기를 이온화하는 방법

## 018 | 피뢰설비 답 ④

지정수량의 10배 이상의 위험물을 취급하는 제조소(제6류 위험물을 취급하는 위험물제조소를 제외한다)에는 피뢰침(산업표준화법 제12조에 따른 한국산업표준 중 피뢰설비 표준에 적합한 것을 말한다)을 설치하여야 한다. 다만, 제조소의 주위의 상황에 따라 안전상 지장이 없는 경우에는 피뢰침을 설치하지 아니할 수 있다.

## 019 | 트러스트 · 답 ①

보유공지 내에는 구조물도 설치하여서는 아니 된다.

## 020 | 방유제 설치 · 답 ①

이황화탄소는 특수인화물로서 제4류 위험물 중 발화점이 가장 낮고 물보다 비중이 커서 수조탱크 내에 저장하므로 방유제를 설치하지 않는다.

## 021 | 보유공지 · 답 ①

보유공지시설은 연소방지, 소화활동공간, 피난공간으로 활용할 수 있다.

## 022 | 내화구조 · 답 ②

제4류 위험물 중 제4석유류는 그 지붕을 내화구조로 할 수 있다.

> **관련 개념 | 지붕**
>
> 지붕(작업공정상 제조기계시설 등이 2층 이상에 연결되어 설치된 경우에는 최상층의 지붕을 말한다)은 폭발력이 위로 방출될 정도의 가벼운 불연재료로 덮어야 한다. 다만, 위험물을 취급하는 건축물이 아래의 어느 하나에 해당하는 경우에는 그 지붕을 내화구조로 할 수 있다.
> 1. 제2류 위험물(분상의 것과 인화성고체를 제외한다), 제4류 위험물 중 제4석유류·동식물유류 또는 제6류 위험물을 취급하는 건축물인 경우
> 2. **다음의 기준에 적합한 밀폐형 구조의 건축물인 경우**
>    ⓐ 발생할 수 있는 내부의 과압(過壓) 또는 부압(負壓)에 견딜 수 있는 철근콘크리트조일 것
>    ⓑ 외부화재에 90분 이상 견딜 수 있는 구조일 것

## 023 | 위험물 제조소의 시설 · 답 ①

보유공지는 빈터로서 시설물이 아니다.

## 024 | 위험물 제조소의 표지 및 게시판 · 답 ②

게시판에는 취급하는 위험물의 유별·품명 및 취급 최대수량과 위험물안전관리자의 성명을 기재한다.

## 025 | 옥외탱크저장소의 설치기준 · 답 ④

방유제 내의 전 탱크용량이 20만리터(L) 이하이고 위험물의 인화점이 섭씨 70도(℃) 이상 200도(℃) 미만인 경우에는 20기 이하로 설치한다.

## 026 | 옥외저장소 · 답 ②

나트륨 등과 같은 금속은 금수성 물질로서 물과 반응하는 경우 가연성 가스인 수소가스를 발생시키므로 옥외에 저장할 수 없다.

## 027 | 옥외저장소에 저장할 수 있는 것 · 답 ①

1. 제2류 위험물중 유황 또는 인화성고체(인화점이 섭씨 0도 이상인 것에 한한다)
2. 제4류 위험물중 제1석유류(인화점이 섭씨 0도 이상인 것에 한한다)·알코올류·제2석유류·제3석유류·제4석유류 및 동식물유류
3. 제6류 위험물
4. 제2류 위험물 및 제4류 위험물중 특별시·광역시 또는 도의 조례에서 정하는 위험물(관세법 제154조의 규정에 의한 보세구역안에 저장하는 경우에 한한다)

## 028 | 지하탱크저장소 · 답 ①

통기관은 탱크 상부에 연결한다.

## 029 | 간이탱크저장소 · 답 ①

간이탱크저장소의 간이저장탱크의 용량은 600리터(L) 이하여야 한다.

> **관련 개념 | 간이탱크저장소 설치기준**
>
> 1. **탱크용량**: 600리터(L) 이하
> 2. **하나의 저장실**: 탱크 3기 이하 저장
> 3. **옥외 설치 시** 1미터(m) 이상 공지 확보
> 4. **밸브 없는 통기관**
>    ⓐ 지름: 25밀리미터(mm) 이상
>    ⓑ 높이: 지상 1.5미터(m) 이상
>    ⓒ 선단: 45도 구부릴 것
>    ⓓ 인화방지장치: 가는 눈의 구리망

## 030 | 옥외탱크저장소 · 답 ①

방유제 높이는 0.5미터(m) 이상 3미터(m) 이하의 높이로 하여야 한다.

## 031 | 제5류 위험물의 저장소 · 답 ③

제5류 위험물은 자기반응성물질로서 주수소화가 가능하므로 스프링클러설비를 설치한다.

## 032 | 보유공지 · 답 ③

옥내탱크저장소는 보유공지의 거리규정을 적용받지 않는다.

> **관련 개념 | 보유공지 제외 제조소등**
>
> 1. 지하탱크저장소
> 2. 옥내탱크저장소
> 3. 옥내의 간이탱크저장소

## 033 | 옥외저장탱크 답 ②

이황화탄소의 옥외저장탱크는 벽 및 바닥의 두께가 0.2미터 (m) 이상이고 누수가 되지 아니하는 철근콘크리트의 수조에 넣어 보관하여야 한다. 이 경우 보유공지·통기관 및 자동계량 장치는 생략할 수 있다.

## 034 | 옥내저장소 답 ③

셀룰로이드(질산섬유소에 장뇌를 섞어 압착하여 만든 반투명플라스틱)와 같은 제5류 위험물은 온도상승을 방지하여야 하므로 반자를 설치한다.

## 035 | 옥내탱크저장소 답 ②

누유검사관은 지하탱크저장소에 설치하며, 누출된 기름을 확인할 수 있는 장치이다.

## 036 | 옥내저장소 답 ②

위험등급 Ⅰ(유별의 품명 중 지정수량이 가장 낮은 것)에 해당하는 위험물은 옥내저장소의 저장창고 바닥면적을 1천제곱미터(m²) 이하로 한다.

> 📝 **관련 개념 | 위험등급 Ⅰ**
> 1. 제1류 위험물 중 무기과산화물, 과염소산염류, 염소산염류, 아염소산염류
> 2. 제3류 위험물 중 나트륨, 칼륨, 알킬(리튬, 알루미늄), 황린
> 3. 제4류 위험물 중 특수인화물
> 4. 제5류 위험물 중 유기과산화물, 질산에스테르류
> 5. 제6류 위험물

## 037 | 옥내저장소 답 ③

옥내저장소에 반자를 설치할 경우 유증기가 체류할 위험이 있기 때문에 설치하지 못한다.

## 038 | 위험물탱크의 통기관 답 ②

위험물탱크의 통기관은 유증기를 배출하는 역할을 한다.

## 039 | 옥내탱크저장소의 기준 답 ④

옥내탱크저장소의 위치·구조 및 설비의 기술기준은 다음과 같다.
1. 위험물을 저장 또는 취급하는 옥내탱크(이하 "옥내저장탱크"라 한다)는 단층건축물에 설치된 탱크전용실에 설치할 것
2. 옥내저장탱크와 탱크전용실의 벽과의 사이 및 옥내저장탱크의 상호간에는 0.5m 이상의 간격을 유지할 것
3. 옥내탱크저장소에는 보기 쉬운 곳에 "위험물 옥내탱크저장소"라는 표시를 한 표지를 설치할 것

4. 옥내저장탱크의 용량(동일한 탱크전용실에 옥내저장탱크를 2 이상 설치하는 경우에는 각 탱크의 용량의 합계를 말한다)은 지정수량의 40배(제4석유류 및 동식물유류 외의 제4류 위험물에 있어서 당해 수량이 20,000ℓ를 초과할 때에는 20,000ℓ) 이하일 것
5. 옥내저장탱크 중 압력탱크(최대상용압력이 부압 또는 정압 5KPa을 초과하는 탱크를 말한다)외의 탱크(제4류 위험물의 옥내저장탱크로 한정한다)에 있어서는 밸브 없는 통기관 또는 대기밸브 부착 통기관을 기준에 따라 설치하고, 압력탱크에 있어서는 안전장치를 설치할 것

## 040 | 안전거리의 규제 답 ②

간이탱크저장소, 옥내탱크저장소, 지하탱크저장소는 안전거리 비규제대상이다.

## 041 | 비상전원 답 ③

제5류 위험물에는 통풍장치 또는 냉방장치를 설치하여야 한다.

## 042 | 옥내탱크저장소의 탱크전용실 답 ②

제2류 위험물 중 황화린·적린 및 덩어리 유황, 제3류 위험물 중 황린, 제6류 위험물 중 질산의 탱크전용실은 건축물의 1층 또는 지하층에 설치하여야 한다.

## 043 | 지하탱크저장소 답 ①

정전기를 유효하게 제거하기 위하여 지하탱크저장소에서 주입구에 접지전극을 설치한다.

## 044 | 지하탱크저장소 답 ①

자갈분의 입자지름은 5밀리미터(mm) 이하를 말한다.

## 045 | 제1종 판매취급소 답 ③

판매취급소는 건축물의 1층에 설치하여야 한다.

## 046 | 판매취급소 답 ③

바닥은 누출된 위험물이 흘러갈 수 있도록 적당한 경사를 주어야 한다.

## 047 주유취급소의 기술기준     답 ①

1. 고정주유설비의 주위에는 주유를 받으려는 자동차 등이 출입할 수 있도록 너비 15m 이상, 길이 6m 이상의 콘크리트 등으로 포장한 공지(이하 "주유공지"라 한다)를 보유하여야 하고, 고정급유설비(펌프기기 및 호스기기로 되어 위험물을 용기에 옮겨 담거나 이동저장탱크에 주입하기 위한 설비로서 현수식의 것을 포함한다. 이하 같다)를 설치하는 경우에는 고정급유설비의 호스기기의 주위에 필요한 공지(이하 "급유공지"라 한다)를 보유하여야 한다.
2. 공지의 바닥은 주위 지면보다 높게 하고, 그 표면을 적당하게 경사지게 하여 새어나온 기름 그 밖의 액체가 공지의 외부로 유출되지 아니하도록 배수구·집유설비 및 유분리장치를 하여야 한다.
3. 주유취급소에는 황색바탕에 흑색문자로 "주유중엔진정지"라는 표시를 한 게시판을 설치하여야 한다.
4. 자동차 등에 주유하기 위한 고정주유설비에 직접 접속하는 전용탱크의 용량은 50,000ℓ 이하의 것으로 하여야 한다.

## 048 주유공지     답 ①

주유공지란 주유를 받으려는 자동차 등이 출입할 수 있도록 너비 15미터(m) 이상, 길이 6미터(m) 이상의 콘크리트 등으로 포장한 공지를 말한다.

> **📖 관련 개념 | 주유공지 및 급유공지**
>
> 주유취급소의 고정주유설비(펌프기기 및 호스기기로 되어 위험물을 자동차 등에 직접 주유하기 위한 설비로서 현수식의 것을 포함한다)의 주위에는 주유를 받으려는 자동차 등이 출입할 수 있도록 너비 15미터(m) 이상, 길이 6미터(m) 이상의 콘크리트 등으로 포장한 공지(이하 "주유공지"라 한다)를 보유하여야 하고, 고정급유설비(펌프기기 및 호스기기로 되어 위험물을 용기에 옮겨 담거나 이동저장탱크에 주입하기 위한 설비로서 현수식의 것을 포함한다)를 설치하는 경우에는 고정급유설비의 호스기기의 주위에 필요한 공지(이하 "급유공지"라 한다)를 보유하여야 한다.

## 049 고정주유설비     답 ④

고정주유설비의 중심선을 기점으로 하여 도로경계선까지 4미터(m) 이상, 부지경계선·담 및 건축물의 벽까지 2미터(m), 개구부가 없는 벽까지는 1미터(m) 이상의 거리를 유지하여야 한다.

## 050 고정주유설비     답 ③

고정주유설비와 고정급유설비의 사이에는 4미터(m) 이상의 거리를 유지하여야 한다.

## 051 지하저장탱크     답 ②

주유취급소 중 주유를 위한 저장탱크는 지하저장탱크이다.

## 052 위험등급(Ⅰ)     답 ④

알칼리금속(나트륨과 칼륨을 제외한다) 및 알칼리토금속은 위험등급(Ⅰ)에 해당하는 위험물이 아니다.

## 053 위험등급(Ⅰ)     답 ④

제2류 위험물은 위험등급(Ⅰ)이 없다. 마그네슘은 제2류 위험물로서 지정수량이 500킬로그램(kg)이며 위험등급(Ⅲ)에 해당한다.

> **📖 관련 개념 | 위험등급 Ⅰ (유별의 품명 중 지정수량이 가장 낮은 것)**
>
> 1. 제1류 위험물 중 무기과산화물, 과염소산염류, 염소산염류, 아염소산염류
> 2. 제3류 위험물 중 나트륨, 칼륨, 알킬(리튬, 알루미늄), 황린
> 3. 제4류 위험물 중 특수인화물
> 4. 제5류 위험물 중 유기과산화물, 질산에스테르류
> 5. 제6류 위험물

## 054 위험등급     답 ②

- 위험등급Ⅱ: 제2류 위험물 중 적린
- 위험등급Ⅰ: 제3류 위험물 중 칼륨, 제4류 위험물 중 특수인화물, 제1류 위험물 중 무기과산화물

## 055 부동지붕식탱크     답 ④

특수인화물 및 휘발유 등은 휘발성이 강하므로 위험물의 액면의 높이에 따라 지붕이 움직이는 부동지붕식탱크 구조로 하여 공간을 일정하게 유지하여야 한다.

## 056 위험물의 운반에 관한 기준 중 적재방법     답 ④

자연발화물질 중 알킬알루미늄등은 운반용기 내용적의 90% 이하의 수납율로 수납하되, 50℃의 온도에서 5% 이상의 공간용적을 유지하도록 할 것

## 057 위험물의 수납률     답 ④

기체위험물은 위험물의 종류에 해당되지 않으며, 고압가스관계 법령에 따라 수납하여야 한다.

## 058 | 위험물의 운반용기     답 ①

제1류 위험물 중 알칼리금속의 과산화물에는 화기주의, 충격주의, 물기엄금, 가연물접촉주의를 게시하여야 한다.

> **📖 관련 개념| 운반용기 주의 표시**
>
> 1. **제1류 위험물**: 화기주의, 충격주의, 가연물접촉주의(단, 알칼리금속의 과산화물: 물기엄금, 화기주의, 충격주의, 가연물접촉주의)
> 2. **제2류 위험물**
>     ⓐ 화기주의: 적린, 유황, 황화린
>     ⓑ 화기주의, 물기엄금: 철분, 금속분, 마그네슘
>     ⓒ 화기엄금: 인화성 고체
> 3. **제3류 위험물**
>     ⓐ 화기엄금: 발화성물질
>     ⓑ 물기엄금: 금수성물질
> 4. **제4류 위험물**: 화기엄금
> 5. **제5류 위험물**: 화기엄금, 충격주의
> 6. **제6류 위험물**: 가연물접촉주의

## 059 | 위험등급( I )     답 ④

휘발유 및 아세톤은 제4류 위험물 제1석유류로서 위험등급( II )에 해당하는 위험물의 품명이다.

## 060 | 위험물의 혼재     답 ③

제3류 위험물과 혼재할 수 있는 위험물은 제4류 위험물이다.

# 제6편 소방시설공사업법

## 001 소방시설업  답 ③

소방시설업의 종류로는 소방시설설계업, 소방시설공사업, 소방공사감리업, 방염처리업이 있다.

### 📝 관련 개념 | 소방시설업

1. **소방시설설계업**: 소방시설공사에 기본이 되는 공사계획, 설계도면, 설계 설명서, 기술계산서 및 이와 관련된 서류를 작성하는 영업
2. **소방시설공사업**: 설계도서에 따라 소방시설을 신설, 증설, 개설, 이전 및 정비하는 영업
3. **소방공사감리업**: 소방시설공사에 관한 발주자의 권한을 대행하여 소방시설공사가 설계도서와 관계 법령에 따라 적법하게 시공되는지를 확인하고, 품질·시공 관리에 대한 기술지도를 하는 영업
4. **방염처리업**: 소방시설 설치 및 관리에 관한 법률 제20조 제1항에 따른 방염대상물품에 대하여 방염처리하는 영업

## 002 소방공사감리업  답 ②

소방공사감리업이란 소방시설공사에 관한 발주자의 권한을 대행하여 소방시설공사가 설계도서와 관계법령에 따라 적법하게 시공되는지를 확인하고, 품질·시공 관리에 대한 기술지도를 하는 영업을 말한다.

## 003 소방시설설계업  답 ①

소방시설설계업이란 소방시설공사에 기본이 되는 공사계획, 설계도면, 설계 설명서, 기술계산서 및 이와 관련된 서류를 작성하는 영업을 말한다.

## 004 소방시설공사 등  답 ③

소방시설공사 등이란 소방시설의 설계, 시공, 감리 및 방염을 말한다.

## 001 소방시설업의 등록기준 및 영업범위  답 ③

선지분석

① 전문소방시설설계업의 등록기준 중 인력기준으로 주된 기술인력은 소방기술사 1인, 보조기술인력은 1인이다.
② 전문소방공사감리업인 경우 자본금 등록기준이 없다.
④ 일반소방공사감리업의 영업범위는 연면적 3만제곱미터(m²) 미만의 특정소방대상물에 설치되는 기계 분야 소방시설의 감리(제연설비가 설치되는 특정소방대상물은 제외한다)이다.

## 002 소방시설공사업등의 등록  답 ③

특정소방대상물의 소방시설을 설계·시공하거나 감리하려는 자는 업종별로 대통령령으로 정하는 자본금(개인인 경우에는 자산 평가액을 말한다) 및 기술 인력을 갖추어 시·도지사에게 소방시설업을 등록하여야 한다.

## 003 전문소방시설공사업의 등록기준  답 ②

전문소방시설공사업에 한하여 보조기술인력은 2명 이상이다.

## 004 소방시설공사업의 등록  답 ③

변경 사유가 발생한 날부터 30일 이내로 시·도지사에게 변경신고를 하여야 한다.

## 005 전문소방시설공사업  답 ①

소방설비기사 기계 분야 및 전기 분야에 각각 1명 이상 또는 소방설비기사 기계 및 전기 분야를 함께 취득한 자 1명 이상을 필요로 한다.

## 006 | 전문소방시설공사업의 등록기준    답 ④

등록기준은 대통령령으로 정하며, 장비기준은 등록기준에 없다.

## 007 | 소방시설공사업의 등록    답 ③

등록기준은 대통령령으로 정하며, 장비기준은 등록기준에 없다.

## 008 | 소방시설업의 영업범위    답 ③

정부투자기관 및 지방공사 또는 지방공단은 시·도지사에게 등록하지 않고 설계 및 감리를 할 수 있다. 공사업무는 해당하지 않는다.

## 009 | 소방시설업의 등록    답 ①

소방시설업의 등록은 업종별로 대통령령이 정하는 자본금(개인인 경우에는 자산평가액) 및 기술인력을 갖추어 시·도지사에게 한다.

## 010 | 소방시설업의 등록    답 ④

파산선고를 받고 복권되지 않은 경우는 소방시설업 등록 시 등록신청을 하여야 하는 사항이다.

> **📖 관련 개념 | 시·도지사가 등록신청을 하여서는 아니 되는 경우**
> 1. 등록기준을 갖추지 못한 경우
> 2. 자본금 기준금액에 따른 확인서를 제출하지 아니한 경우
> 3. 등록을 신청한 자가 결격사유에 해당하는 경우
> 4. 법, 이 영 또는 다른 법령에 따른 제한에 위반되는 경우

## 011 | 전문소방시설공사업    답 ②

일반소방시설공사업 영업의 범위는 연면적 1만제곱미터(m²) 미만이며, 전문소방시설공사업만이 1만제곱미터(m²) 이상 영업할 수 있다.

## 012 | 전문소방공사감리업    답 ③

일반소방공사감리업의 영업의 범위는 연면적 3만제곱미터(m²) 미만이나, 공장은 1만제곱미터(m²) 미만이며 제연설비를 감리할 수 없다. 따라서 공장의 경우 전문소방감리업만이 1만제곱미터(m²) 이상인 경우 영업할 수 있다.

## 013 | 일반소방시설설계업    답 ④

일반소방시설설계업의 영업의 범위는 연면적 3만제곱미터(m²) 미만이나, 공장은 1만제곱미터(m²) 미만이며 제연설비를 설계할 수 없다.

## 014 | 소방시설의 설계업 및 공사감리업    답 ①

채무자 회생 및 파산에 관한 법률에 의거한 파산자로서 복권되지 아니한 사람은 등록의 결격사유자에 해당하지 않는다.

## 015 | 소방시설업 등록의 취소 사유    답 ④

영업정지기간 중에 설계·시공 또는 감리를 한 것은 등록의 취소 사유이다.

> **📖 관련 개념 | 등록의 취소**
> 1. 거짓이나 그 밖의 부정한 방법으로 등록한 경우
> 2. 등록 결격사유에 해당하게 된 경우
> 3. 영업정지기간 중에 설계·시공 또는 감리를 한 경우

## 016 | 소방시설업의 등록    답 ④

소방관계법에 따른 금고 이상의 실형의 선고를 받고 그 집행이 종료된 후 2년이 경과된 자는 소방시설업의 등록을 할 수 있다.

> **📖 관련 개념 | 등록의 결격사유**
> 1. 피성년후견인
> 2. 소방5분법에 따른 금고 이상의 실형을 선고받고 그 집행이 끝나거나 면제된 날부터 2년이 지나지 아니한 사람
> 3. 소방5분법에 따른 금고 이상의 형의 집행유예를 선고받고 그 유예기간 중에 있는 사람
> 4. 등록하려는 소방시설업 등록이 취소된 날부터 2년이 지나지 아니한 자
> 5. 법인의 대표자, 임원이 결격사유 중 어느 하나에 해당하는 법인

## 017 | 소방시설업의 등록    답 ④

**선지분석**
② 금고 이상의 형의 집행유예를 선고받고 그 유예기간 중에 있는 자가 결격사유에 해당한다.

## 018 | 소방공사감리업의 등록사항 변경신고대상    답 ①

중요 변경사항이라 함은 등록증 및 등록수첩에 기재되어 있는 상호 명칭, 영업소 소재지, 대표자 및 기술인력이다.

## 019 | 소방시설업의 기술인력 변경    답 ①

기술인력을 변경하는 경우에는 ㄴ. 소방시설업 등록수첩과 ㄷ. 기술인력 증빙서류를 제출하여야 한다.

## 020 | 소방시설업의 등록사항 변경    답 ③

변경신고 서류를 제출받은 협회는 신고내용을 확인하고 5일 이내에 변경사항을 기재하여 발급한다.

## 021 | 소방시설업자의 지위 승계    답 ④

지위를 승계한 날부터 30일 이내에 시·도지사에게 신고하여야 하며, 신고를 받은 시·도지사는 10일 이내에 등록증과 등록수첩을 새로 발급하여야 한다.

## 022 | 소방시설업의 등록    답 ②

소방시설업의 업종별 등록기준에 적합하다고 인정되는 경우에는 등록신청을 받은 날부터 15일 이내에 소방시설업등록증 및 소방시설업등록수첩을 업종별로 교부하여야 한다.

## 023 | 소방시설공사업 등록의 취소    답 ④

영업정지처분이나 등록취소처분을 받은 소방시설업자는 그 날부터 소방시설공사등을 하여서는 아니 된다. 다만, 소방시설의 시공신고가 수리(受理)되어 공사를 하고 있는 자로서 도급계약이 해지되지 아니한 소방시설공사업자, 소방공사감리업자 및 방염처리업자가 그 공사 등을 하는 동안에는 그러하지 아니하다.

## 024 | 영업정지    답 ②

시·도지사는 소방시설업자가 행정안전부령으로 정하는 바에 따라 등록을 취소하거나 6개월 이내의 기간을 정하여 시정이나 그 영업의 정지를 명할 수 있다.

## 025 | 영업정지    답 ②

부정한 방법으로 등록을 한 때에는 영업정지 없이 취소된다.

## 026 | 등록의 결격사유    답 ②

등록의 결격사유에 해당하게 된 경우에는 영업정지 없이 취소된다.

## 027 | 휴업·폐업 또는 재개업    답 ①

소방시설업자는 소방시설업을 휴업·폐업 또는 재개업하는 때에는 행정안전부령으로 정하는 바에 따라 시·도지사에게 신고하여야 한다.

## 028 | 휴업·폐업 또는 재개업    답 ③

소방시설업자는 휴업·폐업 또는 재개업 신고를 하려면 휴업·폐업 또는 재개업일부터 30일 이내에 소방시설업 휴업·폐업·재개업 신고서(전자문서로 된 신고서를 포함한다)에 서류(전자문서를 포함한다)를 첨부하여 협회를 경유하여 시·도지사에게 제출하여야 한다.

## 029 | 소방시설업의 등록사항 변경신고    답 ④

기술인력이 변경된 경우에는 등록증을 제출하지 않아도 된다.

## 030 | 방염처리업
답 ③

방염처리업의 종류에는 섬유류, 합성수지류, 합판·목재류방염업이 있다.

### 📑 관련 개념 | 방염처리업

| 구분 | 실험실 | 방염처리시설 및 시험기기 | 영업범위 |
|------|--------|--------------------------|----------|
| 섬유류 방염업 | 1개 이상 갖출 것 | 부표에 따른 섬유류방염업의 방염처리시설 및 시험기기를 모두 갖추어야 한다. | 커튼·카펫 등 섬유류를 주된 원료로 하는 방염대상물품을 제조 또는 가공 공정에서 방염처리 |
| 합성수지류 방염업 | | 부표에 따른 합성수지류방염업의 방염처리시설 및 시험기기를 모두 갖추어야 한다. | 합성수지류를 주된 원료로 하는 방염대상물품을 제조 또는 가공 공정에서 방염처리 |
| 합판·목재류 방염업 | | 부표에 따른 합판·목재류방염업의 방염처리시설 및 시험기기를 모두 갖추어야 한다. | 합판 또는 목재류를 제조·가공 공정 또는 설치 현장에서 방염처리 |

## 031 | 소방시설업
답 ③

소방시설업의 종류, 영업의 범위, 등록기준 등 필요사항은 대통령령으로 정한다.

## 032 | 소방시설업
답 ④

시·도지사에게 등록하여야 한다.

**소방시설공사업법 제4조 【소방시설업의 등록】** ① 특정소방대상물의 소방시설공사등을 하려는 자는 업종별로 자본금(개인인 경우에는 자산 평가액을 말한다), 기술인력 등 대통령령으로 정하는 요건을 갖추어 특별시장·광역시장·특별자치시장·도지사 또는 특별자치도지사(이하 "시·도지사"라 한다)에게 소방시설업을 등록하여야 한다.

## 033 | 소방시설업의 등록취소
답 ④

다른 자에게 등록증 또는 등록수첩을 빌려준 경우에는 영업정지 6개월에 처한다.

## 034 | 소방시설업의 등록취소
답 ③

등록을 한 후 정당한 사유 없이 1년이 지날 때까지 영업을 시작하지 아니한 경우 영업정지에 처한다.

## 035 | 소방시설업의 등록취소
답 ②

다른 자에게 등록증 또는 등록수첩을 빌려준 경우 1차 위반 시 영업정지 6개월, 2차 위반 시 등록취소에 처한다.

## 036 | 등록의 결격사유
답 ②

금고 이상의 형의 집행유예를 선고받고 그 유예기간이 끝난 사람은 소방시설업을 등록할 수 있다.

### 📑 관련 개념 | 등록의 결격사유

1. 피성년후견인
2. 소방5분법에 따른 금고 이상의 실형을 선고받고 그 집행이 끝나거나 집행이 면제된 날부터 2년이 지나지 아니한 사람
3. 소방5분법에 따른 금고 이상의 형의 집행유예를 선고받고 그 유예기간 중에 있는 사람
4. 방염업의 등록이 취소된 날부터 2년이 지나지 아니한 자
5. 임원 중에 등록의 결격사유에 해당하는 사람이 있는 법인

## 037 | 재발급 사유 및 기간
답 ①

소방시설업의 등록증 및 등록수첩을 잃어버린 경우에는 3일 이내에 재발급하여야 한다.

### 📑 관련 개념 | 재발급 사유 및 기간

1. 잃어버리거나, 헐어 못 쓰는 경우 재발급: 3일 이내
2. 재발급(중요사항 변경이 있는 경우): 5일 이내
3. 승계로 인한 재발급: 10일 이내

## 038 | 재발급 사유 및 기간
답 ②

등록증 및 등록수첩에 대한 중요사항이 변경된 경우에는 5일 이내에 재발급하여야 한다.

## 039 | 소방시설업의 승계
답 ③

소방시설업자의 지위를 승계하려는 경우에는 그 상속일, 양수일 또는 합병일부터 30일 이내에 행정안전부령으로 정하는 바에 따라 그 사실을 시·도지사에게 신고하여야 한다.

**소방시설공사업법 제7조 【소방시설업자의 지위승계】** ① 다음 각 호의 어느 하나에 해당하는 자가 종전의 소방시설업자의 지위를 승계하려는 경우에는 그 상속일, 양수일 또는 합병일부터 30일 이내에 행정안전부령으로 정하는 바에 따라 그 사실을 시·도지사에게 신고하여야 한다.
1. 소방시설업자가 사망한 경우 그 상속인
2. 소방시설업자가 그 영업을 양도한 경우 그 양수인
3. 법인인 소방시설업자가 다른 법인과 합병한 경우 합병 후 존속하는 법인이나 합병으로 설립되는 법인

**040 | 소방시설업의 승계** 답 ②

승계사유가 발생한 날부터 30일 이내로 시·도지사에게 신고하여야 하며 승계신고서를 접수한 시·도지사는 10일 이내로 등록증 및 등록수첩을 발급하여야 한다.

**041 | 소방시설업의 등록취소 사유** 답 ①

영업정지기간 중에 방염처리업을 한 경우 소방시설업 등록은 취소된다.

> 📋 **관련 개념 | 취소 및 정지 사유**
>
> 1. 방염업 등록의 취소
>    ⓐ 거짓이나 그 밖의 부정한 방법으로 등록을 한 경우
>    ⓑ 등록의 결격사유에 해당하게 된 경우
>    ⓒ 영업정지기간 중에 방염을 한 경우
> 2. 6개월 이내의 영업의 정지
>    ⓐ 등록기준에 미달하게 된 후 30일이 경과한 경우
>    ⓑ 변경신고를 하지 아니하거나 거짓으로 신고한 경우
>    ⓒ 다른 자에게 등록증이나 등록수첩을 빌려준 경우
>    ⓓ 등록을 한 후 정당한 사유 없이 1년이 지날 때까지 영업을 시작하지 아니하거나 계속하여 1년 이상 휴업한 경우

**042 | 과징금** 답 ④

시·도지사는 영업정지가 그 이용자에게 불편을 주거나 그 밖에 공익을 해칠 우려가 있을 때에는 영업정지처분을 갈음하여 2억원 이하의 과징금을 부과할 수 있다.

| 제3장 | 소방시설공사등 | | | 196p |
|---|---|---|---|---|
| 001 ③ | 002 ① | 003 ① | 004 ④ | 005 ③ |
| 006 ② | 007 ④ | 008 ① | 009 ③ | 010 ① |
| 011 ④ | 012 ① | 013 ① | 014 ① | 015 ① |
| 016 ① | 017 ② | 018 ② | 019 ④ | 020 ② |
| 021 ① | 021 ② | 023 ③ | 024 ④ | 025 ① |
| 026 ③ | 027 ① | 028 ④ | 029 ④ | 030 ② |
| 031 ② | 032 ③ | 033 ④ | 034 ② | 035 ④ |
| 036 ③ | 037 ③ | 038 ① | 039 ① | 040 ① |
| 041 ④ | 042 ② | 043 ① | 044 ③ | 045 ④ |
| 046 ① | 047 ③ | 048 ② | 049 ③ | 050 ④ |
| 051 ② | | | | |

**001 | 소방시설공사의 착공신고** 답 ③

일반소방시설설계업의 영업의 범위는 연면적 3만제곱미터(m²) 미만이다. 단, 공장은 1만제곱미터(m²) 미만이며 제연설비를 설계할 수 없다.

**002 | 성능위주설계** 답 ①

성능위주설계를 할 수 있는 자의 자격, 기술인력 및 자격에 따른 설계의 범위와 그 밖에 필요한 사항은 대통령령으로 정한다.

**003 | 소방기술자** 답 ①

연면적 20만제곱미터(m²) 이상인 특정소방대상물의 공사 현장 또는 지하층을 포함한 층수가 40층 이상인 특정소방대상물의 공사 현장에는 행정안전부령으로 정하는 특급기술자인 소방기술자(기계 분야 및 전기 분야)를 배치하여야 한다.

> 📋 **관련 개념 | 소방기술자의 배치기준**

| 소방기술자의 배치기준 | 소방시설공사 현장의 기준 |
|---|---|
| 행정안전부령으로 정하는 특급기술자인 소방기술자 (기계 분야 및 전기 분야) | • 연면적 20만제곱미터(m²) 이상인 특정소방대상물의 공사 현장<br>• 지하층을 포함한 층수가 40층 이상인 특정소방대상물의 공사 현장 |
| 행정안전부령으로 정하는 고급기술자 이상의 소방기술자 (기계 분야 및 전기 분야) | • 연면적 3만제곱미터(m²) 이상 20만제곱미터(m²) 미만인 특정소방대상물(아파트는 제외한다)의 공사 현장<br>• 지하층을 포함한 층수가 16층 이상 40층 미만인 특정소방대상물의 공사 현장 |
| 행정안전부령으로 정하는 중급기술자 이상의 소방기술자 (기계 분야 및 전기 분야) | • 물분무등소화설비(호스릴 방식의 소화설비는 제외한다) 또는 제연설비가 설치되는 특정소방대상물의 공사 현장<br>• 연면적 5천제곱미터(m²) 이상 3만제곱미터(m²) 미만인 특정소방대상물(아파트는 제외한다)의 공사 현장<br>• 연면적 1만제곱미터(m²) 이상 20만제곱미터(m²) 미만인 아파트의 공사 현장 |
| 행정안전부령으로 정하는 초급기술자 이상의 소방기술자 (기계 분야 및 전기 분야) | • 연면적 1천제곱미터(m²) 이상 5천제곱미터(m²) 미만인 특정소방대상물(아파트는 제외한다)의 공사 현장<br>• 연면적 1천제곱미터(m²) 이상 1만제곱미터(m²) 미만인 아파트의 공사 현장<br>• 지하구(地下溝)의 공사 현장 |
| 법 제28조 제2항에 따라 자격수첩을 발급받은 소방기술자 | 연면적 1천제곱미터(m²) 미만인 특정소방대상물의 공사 현장 |

**004 | 소방기술자** 답 ④

자격수첩을 발급받은 소방기술자를 배치하여야 한다.

## 005 | 소방기술자     답 ③

연면적 5천제곱미터(m²) 미만인 공사에는 1명의 소방기술자를 2개의 공사 현장을 초과하여 배치할 수 있다.

> **📑 관련 개념 | 소방기술자의 배치**
>
> 공사업자는 다음의 경우를 제외하고는 1명의 소방기술자를 2개의 공사 현장을 초과하여 배치해서는 아니 된다.
> 1. 건축물의 연면적이 5천제곱미터(m²) 미만인 공사 현장에만 배치하는 경우. 다만, 그 연면적의 합계는 2만제곱미터(m²)를 초과해서는 아니 된다.
> 2. 건축물의 연면적이 5천제곱미터(m²) 이상인 공사 현장 2개 이하와 5천제곱미터(m²) 미만인 공사 현장에 같이 배치하는 경우. 다만, 5천제곱미터(m²) 미만의 공사 현장의 연면적의 합계는 1만제곱미터(m²)를 초과해서는 아니 된다.

## 006 | 소방시설공사의 착공신고 대상     답 ②

1. 신축, 증축, 개축, 재축(再築), 대수선(大修繕) 또는 구조변경·용도변경되는 특정소방대상물에 설비를 신설하는 공사
   - 옥내 및 옥외소화전설비, 스프링클러설비등, 물분무등소화설비, 연결송수관설비, 연결살수설비, 제연설비(소방용 외의 용도와 겸용되는 제연설비를 건설산업기본법 시행령에 따른 기계설비공사업자가 공사하는 경우는 제외한다), 소화용수설비(소화용수설비를 건설산업기본법 시행령에 따른 기계설비공사업자 또는 상·하수도설비공사업자가 공사하는 경우는 제외한다) 또는 연소방지설비
   - 자동화재탐지설비, 비상경보설비, 비상방송설비(소방용 외의 용도와 겸용되는 비상방송설비를 정보통신공사업법에 따른 정보통신공사업자가 공사하는 경우는 제외한다), 비상콘센트설비(비상콘센트설비를 전기공사업법에 따른 전기공사업자가 공사하는 경우는 제외한다) 또는 무선통신보조설비(소방용 외의 용도와 겸용되는 무선통신보조설비를 정보통신공사업법에 따른 정보통신공사업자가 공사하는 경우는 제외한다)
2. 증축, 개축, 재축, 대수선 또는 구조변경·용도변경되는 특정소방대상물에 설비 또는 구역 등을 증설하는 공사
   - 옥내·옥외소화전설비
   - 스프링클러설비·간이스프링클러설비 또는 물분무등소화설비의 방호구역, 자동화재탐지설비의 경계구역, 제연설비의 제연구역(소방용 외의 용도와 겸용되는 제연설비를 건설산업기본법 시행령에 따른 기계설비공사업자가 공사하는 경우는 제외한다), 연결살수설비의 살수구역, 연결송수관설비의 송수구역, 비상콘센트설비의 전용회로, 연소방지설비의 살수구역
3. 특정소방대상물에 설치된 소방시설등을 구성하는 다음의 어느 하나에 해당하는 것의 전부 또는 일부를 개설(改設), 이전(移轉) 또는 정비(整備)하는 공사. 단, 고장 또는 파손 등으로 인하여 작동시킬 수 없는 소방시설을 긴급히 교체하거나 보수하여야 하는 경우에는 신고하지 않을 수 있다.
   - 수신반(受信盤)
   - 소화펌프
   - 동력(감시)제어반

## 007 | 소방시설공사의 착공신고     답 ④

공사업자는 대통령령으로 정하는 소방시설공사를 하려면 행정안전부령으로 정하는 바에 따라 그 공사의 내용, 시공 장소, 그 밖에 필요한 사항을 소방본부장이나 소방서장에게 신고하여야 한다.

## 008 | 소방시설공사의 착공신고     답 ①

일반 용도의 급수 및 배수펌프의 교체는 착공신고대상에 해당하지 않는다.

## 009 | 소방시설공사의 착공신고     답 ③

중계기는 착공신고대상에 해당하지 않는다.

> **📑 관련 개념 | 특정소방대상물에 설치된 소방시설등을 전부 또는 일부를 교체하거나 보수하는 공사**
>
> 1. 수신반(受信盤)
> 2. 소화펌프
> 3. 동력(감시)제어반

## 010 | 소방시설공사의 착공신고     답 ①

물분무소화설비의 헤드를 증설하는 공사는 착공신고대상이 아니며, 착공신고대상이 되기 위해서는 방호구역이 증설되는 공사에 한한다.

## 011 | 특정소방대상물     답 ④

업무시설은 소방시설 완공검사 시 소방본부장 또는 소방서장이 현장에서 확인하는 특정소방대상물이 아니다.

> **📑 관련 개념 | 완공검사를 위한 현장확인대상 특정소방대상물의 범위**
>
> 1. 문화 및 집회시설, 종교시설, 판매시설, 노유자(老幼者)시설, 수련시설, 운동시설, 숙박시설, 창고시설, 지하상가 및 다중이용업소
> 2. 다음의 어느 하나에 해당하는 설비가 설치되는 특정소방대상물
>    ⓐ 스프링클러설비등
>    ⓑ 물분무등소화설비(호스릴 방식의 소화설비는 제외한다)
> 3. 연면적 1만제곱미터(m²) 이상이거나 11층 이상인 특정소방대상물(아파트는 제외한다)
> 4. 가연성 가스를 제조·저장 또는 취급하는 시설 중 지상에 노출된 가연성가스탱크의 저장용량 합계가 1천톤(t) 이상인 시설

## 012 | 소방시설의 완공검사     답 ①

종합점검대상인 특정소방대상물은 소방시설의 완공검사를 하기 위해 현장에서 확인할 수 있는 소방대상물이 아니다.

소방시설공사업법 시행령 제5조 【완공검사를 위한 현장확인대상 특정소방대상물의 범위】 법 제14조 제1항 단서에서 "대통령령으로 정하는 특정소방대상물"이란 특정소방대상물 중 다음 각 호의 대상물을 말한다.
1. 문화 및 집회시설, 종교시설, 판매시설, 노유자(老幼者)시설, 수련시설, 운동시설, 숙박시설, 창고시설, 지하상가 및 다중이용업소의 안전관리에 관한 특별법에 따른 다중이용업소
2. 다음 각 목의 어느 하나에 해당하는 설비가 설치되는 특정소방대상물
   가. 스프링클러설비등
   나. 물분무등소화설비(호스릴 방식의 소화설비는 제외한다)
3. 연면적 1만 제곱미터 이상이거나 11층 이상 특정소방대상물(아파트는 제외한다)
4. 가연성가스를 제조·저장 또는 취급하는 시설 중 지상에 노출된 가연성가스탱크의 저장용량 합계가 1천톤 이상인 시설

## 013 | 소방시설의 완공검사    답 ①

아파트는 현장확인대상에서 제외된다.

## 014 | 소방시설공사업법령    답 ①

소방공사감리 결과보고(통보)서에 서류(전자문서를 포함한다)를 첨부하여 공사가 완료된 날부터 7일 이내에 특정소방대상물의 관계인, 소방시설공사의 도급인 및 특정소방대상물의 공사를 감리한 건축사에게 알리고, 소방본부장 또는 소방서장에게 보고하여야 한다.

소방시설공사업법 시행규칙 제19조 【감리결과의 통보 등】 법 제20조에 따라 감리업자가 소방공사의 감리를 마쳤을 때에는 별지 제29호 서식의 소방공사감리 결과보고(통보)서[전자문서로 된 소방공사감리 결과보고(통보)서를 포함한다]에 다음 각 호의 서류(전자문서를 포함한다)를 첨부하여 공사가 완료된 날부터 7일 이내에 특정소방대상물의 관계인, 소방시설공사의 도급인 및 특정소방대상물의 공사를 감리한 건축사에게 알리고, 소방본부장 또는 소방서장에게 보고해야 한다.
1. 소방청장이 정하여 고시하는 소방시설 성능시험조사표 1부
2. 착공신고 후 변경된 소방시설설계도면(변경사항이 있는 경우에만 첨부하되, 법 제11조에 따른 설계업자가 설계한 도면만 해당된다) 1부
3. 별지 제13호 서식의 소방공사감리일지(소방본부장 또는 소방서장에게 보고하는 경우에만 첨부한다) 1부
4. 특정소방대상물의 사용승인(건축법 제22조에 따른 사용승인으로서 주택법 제49조에 따른 사용검사 또는 학교시설사업 촉진법 제13조에 따른 사용승인을 포함한다. 이하 같다) 신청서 등 사용승인 신청을 증빙할 수 있는 서류 1부

## 015 | 소방시설의 완공검사    답 ①

가연성 가스를 제조·저장 또는 취급하는 시설 중 지상에 노출된 가연성가스탱크의 저장용량 합계가 1천톤(t) 이상인 시설은 완공검사 현장확인대상 특정소방대상물이다.

📝 관련 개념 | 완공검사를 위한 현장확인대상 특정소방대상물의 범위

1. 문화 및 집회시설, 종교시설, 판매시설, 노유자(老幼者)시설, 수련시설, 운동시설, 숙박시설, 창고시설, 지하상가 및 다중이용업소
2. 다음의 어느 하나에 해당하는 설비가 설치되는 특정소방대상물
   ⓐ 스프링클러설비등
   ⓑ 물분무등소화설비(호스릴 방식의 소화설비는 제외한다)
3. 연면적 1만제곱미터(m²) 이상이거나 11층 이상인 특정소방대상물(아파트는 제외한다)
4. 가연성 가스를 제조·저장 또는 취급하는 시설 중 지상에 노출된 가연성가스탱크의 저장용량 합계가 1천톤(t) 이상인 시설

## 016 | 기계설비    답 ①

선지분석

②③④ 전기 분야 소방시설은 기계 분야 소방시설에 부설되는 전기시설로서 비상전원, 동력회로, 제어회로, 기계 분야 소방시설을 작동하기 위하여 설치하는 화재감지기에 의한 화재감지장치 및 전기신호에 의한 소방시설의 작동장치를 말한다.

## 017 | 하자보수 보증기간    답 ②

비상방송설비의 하자보수 보증기간은 2년이다.

소방시설공사업법 시행령 제6조 【하자보수대상 소방시설과 하자보수 보증기간】 법 제15조 제1항에 따라 하자를 보수하여야 하는 소방시설과 소방시설별 하자보수 보증기간은 다음 각 호의 구분과 같다.
1. 피난기구, 유도등, 유도표지, 비상경보설비, 비상조명등, 비상방송설비 및 무선통신보조설비: 2년
2. 자동소화장치, 옥내소화전설비, 스프링클러설비, 간이스프링클러설비, 물분무등소화설비, 옥외소화전설비, 자동화재탐지설비, 상수도소화용수설비 및 소화활동설비(무선통신보조설비는 제외한다): 3년

## 018 | 하자보수 보증기간    답 ②

선지분석

①③ 무선통신설비 및 피난기구의 하자보수 보증기간은 2년이다.
④ 자동화재탐지설비의 하자보수 보증기간은 3년이다.

## 019 | 하자보수 보증기간    답 ④

상수도소화용수설비의 하자보수 보증기간은 3년이다.

## 020 | 하자보수 보증기간    답 ②

간이스프링클러설비의 하자보수 보증기간은 3년이다.

## 021 | 하자보수 보증기간    답 ①

연소방지설비의 하자보수 보증기간은 3년이다.

## 022 | 하자보수 보증기간  답 ④

옥외소화전설비의 하자보수 보증기간은 3년이다.

선지분석
①②③ 나머지는 2년이다.

## 023 | 소방공사감리  답 ③

감리업자가 소방공사의 감리를 마쳤을 때에는 소방공사감리 결과보고(통보)서에 서류(전자문서를 포함한다)를 첨부하여 공사가 완료된 날부터 7일 이내에 특정소방대상물의 관계인, 소방시설공사의 도급인 및 특정소방대상물의 공사를 감리한 건축사에게 알리고, 소방본부장 또는 소방서장에게 보고하여야 한다.

## 024 | 소방공사감리업자  답 ④

제연설비는 전문소방공사감리업자의 영업범위에 해당된다.

## 025 | 소방공사감리  답 ①

소방공사감리의 종류, 방법 및 대상은 대통령령으로 정한다.

## 026 | 소방공사감리  답 ③

소방시설 등 설계 변경 사항의 도면수정은 소방시설설계업자의 업무이다.

## 027 | 소방시설공사감리자 지정대상  답 ①

증축 시 자동화재탐지설비를 신설하는 경우는 소방시설공사 감리자 지정대상이다.

> 🔖 관련 개념 | 건축 등으로 인한 감리자 지정 특정소방대상물
> 1. 옥내소화전설비를 신설·개설 또는 증설할 때
> 2. 스프링클러설비등(캐비닛형 간이스프링클러설비 제외)을 신설·개설하거나 방호·방수 구역을 증설할 때
> 3. 물분무등소화설비(호스릴 방식 소화설비 제외)를 신설·개설하거나 방호·방수 구역을 증설할 때
> 4. 옥외소화전설비를 신설·개설 또는 증설할 때
> 5. 자동화재탐지설비를 신설 또는 개설할 때
> 6. 비상방송설비를 신설 또는 개설할 때
> 7. 통합감시시설을 신설 또는 개설할 때
> 8. 비상조명등을 신설 또는 개설할 때
> 9. 소화용수설비를 신설 또는 개설할 때
> 10. 다음에 따른 소화활동설비에 대하여 시공을 할 때
>     ⓐ 제연설비를 신설·개설하거나 제연구역을 증설할 때
>     ⓑ 연결송수관설비를 신설 또는 개설할 때
>     ⓒ 연결살수설비를 신설·개설하거나 송수구역을 증설할 때
>     ⓓ 비상콘센트설비를 신설·개설하거나 전용회로를 증설할 때
>     ⓔ 무선통신보조설비를 신설 또는 개설할 때
>     ⓕ 연소방지설비를 신설·개설하거나 살수구역을 증설할 때

## 028 | 소방시설공사  답 ④

비상경보설비를 설치하는 경우에는 공사감리자를 지정할 필요가 없다.

## 029 | 상주공사감리대상  답 ④

연면적 3만제곱미터(m²) 이상의 특정소방대상물은 상주공사감리대상이다.

> 🔖 관련 개념 | 상주공사감리대상 특정소방대상물
> 1. 연면적 3만제곱미터(m²) 이상의 특정소방대상물(아파트는 제외한다)에 대한 소방시설의 공사. 다만, 자동화재탐지설비·옥내소화전설비·옥외소화전설비 또는 소화용수시설만 설치되는 공사는 제외한다.
> 2. 지하층을 포함한 층수가 16층 이상으로서 500세대 이상인 아파트에 대한 소방시설의 공사

## 030 | 상주공사감리대상  답 ②

지하층을 포함한 층수가 16층 이상으로서 500세대 이상인 아파트에 대한 소방시설의 공사는 상주공사감리대상이다.

## 031 | 소방공사감리자 지정신고  답 ③

소방본부장 또는 소방서장은 공사감리자의 지정신고 또는 변경신고를 받은 때에는 2일 이내에 처리하여야 한다.

## 032 | 책임감리원  답 ③

연면적이 3만제곱미터(m²) 이상 20만제곱미터(m²) 미만인 특정소방대상물(아파트는 제외한다) 또는 지하층을 포함한 층수가 16층 이상 40층 미만인 특정소방대상물의 공사 현장인 경우에는 특급감리원 이상의 소방감리원 1명 이상을 배치하여야 한다.

## 033 | 소방감리원의 배치  답 ④

물분무등소화설비 또는 제연설비가 설치되는 특정소방대상물이나 연면적 3만제곱미터(m²) 이상인 아파트의 공사 현장인 경우에는 고급감리원 이상의 소방감리원 1명 이상을 배치하여야 한다.

## 034 | 특급감리원  답 ②

연면적 20만제곱미터(m²) 이상인 특정소방대상물 또는 지하층을 포함한 층수가 40층 이상인 특정소방대상물의 공사 현장인 경우에는 특급감리원 중 소방기술사 자격을 취득한 사람 1명 이상을 배치하여야 한다.

## 035 | 초급감리원 답 ④

특정소방대상물이 지하구인 공사현장의 경우에는 초급감리원
이상 1명 이상을 배치하여야 한다.

## 036 | 고급감리원 답 ③

고급소방감리원은 소방설비기사 자격취득 후 5년 이상의 관련
업무를 수행한 사람이다.

> **관련 개념 | 소방설비기사 자격취득 후**
>
> 1. **초급감리원**: 1년 이상
> 2. **중급감리원**: 3년 이상
> 3. **고급감리원**: 5년 이상
> 4. **특급감리원**: 8년 이상

## 037 | 감리원의 배치기준 답 ④

연면적 3만제곱미터($m^2$) 이상 20만제곱미터($m^2$) 미만인 특정
소방대상물(아파트는 제외한다)의 공사 현장에 상주 책임감리
원을 보조하는 보조감리원을 배치한다.

> **관련 개념 | 감리원의 배치**

| 감리원의 배치기준 | | 소방시설공사 현장의 기준 |
|---|---|---|
| **책임감리원** | **보조감리원** | |
| 행정안전부령으로 정하는 특급감리원 중 소방기술사 | 행정안전부령으로 정하는 초급감리원 이상의 소방공사 감리원(기계 분야 및 전기 분야) | • 연면적 20만제곱미터($m^2$) 이상인 특정소방대상물의 공사 현장<br>• 지하층을 포함한 층수가 40층 이상인 특정소방대상물의 공사 현장 |
| 행정안전부령으로 정하는 특급감리원 이상의 소방공사 감리원(기계 분야 및 전기 분야) | 행정안전부령으로 정하는 초급감리원 이상의 소방공사 감리원(기계 분야 및 전기 분야) | • 연면적 3만제곱미터($m^2$) 이상 20만제곱미터($m^2$) 미만인 특정소방대상물(아파트는 제외한다)의 공사 현장<br>• 지하층을 포함한 층수가 16층 이상 40층 미만인 특정소방대상물의 공사 현장 |
| 행정안전부령으로 정하는 고급감리원 이상의 소방공사 감리원(기계 분야 및 전기 분야) | 행정안전부령으로 정하는 초급감리원 이상의 소방공사 감리원(기계 분야 및 전기 분야) | • 물분무등소화설비(호스릴 방식의 소화설비는 제외한다) 또는 제연설비가 설치되는 특정소방대상물의 공사 현장<br>• 연면적 3만제곱미터($m^2$) 이상 20만제곱미터($m^2$) 미만인 아파트의 공사 현장 |

## 038 | 감리원의 배치기준 답 ③

1명의 책임감리원이 담당하는 소방공사감리현장은 5개 이하
[자동화재탐지설비 또는 옥내소화전설비 중 어느 하나만 설치
하는 2개의 소방공사감리현장이 최단 차량주행거리로 30킬로
미터(km) 이내에 있는 경우에는 1개의 소방공사감리현장으로
본다]로서 감리현장 연면적의 총 합계가 10만제곱미터($m^2$) 이
하일 것. 다만, 지하층을 포함한 층수가 16층 미만인 아파트의
경우에는 연면적의 합계에 관계없이 1명의 책임감리원이 5개
이내의 공사현장을 감리할 수 있다.

## 039 | 소방공사감리원 답 ①

소방시설용 배관(전선관을 포함한다)을 설치하거나 매립하는
때부터 소방시설 완공검사증명서를 발급받을 때까지 소방공사
감리현장에 책임감리원을 배치하여야 한다.

## 040 | 소방공사감리 결과보고서에 첨부하는 서류 답 ①

① 착공신고 후 변경된 소방시설설계도면 1부
② 소방청장이 정하여 고시하는 소방시설 성능시험조사표 1부
③ 소방공사 감리일지(소방본부장 또는 소방서장에게 보고하는
경우에만 첨부) 1부
④ 특정소방대상물의 사용승인 신청서 등 사용승인 신청을 증
빙할 수 있는 서류 1부

## 041 | 도급계약 해지사유 답 ④

소방시설업을 승계한 경우는 도급계약의 해지사유에 해당하지
않는다.

> **관련 개념 | 도급계약 해지**
>
> 1. 소방시설업이 등록취소되거나 영업정지된 경우
> 2. 소방시설업을 휴업하거나 폐업한 경우
> 3. 정당한 사유 없이 30일 이상 소방시설공사를 계속하지 아니하는 경우
> 4. 하수급인 및 하도급계약 변경요구에 정당한 사유 없이 따르지 아니하는 경우

## 042 | 소방시설공사 분리 도급의 예외 답 ②

1. 재난 및 안전관리 기본법에 따른 재난의 발생으로 긴급하게
착공해야 하는 공사인 경우
2. 국방 및 국가안보 등과 관련하여 기밀을 유지해야 하는 공
사인 경우
3. 연면적이 1천제곱미터 이하인 특정소방대상물에 비상경보
설비를 설치하는 공사인 경우
4. 국가를 당사자로 하는 계약에 관한 법률 시행령 및 지방자
치단체를 당사자로 하는 계약에 관한 법률 시행령에 따른
대안입찰 또는 일괄입찰

5. 국가를 당사자로 하는 계약에 관한 법률 시행령 및 지방자치단체를 당사자로 하는 계약에 관한 법률 시행령에 따른 실시설계 기술제안입찰 또는 기본설계기술제안입찰
6. 문화재수리 및 재개발·재건축 등의 공사로서 공사의 성질상 분리하여 도급하는 것이 곤란하다고 시·도지사가 인정하는 경우

## 043 │ 소방시설공사의 하도급 · · · · · · · · · · · · · · · · · · · 답 ①

도급을 받은 자는 소방시설공사의 시공을 제3자에게 하도급할 수 없다. 다만, 대통령령으로 정하는 경우에는 도급받은 소방시설공사의 일부를 한 번만 제3자에게 하도급할 수 있다.

## 044 │ 소방시설공사의 하도급 · · · · · · · · · · · · · · · · · · · 답 ③

수급인은 발주자로부터 도급받은 소방시설공사 등에 대한 준공금(竣工金)을 받은 경우에는 하도급대금의 전부를, 기성금(既成金)을 받은 경우에는 하수급인이 시공하거나 수행한 부분에 상당한 금액을 각각 지급받은 날(수급인이 발주자로부터 대금을 어음으로 받은 경우에는 그 어음만기일을 말한다)부터 15일 이내에 하수급인에게 현금으로 지급하여야 한다.

## 045 │ 하도급계약심사위원회 · · · · · · · · · · · · · · · · · · · · 답 ④

소방시설관리사는 위원의 자격이 없다.

📑 **관련 개념 | 하도급계약심사위원회의 구성 및 운영**

1. 위원장 1명과 부위원장 1명을 포함하여 10명 이내의 위원으로 구성한다.
2. 위원회의 위원장은 발주기관의 장(발주기관이 특별시·광역시·특별자치시·도 및 특별자치도인 경우에는 해당 기관 소속 2급 또는 3급 공무원 중에서, 발주기관이 공기관인 경우에는 1급 이상 임직원 중에서 발주기관의 장이 지명한 사람)이 되고, 부위원장과 위원은 자격에 해당하는 사람 중에서 위원장이 임명하거나 성별을 고려하여 위촉한다.
3. 부위원장, 위원의 자격
   ⓐ 해당 발주기관의 과장급 이상 공무원(공공기관의 경우에는 2급 이상의 임직원)
   ⓑ 소방 분야 연구기관의 연구위원급 이상인 사람
   ⓒ 소방 분야의 박사학위를 취득하고 그 분야에서 3년 이상 연구 또는 실무경험이 있는 사람
   ⓓ 대학(소방 분야로 한정)의 조교수 이상인 사람
   ⓔ 소방기술사 자격을 취득한 사람

## 046 │ 소방시설공사업의 하도급 · · · · · · · · · · · · · · · · 답 ①

소방시설공사업자는 그가 도급받은 소방시설공사의 일부를 제3자에게 하도급할 수 있다.

## 047 │ 소방시설공사의 하도급 · · · · · · · · · · · · · · · · · · · 답 ③

토목공사업은 하도급할 수 있는 경우에 해당하지 않는다.

📑 **관련 개념 | 소방시설공사의 시공을 하도급할 수 있는 경우**

소방시설공사업과 다음의 어느 하나에 해당하는 사업을 함께 하는 소방시설공사업자가 소방시설공사와 해당 사업의 공사를 함께 도급받은 경우를 말한다.
1. 주택법에 따른 주택건설사업
2. 건설산업기본법에 따른 건설업
3. 전기공사업법에 따른 전기공사업
4. 정보통신공사업법에 따른 정보통신공사업

## 048 │ 소방시설공사의 하도급 · · · · · · · · · · · · · · · · · · · 답 ②

하도급계약금액이 도급금액 중 하도급부분에 상당하는 금액의 100분의 82에 해당하는 금액에 미달하는 경우 적정성 심사대상에 해당한다.

📑 **관련 개념 | 하도급계약의 적정성 심사대상**

1. 하도급계약금액이 도급금액 중 하도급부분에 상당하는 금액의 100분의 82에 해당하는 금액에 미달하는 경우
2. 하도급계약금액이 소방시설공사 등에 대한 발주자의 예정가격의 100분의 60에 해당하는 금액에 미달하는 경우

## 049 │ 소방시설공사의 하도급 · · · · · · · · · · · · · · · · · · · 답 ③

수급인은 발주자로부터 도급받은 소방시설공사 등에 대한 준공금(竣工金)을 받은 경우에는 하도급대금의 전부를, 기성금(既成金)을 받은 경우에는 하수급인이 시공하거나 수행한 부분에 상당한 금액을 각각 지급받은 날(수급인이 발주자로부터 대금을 어음으로 받은 경우에는 그 어음만기일을 말한다)부터 15일 이내에 하수급인에게 현금으로 지급하여야 한다.

## 050 │ 하도급계약심사위원회 · · · · · · · · · · · · · · · · · · · · 답 ④

소방 분야의 박사학위를 취득한 사람은 하도급계약심사위원회의 부위원장과 위원의 자격 요건에 해당하지 않는다.

📑 **관련 개념 | 하도급계약심사위원회의 구성 및 운영**

1. 하도급계약심사위원회는 위원장 1명과 부위원장 1명을 포함하여 10명 이내의 위원으로 구성한다.
2. 위원회의 위원장은 발주기관의 장(발주기관이 특별시·광역시·특별자치시·도 및 특별자치도인 경우에는 해당 기관 소속 2급 또는 3급 공무원 중에서, 발주기관이 공공기관인 경우에는 1급 이상 임직원 중에서 발주기관의 장이 지명하는 사람을 각각 말한다)이 되고, 부위원장과 위원은 다음의 어느 하나에 해당하는 사람 중에서 위원장이 임명하거나 성별을 고려하여 위촉한다.
   ⓐ 해당 발주기관의 과장급 이상 공무원(공공기관의 경우에는 2급 이상의 임직원)
   ⓑ 소방 분야 연구기관의 연구위원급 이상인 사람
   ⓒ 소방 분야의 박사학위를 취득하고 그 분야에서 3년 이상 연구 또는 실무경험이 있는 사람
   ⓓ 대학(소방 분야로 한정한다)의 조교수 이상인 사람
   ⓔ 소방기술사 자격을 취득한 사람
3. 위원의 임기는 3년으로 하며, 한 차례만 연임할 수 있다.
4. 위원회의 회의는 재적위원 과반수의 출석으로 개의(開議)하고, 출석위원 과반수의 찬성으로 의결한다.
5. 도급을 받은 자는 소방시설공사의 시공을 제3자에게 하도급할 수 없다. 다만, 대통령령으로 정하는 경우에는 도급받은 소방시설공사의 일부를 한 번만 제3자에게 하도급할 수 있다.

해커스소방 **김진성 소방관계법규** 단원별 실전문제집

051 소방시설공사업의 시공능력 답 ②

소방청장은 관계인 또는 발주자가 적절한 공사업자를 선정할 수 있도록 하기 위하여 공사업자의 신청이 있으면 그 공사업자의 소방시설공사 실적, 자본금 등에 따라 시공능력을 평가하여 공시할 수 있다.

| 제4장 | 소방기술자 | | | 210p |
|---|---|---|---|---|
| 001 ① | 002 ③ | 003 ④ | 004 ② | 005 ③ |
| 006 ③ | 007 ③ | | | |

### 001 소방기술자
답 ①

소방기술자는 동시에 둘 이상의 업체에 취업하여서는 아니 된다. 다만, 소방기술자 업무에 영향을 미치지 아니하는 범위에서 근무시간 외에 소방시설업이 아닌 다른 업종에 종사하는 경우는 제외한다.

### 002 소방기술자
답 ③

부정한 방법으로 자격수첩을 발급받은 때에는 6월 이내로 자격을 취소할 수 있다.

📝 **관련 개념 | 1차 행정처분 시 자격취소사유**
1. 거짓이나 그 밖의 부정한 방법으로 자격수첩을 발급받은 경우
2. 자격수첩을 다른 사람에게 빌려준 경우

### 003 소방기술 경력 등의 인정 등
답 ④

**선지분석**
① 소방청장은 소방기술의 효율적인 활용과 소방기술의 향상을 위하여 소방기술과 관련된 자격·학력 및 경력을 가진 사람을 소방기술자로 인정할 수 있다.
② 소방청장은 소방기술과 관련된 자격·학력 및 경력을 인정받은 사람에게 소방기술 인정 자격수첩과 경력수첩을 발급할 수 있다.
③ 소방기술과 관련된 자격·학력 및 경력의 인정 범위와 자격수첩 및 경력수첩의 발급 절차 등에 관하여 필요한 사항은 행정안전부령으로 정한다.

### 004 소방기술자 자격수첩
답 ②

자격이 취소된 사람은 취소된 날부터 2년간 자격수첩을 발급받을 수 없다.

### 005 소방기술자 실무교육 지정기관
답 ③

수도권(서울, 인천, 경기), 중부권(대전, 강원, 충남, 충북), 호남권(광주, 전남, 전북, 제주), 영남권(부산, 대구, 울산, 경남, 경북) 등 권역별로 1개 이상의 지부를 설치하여야 한다.

📝 **관련 개념 | 소방기술자 실무교육 지정기관의 조직구성**
1. 수도권(서울, 인천, 경기), 중부권(대전, 강원, 충남, 충북), 호남권(광주, 전남, 전북, 제주), 영남권(부산, 대구, 울산, 경남, 경북) 등 권역별로 1개 이상의 지부를 설치할 것
2. 각 지부에는 법인에 선임된 임원 1명 이상을 책임자로 지정할 것
3. 각 지부에는 기술인력 및 시설·장비 등 교육에 필요한 시설을 갖출 것

### 006 소방기술자의 실무교육
답 ③

실무교육의 시간, 교육과목, 수수료, 그 밖에 실무교육에 관하여 필요한 사항은 소방청장이 정하여 고시한다.

### 007 소방기술자 양성·인정 교육훈련기관의 지정 요건
답 ③

전국 4개 이상의 시·도에 이론교육과 실습교육이 가능한 교육·훈련장을 갖출 것

| 제5장 | 보칙 | | 213p |
|---|---|---|---|
| 001 ① | 002 ③ | 003 ③ | |

### 001 청문권자
답 ①

소방시설업의 등록권자는 시·도지사이므로 청문권자 또한 시·도지사가 된다.

### 002 청문권자
답 ③

소방기술 인정 자격 수첩의 발급권자는 소방청장이므로 청문권자 또한 소방청장이 된다.

### 003 감경 및 가중사유
답 ③

| | |
|---|---|
| 행정처분 시 감경사유 | • 경미한 위반사항으로, 유도등이 일시적으로 점등되지 않는 경우<br>• 경미한 위반사항으로, 스프링클러설비 헤드가 살수 반경에 미치지 못하는 경우<br>• 위반 행위자가 처음 해당 위반행위를 한 경우로서 5년 이상소방시설관리사의 업무, 소방시설관리업 등을 모범적으로 해 온 사실이 인정되는 경우 |
| 행정처분 시 가중사유 | 위반행위가 사소한 부주의나 오류가 아닌 고의에 의한 것으로 인정되는 경우 |

| 001 ④ | 002 ④ | 003 ④ | 004 ④ | 005 ④ |

## 001 | 벌칙　답 ④

소방시설공사업법에서 200만 원 이하의 벌금은 규정하고 있지 않다.

## 002 | 벌칙　답 ④

소방시설업 등록을 하지 아니하고 영업을 한 자는 3년 이하의 징역 또는 3천만 원 이하의 벌금형에 처한다.

선지분석
①②③ 나머지는 1년 이하의 징역 또는 1천만 원 이하의 벌금형에 해당한다.

### 📑 관련 개념 | 1년 이하의 징역 또는 1천만 원 이하의 벌금

1. 영업정지처분을 받고 그 영업정지기간에 영업을 한 자
2. 소방시설공사업법 및 화재안전기준을 위반하여 설계나 시공을 한 자
3. 소방공사감리업무를 위반하여 감리를 하거나 거짓으로 감리한 자
4. 공사감리자를 지정하지 아니한 자
5. 공사업자가 아닌 자에게 소방시설공사를 도급한 자
6. 하도급의 제한을 위반하여 제3자에게 소방시설공사 시공을 하도급한 자
7. 소방기술자가 소방시설공사업법 또는 소방시설공사업법에 따른 명령을 따르지 아니하고 업무를 수행한 자

## 003 | 벌칙　답 ④

공사감리자를 지정하지 아니한 자는 1년 이하의 징역 또는 1천만 원 이하의 벌금형에 처한다.

선지분석
①②③ 나머지는 300만 원 이하의 벌금형에 해당한다.

### 📑 관련 개념 | 300만 원 이하의 벌금

1. 등록증이나 등록수첩을 다른 자에게 빌려준 자
2. 소방기술 인정자격수첩을 빌려 준 사람
3. 동시에 둘 이상의 업체에 취업한 사람
4. 소방시설공사 현장에 감리원을 배치하지 아니한 자

## 004 | 과태료　답 ④

소방청장의 행정업무를 위탁받은 기관 등이 명령을 위반하여 보고 또는 자료 제출을 하지 아니하거나 거짓으로 한 자는 100만 원 이하의 벌금형에 처한다.

### 📑 관련 개념 | 100만 원 이하의 벌금

1. 소방청장의 행정업무를 위탁받은 기관 등이 명령을 위반하여 보고 또는 자료 제출을 하지 아니하거나 거짓으로 한 자
2. 소방청장의 행정업무를 위탁받은 기관 등이 정당한 사유 없이 관계 공무원의 출입 또는 검사·조사를 거부·방해 또는 기피한 자

## 005 | 과태료　답 ④

소방시설공사 현장에 감리원을 배치하지 아니한 자는 300만원 이하의 벌금형에 처한다.

# 부록 실전동형모의고사

| | | | | |
|---|---|---|---|---|
| 01 ① | 02 ① | 03 ② | 04 ④ | 05 ④ |
| 06 ① | 07 ① | 08 ④ | 09 ① | 10 ② |
| 11 ① | 12 ④ | 13 ④ | 14 ④ | 15 ④ |
| 16 ③ | 17 ② | 18 ③ | 19 ④ | 20 ④ |
| 21 ② | 22 ③ | 23 ④ | 24 ④ | 25 ① |

## 01 | 연구교육시설 　　　　　　　　답 ①

근린생활시설: 바닥면적의 합이 500m²인 학원

**선지분석**
② 항공기 및 자동차관련시설: 바닥면적의 합이 500m²인 정비학원
③ 항공기 및 자동차관련시설: 바닥면적의 합이 500m²인 운전학원
④ 위락시설: 바닥면적의 합이 400m²인 무도학원

## 02 | 소방기술민원센터의 설치 · 운영 　　　답 ①

소방청장 또는 소방본부장은 소방시설, 소방공사 및 위험물 안전관리 등과 관련된 법령해석 등의 민원을 종합적으로 접수하여 처리할 수 있는 소방기술민원센터를 설치 · 운영할 수 있다.

## 03 | 소방용수시설 　　　　　　　　답 ②

시 · 도지사는 설치된 소방용수시설에 대하여 소방용수표지를 보기 쉬운 곳에 설치하여야 한다.

## 04 | 소방활동구역의 출입자 　　　　　답 ④

1. 소방활동구역 안에 있는 소방대상물의 소유자 · 관리자 또는 점유자
2. 전기 · 가스 · 수도 · 통신 · 교통의 업무에 종사하는 사람으로서 원활한 소방활동을 위하여 필요한 사람
3. 의사 · 간호사 그 밖의 구조 · 구급업무에 종사하는 사람
4. 취재인력 등 보도업무에 종사하는 사람
5. 수사업무에 종사하는 사람
6. 소방대장이 소방활동을 위하여 출입을 허가한 사람

## 05 | 관계인등 　　　　　　　　　　답 ④

화재가 발생한 소방대상물의 소유자 · 관리자 또는 점유자 및 다음의 사람을 말한다.

1. 화재 현장을 발견하고 신고한 사람
2. 화재 현장을 목격한 사람
3. 소화활동을 행하거나 인명구조활동(유도대피 포함)에 관계된 사람
4. 화재를 발생시키거나 화재발생과 관계된 사람

## 06 | 예방 　　　　　　　　　　　　답 ①

예방이란 화재의 위험으로부터 사람의 생명 · 신체 및 재산을 보호하기 위하여 화재발생을 사전에 제거하거나 방지하기 위한 모든 활동이다.

## 07 | 소방훈련 · 교육 결과 제출의 대상 　　답 ①

1. 특급 소방안전관리대상물
2. 1급 소방안전관리대상물

## 08 | 소방안전 특별관리시설물의 안전관리 　답 ④

1. 공항시설법 제2조 제7호의 공항시설
2. 철도산업발전기본법 제3조 제2호의 철도시설
3. 도시철도법 제2조 제3호의 도시철도시설
4. 항만법 제2조 제5호의 항만시설
5. 문화재보호법 제2조 제3항의 지정문화재인 시설
6. 산업기술단지 지원에 관한 특례법 제2조 제1호의 산업기술단지
7. 산업입지 및 개발에 관한 법률 제2조 제8호의 산업단지
8. 초고층 및 지하연계 복합건축물 재난관리에 관한 특별법 제2조 제1호 · 제2호의 초고층 건축물 및 지하연계 복합건축물
9. 영화 및 비디오물의 진흥에 관한 법률 제2조 제10호의 영화상영관 중 수용인원 1천명 이상인 영화상영관
10. 전력용 및 통신용 지하구
11. 한국석유공사법 제10조 제1항 제3호의 석유비축시설
12. 한국가스공사법 제11조 제1항 제2호의 천연가스 인수기지 및 공급망
13. 전통시장 및 상점가 육성을 위한 특별법 제2조 제1호의 전통시장으로서 점포가 500개 이상인 전통시장
14. 전기사업법 제2조 제4호에 따른 발전사업자가 가동 중인 발전소(발전소주변지역 지원에 관한 법률 시행령 제2조 제2항에 따른 발전소는 제외한다)
15. 물류시설의 개발 및 운영에 관한 법률 제2조 제5호의2에 따른 물류창고로서 연면적 10만제곱미터 이상인 것
16. 도시가스사업법 제2조 제5호에 따른 가스공급시설

## 09  특수가연물 저장·취급 기준　답 ①

쌓는 부분 바닥면적의 사이는 실내의 경우 1.2미터 또는 쌓는 높이의 1/2 중 큰 값 이상으로 간격을 두어야 하며, 실외의 경우 3미터 또는 쌓는 높이 중 큰 값 이상으로 간격을 둘 것

## 10  고체연료 사용 보일러　답 ②

연통은 천장으로부터 0.6미터 떨어지고, 연통의 배출구는 건물 밖으로 0.6미터 이상 나오도록 설치할 것

## 11  소화활동설비　답 ①

소화활동설비란 화재를 진압하거나 인명구조활동을 위하여 사용하는 설비로, 연결송수관설비, 연결살수설비, 연소방지설비, 제연설비, 비상콘센트설비, 무선통신보조설비이다.

## 12  특정소방대상물　답 ④

1. 문화 및 집회시설: 동물원, 예식장, 식물원. 수족관, 경마장
2. 동물 및 식물관련시설: 도축장

## 13  증축 시 기준적용　답 ④

1. 원칙: 기존 부분을 포함한 특정소방대상물의 전체에 대하여 증축 당시의 소방시설의 설치에 관한 대통령령 또는 화재안전기준을 적용하여야 한다.
2. 특례: 기존 부분에 대해서는 증축 당시의 소방시설의 설치에 관한 대통령령 또는 화재안전기준을 적용하지 않는다.

## 14  성능위주설계 대상 특정소방대상물　답 ④

30층 이상(지하층을 포함한다)이거나 지상으로부터 높이가 120미터 이상인 특정소방대상물(아파트 등은 제외한다)

## 15  방염대상물품　답 ④

1. 제조 또는 가공 공정에서 방염처리를 한 물품
   가. 창문에 설치하는 커튼류(블라인드를 포함한다)
   나. 카펫
   다. 벽지류(두께가 2밀리미터 미만인 종이벽지는 제외한다)
   라. 전시용 합판·목재 또는 섬유판, 무대용 합판·목재 또는 섬유판(합판·목재류의 경우 불가피하게 설치 현장에서 방염처리한 것을 포함한다)
   마. 암막·무대막(영화 및 비디오물의 진흥에 관한 법률 제2조 제10호에 따른 영화상영관에 설치하는 스크린과 다중이용업소의 안전관리에 관한 특별법 시행령 제2조 제7호의4에 따른 가상체험 체육시설업에 설치하는 스크린을 포함한다)

바. 섬유류 또는 합성수지류 등을 원료로 하여 제작된 소파·의자(다중이용업소의 안전관리에 관한 특별법 시행령 제2조 제1호 나목 및 같은 조 제6호에 따른 단란주점영업, 유흥주점영업 및 노래연습장업의 영업장에 설치하는 것으로 한정한다)

2. 건축물 내부의 천장이나 벽에 부착하거나 설치하는 것. 다만, 가구류(옷장, 찬장, 식탁, 식탁용 의자, 사무용 책상, 사무용 의자, 계산대, 그 밖에 이와 비슷한 것을 말한다)와 너비 10센티미터 이하인 반자돌림대 등과 건축법 제52조에 따른 내부 마감재료는 제외한다.
   가. 종이류(두께 2밀리미터 이상인 것을 말한다)·합성수지류 또는 섬유류를 주원료로 한 물품
   나. 합판이나 목재
   다. 공간을 구획하기 위하여 설치하는 간이 칸막이(접이식 등 이동 가능한 벽체나 천장 또는 반자가 실내에 접하는 부분까지 구획하지 않는 벽체를 말한다)
   라. 흡음(吸音)을 위하여 설치하는 흡음재(흡음용 커튼을 포함한다)
   마. 방음(防音)을 위하여 설치하는 방음재(방음용 커튼을 포함한다)

## 16  위험물의 유별에 따른 공통적 성질　답 ③

제3류 위험물 – 자연발화성물질 및 금수성물질

선지분석
① 제1류 위험물 – 산화성 고체
② 제2류 위험물 – 가연성 고체
③ 제4류 위험물 – 인화성 액체

## 17  변경신고 제외 대상　답 ②

1. 농예용, 축산용, 수산용으로 필요한 건조시설 또는 난방시설을 위한 지정수량 20배 이하의 저장소
2. 공동주택의 난방시설을 위한 지정수량 이상의 저장소 및 취급소. 단, 중앙난방시설은 제외한다.

## 18  위험물안전관리자의 선임 등　답 ③

1. 위험물안전관리자를 선임한 제조소등의 관계인은 그 위험물안전관리자를 해임하거나 위험물안전관리자가 퇴직한 때에는 해임하거나 퇴직한 날부터 30일 이내에 다시 위험물안전관리자를 선임하여야 한다.
2. 제조소등의 관계인은 위험물안전관리자를 선임한 경우에는 선임한 날부터 14일 이내에 행정안전부령으로 정하는 바에 따라 소방본부장 또는 소방서장에게 신고하여야 한다.

## 19  제조소의 구조 및 설비의 기준　답 ④

정전기 발생의 우려가 있는 위험물을 저장·취급 시에는 공기 중의 상대습도를 70% 이상으로 유지하여 정전기 발생을 방지하여야 한다.

## 20 | 제조소의 게시판    답 ④

인화성 고체에 있어서는 적색바탕에 백색문자로, "화기엄금"를 표시한다.

## 21 | 소방시설업 등록의 결격사유    답 ②

등록하려는 소방시설업 등록이 취소된 날부터 2년이 지나지 아니한 사람은 결격사유이나 등록이 취소된 날부터 3년이 지난 사람은 결격사유에 해당하지 않는다.

## 22 | 착공신고 제외    답 ③

위험물안전관리법의 제조소등은 착공신고 대상에서 제외된다.

## 23 | 착공신고대상    답 ④

피난구조설비는 착공신고대상이 아니다.

## 24 | 소방공사감리업자의 업무 범위    답 ④

공사업자가 작성한 시공 상세도면의 적합성 검토이 소방공사감리업자의 업무 범위이다.

## 25 | 감리를 할 때 위반사항 조치    답 ①

감리업자는 감리를 할 때 소방시설공사가 설계도서나 화재안전기준에 맞지 아니할 때에는 관계인에게 알리고, 공사업자에게 그 공사의 시정 또는 보완 등을 요구하여야 한다.

---

### 제2회 실전동형모의고사    224p

| | | | | |
|---|---|---|---|---|
| 01 ② | 02 ② | 03 ① | 04 ③ | 05 ④ |
| 06 ③ | 07 ② | 08 ④ | 09 ③ | 10 ③ |
| 11 ③ | 12 ③ | 13 ③ | 14 ④ | 15 ③ |
| 16 ③ | 17 ② | 18 ① | 19 ② | 20 ① |
| 21 ④ | 22 ② | 23 ③ | 24 ③ | 25 ③ |

## 01 | 소방신호의 종류    답 ②

1. 경계신호: 화재예방상 필요하다고 인정되거나 화재의 예방 및 안전관리에 관한 법률 제20조의 규정에 의한 화재위험경보 시 발령
2. 발화신호: 화재가 발생한 때 발령
3. 해제신호: 소화활동이 필요 없다고 인정되는 때 발령
4. 훈련신호: 훈련상 필요하다고 인정되는 때 발령 또는 소방대의 비상소집할 때 발령

## 02 | 임시소방시설을 화재위험작업의 현장에 설치해야 하는 공사의 종류와 규모    답 ②

1. 소화기: 소방본부장 또는 소방서장의 동의를 받아야 하는 특정소방대상물의 신축·증축·개축·재축·이전·용도변경 또는 대수선 등을 위한 공사
2. 간이소화장치
   1) 연면적 3천m² 이상
   2) 지하층, 무창층 또는 4층 이상의 층. 이 경우 해당 층의 바닥면적이 600m² 이상인 경우
3. 비상경보장치
   1) 연면적 400m² 이상
   2) 지하층 또는 무창층. 이 경우 해당 층의 바닥면적이 150m² 이상인 경우
4. 가스누설경보기: 바닥면적이 150m² 이상인 지하층 또는 무창층
5. 간이피난유도선: 바닥면적이 150m² 이상인 지하층 또는 무창층
6. 비상조명등: 바닥면적이 150m² 이상인 지하층 또는 무창층
7. 방화포: 용접·용단 작업

## 03 | 소방용수시설 설치기준    답 ①

시·도지사는 소방활동에 필요한 소방용수시설을 설치하고 유지·관리하여야 하고, 수도법 제45조에 따라 소화전을 설치하는 일반수도사업자는 관할 소방서장과 사전협의를 거친 후 소화전을 설치하여야 하며, 설치 사실을 관할 소방서장에게 통지하고, 그 소화전은 설치자가 유지·관리하여야 한다.

## 04 | 소방지원활동과 생활안전활동    답 ③

| 소방지원활동 | 자연재해에 따른 급수·배수 및 제설 등 지원활동 |
|---|---|
| 생활안전활동 | • 위해동물, 벌 등의 포획 및 퇴치 활동<br>• 단전사고 시 비상전원 또는 조명의 공급<br>• 붕괴, 낙하 등이 우려되는 고드름, 나무, 위험 구조물 등의 제거활동 |

## 05 | 화재조사    답 ④

1. 현장출동 중 조사: 화재발생 접수, 출동 중 화재상황 파악 등
2. 화재현장 조사: 화재의 발화(發火) 원인, 연소상황 및 피해상황 조사 등
3. 정밀조사: 감식·감정, 화재원인 판정 등

## 06 | 화재안전조사    답 ③

소방시설 등이 소방 관계 법령에 적합하게 설치·관리되고 있는지, 소방대상물에 화재의 발생 위험이 있는지 등을 확인하기 위하여 실시하는 현장조사·문서열람·보고요구 등을 하는 활동이다.

## 07 | 화재예방안전진단의 대상   답 ②

1. 법 제40조 제1항 제1호에 따른 공항시설 중 여객터미널의 연면적이 1천제곱미터 이상인 공항시설(2023년 12월 31일 기간 내 진단)
2. 법 제40조 제1항 제2호에 따른 철도시설 중 역 시설의 연면적이 5천제곱미터 이상인 철도시설(2024년 12월 31일 기간 내 진단)
3. 법 제40조 제1항 제3호에 따른 도시철도시설 중 역사 및 역 시설의 연면적이 5천제곱미터 이상인 도시철도시설(2025년 12월 31일 기간 내 진단)
4. 법 제40조 제1항 제4호에 따른 항만시설 중 여객이용시설 및 지원시설의 연면적이 5천제곱미터 이상인 항만시설(2024년 12월 31일 기간 내 진단)
5. 법 제40조 제1항 제10호에 따른 전력용 및 통신용 지하구 중 국토의 계획 및 이용에 관한 법률 제2조 제9호에 따른 공동구(2023년 12월 31일 기간 내 진단)
6. 법 제40조 제1항 제12호에 따른 천연가스 인수기지 및 공급망 중 소방시설 설치 및 관리에 관한 법률 시행령 별표 2 제17호 나목에 따른 가스시설(2026년 12월 31일 기간 내 진단)
7. 제41조 제2항 제1호에 따른 발전소 중 연면적이 5천제곱미터 이상인 발전소(2026년 12월 31일 기간 내 진단)
8. 제41조 제2항 제3호에 따른 가스공급시설 중 가연성 가스 탱크의 저장용량의 합계가 100톤 이상이거나 저장용량이 30톤 이상인 가연성 가스 탱크가 있는 가스공급시설(2026년 12월 31일 기간 내 진단)

## 08 | 소방안전관리보조자 선임대상   답 ④

1. 건축법 시행령 별표 1 제2호 가목에 따른 300세대 이상인 아파트
2. 아파트를 제외한 연면적이 1만5천제곱미터(m²) 이상인 특정소방대상물

## 09 | 화재예방강화지구   답 ③

1. 석유화학제품을 생산하는 공장이 있는 지역
2. 소방시설·소방용수시설 또는 소방출동로가 없는 지역
3. 노후, 불량건축물이 밀집한 지역
4. 공장·창고가 밀집한 지역

## 10 | 소방안전관리대상물   답 ③

1. 문화재보호법 제23조에 따라 보물 또는 국보로 지정된 목조건축물: 2급 소방안전관리대상물
2. 동·식물원: 특급 및 1급 소방안전관리대상물이 될 수 없다.
3. 가연성 가스를 1천톤 이상 저장·취급하는 시설: 1급 소방안전관리대상물
4. 철강 등 불연성 물품을 저장·취급하는 창고: 특급 및 1급 소방안전관리대상물이 될 수 없다.

## 11 | 물분무등소화설비   답 ③

1. 이산화탄소소화설비
2. 미분무소화설비
3. 물분무소화설비
4. 할론소화설비
5. 할로겐화합물 및 불활성기체소화설비 등

## 12 | 건축허가 동의대상   답 ③

가스시설로서 지상에 노출된 탱크의 저장용량의 합계가 100톤 이상인 것

선지분석
① 정신보건법에 따른 정신의료기관(입원실이 없는 정신건강의학과 의원 제외)의 경우 300제곱미터(m²) 이상
② 지하층 또는 무창층이 있는 건축물로서 바닥면적이 150제곱미터(m²) 이상인 층이 있는 것
④ 차고·주차장으로 사용되는 층 중 바닥면적이 200제곱미터(m²) 이상인 층이 있는 시설

## 13 | 소방시설의 설치 면제 제외   답 ③

기능과 성능이 유사한 경우 소방시설의 설치 면제 제외
1. 소화기구
2. 주거용주방자동소화장치

## 14 | 간이스프링클러설비 설치 특정소방대상물   답 ④

1. 교육연구시설 내에 합숙소로서 연면적 100제곱미터(m²) 이상인 것
2. 근린생활시설 중 의원, 치과의원 및 한의원으로서 입원실이 있는 시설
3. 근린생활시설 중 근린생활시설로 사용하는 부분의 바닥면적의 합계가 1천제곱미터(m²) 이상인 것은 모든 층
4. 숙박시설로 사용되는 바닥면적의 합계가 300제곱미터(m²) 이상 600제곱미터(m²) 미만인 시설

## 15 | 방염성능기준   답 ③

소방청장이 정하여 고시한 방법으로 발연량(發煙量)을 측정하는 경우 최대연기밀도는 400 이하일 것

## 16 | 위험물의 성질과 상태   답 ③

철분: 철의 분말로서 53마이크로미터의 표준체를 통과하는 것이 50중량퍼센트 미만인 것을 제외한다.

## 17 | 완공검사 신청시기     답 ②

이동탱크저장소의 경우: 이동저장탱크의 공사를 완료하고 상치장소를 확보한 후

## 18 | 예방규정 작성대상     답 ①

1. 지정수량의 10배 이상의 위험물을 취급하는 제조소 또는 일반취급소
2. 지정수량의 150배 이상의 위험물을 저장하는 옥내저장소
3. 지정수량의 100배 이상의 위험물을 저장하는 옥외저장소
4. 지정수량의 200배 이상의 위험물을 저장하는 옥외탱크저장소

## 19 | 주유취급소의 위치·구조·설비의 기준     답 ②

"주유중엔진정지"는 황색바탕에 흑색문자로 게시한다.

## 20 | 환기설비     답 ①

환기는 자연배기방식으로 할 것

## 21 | 관계인에게 지체없이 사실을 알리는 경우     답 ④

1. 소방시설업을 휴업, 폐업한 경우
2. 소방시설업자의 지위를 승계한 경우
3. 소방시설업에 대한 행정처분 중 등록취소·영업정지 처분을 받은 경우

## 22 | 소방기술자 공사현장 배치 예외사항     답 ②

1. 발주자가 공사 중단을 요청하는 경우
2. 민원 또는 계절적 요인 등으로 해당 공정의 공사가 일정 기간 중단된 경우
3. 예산 부족 등 발주자의 책임 있는 사유 또는 천재지변 등 불가항력으로 공사가 일정 기간 중단된 경우

## 23 | 완공검사를 위한 현장확인 대상     답 ③

1. 창고시설
2. 스프링클러설비등이 설치되는 특정소방대상물
3. 연면적 1만제곱미터($m^2$) 이상이거나 층수가 11층 이상(아파트 제외)
4. 가연성 가스를 제조·저장 또는 취급하는 시설 중 지상에 노출된 가연성가스탱크의 저장용량 합계가 1천톤 이상인 시설

## 24 | 일반공사감리     답 ③

1명의 감리원이 담당하는 소방공사감리현장은 5개 이하로서 감리현장 연면적의 총 합계가 10만제곱미터($m^2$) 이하일 것

## 25 | 감리원 배치 공사현장 규모     답 ③

1. 지하층을 포함한 층수가 40층 이상인 특정소방대상물의 공사현장: 특급감리원으로 소방기술사
2. 연면적 20만제곱미터($m^2$) 이상인 특정소방대상물의 공사현장: 특급감리원으로 소방기술사
3. 제연설비가 설치되는 특정소방대상물의 공사현장: 고급감리원 이상
4. 지하층을 포함한 층수가 16층 이상 40층 미만인 특정소방대상물의 공사현장: 특급감리원 이상

| 제3회 | 실전동형모의고사 | | | 230p |
|---|---|---|---|---|
| 01 ③ | 02 ② | 03 ① | 04 ① | 05 ① |
| 06 ① | 07 ① | 08 ② | 09 ③ | 10 ② |
| 11 ② | 12 ③ | 13 ② | 14 ② | 15 ③ |
| 16 ③ | 17 ④ | 18 ③ | 19 ③ | 20 ③ |
| 21 ③ | 22 ④ | 23 ② | 24 ③ | 25 ④ |

## 01 | 소방자동차의 보험 가입 등     답 ③

1. 시·도지사는 소방자동차의 공무상 운행 중 교통사고가 발생한 경우 그 운전자의 법률상 분쟁에 소요되는 비용을 지원할 수 있는 보험에 가입하여야 한다.
2. 국가는 1.에 따른 보험 가입비용의 일부를 지원할 수 있다.

| 소방활동에 대한 면책 | 소방공무원이 제16조 제1항에 따른 소방활동으로 인하여 타인을 사상(死傷)에 이르게 한 경우 그 소방활동이 불가피하고 소방공무원에게 고의 또는 중대한 과실이 없는 때에는 그 정상을 참작하여 사상에 대한 형사책임을 감경하거나 면제할 수 있다. |
|---|---|
| 소송지원 | 소방청장, 소방본부장 또는 소방서장은 소방공무원이 제16조 제1항에 따른 소방활동, 제16조의2 제1항에 따른 소방지원활동, 제16조의3 제1항에 따른 생활안전활동으로 인하여 민·형사상 책임과 관련된 소송을 수행할 경우 변호인 선임 등 소송수행에 필요한 지원을 할 수 있다. |
| 소방교육·훈련 | 소방청장, 소방본부장 또는 소방서장은 소방업무를 전문적이고 효과적으로 수행하기 위하여 소방대원에게 필요한 교육·훈련을 실시하여야 한다. |

## 02 | 소방업무에 관한 종합계획의 수립·시행 등     답 ②

소방청장은 화재, 재난·재해, 그 밖의 위급한 상황으로부터 국민의 생명·신체 및 재산을 보호하기 위하여 소방업무에 관한 종합계획을 5년마다 수립·시행하여야 하고, 이에 필요한 재원을 확보하도록 노력하여야 한다.

## 03 | 소방용수시설  답 ①

시·도지사는 소방활동에 필요한 소화전(消火栓)·급수탑(給水塔)·저수조(貯水槽)를 설치하고 유지·관리하여야 한다.

## 04 | 소방신호  답 ①

| | 종류 | 타종신호 | 사이렌신호 |
|---|---|---|---|
| ① | 경계신호 | 1타와 연2타 반복 | 5초 간격을 두고 30초씩 3회 |
| ② | 발화신호 | 난타 | 5초 간격을 두고 5초씩 3회 |
| ③ | 해제신호 | 상당한 간격을 두고 1타 반복 | 1분간 1회 |
| ④ | 훈련신호 | 연3타 반복 | 10초 간격을 두고 1분씩 3회 |

## 05 | 대형화재  답 ①

사상자가 많거나 사회적 이목을 끄는 대형화재
1. 사망자가 5명 이상 발생한 화재
2. 화재로 인한 사회적·경제적 영향이 광범위하다고 소방관서장이 인정하는 화재

## 06 | 공동 소방안전관리자 선임대상  답 ①

1. 복합건축물로서 연면적이 3만제곱미터(m²) 이상인 것
2. 지하가
3. 복합건축물로서 층수가 11층 이상인 것
4. 판매시설 중 도·소매시장 및 전통시장

## 07 | 화재안전조사  답 ①

소방관서장은 화재안전조사를 마친 때에는 그 조사결과를 관계인에게 서면으로 통지하여야 한다.

## 08 | 300만원 이하의 벌금  답 ②

1. 화재안전조사를 정당한 사유 없이 거부·방해 또는 기피한 자
2. 명령을 정당한 사유 없이 따르지 아니하거나 방해한 자
3. 소방안전관리자, 총괄소방안전관리자 또는 소방안전관리보조자를 선임하지 아니한 자
4. 소방시설·피난시설·방화시설 및 방화구획 등이 법령에 위반된 것을 발견하였음에도 필요한 조치를 할 것을 요구하지 아니한 소방안전관리자
5. 소방안전관리자에게 불이익한 처우를 한 관계인
6. 화재예방안전진단업무, 권한의 위임 및 위탁업무를 수행하면서 알게 된 비밀을 이 법에서 정한 목적 외의 용도로 사용하거나 다른 사람 또는 기관에 제공하거나 누설한 자

---

### 📎 관련 개념 | 과태료

| 300만원 이하의 과태료 | 1. 정당한 사유 없이 화재예방강화지구 및 이에 준하는 장소에서 화기취급 등 에 해당하는 행위를 한 자<br>2. 소방안전관리자를 겸한 자<br>3. 소방안전관리업무를 하지 아니한 특정소방대상물의 관계인 또는 소방안전관리대상물의 소방안전관리자<br>4. 소방안전관리업무의 지도·감독을 하지 아니한 자<br>5. 건설현장 소방안전관리대상물의 소방안전관리자의 업무를 하지 아니한 소방안전관리자<br>6. 피난유도 안내정보를 제공하지 아니한 자<br>7. 소방훈련 및 교육을 하지 아니한 자<br>8. 화재예방안전진단 결과를 제출하지 아니한 자 |
|---|---|
| 200만원 이하의 과태료 | 1. 불을 사용할 때 지켜야 하는 사항 및 특수가연물의 저장 및 취급 기준을 위반한 자<br>2. 소방설비등의 설치 명령을 정당한 사유 없이 따르지 아니한 자<br>3. 선임신고를 하지 아니하거나 소방안전관리자의 성명 등을 게시하지 아니한 자<br>4. 기간 내에 선임신고를 하지 아니한 자<br>5. 기간 내에 소방훈련 및 교육 결과를 제출하지 아니한 자 |

## 09 | 특수가연물 저장·취급 기준  답 ③

1. 발전용의 석탄·목탄류는 기준을 따르지 않아도 된다.
2. 쌓는 부분 바닥면적의 사이는 실내의 경우 1.2미터 또는 쌓는 높이의 1/2 중 큰 값 이상으로 간격을 두어야 하며, 실외의 경우 3미터 또는 쌓는 높이 중 큰 값 이상으로 간격을 둘 것

## 10 | 불을 사용하는 설비의 관리기준  답 ②

1. 보일러: 보일러와 벽·천장 사이의 거리는 0.6미터 이상 되도록 하여야 한다.
2. 난로: 연통은 천장으로부터 0.6미터 이상 떨어지고, 건물 밖으로 0.6미터 이상 나오게 설치하여야 한다.
3. 건조설비: 건조설비와 벽·천장 사이의 거리는 0.5미터 이상 되도록 하여야 한다.
4. 음식조리를 위하여 설치하는 설비: 열을 발생하는 조리기구는 반자 또는 선반으로부터 0.6미터 이상 떨어지게 해야 한다.

## 11 | 형식승인  답 ②

소화약제를 이용한 간이소화용구는 형식승인대상이나 소화약제 외의 것을 이용한 간이소화용구는 형식승인대상이 아니다.

## 12 | 관계인이 설치하는 소방시설　　답 ③

| 상업용 주방자동소화장치 설치대상 | 1. 판매시설 중 유통산업발전법 제2조 제3호에 해당하는 대규모점포에 입점해 있는 일반음식점 <br> 2. 식품위생법 제2조 제12호에 따른 집단급식소 |
|---|---|
| 화재알림설비를 설치해야 하는 특정소방대상물 | 판매시설 중 전통시장으로 한다. |
| 자동화재탐지설비를 설치해야 하는 특정소방대상물 | 1. 공동주택 중 아파트등·기숙사 및 숙박시설의 경우에는 모든 층 <br> 2. 층수가 6층 이상인 건축물의 경우에는 모든 층 <br> 3. 근린생활시설 중 조산원 및 산후조리원 <br> 4. 공장 및 창고시설로서 화재의 예방 및 안전관리에 관한 법률 시행령 별표 2에서 정하는 수량의 500배 이상의 특수가연물을 저장·취급하는 것 <br> 5. 발전시설 중 전기저장시설 |

## 13 | 임시소방시설　　답 ②

1. 소화기
2. 간이소화장치
3. 비상경보장치
4. 간이피난유도선

## 14 | 단독경보형 감지기 설치대상　　답 ②

1. 수련시설(숙박시설이 있는 것만 해당한다)
2. 연면적 400제곱미터(m²) 미만의 유치원
3. 공동주택 중 연립주택 및 다세대주택
4. 교육연구시설 또는 수련시설 내에 있는 합숙소 또는 기숙사로서 연면적 2,000제곱미터(m²) 미만인 것

## 15 | 방염대상물품 설치 특정소방대상물　　답 ③

교육연구시설 중에는 합숙소가 대상이며, 연구소는 대상이 아니다.

## 16 | 위험물의 저장 및 취급　　답 ③

군부대가 지정수량 이상의 위험물을 군사목적으로 임시로 저장 또는 취급하는 경우에는 관할소방서장의 승인과는 관계 없이 저장 및 취급을 할 수 있다.

## 17 | 과징금　　답 ④

시·도지사는 위험물 제조소등에서 일반적으로 사용정지처분에 갈음하여 과징금을 2억 원 이하로 할 수 있다.

## 18 | 자체소방대 설치대상　　답 ③

1. 최대수량의 합이 지정수량의 3천배 이상인 제4류 위험물을 취급하는 제조소 또는 일반취급소
2. 최대수량이 지정수량의 50만배 이상인 제4류 위험물을 저장하는 옥외탱크저장소

## 19 | 피뢰설비　　답 ③

지정수량의 10배 이상의 위험물을 취급하는 제조소(제6류 위험물을 취급하는 위험물제조소를 제외한다)에는 피뢰침을 설치하여야 한다.

## 20 | 옥외저장탱크의 위치·구조 및 설비 기준　　답 ③

옥외저장탱크의 배수관은 탱크의 옆판에 설치하여야 한다. 다만, 탱크와 배수관과의 결합부분이 지진 등에 의하여 손상을 받을 우려가 없는 방법으로 배수관을 설치하는 경우에는 탱크의 밑판에 설치할 수 있다.

## 21 | 발주자　　답 ③

소방시설의 설계, 시공, 감리 및 방염을 소방시설업자에게 도급한 자를 말한다(단, 도급받은 공사를 하도급하는 자를 제외한다).

## 22 | 등록 취소 사유　　답 ④

1. 거짓 또는 부정한 방법으로 등록한 경우
2. 등록 결격사유에 해당하게 된 경우
3. 정지기간 중에 소방시설공사 등을 한 경우

## 23 | 하자보수 보증기간　　답 ②

1. 2년: 비상경보설비, 무선통신보조설비, 비상조명등, 피난기구, 비상방송설비
2. 3년: 자동소화장치, 소화활동설비(무선통신보조설비 제외), 간이스프링클러설비

## 24 | 공사의 도급　　답 ③

도급을 받은 자는 소방시설공사의 일부를 한 번만 제3자에게 하도급할 수 있다.

## 25 | 도급계약의 해지 기준　　답 ④

1. 소방시설업의 등록이 취소되거나 영업이 정지된 경우
2. 소방시설업을 휴업하거나 폐업한 경우
3. 정당한 사유 없이 30일 이상 소방시설공사를 계속하지 않는 경우

해커스소방 fire.Hackers.com

# 목표 점수 단번에 달성,
# 지텔프도 역시 해커스!

**| 해커스 지텔프 교재 시리즈**

| 유형 + 문제 | | | | |
|---|---|---|---|---|
| 32점+ | 43점+ | 47~50점+ | 65점+ | 75점+ |

목표 점수에 맞는 교재를 선택하세요! ◆➡ : 교재별 학습 가능 점수대

한 권으로 끝내는
해커스 지텔프 32-50+
(Level 2)

해커스 지텔프 문법
정답 찾는 공식 28
(Level 2)

2주 만에 끝내는
해커스 지텔프 문법
(Level 2)

2주 만에 끝내는
해커스 지텔프 독해
(Level 2)

## 보카

해커스 지텔프
기출 보카

## 기출 · 실전

지텔프 기출문제집
(Level 2)

해커스 지텔프
최신기출유형
실전문제집 7회
(Level 2)

해커스 지텔프
실전모의고사
문법 10회
(Level 2)

해커스 지텔프
실전모의고사
독해 10회
(Level 2)

해커스 지텔프
실전모의고사
청취 5회
(Level 2)

# 해커스소방 단기 합격생이 말하는
# 소방 합격의 비밀!

---

노베이스 초시생도
소방 최종 합격

## 전*환 합격생

**7개월 만에 공채 최종 합격!**
—
해커스소방을 선택한 이유, 가성비 대비 **고품질 강의.**
처음 접하는 과목인 만큼 두려움이 많았지만
해커스소방 선생님들을 따라 좋은 점수로 최종 합격!

---

대학생도 최단기
소방 최종 합격

## 정*도 합격생

**9개월 만에 공채 최종 합격!**
—
휴학 후 준비하게 된 소방공무원! 학원 선택의 고민 중
합리적인 가격에 질 좋은 강의를 들을 수 있어
해커스소방을 선택했고, 최종 합격했어요!

---

직장과 병행하고
소방 최종 합격

## 이*민 합격생

**6개월 만에 경채 최종 합격!**
—
일과의 병행으로 인강으로 수업 대체가 필요했고,
해커스소방을 선택해 총 6개월 동안 열심히 공부해
좋은 성적으로 경채 구급에 최종 합격했어요!

---

해커스와 재도전!
소방 최종 합격

## 이*운 합격생

**해커스소방에서 최종 합격!**
—
19년 필기 불합격 이후, 환경직 **합격자** 친구의 추천으로
수강한 해커스소방! 타학원 대비 상대적으로 **저렴했고**
강의의 질과 수험생을 위한 서비스가 빠르고 편했어요!

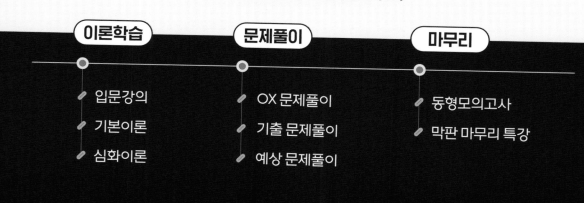

해커스소방

# 김진성
# 소방관계법규 단원별 실전문제집

소방 합격의 확실한 해답!

해커스소방 김진성 소방관계법규 교재

| 기본 | 기출문제풀이 | 예상문제풀이 |

| 해커스소방<br>김진성 소방관계법규<br>기본서 (세트) | 해커스소방<br>김진성 소방관계법규<br>합격생 필기노트 | 해커스소방<br>김진성 소방관계법규<br>단원별 기출문제집 | 해커스소방<br>김진성 소방관계법규<br>단원별 실전문제집 |

정가 **24,000** 원

13350

9 791169 996150

ISBN 979-11-6999-615-0